中国红十字会先驱

吴重憙

无棣县红十字会　编

中国文史出版社
CHINA CULTURAL AND HISTORICAL PRESS

第四條

第一第二第三各條所載之船遇有遣除

受傷疾病軍士不論爲何國人一律醫治

國家絕不得以此項船艦作有關戰事之

船名通報開戰之國

其船於開戰之時或既戰之後曾險行事

由其自便開戰之國有查驗此項船隻之

用此項船艦亦施不得有妨礙戰事之舉

國集資所辦或半由官喜會民

醫船無論其船係全由

口赤不得視如戰船

名報明戰國如遇此項船隻停泊局外海

或值開戰之始或在開戰之時均應將船

不得傷須拿段作於其船未經使用之先

救遣法病受傷軍士之用者開戰之時

凡由國家製造或改造之施醫船只作援

保和會內推廣紅十字會於於水戰條抜

第一條

凡戰國所用之施醫船無論其船係全由

官喜會或民間集資所辦或半由官喜會

及民間集資所辦一概本官先淮行

而該國已於未經使用之先無論戰已開

戍之時將船名報明敵國者亦

此項船隻須帶有本國該

船裝載炮程之時曾經

第二條

樨並可禁其行事交使之遠離或指以應

住之處或遣派委員於其船上如過重大

之事情形逼迫並可將船拘留凡戰國有

图书在版编目（CIP）数据

中国红十字会先驱吴重憙 / 无棣县红十字会编 . --
北京 ： 中国文史出版社，2024.4
ISBN 978-7-5205-4637-9

Ⅰ . ①中…Ⅱ . ①无…Ⅲ . ①吴重憙－传记 Ⅳ .
① K826.2

中国国家版本馆 CIP 数据核字（2024）第 062644 号

责任编辑：梁玉梅

出版发行：中国文史出版社

社　　址：北京市海淀区西八里庄路 69 号　　邮编：100142

电　　话：010-81136606　81136602　81136603（发行部）

传　　真：010-81136655

印　　装：山东麦德森文化传媒有限公司

经　　销：全国新华书店

开　　本：787mm×1092mm 1/16

印　　张：27

字　　数：337 千字

版　　次：2024 年 4 月北京第 1 版

印　　次：2024 年 8 月第 1 次印刷

定　　价：79.00 元

编纂委员会

顾　　问：金　桥　尹常智　吴朴承

学术顾问：池子华

主　　任：郑振亮　王　涛

副 主 任：窦彭波　张恩传　徐鹏潇　王立娟

委　　员：邢金锋　从延锡　郭庆利　魏德强

　　　　　徐景江　王相花　徐志东　张　超

　　　　　陈荣飞　王春海　于文娟

主　　编：从延锡　邢金锋

撰　　稿：任连巨　张海鹰　陈　俊　刘长明

编　　务：周荣森　吴彬彬　葛汝真　韩晓菲

序一

风雨兼程两甲子，波澜壮阔百廿年。

2024 年是中国红十字会成立 120 周年。诞生于风雨飘摇的清朝末年，历经大清王朝、民国政府、中华人民共和国三个时代的中国红十字会，一路风雨兼程，历史波澜壮阔。在中国红十字会成立两个甲子这一特别值得庆祝、纪念、总结的时间节点，《中国红十字会先驱吴重憙》一书编写出版，是中国红十字会历史文化研究的一件大事、喜事，可喜可贺！

认真阅读这本书，重温中国红十字会建立之初那段极不平凡的历史，更加感觉其发轫之始多么不易，发展历程多么曲折，发展成就多么伟大！也更加缅怀和崇敬以吴重憙为代表的中国红十字会诸位先行者、开拓者、奠基者。

中国红十字会先驱吴重憙是山东省"二十八大文化世家"之一清代海丰吴氏家族的代表人物，在他身上，既有吴氏家族家风传承的鲜明印记，又闪耀着中华民族传统美德的光芒，值得我们崇敬。

吴重憙可敬之处，在于其孝。他少失怙恃，但一生不忘父亲吴式芬谆谆教导，励志修学，不堕门风；他感念兄嫂抚养，手足情深，对侄子吴峋情深义厚，日夜挂怀；对岳父陈介祺敬重有加，学业上聆听教海，礼仪上事之如师，敬之如父。此为孝德。

吴重憙可敬之处，在于其诚。他忠于职守，克己奉公，无论在什么职位上，都夙兴夜寐，克己奉公。在开封等地，他亲断冤狱理讼案，公平公允；他护理直隶，诸事亲为，处理得当，井井有条；他铁肩铮骨，敢于面对列强，维护民族利益，无论是处理江西教案还是收回京汉铁路运营权，都足以彪炳史册；他刻印善本，保留文化火种，拯救无数资料，功在万世。此为诚德。

吴重憙可敬之处，在于其爱。他关心民瘼，体恤民艰，无论官职大小，都身体力行，救民水火。特别是看到日俄战争殃及东北，我国民众深陷水火，伤兵无人救治，他更是奔走呼吁，团结有识之士，发起建立上海万国红十字会。此为爱德。

吴重憙可敬之处，在于其仁。他身沐家风，勤修懿德，虽身居高位但严于律己，情操高尚，洁身自好，保持着中国传统士大夫的精神风骨。此为仁德。

具备这些良好品德的吴重憙，能够成为中国红十字会的先驱，是自己的主动作为，也是中国历史的选择，是偶然中的必然。吴重憙的"孝诚爱仁"，中国传统的"仁、义、善、德"都与红十字会的"人道、博爱、奉献"毫无二致。正因如此，红十字会这一"舶来品"能够迅速融入中国社会，得以蓬勃发展，在人道主义领域充分发挥了政府助手的巨大作用，做出了不可磨灭的贡献，成为国际红十字组织和红十字运动中的重要成员和重要力量。

一百二十年，弹指一挥间。当下，中国红十字事业正赶上中华民族阔步迈向伟大复兴的崭新时代，也迎来历史上最好的发展机遇。在这样的伟大时代，山东省无棣县委、县政府能够主动作为，整合力量，深入挖掘，潜心研究，编撰出版这部图书，是展现文化自信、自觉贯彻习近平文化思想的生动体现，为中国红十字历史文化研究做出了重要的贡献。

回望历史，不忘先贤；面对时代，激情满怀。我们坚信，在习近平新时代中国特色社会主义思想指引下，弘扬先驱精神，紧跟党的领导，

一定能迎来中国红十字会新的辉煌，为中华民族伟大复兴创造出无愧
于诸位先驱的崭新业绩！

苏州大学红十字国际学院教授、博士生导师

红十字运动研究中心主任

2024 年 4 月 12 日

池子华，苏州大学红十字国际学院教授、博士生导师，红十字运动研究中心主任。中国红十字会理事、江苏省红十字会常务理事。著作有《红十字运动：历史与发展研究》《红十字运动：历史回顾与现实关怀》《红十字运动：历史传承与当代发展》等 30 余部，主编"红十字文化丛书""中国红十字运动知识丛书"等系列丛书，已出版图书130 余种，在海内外发表学术论文 400 余篇，多次主持国家社科基金项目，相关成果多次荣获国家级及江苏省社科优秀成果奖。

序二

2024 年是中国红十字会成立 120 周年。两个甲子以来，中国红十字会高举"人道、博爱、奉献"的伟大精神旗帜，为保护人民的生命健康、促进人类和平进步事业做出了突出贡献，建立了不朽功勋，成为国际红十字事业的一支重要力量。

诞生于风雨飘摇的清朝末期，为救死扶伤和赈灾济困而建立起来的中国红十字会，一路走来，殊为不易。为红十字会创建奔走努力的诸位先贤，值得我们永远铭记。同时，作为中国红十字会主要创始人之一吴重熹的家乡人民，我们倍感自豪和无上荣光。

吴重熹能够成为中国红十字会主要创立者之一，绝非偶然。他的精神世界，既有来自家乡千秋文脉、淳厚民风的滋养浸润，又有源自家族文化、祖辈教导的代代传承，还有自身爱国爱民、不负使命的责任担当。

位于冀鲁交界、渤海西南岸的山东省无棣县，自古就有"冀鲁枢纽""齐燕要津"之称。又因文风鼎盛，名人辈出，有"东省文明之区""北海翰苑诗府"的美誉。开放包容、与人为善、和衷共济是无棣人的"文化基因"。无棣历史上善行义举如恒河沙数，名门望族兴办义学、重修古寺、赈济灾民的事例不胜枚举。当下，"无棣好人"更是频繁登上"山东好人榜"和"中国好人榜"，"无棣好人现象"一度引起上级媒体关注。无棣和善之风恰恰和红十字精神完全契合。

吴重熹所属的清代海丰（今山东省无棣县）吴氏家族，位列山东省有史以来"二十八大文化世家"，科甲林立，名宦辈出，历九世二百余载，"四省承宣三掌节钺，九封光禄两列史晟"，人人忧国忧民，代代政绩卓著。吴重憙作为吴氏家族的杰出代表，深受家乡先贤和吴氏家风影响，忠贞爱国，体恤民意，铁骨铮铮，政绩斐然。无论是收回京汉铁路运营权，抵抗帝国主义经济侵略，还是处理江西教案，收回电报公司管理权等，都足以彪炳史册，名垂千古。创建中国红十字会这一历史贡献更是功在当时，泽被万世。

承先贤之遗风，扬时代之正气。中共无棣县委、无棣县人民政府自觉贯彻落实习近平文化思想，推动中华优秀传统文化创造性转化和创新性发展，展现文化自信、自觉和自省，组织力量，广泛搜集资料，编撰出版《中国红十字会先驱吴重憙》，向中国红十字会成立120周年献礼。我们相信，随着该书的出版发行和广泛传播，"人道、博爱、奉献"的红十字精神在无棣大地上更加深入人心，进一步汇聚起"和善无棣"建设的蓬勃力量，将"山海古邑·和善无棣"建设推向新的高度。久负美名的千年古邑无棣县必将以更加开放包容、和合与共的人文情怀，海纳百川、合作共赢的发展环境，迎来四海宾朋，共襄发展大业。

先贤精神，千秋传扬。

和善无棣，前景辉煌！

5

中共无棣县委书记

2024 年 4 月 15 日

序

目　录

江南半壁尽蹂躏　谁堪补缺完金瓯
——吴重憙的人生历程

一朝毕节事千秋 浩气英灵同不朽

——吴重憙的红会情结

盈箱金石存家学 插架缥缃富旧储

——吴重憙的文献成就

江南半壁尽蹂躏　谁堪补缺完金瓯

——吴重憙的人生历程

晓去龙华三半两，归时香烬满炉装。

九叩默祷万事愿，则灵无处不庙堂。

时道光十八年（1838
年）春节、元宵刚过，堪
堪又是二月二龙抬头佳
节。春寒料峭，但丝毫未
能消减各色舞龙、舞狮队
行动，一连数天北京宣南
坊一带从早到晚，敲锣打
鼓，鞭炮阵阵，热闹非凡。

晚清北京庙会

新春伊始，各种庙会
也渐次登场。庙会为京城的主要习俗，最富北京民俗特色。北京的庙
会有的是一年一度，有的一个月内就有数天，会期除固定的，还有不
定天数的。如，每月逢一、二、九、十是隆福寺，逢三是土地庙，逢五、
六是白塔寺，逢七、八是护国寺。再加上正月初一开庙的东岳庙和大
钟寺（一般开庙10天到半月），初二的财神庙，十七、十八的白云观，三月
初三的蟠桃宫等。而宣南坊附近居民更喜欢就近到北京两座最古老的
寺庙法源寺、长椿寺进香拜佛。

寺庙里人头攒动，摩肩接踵，求福，求财，求子，求平安……男
女老少，顶礼膜拜，木鱼声声，梵音阵阵，香烟袅袅。

二月初七日上午，在宣南坊法源寺一间净室内，一少妇跪于一尊

北京宣南坊法源寺旧照

菩萨前，曲身拱躯，额头伏于双掌之上……一僧肃立佛堂一侧，一刻钟点燃油灯一盏，进香三炷；一僧闭目轻击木鱼，口中念念有词……

门外，两个丫鬟敬立两侧……为了保佑婆母平安顺利诞子，少妇已从二月二龙抬头之日起每天跪经一个时辰，本来十分孱弱的身子已接近散架状态，但她咬牙坚持着，坚持着……此刻，就在少妇精神、体力几近崩溃之际，一个丫鬟匆匆跑来，好似完全不顾及冲撞神灵一般，朝两个已经冻麻双腿的丫鬟喊道："快，快，赶紧扶起少奶奶，老夫人腹疼难忍，大少爷让你们赶紧回家！"

为了迎接一个"非同寻常"婴儿的诞生，客居宣南坊吴家十几人在忐忑、焦虑、期盼、欣喜中已经度过了数个不眠之夜。

一、生于簪缨大宅门　严慈舐犊兄嫂情

　　三千多年以前，在山水环绕的燕山迤东南平原上，生活繁衍着中华一众先民。传说中的"幽都"在周武王克纣反商的推动下，诞生了"蓟国"，于是有了北京最初的城郭。

　　岁月交替，代有更迭，由蓟城发端，经秦汉、越隋唐、历辽金、及明清，演绎了古都北京沉雄的历史。

　　16世纪某天，一大臣跪报大明嘉靖皇帝：皇城外边的百姓比内城还要多，为昭宣天恩，朝廷不能不保护他们的生命财产安全。于是，嘉靖皇帝任命严嵩主持加修北京外城，设立七坊，其中正西坊、正南坊、宣南坊、宣北坊、白纸坊等建在宣武门迤南，"宣南"一词由此而来，并逐渐成为明清两朝人们对宣武门以南、前门以西这一区域的泛称。

　　明成祖迁都北京后，全国各地士人进京赶考，大多聚集在宣武门一带，围绕着法源寺形成了一个繁华生活区。清代实行满汉分居政策，京城的汉官、汉民皆寓居于外城，而宣南坊为主要聚集区，各种商肆、茶楼、饭馆、杂技、戏班、会馆、妓院等纷纷落脚于此，成为北京城最热闹最繁华的区域之一。

　　科举之年，各省举子云集宣南。清康（熙）乾（隆）之世，增设博学鸿词科，广揽汉族知识分子编修史

宣南坊前门大街旧照

书、辑释典籍，直至大规模纂修《四库全书》，天下鸿儒学士奔赴京师，客居宣南。在通达仕途之余，形成了广博活跃的学术氛围和结社唱和的文学环境，产生京师城下的"宣南士乡"现象，为清代文化繁荣创造了独特空间。

清代中、晚期，国事艰危，一批志在变革图新的思想家、政治家、志士仁人，也在宣南土地上倡禁烟、兴报业、办教育、筹变法，为民族存亡奔走呼号，演出了一幕幕近代中国振聋发聩的悲壮史剧。与此同时，上至达官士绅，下至平民商贾，衣食住行等各方面的需求形成了巨大的市场，构成了雅俗相融相通的官、士、民、商、杂色彩斑斓的画卷。

数百年间，宣南坊一带逐步形成了各具特色、门类齐全的商业区和若干行业性商业街，古玩、玉器、特产、金融、餐饮等业态各异，应有尽有。众多老字号以独特的文化内涵和诚信的儒商底蕴名扬四海，构成了宣南文化的绚丽风景。这里，虽然没有皇城内的宫殿楼阁，内城的园林秀色，也没有西郊的水木清幽，但荟萃了明清以来的文化精英，留下了大量可资观览、可供纪念的历史遗迹。长椿寺、法源寺、琉璃厂、菜市口、大栅栏、天桥……一步一景致，十步一古迹，让诸多文人骚客流连忘返；济南会馆、湖南会馆、常熟会馆、湘江会馆、东莞会馆、汉中会馆、河南会馆、吴兴会馆、四川会馆……鳞次栉比，让四海宾客穿行其间，熙熙然，匆匆然，犹如过江之鲫。

此时，大街小巷叫买叫卖，人来车往，摩肩接踵；小曲、快板、大鼓、口吐火龙、利刃锥胸、抖空

宣南坊济南会馆旧址

6

竹、转风车及红酥虾、芝麻糖板、欢喜团、冰糖葫芦的叫卖声，伴着啧啧称叹、阵阵尖叫、朗朗笑声，此起彼伏。百技争艳，让人目不暇接，喧闹之声，或高或低，在街间巷口徘徊，穿行于千家万户。

然而，此刻在宣南坊达智桥胡同的一幢宅院里，一位面目清癯的中年男人正在书房"陶嘉书屋"中来回踱步，脸上凝重似水，流露出难以掩饰的心神不宁之色，不时仄身往一侧寝室探视一眼，发出一声叹息。伴在他身边的一位俊秀青年，同样也是一副手足无措之态，但又不时过来劝慰一句："父亲，肯定没事的，母亲一心向善，各路神灵定会保佑娘亲平安无虞。"

这位中年男人，就是年届四十三岁的吴式芬（1796—1856年，字子苾，号诵孙），时任翰林院编修、国史馆协修。此刻，他的夫人、年已四十二岁的刘氏正在生育的阵痛中苦苦挣扎，一声声压抑低微的喊声，让他如被芒刺，乱箭穿心……他想及自己十七岁成婚，十八岁初为人父，二十多年来身边只有一位女人，曾生育十几个孩子，仅存一儿一女，不承想人到中年，发妻竟然再次意外怀孕，目下已过产期半月有余，二月初七日夫人感觉腹痛异常，两个稳婆助产，怎奈夫人属于高龄产妇，加之身体过于羸弱，生育无力，已经忍痛两个时辰，岂不让人心焦如焚！

万般无奈、束手无策的吴式芬只有暗自祈祷大慈大悲的菩萨及吴氏诸先人们多予怜悯佑护，让夫人顺利诞下婴儿……

海丰吴氏家族，是饮誉齐鲁的簪缨世家、文化名门。

童年、少年的吴式芬是听着祖父吴之勷讲述的祖辈们的"故事"长大成人的。在他的心目中，先人们的劬劳、功德、政绩、荣耀，即是他人生成长的滋养，也是奔向更高目标的勖勉。后来，吴式芬又将这些"故事"讲给自己的儿子听。

明永乐二年（1404年），海丰吴氏始祖吴士安从直隶迁安南门里，千里迢迢来到山东海丰（今无棣）东南关村，繁衍生息，耕读传世。自八世始冠儒褐，才俊代出。十一世祖吴自肃（1630—1712年），字克菴，号在公，四海为官近三十年，仕至山西河东道布政使司参议加一级，诰授"朝议大夫"，晋赠"荣禄大夫"，他继承其父吴永孕"崇儒重文""厚结善缘"的优良品德，非常重视文化教育，被称为"东鲁名儒""海岱儒宗"，为海丰吴氏"七侍郎八巡抚九封光禄、三翰林五资政十朝邦禁"之簪缨世家打下了基础，堪称"海丰吴氏崛起第一人"。

吴自肃嫡孙吴绍诗（1699—1776年），一心向学，虚心求教，博闻强记，善于钻研，不敢自废功业，以七品小京官引见，机敏明达，知识渊博，逐步赢得上下青睐，仕至吏部侍郎加尚书衔，诰授"荣禄大夫"。

吴绍诗在刑部累计任职近三十年，先后任过主事、郎中、侍郎、尚书等职。吴绍诗在宣南坊达智桥胡同租赁两间土屋作为栖身之所开始，再经过父子、祖孙数十年不断经营、扩展，吴宅已经成为拥有三进三出、书房、会客厅、藏书楼等俱全的大宅院。此后，海丰吴氏子孙和亲友凡在京就读、任职者，盖居于京师吴宅。

吴绍诗不仅是一位忠诚、正直的政治家，还是清朝中期著名的熟知法律条文、通晓量刑断案的法律专家，他的两个儿子吴垣、吴坛继承父业家学，不但精通刑律而且都曾任刑部郎官，成为大清法学名家，同其父一样备受乾隆帝的器重。吴垣（1719—1786年），官至湖北巡抚，诰授"资政大夫"；吴坛

宣南坊达智桥胡同

（1724—1780年），官至江苏巡抚加二级，诰授"光禄大夫"，迎来了吴家"尚书门第""贤宦世家"的鼎盛时代。

吴垣、吴坛兄弟俩皆仅有一子。

吴垣其子吴之承（1745—1796年），举人出身，仕至江苏海门直隶同知，其孙、曾孙四人中举、两人进士及第，两人为翰林，十余人或入朝为官，或出仕南北，"奉直大夫"有之，"奉政大夫"有之，"中宪大夫"亦有之，进一步光大了吴氏家族兴盛之名。

吴坛其子吴之勷（xiāng，1754—1828年），字翊（yì）臣，号淦（gàn）崖，吴式芬祖父，乾隆己亥（1779年）恩科举人。守职黄州十几年，垂老告归，诰授"中宪大夫"。吴之勷忠心体国，勤于公务，政绩显赫，民众拥戴，在吴式芬的心底留下了深深的烙印。

然而，令吴之勷始终不能释怀的是独子吴衍曾（1779—1796年，诰赠"光禄大夫"）的早亡，这成为他一生的痛。吴衍曾自幼聪颖过人，出口成章，十五岁为秀才，十六岁为贡生，但自幼体弱多病，乾隆六十年（1795年）春与查氏成婚，次年二月二十四日，就在吴之勷补缺昌黎之际，诞下吴式芬，故为其取乳名"逢昌"。同年十月，吴衍曾咳血而亡。

作为吴坛、吴之勷、吴衍曾一脉的独苗，吴式芬集万千宠爱于一身，自然受到祖父母、母亲的悉心呵护、关照。公干之余，吴之勷经常掬孙于膝上，开蒙授讲。不料，吴式芬九岁那年在随祖父迁职黄州知府途中，母亲查氏因感染时疫殁于舟次。少失怙恃，孤木独立，戚然寂寥，不能亲侍双亲于左右，亦成为吴式芬一生中挥之不去的缺憾和隐痛。

吴式芬随祖父宦游南北，颠沛流离，居无定所，祖父或亲自课教，或延师训导，岁月大半消磨于舟次车辙之间，学业时断时续，多有缺失，常靠自己温习功课，这造成了他的科贡之路一波三折。二十七岁方中举，未及喜讯，惊闻祖母离世，不由滚落尘埃，大放悲声；

吴式芬旧藏"陶嘉书屋"铜花觚（gū）

9

吴重憙的人生历程

吴之勷《绿端石碑刻承家风》

三十三岁正在南学悬梁刺股之际，得报祖父又逝，剧痛攻心，吐血盈斗，数次昏厥于地，治丧、护棺、归里、发葬、守制……几乎耗尽他的全部心血；四十岁进士及第，哭祭于祖父母、父母墓前不能自已，令族人戚友挥泪无休。

不幸，坎坷，血泪……摧残着吴式芬的精神和肌体，也锻炼了他不屈的秉性和柔韧的品格，让他在处世、治学、考证、为官旅途上砥砺前行。

然而，最令吴式芬担忧的是夫人刘氏的身体状况。刘氏出生于直隶高阳望族，知书达理，聪慧贤良，待人周到热情，处事合体全面，又有一副慈善心肠。十七岁时在武昌与十八岁的吴式芬成婚，次年即诞下长子吴重周。此时，吴之勷虚年六十一岁，与曾孙同为甲戌年生人，相差一干支六十周岁，故名"重周"，唤乳名"闻喜"，取字"长饴（yí）"。为此，吴之勷曾拜祭于天地，广舍数十石粮米以济困苦，感谢上苍垂怜和祖灵护佑。

然而此时，因江汉一带水灾连年，吴之勷携吴式芬忙于抢险赈灾，刘氏亦随祖母潘氏自捐衣物首饰，照应灾民衣食，刘氏粗通医道，为灾民问医诊疗，全然不顾自身调养，以致造成多次流产，身体每况愈下。八年后，才在祖母的严饬下，杜绝外出，加以调养，方再次怀孕，后诞下一女。此后，祖母、祖父相继离世，回籍海丰葬亲，吴式芬忙于课文，考取功名，资费阙如，刘氏只有亲自操持家务，洗涤缝纫，内外劳烦，又是数次不及足月诞下死婴。自此，刘氏心灰意冷，一则多方开导、劝解丈夫收房姜室二三，以繁昌吴氏香火；一则设立一净室，焚香礼佛。然而，吴式芬亲见夫人如此贤惠、孝道、仁善，生产如此艰辛、痛苦，遂严拒夫人纳姜善意，决计与妻子相携相守一生。好在长子吴重周健康成长，十七岁时娶乐陵名门张氏，刘氏以自身艰难为戒，刻意儿媳多方调养，极欲儿子早日开枝散叶，以承后来，但儿子儿媳成婚五年未曾孕育，为此吴式芬夫妇一度郁郁寡欢。

为祖父守制服阕后，吴式芬进京，传补教习到班，入京诣馆供职。居于宣南坊达智桥胡同吴家祖宅，与诸吴氏族亲子弟、戚友同牢为食。

达智桥胡同东起宣武门外大街，西至校场五条，长仅四百余步。清代以前这里有一条河沟，河沟上建有一座小桥，后因当地驻扎满蒙旗兵，因此附近居民就将此桥称为"鞑子桥"，胡同也因桥得名为"鞑子桥胡同"，后同名雅化为"达智桥"。

吴式芬公干之余，游诸古刹，陪夫人焚香拜佛；访琉璃厂，寻古籍名著，觅金石名器；结四方文友，探讨文章辞赋，一时心情渐好，身体得以复原。其间，他与刘詹岩、张励庵、喻凤冈、吕鹤田、孙兰检、罗椒生、张筱浦、何根云等诸年丈结诗赋之会；与吴振棫、许槤、叶润臣、何绍基、何绍业、许瀚、王筠、刘喜海、李璋煜、牟农星、陈介祺等人合助翟云升成书《隶篇》。

许是皇天有眼，对吴氏一门格外慈恩。

曾两次春闱铩羽的吴式芬，于道光十五年（1835年），乙未科中式二甲第三十七名进士，引见改翰林院庶吉士。

次年，吴式芬散馆钦定一等第九名，授职编修。校赵明诚《金石录》济南谢世箕本。其间，吴式芬与同榜进士、武定利津李佐贤结为知己，与河南项城袁甲三（袁世凯叔祖父）等交往密切。吴式芬、李佐贤同选词林，同职庶常，气味相投，志同道合，契合非常。公余，常携手

北京琉璃厂

到街市、厂肆浏览购买古籍、文物。当时北京的琉璃厂、海王村是他们经常出入的场所。所见金石、字画、古币品种日多，每遇奇异之物，不惜重金购买。二人时常参互考证，互相研讨，交换有关古泉的意见和知识。吴式芬见多识广，对李佐贤确定古泉真赝、品类、时代、文字等很有助益。

其间，二人与海内同好杜受田、何绍基、刘喜海、鲍康、陈介祺、吕尧仙等十数人结为金石之盟，经常聚合于吴式芬的住所之"双虞壶斋"，对所得金石、书画、古币，以实物或拓片相投赠，累积大量文字和实物资料。他们在一起潜心研究，切磋学问，相互鉴赏。对罕见古物，一定做成拓片，连同记述文字一体保存。在这一众道友中，陈介祺最年少，鲍康次之，李佐贤又次之，故他三人盘桓于众人间，多方侍候左右。

吴式芬住所与龚自珍比邻而居，所藏金石碑版拓片相互传赏。龚自珍有十八封写给吴式芬的信，多记述金石碑版事。后吴式芬外官江西时，龚自珍作《别吴子苾太守》诗云：

> 子云识字似相如，记得前年隔巷居。
>
> 忙杀奚童传拓本，一行翠墨一封书。

吴式芬与李佐贤关系最笃，二人初次相识于道光三年（1823 年）。是年春，十六岁的李佐贤与十八岁的张衍蕙成婚。李佐贤在陪伴妻子归省海丰县城时，听闻对金石、字画颇有研究的吴式芬不久前护送祖母棺椁抵故里"尚书第"，一边侍奉刚刚致仕的祖父，一边苦学准备应试，遂极欲前往拜访。

吴、张两个"大宅门"隔街相对。而吴、张二族都是闻名一方的望族，故世代婚姻、亲上加亲。远的不说，吴式芬的堂伯父、广西百色厅同知、"奉政大夫"吴扶曾（吴垣嫡孙）的五女两年前嫁给了贡生张衍谟。

张衍谟、张衍蕙是堂兄妹，二人的祖父为张映斗。张映斗（1749—1823 年），乾隆丁酉（1777 年）举人，曾任福建南屏县知县、马家港通判，后因胞弟张映汉官，由嘉庆帝诰赠"光禄大夫"。

张衍谟、张衍蕙的小姑父乃协办大学士、一代帝师、文正公杜受田，张衍谟的胞妹后来则嫁给了协办大学士、军机大臣、文正公李鸿藻。而杜受田又是李佐贤的表叔（杜受田与李佐贤的父亲李文桂为姑舅表兄弟）。

张衍蕙之父乃道光壬午（1822年）科进士、翰林院庶吉士、浙江温台玉环厅同知、奉政大夫张洵。

吴式芬唯一的女儿又嫁给了张衍蕙的堂侄张守峤。

不管是从年龄，还是亲戚层面，李佐贤都尊称吴式芬为"兄"，因吴式芬按照大排行（吴垣、吴坛后裔）行六（实为行五，因讳"吴（无）五"），李佐贤等一众挚友，皆称吴式芬为"六哥""六弟"。

这次见面，二人促膝长谈，相见恨晚，从金石、书画、古泉到诗文、歌赋、科考，真正是志同道合，惺惺相惜。

道光十七年（1837年），吴式芬充国史馆协修，李佐贤转翰林院编修。是年，吴式芬《陶嘉书屋钟鼎彝器款识目录》初稿成，其《序》云："余自庚寅以后游京师，获交当代好古诸家，每遇古器必手自摹拓，而四方同好亦各以所藏拓赠，所获寝多。爰（yuán）荟萃墨本，汰其赝者，装册为玩，以是随其所得付装，故不次时代先后，亦不类分其器。续有所收，则别自为册，盖取其多而未已，用六一居士《集古录》目例也。"集成，众同道互为传看，齐聚"陶嘉书屋"致贺。

生活安定，职场顺意，家庭安宁，吴式芬、刘夫人愈加恩爱。一日惊闻刘氏再次孕育珠胎，吴式芬喜不自禁，一众文朋亦纷纷祝贺。

然而，刘氏早年体弱多病，虽多方调养，总是气血双亏，又是高龄产子，诞育之痛苦数倍于常人。对此，吴式芬和儿子吴重周、儿媳张氏唯有焚香遥祭天地神灵与诸列祖列宗，保佑刘氏生产顺利、母子平安。

就在大家手忙脚乱，且无计可施，刘氏再次陷入昏迷之际，突然，吴宅上空爆起一硕大礼花，腾起一道酷似蛟龙般五彩云霓，伴着两声尖利巨响，刘氏骤然受到惊吓，"哎呀"一声，身子一抖，猛一用力，一个婴儿顺势而出……

儿子，儿子……日思夜盼，终于梦想成真，吴式芬喜极而泣！

祖父、父亲、自己三代孤枝孑立，自己的后代终于秀木并双，吴式芬激动之情溢于言表。因而，他为这个老生子取名"重熹（xǐ）"，取字"仲饴"，一切都是围绕"心中之喜，喜上加喜，甘之如饴"。后，吴重熹自曰"仲怿（yì）"，依旧是欢喜、欣喜、快乐之意。

吴重熹满月，吴重周、张氏夫妇到法源寺、长椿寺还愿。一连数天，吴宅宾客盈门，摆设喜宴，海丰吴、张、王、杨等望族在京故旧至交，沾化苏氏、滨州杜氏、惠民李氏、乐陵潘氏、长山袁氏、南皮张氏、高阳刘氏、潍县陈氏等诸多姻亲戚友，以及吴式芬数十位翰林院同人、金石诗文同道，纷纷前来贺喜。

清明节前，吴式芬还打发吴重周赶赴海丰，祭奠、告慰祖灵。

是年七月，吴式芬得旨补授江西南昌府遗缺知府。尽管家有弱子病妻，但圣命难违，纵有千般不舍，只有叮嘱吴重周夫妇，以及刚刚成婚不久特地进京侍候母亲的女儿，在京精心奉养母亲，看护幼弟。

十月，吴式芬抵江西，补南安知府。抵任不久，一则喜讯再次让他热泪盈眶：成婚已六载的儿媳张氏业已怀孕！

道光二十年（1840年）的春节，吴式芬才见到已经满地乱跑的儿子，还有襁褓中的孙儿吴峋。看到幼子吴重熹虽然身子比较瘦弱，但骨骼出奇，眉清目秀，心头不胜欣喜。吴式芬叮嘱家人多加看护，多方调养。

转瞬已是月余，吴式芬启程江西。他再次叮嘱吴重周不可恣意娇惯吴重熹，争取早日开蒙授课。一年多来，教育、训导、看护吴重熹之重任，全由吴重周担任，而料理小叔之任，则由张氏担当。因刘夫人身体虚弱，产后无乳，先后聘约两位奶娘喂养吴重熹。后张氏产子，因奶量充盈，吴重熹曾吸吮嫂子母乳数月。因此，在吴重熹的心目中，兄嫂恩若父母，情比海深，让他感念一生、铭记一生。

吴式芬《攈古录》

在江西任上,吴式芬先后著《攈（jùn）古录》、辑《双虞壶斋印存》。
他常常思儿念孙,只恨遥遥数千里,不能如面,只能书信往来,以
释挂怀。

二、负笈五省遥万里　不舍舟次学渐丰

　　道光二十四年（1844年）二月，吴式芬补广西右江道。入朝谢恩罢，仅盘桓数日，即携带家眷赶赴广西任上。自此，吴重憙开始了跟随父亲十年南北奔波之程。

　　在广西柳州，吴重憙、吴峋受业于本地监生裘楷（竹孙）先生。

　　由兄长开蒙，因亲情使然，吴重周不忍苛责，但换作一位名儒，情况则有所不同。《三字经》里有两句耳熟能详的话："养不教，父之过；教不严，师之惰。"因之，吴式芬叮嘱裘先生一切从严，绝不可丝毫纵容、姑息学习中一切顽劣之气。

　　在一般官宦家庭，孩童三四岁发蒙认字，使用《千字文》等蒙学书籍。认了字，开始读《孝经》《大学》《中庸》，建设基础三观。每天先温习旧书，究竟书中字句什么意思，先不予理会，能背诵串讲则过关；旧书温完，上新书《论语》《孟子》等，建设深度价值观和人生观。七八岁左右要过学、庸、论、孟四书关。先读孝、学、庸，后论、孟，此先后顺序一般不能颠倒。接着过五经关：《诗经》《尚书》《周易》《礼记》《左传》，建设高阶世界观。这些读完差不多就十五六岁了，可以去试着考秀才。只要这个学生比较勤快，家里看得紧，不耽于嬉戏而浪费时间，考取秀才亦很正常。

　　过去由吴重周授课，吴重憙对年长自己二十四岁的兄长，没有丝毫怕情——因为大哥实在是怜惜这位身体瘦弱，又经常生病的幼弟，故吴重憙上课时一会儿要喝水，一会儿看窗外，一会儿低声呼唤侄儿……现在，换作裘先生，要求与兄长截然不同，吴重憙难以适应，裴先生费了好一番气力，甚至罚站、打戒尺，才予以矫正始顺。

次年，吴式芬委署广西按察使，吴重憙随父母、兄嫂迁往桂林。

途中，吴式芬令吴重憙背诵自己归纳总结的《读文之道》。吴重憙正襟危坐车上，字正腔圆，一字一板。

读文，五经皆大文也。《诗经》尤文之文者，以其易散为整，有剪裁含蓄之工，无野战散漫无纪之失，又音节和谐，无乖庆之病。以诗之法，易为古文。时文容易多矣。实字在训诂，须详加讲求；虚字则须读，读得上下文，文义分明，则虚字之意可喻于心矣。明白虚字，然后知文中细微曲折之故。细细分别，得文义出，文义分得出，则道理渐渐分得出矣。未有，文义不通而能明道理者。以"四子书"命题为文之功，所以不可菲薄也。史，汉文佳者，固须通篇读、成诵；余则节录小文字佳者，亦须成诵；全书亦须看读，知其事与文字。其他汉人文字佳者，亦不可不读，再读韩文及欧、柳、苏文，可矣。时文则明文，《传薪先正一隅集》《钦定祯文》；本朝文及国初老辈所定明文，本归金陈文全本，足矣。能明道理又通古文，时文不过看看式样即可，何须全副精神耶？

抵桂林不久，吴重憙与吴峋受业于游历此地的湖北廪贡生丁曜（yào）南（心臣）先生。闲暇之余，吴式芬专心于金石研究、考订，管教两个幼儿之责仍由吴重周担当。然，每逢月余，吴式芬必考问所学，稍有懈怠，对儿孙必严训之。尤其对小儿子更为严苛，以致吴重憙每每见到父亲，总有胆战心惊之感。为此，刘夫人、吴重周多次婉言相劝。

道光二十七年（1847年）二月，吴式芬补授河南按察使。七月到京，蒙圣上

清末广西桂林旧照

吴重憙的人生历程

清末河南开封铁塔

召见三次，谕以详慎案狱、除暴安良及河南被旱应备事宜，速行赴任。到任后，清理积案，绥靖地方，赈济灾民，朝夕不辍。吴式芬自翰林外任，一切用度从不委之于亲友，均为刘夫人亲自经理，量入为出，当用者未尝减，不当用者不滥用。初任河南臬司，亢旱为灾，百姓流离。刘夫人余资尚显不足，又典当簪环，多购置衣物，衣服上均印红色"救荒"字样，以备查访。同时经多年自学，已谙熟针灸、把脉，故多设医药，拯人疾苦，所到之处，活人无算，尤对极贫者、孤寡者，不取一毫，还悉馈药材。凡在外省遇有至契亲友，一定为居家居京的各眷属及姊妹遥寄方物，以慰相念。年方十岁的吴重憙极喜跟在母亲身边，搬弄衣物、药品。每见此景，吴式芬实在不忍训斥儿子荒耽学业，唯叮嘱仔细身体，不可损耗。理案、平乱、赈济罢，年底与何绍基、许瀚共同审定陈介祺的《簠（fǔ）斋印集》。

次年五月，吴式芬兼署河南布政使。吴重憙亲见其父校刻《宝刻丛编》八册。

道光二十九年（1849年）八月，吴式芬补授直隶布政使，同年十二月调任贵州布政使。次年三月吴重憙负笈南下，随家人同抵贵州。途中，一家人日行万山丛林中，为风烟瘴气所袭，俱染疠，吴重周之女病亡，痛惜莫释。刘夫人患咯血症，时好时作，自是药铛不离左右。六月，吴重周作《常惺惺斋随录》。

两年间，舟船频繁，旅途颠沛，吴式芬无暇聘师为吴重憙、吴峋授业，或任所，或驿站，或旅途，盖由自己或吴重周为吴重憙、吴峋二童授课。吴式芬购得多种典籍珍本，善加保存。

抵贵阳后，经多方问询，即聘本地道光乙巳（1845年）举人杨开秀（实田）为授业师。吴式芬作《黔行纪程》《海丰吴氏藏封泥考释》《陶嘉书屋藏秦汉印章》等。父亲

清末贵阳甲秀楼和浮玉桥

酷嗜考订，精于研究，给少年吴重憙留下深刻印象，为其后来继承父业、矢志考访、光大金石学问奠定了基础。

咸丰元年（1851年）四月，吴式芬刚刚作罢《安顺府志序》，即接到圣旨，调任陕西布政使。八月诸务交予下任，旋即赴京候召谢恩。

又是一个万水千山之旅。回京途中，吴式芬命吴重憙捧读翁同书（1810—1865年，江苏常熟人，道光二十年进士，历翰林院编修、广东乡试正考官、贵州学政等，帝师、协办大学士翁同龢胞兄）写给自己的赠诗《次韵吴子苾方伯由蜀道入觐即赴关中新任》四首。吴重憙开始读"吴子苾"三字时，稍稍一顿，却念成"吴先生"，吴式芬一怔，心下明白儿子之意，故意问："怎么读错了？这些年你学的什么？"吴重憙跪在父亲面前："不肖儿不敢冒渎父亲名讳。"吴式芬将儿子揽入怀中，不由亲了亲儿子的额头："那方伯一词该怎么解释？"吴重憙答曰："在古代，尤其是殷周时期，方伯是指在一方诸侯中居于领袖地位的人物。这种称谓源于周初的分封制度，其中天子分封诸侯国，并在这些诸侯中委任王室功臣或懿亲为诸侯之长，代表王室镇抚一方。后方伯的称谓逐渐泛化，用来指代地方上的长官。汉朝以后，刺史、采访使、观察使以及明清时期的布政使等地方官员，都被称为方伯。我皇清一朝，方伯专为一省布政使的尊称。"吴式芬难掩心头之喜，不由颔首，又一招手，将孙儿吴峋揽于怀中，问："布政使司还有两种泛称，你知道叫什么？"吴峋脱口而

出："藩司、藩台。""按察使呢？""臬（niè）司、臬台、廉访。"吴重憙、吴峋几乎异口同声。

吴重憙长吴峋一岁半，自开蒙至后十几年，叔侄联床而居，同砚而习，出入必偕，饮食必共。

喜事接踵而至。先是吴重周以二品荫生奉旨外用，例授同知衔候选通判。但吴重周看到父亲宦游南北，疲累至极，亟须有人贴身精心侍候，更为重要的是，母亲、妻子体弱多病，家中内外事宜需要有人操持，遂决计跟随父母左右，全力扶持幼弟、小儿长成。后吴式芬途经河南，知会一众旧僚，得数件金石器物，又觅得几部唐宋古典，自是喜不自禁。

咸丰二年（1852年）正月抵西安，吴式芬不顾舟车劳顿，遍访本地文化名士，旋聘浙江己酉（1849年）拔贡施作霖（雨生）为吴重憙、吴峋授业。又因倡捐军饷，蒙恩赏戴花翎。冬，闻太平军波及两湖，即趋紧筹办防堵事宜。日夜操持，不堪劳乏。稍缓，吴式芬即与叶东卿、刘燕庭、吕尧仙、李方赤等同醵（jù）资（大家凑钱）赠陈介祺著成《簠斋印集》十部，得钤印本一部。后又得宋拓《临江帖王大令书卷》，得陈介祺赠《毛公鼎》拓本并作释文。

在西安，吴重憙第一次见到自己的姐夫——海丰"大宅门"后裔，

陕西布政使司衙门旧照

时任陕西镇安知县张守峤。在陕西任职多年的张守峤受岳父吴式芬影响，在文化底蕴深厚的三秦大地多方搜集、寻觅，这次给岳丈带来了整整一车诸多宝贝，如古代典籍、青铜器、陶器、印章、封泥等，这也让

年仅十四岁的吴重憙大开眼界。

咸丰三年（1853年）三月，太平军占领南京，定为都城，改名"天京"。吴式芬感怀时艰，忧愤莫释，以致肝病复发，肢体无力，延医服药，时止时发。但又感念皇恩浩荡，必恪尽为臣守土之责，遂强力支撑，力保政体运转。

吴式芬与陈介祺两位金石同好，即为儿女订婚，拟明后年为二人成婚。

十二月，吴式芬奉旨抵京，交部带领引见。

咸丰四年（1854年）七月，吴式芬得旨以四品京堂候补。九月，补鸿胪寺卿，仅月余，即被任命为浙江学政。但此时，刘夫人病情加重，自感时日不多，遂向吴式芬请求回转故里海丰。于是，吴式芬泪别家人，率领一众仆从立即赶赴浙江，吴重周夫妇则携吴重憙、吴峋叔侄，陪伴母亲回转家乡。

抵海丰后，吴重周一面遍请乡里名医，为母亲诊疗；一面聘当地名门康熙朝侍讲、吏部侍郎王清后裔，道光乙酉（1825年）拔贡王毓宝（兰洲）为吴重憙、吴峋授业。不久，因王毓宝已经垂老，难以为继，不得已再聘惠民县道光辛卯（1831年）举人李秀东为授业师。

时光荏苒，学业时断时续，然吴重憙天资异禀，不舍昼夜，刻苦认真，强记博闻，加之对所学知识能够融会贯通，使学业在舟次车辙跋涉和消磨间，渐学渐丰，几近至臻。正如他后来所填《脱布衫》那般，印证了读书、学习的不易：

> 始读书不间昕宵，对青灯午夜频烧。
> 始学文全忘昏晓，望青云九天路渺。

三、怙恃遽逝茕孤露　笃志力学科贡名

咸丰五年（1855年）正月初二日，吴式芬甫任浙江学政，十一日补授内阁学士兼礼部侍郎衔。消息传回故里，阖家及张、王等戚友，都赶到尚书第庆贺。吴式芬典试衢州、严州、金华、处州、温州、台州、嘉兴、湖州等府，凡五月余。在原籍海丰的刘夫人于春季又患腹泻，不能动履，已病入膏肓，医食无补。四月十一日寅时刘夫人撒手人寰，享年五十九岁。吴式芬尚在数千里外，吴重憙与其兄吴重周操持丧事。

吴式芬于七月回浙江省提学衙门办理公务，未尝得一日安闲。浙江巡抚又奏请吴式芬代办当年乡试事。但吴式芬数十年来积劳成疾，并于台州接刘夫人讣音，悲怆不能自已，一连数日辗转反侧，寝食俱废，致肝病复发，遂决意引退。陈情开缺，得旨允准。适浙江省劝捐米石，嗣以捐助京仓海运粳米四百石，加三级归里。受兄长吴重周之托，吴重憙赶赴浙江，迎父亲北归。

次年二月，吴式芬买舟北归，吴重憙环侍左右。

舟车劳顿中，吴式芬仍在对儿子施以教育："瞻之在前，忽焉在后。夫子循循然善诱人，博我以文，约我以礼。"

吴重憙如稚子一般，依偎在父亲身旁，含泪低吟：

对于老师的学问与道德，吾抬头仰望，越望越觉得高耸云端；吾努力钻研，越钻研越觉得不可穷尽。看着它好像在前面，忽然又像在后面。老师善于一步步地诱导我，用各种典籍来丰富我的知识，又用各种礼节来约束我的言行，使我想停止学习都不可能，直到我用尽了自己的全力。

吴式芬故居

　　吴式芬不由揽儿子于怀中，用手轻轻摩挲着儿子的鬓发，念及自己病体每况愈下，有可能不久于人世，骨肉分离，不由落下几滴泪水……

　　四月，父子抵山东海丰故里，吴式芬亲到刘氏棺椁前，哭祭焚香。夜间，吴式芬捧览吴重周、吴重憙为母草撰《显妣刘太君行述》，数次泪洒纸上。吴重憙日夜侍候父亲左右，含泪劝慰。吴式芬服药数日，病情稍减，咬牙支撑身体整理典籍。然，入伏以后，酷暑难耐，吴式芬食不甘味，又犯牙痛旧症，牵连右腮肿硬不消。日久而疽形渐见，敷施末药，不见痊愈。见父亲病情如此，吴重憙想及去年辞世的母亲，白天强作欢颜，夜间则百般苦戚，垂泪悲叹。

　　八月初九日，吴式芬获授光禄大夫，诰称："尔内阁学士兼礼部侍郎衔前任浙江学政加三级吴式芬，艺苑鸿才，禁林硕望。早登华贯，久推玉尺之英；副领容台，雅称冰衡之美。淑民风于清逊，彰国教于休明。特焕殊荣，以昭新渥。兹以覃恩，授尔为光禄大夫。"并赏给其曾祖父母、祖父母、父母及其本身妻室一品封典。

　　跪谢九重后，吴式芬由吴重周、吴重憙搀扶，亲到城南祖茔祭奠、

吴氏祖茔出土诰命碑碑首、石像生

告慰。回家后，病情再次加重。暮秋，吴式芬又患腹泻，医药罔效。

弥留之际，吴式芬叮嘱吴重憙、吴峋一定笃志向学，力争早日蟾宫折桂、跻身词林。若得祖德庇佑，步入仕途，定要忠心体国、为民谋事，方不枉虚担祖上数百年"簪缨世胄"之清名。又嘱吴重憙善加保存自己数十年来的上千件典籍、金石、封泥等珍品，俟后或整理成帙，或传于世，万不可疏忽……吴重憙含泪颔首，一再鸣誓。

十月初八日卯时，吴式芬卒，享年六十一岁。

沾化探花、仕至福建按察使苏敬衡作《祭阁部吴公暨配刘夫人文》。

苏州长洲进士、仕至左副都御史彭蕴章撰《皇清诰授光禄大夫内阁学士兼礼部侍郎衔加三级吴公墓志铭》。

从此，吴重憙少失怙恃，依兄嫂生活、学习。每当夜深人静之时，泪洒枕榻，暗自发誓，励志修学，功成以承祖业，正如父亲常叮咛的那般：扬鞭自奋，积学聚才，嗣以天下为己任，实现治国平天下之执念与抱负。不求此生青史留名，但求人生无怨无悔。

然而，少失父母之痛，给吴重憙造成了一生的心理阴影。即使后来高居庙堂、儿孙绕膝，还常常思其双亲、手足，涕泗欲下。归隐天津时，吴重憙曾对自己的遭际、经历，以时间、历官为轴，作乐府曲十余阙，其中的《叨叨令》可谓情真意切，哀伤无尽：

一霎时，降严霜，杀百草，堂萱（xuān）老。一霎时，陈封章，请解职，庭椿耄。一霎时，去钱塘，携琴鹤，归途绕。一霎时，读《蓼莪（lù é）》，念生我,天不吊。兀的不痛杀人也幺哥,兀的不闪杀人也幺哥。只剩得,弟与兄,叔合侄,三人了。

在海丰故里,吴重憙与兄长吴重周一面为父母亲守丧,一面刻苦攻读,先后受知于许瀚、李熙龄先生。其间,吴重憙与海丰本邑诸文士多交游,与张守宣、杨登峰等诗文名士交流甚厚。原本对诗文甚少涉猎的吴重憙,虚心请教,提笔习作,渐获心得。此后,或逢节日,或见景色,或交新友,或思亲感怀,或遇珍奇异物,或迁徙旅次……或忧,或喜,或诧,或叹,必赋诗填词,或寸言片语,或洋洋数百,悉私藏之。又因恐日后游走官场,以"见有以性耽词翰被劾者,且以戒诗为宗旨",未便示人,只待日后整理结集。

吴重憙数次赴潍县岳父家小住。每次,陈介祺必与之谈论治学之道,授以作字之法,吴重憙还多次为陈介祺整理缮写金石文字的著录。陈介祺对这位准女婿寄予厚望,他曾在吴重憙为他抄写的《潍县陈氏宝物簠斋藏器目》题跋中言:"我对于女婿寄予的希望大且重,仲饴勉

陈介祺故居

之哉，勿以此夺志也。"吴重憙天资聪慧，又深受陈介祺点拨教诲，大有进益，由郡试第一冠童子试。吴重周高兴地说："只要看见吾弟成立，我自己不再入仕亦慰。"

咸丰九年（1859年），吴重憙服阕。在兄嫂操持下，与陈介祺之女完婚。时吴重憙二十二岁，陈氏二十三岁。吴峋亦与查氏成婚。次年，查氏生子吴保镛，陈氏生子吴钦。

是年，吴重憙、吴峋受知于郑敦谨先生。此人为道光乙未（1835年）进士，与吴式芬系同榜，曾提督山东学政，后仕至刑部尚书，谥"恪慎"。因与吴式芬有同年之谊，故郑敦谨督学山东时，特抵海丰尚书第，小住几日，对吴重憙、吴峋叔侄学业给予指导。

咸丰十一年（1861年），山东因捻军扰乱，乡试罢停，吴重憙、吴峋赶赴北京，应辛酉科顺天乡试。吴峋中试第199名举人，而吴重憙未售。叔侄二人求取功名念切，矢志以科名自立，好慰藉吴氏祖先在天之灵与父兄吴重周教养期望之意。五年以来，互相策励，苦读每至深夜，课文恒至达旦，作为侄子的吴峋获捷，而当叔叔的吴重憙却未考中，又因归途失调，到家即大病，滴水不进，势近垂危。吴峋怜念自幼与叔叔相依相爱，叔侄情深，求医问药，甚至愿以己身代替叔叔去死。吴重憙气若游丝，命在旦夕。吴重周、张氏、陈氏垂泪操持衰事，停灵之物陈于庭院，祭筵设于内室。吴峋情急之下，与叔母陈氏同时刮股投药以进，吴重憙居然转危为安，月余方能扶策徐行。

吴重憙第一次乡试未售，但郑敦谨青眼独具，认定此子日后必为国器，因之致函吴重憙，对其多加勉励。吴重憙感恩戴德，不舍朝夕，日夜攻读。

同治元年（1862年），吴重憙应壬午恩科、补行辛酉科山东乡试，中式108名，复试以一等15名中举。此次乡试山东考官：光禄寺卿潘祖荫（字伯寅，江苏吴县人，壬子进士）、编修杨泗孙（字滨石，江苏常熟人，壬子进士）。

阖家高兴之时，又接许瀚来函称《攈古录》辑成。从信中方知去秋捻军之乱波及日照，许瀚藏书尽遭焚掠，唯吴式芬著作失而复得，完好无缺。吴重憙即刻遣人赍还。吴式芬收藏金石书卷以及拓本手稿甚为丰富，吴重憙弟兄珍藏完善，无片纸一物散佚。但此时吴家家道中落，食指繁多，吴重周深以为忧，吴重憙、吴峋叔侄综理家务，售卖田产，费尽心思，维持家计。

　　时北方捻军逼近清河南岸，意图抢渡。吴重憙协助其兄吴重周首先倡议捐资充用，修城备械，集乡里以联声势，远近闻风响附，海丰县令江继爽素知吴氏兄弟有才识具威望，倾心接纳，咨访地方要务。弟兄二人建议："海丰城外居人迁徙于城内居住，匪寇一旦到来，非筑圩不能守。但海丰小县，偏远落后，经济萧条，无捐无厘筹款，是第一大难题；海丰县地势辽阔，尺寸皆需采买，并且有圩墙，就不可无器械，花费巨大，是第二大难题；先捐资，后筑墙，何时能成？先筑墙，后捐资，捐必不力，是第三大难题。有此三大难题，以排众议，倘如圩墙成，而匪寇来攻，数千家庐舍或可希望保全。"当时安徽、河南、山东三省筑圩御敌的例子不胜枚举，海丰县城僻在一隅，民众多不知其利害。有的以为妨碍于农事出入不方便，有的恐怕吴氏弟兄二人半途而废，事不能成功而相劝的，有的料定大功难成，姑且应付筹划的。家人和族人也恐怕受到连累。兄弟二人仍坚持原方案不变，遂于翌年春垫

无棣海丰塔震毁后旧照

款捐修，畚锸齐集，两月余而圩墙成，袤十五里二百一十步，建六门，濠深及泉，增铳炮、募捐输，两年方告竣。吴重周因劳累过度，次年冬旧疾复发，仍然扶病督工，事虽成，但心力亦瘁。同治三年（1864年），抚台阎铭敬准予造册请奖。

同治四年（1865年），吴重憙、吴峋同应乙丑科会试。吴重憙不售。吴峋中亚元，殿试二甲第65名进士，朝考入选，钦点签分礼部祠祭司主事。吴重周在家得报大喜，借以少吐一生抑塞之气，但其时已多病，啖饭日少，夜则心悸不眠，继而肝郁旧疾复发，经调治略好转。六月，吴峋为免扰吴重憙学业，一人驰回海丰，劝其父入都北京以寻故旧，畅杯酒之欢。吴重周于八月入都，暂寄居僧寺坐禅，父子一榻，言笑孩提，每于饭后租一辆车同乘，吴峋送父至戏园观剧。吴峋入署办理公事已毕，至园门迎父同归。然，不到两个月，吴重周突患痰厥症，于同治四年（1865年）十月二十九日戌时亡故于僧舍，年五十二岁。后因子吴峋官，晋赠"中宪大夫"；因弟吴重憙官，赠河南开封知府、资政大夫。

吴重憙呼天抢地，悲恸过甚，以致月余缠病榻上。稍缓，即与侄儿带领众亲眷家人，扶棺南下。未及抵里，又闻家姐噩耗，钻心裂肺之痛实难压抑，吴重憙不由顿足捶胸，大放悲声，连吐鲜血数口，昏厥于野。

四、投名报捐积才识　工部学习功初成

兄丧礼毕，家境日敝，吴重憙决计辍学休考，先谋就一个官职，以补贴家用。陈氏、张氏皆出自名门，富才学，识大体，以竭力支持夫、叔成就大业为重。于是，二人遵从吴重憙之意，不再力劝吴重憙重入礼闱，欲以报捐形式为吴重憙谋取职位。此议，亦深得吴峋赞同。

自道光二十年（1840年）鸦片战争以来，大清由乾隆晚期已经形成的颓势，在英军坚船利炮面前进一步凸显，全国各地各种形式的农民起义风起云涌，社会矛盾日益激化。咸丰年间，洪秀全领导的太平天国运动势若破竹，清廷调集各地重兵镇剿，耗费甚巨，而英法两军借口清政府"不讲道义，不顾国际法"，"非法"处死18名英法"侨民"，悍然进犯津京，大肆抢掠，火烧圆明园，强迫清王朝签订《天津条约》《北京条约》，霸占中国九龙半岛等大片国土，勒索1600万两白银的巨额战争赔款。

北京旧照

内乱不休，攻伐连年；外强环伺，国运凋敝。但大清王朝的最高统治者依然认不清世界大势，依旧生活在"天朝"歌舞升平中；穷奢极欲，挥霍无度，导致国库亏空，转圜不灵，因此清廷再次将"报捐"摆上桌面，并习以为常，借此纾解财政困难。

报捐，即根据纳捐人自愿捐助的金银或粮米若干，报请取得某种官职。一则初步取得科举功名之人，可以谋得一个相应的实职；一则家资富饶者，可以取得一个头衔，但大都为虚职。

吴重憙即为举人，已经取得入仕的资格，但晚清举人一般情况下只能谋得各部、院、寺等八、九品小吏职位，或到某县某州任职，或教谕，或典史，或训导。若能在中举一二年内谋得一个职位，已属非常幸运，尚有许多人要等几年或十几年才得以补缺，或以大挑拣选，取得一官半职，有些人甚至一生都无缘涉足官场。

正因如此，吴重憙春闱铩羽后，病中的兄长吴重周决定为弟弟走"报捐"这条路子，助推弟弟光耀门楣。所以，离世前专门交代妻子张氏，定要鼎力办好弟弟之事。因此，张氏不顾吴重憙反对，典卖十几亩土地，典当部分家私，又通过郑敦瑾、陈介祺、王懿荣等一班至亲故旧引荐，以援军饷为由，为吴重憙报捐郎中。

嫂子张氏积劳成疾，加之兄长吴重周故去，性情有变，唯求速死，致病况日重。平素唯有吴重憙之言，方可舒缓一二，家人偶有拂张夫人之意，吴重憙一到，立刻化解。病重时，张夫人拒服药饵，颦眉蹙额不能下咽，每当吴重憙捧着药碗，躬身给嫂子喂药，张氏则不忍推却而服之。

许瀚画像

虽由吴重憙、吴峋叔侄多方觅医问药，参丹益补，但终无力回天，张氏于同治五年（1866年）十二月十五日戌时撒手人寰。吴重憙正在悲恸中，忽得业师许瀚病亡之讯，戚戚然，惶惶然，因不能前往日照哭祭恩师，饮恨中只得到郊外遥祭。

十年内，连丧父母、兄嫂、

姐姐五位至亲和恩师许瀚，吴重憙身心疲累，一度欲剃度出家，以洗自身"罪孽"。在陈氏、侄儿的再三劝解下，半年方走出悲戚阴影。病中，吴重憙作《饥鸟孤燕篇》（节选）：

树静风不停，水东波不西。

恋恋春日晖，哀哀孤露思。

庭中有高柯，饥鸟巢其枝。

燕燕尔何孤，作此萍水期。

燕无报乳日，鸟无反哺时。

孤燕对饥鸟，涕泗沾涟洏。

我有亲骨肉，黄泉生隔睽。

慈竹霜先寒，椿荫惊崩摧。

孑然蕨葳躬，十载兄是依。

其岁值己未，姊去商山陲。

谁云是永诀，砧冷声凄凄。

昊天犹不吊，伤此埙与篪。

含殓弗躬亲，梦寐时见之。

两世两遗孤，门户焉支持。

每逢莱衣人，有泪不敢挥。

同治六年（1867年）三月，吴重憙到京。四月，分工部行走。七月请假回籍。然而，此次回转家乡，却是另一番滋味在心头，念及父母、兄嫂、长姐俱舍己而去，不由感怀万千，一路唏嘘。

十月二十五日，吴重憙、吴峋葬吴重周夫妇于海丰县城南徐家庄祖茔迤北之新阡。

翌年四月初，捻军由直隶向南进入山东。吴重憙与海丰县衙诸僚属合力防堵，昼夜不辍。十一日，捻军攻陷海丰县城，吴氏家族典籍诸珍幸藏匿于地窖，方免焚掠。因吴重憙在籍剿办捻军有功，海丰知县黄景晟（shèng）禀陈山东巡抚丁宝桢，由其奏报朝廷。七月十一日，吴重憙奉旨赏戴花翎，在工部学习。

同治九年（1870 年），吴重憙在工部学习期满，经工部尚书署理山西巡抚兼管提督盐政印务节制太原城守尉郑敦瑾奏留，吴重憙以工部郎中候补，十月于金泉书院肄业。作为吴式芬好友、吴重憙导师，郑敦瑾对吴重憙嘉勉再三。师长再造之恩，让吴重憙刻记于胸。

此年，为完成父兄遗愿，公余，吴重憙着手修撰《海丰吴氏族谱》十二卷本。

次年清明前夕，吴重憙回籍祭扫。再次回到家乡，还未抵近故里，吴重憙已是潸然泪下。深夜，辗转反侧，难以成寐，于是作诗六首，予以抒怀。仅摘录二首：

三十三初度家门感赋

其一

忆我览揆辰，父母年向艾。

养儿望儿长，教儿恐儿败。

儿病亲见颦，儿读亲闻快。

及至儿长成，儿亲已见背。

当其抚儿时，讵不念衰惫。

不以衰惫心，易我劳与诲。

匆匆风木伤，已到十年外。

古人愿为兄，永抱终天慨。

其二

东风三月时，吹折棠与棣。

兄为达之伯，弟居骊之季。

甲戌至戊戌，长弟廿有四。

十载教养恩，兼尽父师事。

慰读兄前鲜，怜寒嫂制氄。

秋草脊令原，忽忽五六岁。

抚躬丛百怨，陟冈空陨涕。

同治十年（1871年），吴重憙受岳丈陈介祺之命，去潍县抄《潍县陈介祺金文拓本释》（二册）。翌年二月，为陈介祺抄录《潍县陈氏宝簠斋藏器目》，考编李璋煜、刘喜海、许瀚三家集古册，合《簠斋集古册》，辑为《宝簠斋集各家彝器释文》。

是年夏，吴重憙为业师许瀚入祀乡贤祠一事赶赴日照。想及业师之恩，自是几多感怀，几多悲叹，无以为报，吴重憙将随身携带银两悉数留赠许氏老幼，以补家计。

是年中元日，吴重憙率诸子侄祭扫祖墓后，赋诗一首。

中元日携儿辈扫墓

两载中元在客居，何会邱垅荐秋蔬。

伤心蒿蔚嗟墨耻，无恙松楸幸燹余。

一辈云礽新乳燕，十年雪涕旧皋鱼。

露濡霜降空悲感，惭愧前贤署柏庐。

八月至十月，吴重憙与李佐贤至潍县为陈介祺夫人李氏襄礼（旧时举行婚丧祭祀之礼时，协助主者完成仪式），并至胶东同游崂山、琅琊台，十月归海丰故里。年底回到北京，为长子吴钦（qīn）与天津徐氏议婚。

光绪元年（1875年）九月，吴重憙奉移礼成，由工部保奏，奉旨以本部郎中无论题选咨留遇缺即补，并俟补郎中。是年《阳嘉残碑》于曲阜出土，为吴重憙所得并收藏。

冬，吴重憙携吴峋登城观雪，并赋诗一首。

与庚生侄城楼望雪（节选）

会于绝顶作小憩，尽收妙景归篮舆。

自来乡里已九载，此眼久与青山疏。

每于枕上闻竹折，寂寞往往围红炉。

李佐贤书法作品

今晨幸遇兴非浅，愿持禁体追鬅苏。

但祝十日不开霁，重来觞咏无时虚。

命僮缚帚且扫径，珍藏留待烹茶需。

次年六月，吴重熹受陈介祺嘱托，初将《封泥考略》考订大概，且"编录略有眉目"，将录目寄陈介祺审定。年底，因岳丈病，吴重熹偕夫人并儿子吴钦、吴尌（fēng）、吴豳（bīn）和女儿赶赴潍县探视。盘桓数日，见岳丈渐愈，回海丰祭奠祖先。

光绪四年（1878年）春，为长子吴钦完婚。妻徐氏，天津名门、山东长清县知县徐福臻女，徐世昌（1855—1939年，清末东三省总督，第二任中华民国大总统）姑母。

《清实录》候补郎中吴重熹以知府即选并赏三品衔的记录

翌年三月，吴重熹因恭办太庙神龛奏报俟（sì）补郎中，后以知府在任遇缺即选并加四品衔。又因襄办典礼，奉旨免补郎中，以知府即选并加三品衔。五月，选授河南陈州府知府。六月初五日经钦派王大臣验放，初六日复奏，堪以补授，奉旨依议，十二月到省。是年七月，吴峋以礼部主事简放山西乡试副主考。吴重熹设酒，吴峋跪辞叔父，从此叔侄天各一方，遥遥千里，唯鸿雁传书，以解忧闷。

五、守陈十年风雨骤　赈灾兴文留惠政

光绪六年（1880年）二月，吴重憙在河南陈州府（今周口市）接印任事。

河南，古称"中原""豫州""中州"，简称"豫"，因大部分位于黄河以南，故名。河南是中华民族与中华文明的主要发祥地之一，历史上先后有二十多个朝代建都或迁都此地，诞生了洛阳、开封、安阳、郑州、商丘等古都，养育了老子、庄子、墨子、韩非子、商鞅、张良、张衡、杜甫、吴道子、岳飞等历史名人。

作为痴迷考证、执着收藏的吴重憙，对陈州这块古老的中原大地上的历史典故相当谙熟。

"子之汤兮，宛丘之上兮。洵有情兮，而无望兮……"《诗经》曾记载了春秋时期陈国都城近郊有一个名叫"宛丘"的高台，《左传》称其为"太昊之墟"。相传六千多年前，太昊伏羲氏在此建都，名为"宛丘"。五千多年前，炎帝神农氏定都于此，改名为"陈"。后来，中原文化、东夷文化、荆楚文化在这里交汇融合。春秋时的陈国在此生存上千年，留下了诸多文明遗迹和历史传说。陈国始君陈胡公在这里励精图治，以德教民;《诗经·陈风》中人们在这里吟唱:"彼泽之陂（bēi），有蒲与荷。"孔子在这里开馆收徒，讲学四年，并于陈蔡绝粮，留下弦歌台的传说……千古如一的君子风范，影响着一代又一代陈州人。两千多年前，汉高祖刘邦封其子刘友到此做淮阳王，"淮阳"一名至此广为人知。淮阳自宋代称陈州，历史上有"包公下陈州"的美谈。《淮阳县志》中有包拯写的一份奏疏，庆历二年（1042年）冬，陈州遭受雨雪大灾，百姓生计陷于困境。包拯闻知，向朝廷上书《请免陈州添折见

吴重憙的人生历程

清代陈州府辖区图

钱疏》，陈州百姓深受其惠。

陈州清初为开封府属州，雍正二年（1724年）为直隶州，领四县：西华、商水、项城、沈丘；雍正十三年（1735年）升为府，辖七县：淮宁、太康、扶沟、西华、商水、项城、沈丘。在河南八府中，位列下等。

历史上的陈州是一个多灾多难之地，盖因此区地势低洼，"上游诸川之水多汇于此，往往盛夏雨聚诸川，小溢即成洪波，讵（jù）维黄水波及之厄，载在前史已哉"。因此，历任知府五之三年，俱奔波于抗御水患、赈济灾民事务中。亦因如此，流民汇集，匪寇时发，地方不靖，治理难度陡增。

山东海丰吴氏名播海内，历代多有其族人主政河南，口碑载道。如吴重憙堂伯祖父吴怡曾（1767—1829年，字仲睦，号适斋，举人，官至河南光州、直隶州知州，诰授奉政大夫）先后在河南陈留、安阳、项城、太康、洛阳、光州、滑县、开封、许州、陕州等州县为官三十余载，厘剔史胥之弊，人惮严明；钩稽案牍之烦，政无留滞。吴怡曾在袁世凯老家项城为知县三载，捐资为邑治莲溪书院增以膏火，延名师主讲，自此人文四起，他还妥善处理了项城与上蔡界河纷争并疏浚河道，上蔡官民悉服，绘图立石以垂永久。项城百姓为感念吴怡曾勤政忧民、精勤尤著，建生祠，立主祀之。吴重憙十岁时随父亲吴式芬在河南生活两年，目睹父亲夜以继日理案批讼，亲率民众抗御抗旱，留下诸多惠政，为民所颂扬。明清两朝还有高毓秀、杨尔陶、杨修田、杨俌（fǔ）超等海丰人都曾为官豫省诸州府，留下许多德政贤名，被后人所传诵。这些，都为吴重

熹治理豫省地方大有启迪
和裨益。

因此，吴重熹知陈州，
自感如履薄冰，压力重大，
暗自发誓加倍劳心竭力，
以不辱没祖上荣光。于是，
他征尘未洗，先去拜谒文
庙，后考察弦歌书院，看
到陈州府最为重要的两处
儒生就读、学习场所，心

晚清陈州太昊陵庙会的场景旧照

情甚为沉重。他了解到上一次，还是嘉庆二十二年（1817年）李振翥（zhù）
守陈时，对弦歌书院、文庙加以修葺，时隔七十余年，风吹雨淋，又
是一片衰圮之状。他极欲效法先贤，先与淮宁知县沟通，带头捐俸，
再组织民间募捐，凡捐助巨大者，一律勒石留名，以启未来。接着，
走街串巷，遍访耆老、善士、乡贤，借以讨教治理地方之策。他在收
集民情民意，资助贫困，安抚百姓的同时，以在乡村推行孝悌文化、
振兴教育为先务，建崇经义塾，并亲自撰《名宦乡贤忠孝节义四祠碑记》
流存于世：

　　……

　　光绪六年（1880年）春，重熹来守此邦，即以学校为务，而庙堂经
久不修，大惧倾圮（pǐ）。越三年，长垣焦思浚来权淮宁县事，相与商榷，
志趣适合，乃举董圮（pǐ）材，骨远骨隶，梁栋之朽败，砖础之缺窳（yǔ），
举易而新之。大成殿东西庑（wǔ）及前后各祠，或规矩仍旧，或制度增
高，至名宦、乡贤、忠孝、节义四祠，非一时所建，故位置失宜，今
悉改作。经始于癸未（1883年）八月，成于甲申（1884年）二月。又建义
塾于垣西隙地，书楼三楹，东西屋凡六楹，藏书、教授、庖厨之所略备，
并筹修金膏火费，为经久计。复以羡余，缮治城隍，高其丽谯（qiáo），

约橼致坚，使与庙堂相辉映。是役也，固官于此者之责。而郡之四民及贤士大夫相与经营，故不限期日成也。

重憙初莅郡事，恒惴惴典礼有阙，贻神民羞。今庙学落成，礼乐骨备。郡人士必有所观感兴起，志古人之志，学古人之学，成古人之德业文章，以期无负圣天子乐泮储才之至意；而庶民瞻仰且有所依归，闾阎狷（juàn）让成风，隆古可立而待。

若夫夸丹楹之丽壮，宫墙之高，以为饰观之举，岂余之所望于郡人士者哉。

之后，吴重憙拜谒并主持修葺了"汲黯卧治阁""包公祠"等。

在儿时，吴重憙即听父亲讲述过汉之张良、萧何、班超、周亚夫、晁错、汲黯、卫青等，唐之房玄龄、杜如晦、魏征、虞世南、狄仁杰及后唐无棣人李愚，宋之范仲淹、王安石、包拯、欧阳修、司马光、苏轼、黄庭坚及无棣人李之纯、李之仪，明之王守仁、刘基、张居正、于谦、杨士奇、海瑞、杨廷和、胡宗宪、戚继光及无棣人滕国公"忠勇"孟善、少保"忠简"王佐、少保杨巍、兵部侍郎谷中虚、按察副使刘三顾等人的故事，并让自己诵读史书典籍上有关一代代贤臣良将之记载。

如今，拾阶汲黯卧治阁，吴重憙不由低声吟哦起《资治通鉴》中关于汉武帝谕旨汲黯守陈时的名段：

上以为淮阳，楚地之郊，乃召拜汲黯为淮阳太守。黯伏谢不受印，诏数强予，然后奉诏。黯为上泣曰："臣自以为填沟壑，不复见陛下，不意陛下复收用之。臣常有狗马病，力不能任郡事。臣愿为中郎。出入禁闼（tà），补过拾遗，臣之愿也。"上曰："君薄淮阳邪？吾今召君矣，顾淮阳吏民不相得，吾徒得君之重，卧而治之。"

黯既辞行，过大行李息，曰："黯弃逐居郡，不得与朝廷议矣。御史大夫汤，智足以拒谏，诈足以饰非，务巧佞之语，辩数之辞，非肯正为天下言，专阿主意。主意所不欲，因而毁之；主意所欲，因而誉之。好兴事，舞文法，内怀诈以御主心，外挟贼吏以为威重。公列九卿，不早言之，公与之俱受其戮矣。"息畏汤，终不敢言；及汤败，上抵息罪。使黯以诸侯相秩居淮阳，十岁而卒。

这就是汲黯，"为人性倨，少礼，面折，不能容人之过。合己者善待之，不合者弗能忍见，士亦以此不附焉。然好游侠，任气节，行修洁"。一副直肠子，不讲礼数，当面喜欢提意见，让人下不了台，更不能容忍错误。合得来的就兄弟相处，合不来的见也不见，所以没有什么狐朋狗友。但是，此人古道热肠、侠肝义胆，守原则、讲气节、有节操。在汉景帝朝任太子洗马时，就以"以庄见惮"——连皇帝都感到有心理压力。他对汉武帝敢谏敢争，对权臣敢批敢骂，在朝廷中树起一面正义的旗帜。

汲黯到淮阳后，以道家无为而治的思想治官理民。选择清正廉洁的郡丞和下属官吏，国中事务委派他们去干，自己督促，不到一个月时间，就处理了前任遗留下来的二十多起积案，并规定：百姓进衙告状，任何人不得阻拦，可直接到他病榻前，当面陈述；他还经常微服出访，体察民情；他惩办贪官污吏，罢黜无能官佐，任用廉洁之士；处决私铸五铢钱的要犯，清除劣迹斑斑的衙役，这一切，使淮阳的社会风气大变，官民关系很快和解。作为淮阳的地方官，史书对汲黯的评价是四个字：淮阳政清。

汲黯在淮阳十年，以清廉著称，死后家无余资。后人为了弘扬汲黯的美德，在太守府院内兴建了"卧治阁"。之后"卧阁清风"则成为古陈州七台八景之一。

千余年间，因淮阳（陈州）屡遭水患，稼穑房屋数毁，目下的卧治阁就是人们在原基上修葺而成，已

河南汲黯雕塑

不在府垣内。

吴重憙在卧治阁凭吊，追思这样一位骨鲠之臣：优点如此显明，缺点如此可爱，性格如此鲜明，对国事如此忠诚，对政治如此娴熟。"卧阁清风"已深深植根于他的心底，汲黯的威严又宽疏、正直又灵活的形象逐渐黯淡了下去，但社稷之臣的内涵却愈发清晰了起来。

在陈州任上，历史上还有数位赫赫有名的人物，仅宋代就有范仲淹、包拯、蔡确、张耒等名宦、诗文大家。其中，包拯的名气在民间最著。

包公祠俗称"老包庙"，位于城内西北角，为纪念宋代名臣包拯而建。此处原是官府的粮仓之地，陈州民众为了感戴这位解救疾苦的恩人，特在此建祠塑像，以示纪念。

陈州包公祠

包拯这位宋代名臣，抑恶扬善，刚正不阿，当地百姓相传曾亲来陈州微服私访，铡四国舅，为民除害，他还向皇帝奏章，直言禀告陈州灾情，给陈州人民办了许多实事好事。《淮阳县志》不仅记载有包拯写的《请免陈州添折见钱疏》奏章，还记载明成化年间知州戴昕（xīn）为包公建祠之事。清嘉庆十二年（1807年）知府包敏、知县张世濂重修。

吴重憙望着正殿大门两侧的对联，不禁思潮起伏：

　　　理冤狱关节不通自是阎罗气象；

　　　赈灾黎慈悲无量依然菩萨心肠。

这道出了当地人民群众由衷赞扬、感佩包公的心声。

这就是为官一方之人，你为民办事、为民请命，则世代黎庶将铭记你的姓名，记住你的恩德。

光绪八年（1882年）八月，吴重憙次子吴尌在河南陈州娶山东福山、国子监祭酒王懿荣次女王崇焕。

后两年，吴重憙亲捐薪俸，又倡邑中富家商贾重修文庙，增设房舍，觅名儒课业生员。

光绪十一年（1885年）六月，吴峋因上年参劾军机大臣、东阁大学士阎敬铭执拗刚愎（bì）等情一折及本年正月所奏"圣学日新，亟宜杜渐防微，上年邓承修疏内，恭录圣训，原折不应掷还"等语，著交部严加议处，降五级调用。性情耿介的吴峋心灰意冷，遂决然辞职，并于该年秋至陈州府署吴重憙处一聚。吴重憙百般劝解，并袖出近两年来珍藏的数帧字画相赠。在吴重憙的资助下，吴峋访求汉砖得四五百块。吴重憙作《题庾生侄风雪访砖图》诗以记其事。

光绪十二年（1886年），吴重憙大计保荐卓异。二月，吴峋自吴重憙处回归山东海丰，修补祖茔，四代未立之碑陆续建立。所有资费，盖由吴重憙筹措。

次年二月，吴重憙之女嫁南皮张之洞族侄张彬。

光绪年间河南省灾荒频仍，居全国之首。古代社会，由于生产力落后，人类在自然灾害面前显得尤为渺小无助，随天灾而来的人祸更让人扼腕叹息，屡屡出现借机中饱私囊、渔猎百姓的贪腐大案。因此，在赈灾以及治河、筹边中始终心怀百姓、亲力亲为的能臣廉员则显得实为可贵，在多灾多难的河南，尤以黄河水灾为著。史上死亡人数最多的黄河大水灾，发生在光绪十三年（1887年）的郑州。清代湖南著名爱国诗僧释静安，曾为郑州写了一首悲怆的诗歌《郑州河决歌》：

　　　　呜呼！

　　　　圣人千载不复生，黄河之水何时清。

　　　　浊浪排空倒山岳，须臾沦没七十城。

　　　　蛟龙吐雾蔽天黑，不闻哭声闻水声。

　　　　天子宵衣夜长叹，诏起师臣出防捍。

　　　　帑金万镒添洪流，黄河之工犹未半。

41

吴重憙的人生历程

精卫含愁河伯怒，桃花水讯益汗漫。

明庭下诏罪有司，有司椎胸向天悲。

吁嗟乎！

时事艰难乃如此，余独何心惜一死。

舍身愿入洪流中，抗涛速使河成功。

是年八月十四日，河南遭遇暴雨，暴涨的黄河在郑州下汛十堡处决口。十几米深的洪水很快围住了郑州城，冲毁了中牟城，到达古城开封时洪峰已高达近四十米，吞没了开封以东数千个城镇和乡村。大水漫溢至陈州府数十里，吴重熹亲自调集民工备砂石木料，一连十几天亲临现场督修堤坝捍御，并饬令各知县将灾民悉数转移至高埠之处，或安置于寺庙、道观。当他得知有百姓欲携家口避灾于外地时，亲临各村镇劝喻，誓与黎庶共存亡。而对数万灾民，吴重熹督令府署及各县均搭设粥厂，又奏请调拨东南漕粮，想方设法救活灾民。因御灾及时有方，减少了洪水造成的伤害和损失，吴重熹赢得百姓一片赞誉。

郑州黄河大决口以后，直到八月二十九日，清政府才发帑银十万两赈灾，还命令户部从全国各省加征的鸦片厘税中筹款。直到九月二十四日，才委礼部尚书李鸿藻到郑州视察抗洪抢险事宜，又至陈州，督理赈灾要务。因海丰吴氏与张氏世为姻亲，而吴式芬之友杜受田为张门之婿，向称吴式芬为"六弟"，李鸿藻亦为张门之婿，且与杜受田为嫡亲姑侄翁婿。吴式芬在京时，李鸿藻亦时常造访宣南坊达智桥吴宅，频于走动，因此李鸿藻、吴重熹二人并不陌生。这次，李鸿藻莅临河南，并到陈州，自是对这位年少自己十九岁的姻弟垂问再三，多予策励。

由于决口抢修工程不够坚实，在第二年（1888年）五月二十一日又被河水淘刷失事，延至腊月二十日，洪灾已经发生了一年半，郑州黄河决口处才合龙。虽然这次水灾缺乏精确的死亡人数统计，但最保守的估计也有一百五十万人，后来也有学者测算为七百万人，成为有史以来死亡人数最多的一次洪灾。

经历郑州黄河大水灾抢险的吴重憙，因为一连数月奔走于抗御水灾、赈济灾民前沿，腿脚经常浸泡于泥水中，以致造成足疾隐患，伴之终生。直到

黄河大决口旧照（民国）

1915 年过生日时，他对这桩历史悲剧仍记忆犹新：

> 惊心的鲸奔龙跳。金堤走埽（sào）。千万兴工，百万赈饥，拯此鸿嗷。人牵芰，粟空廒（áo）。百般竭蹶，都只为郑州口决黄流倒。

光绪十三年（1887 年），不仅河南洪涝成灾，山东、直隶亦如此。北运河在直隶通州、平定决口数十丈，永定河下游南七工、卢沟桥、直隶武清、霸州等处又先后决口，方圆数百里顿成泽国。黄河继在郑州、开州决口后，又在山东历城桃园决口，河水由济阳入徒骇河，经商河、惠民、滨州、沾化入海。徒骇河北岸漫溢，浸及阳信、海丰等州县，沿河村庄皆被水灾，死者难以统计。翌年夏秋，暴雨连绵，十八州县遭受涝灾。山东黄河决口五十余处，四十三州县被淹，淹死人口不可胜计，灾民百十成群流落天津、北京等地，沦为难民。

吴重憙在河南有自己的治所，山东是自己的故里，直隶尚有诸多亲朋故旧——何况自己在陈州御洪赈灾的上百个昼夜中，深知在这天灾面前，罹（lí）遭流离失所、生灵涂炭之苦的，当属万千无辜黎民百姓。因此，他接到家乡宗亲、京津故旧的信函时，沉重忧闷之情溢于言表，遂作《燕齐河决》。

> 七夕又逢大雨，燕齐河皆决，邑几为泽国，有忧焉，诗以代吁：
>
> ……
>
> 踟蹰闹闹翻天瓢，墨螭翠虬逞轻趫。

43

银潢一决谁搴茇，冰夷乘隙恣腾骁。

鞭驱五龙驾六鳌，命蝄像前挥其旄，

鱼鱼逐坠鼍扬枹，海若助虐天吴骄。

挹彼尾闾注斗杓，地柱汩没天橡漂。

谁以漏卮安青霄，排山倒海川岳摇。

……

天津之间两旗交，天孙此夕乘云轺。

我愿为鹊填其桥，冀牵牛星降丰饶。

在陈州，吴重憙非常重视人才培养，自捐薪俸，资助贫苦学子。每次乡试、会试后，都对试卷深读思解，并与府学训导及各县教谕进行交流，借以启发、引导学生。如他所作一诗《项城行馆读会试题名》：

结习牵缠俗吏肠，故人几辈姓名香。

一丝蚕茧情终缚，百足虫心死不僵。

歧路安排新步骤，前尘埋没旧行藏。

风檐六十三天事，付与春婆作梦汤。

44

吴重憙如历代先贤一样，"守土之责，百度惟贞""笃行与乡，升闻于朝，表厥宅里，树之风声一时"。其心其德，深得陈州百姓拥戴。

光绪十四年（1888年）初，吴重憙经河南巡抚倪文蔚察举贤吏具奏，钦批：

据倪文蔚胪列各该员才守政绩均有可观，著该抚饬令该员等益矢慎勤，始终奋勉，以副朝廷孜孜求才至意。

二月二十七日传谕嘉奖。六月吴重憙以采办郑工秸料出力，奏保

《清实录》河南巡抚关于奏请奖叙陈州
知府吴重憙的记录

以道员在任候补。

翌年八月二十六日，倪文蔚奏请以吴重憙调补开封府知府。

知某府州十个年头者，在清代并不多见。实因吴重憙专心笃务职场，不善逢迎，亦不善借祖上、父亲庇荫攀附上峰，因而不得抚宪青目，奏报擢升之路多有阻碍。但知陈多年，吴重憙与这块土地结缘深厚，且与一众僚属、耆老相当洽欢。因此，吴重憙临行时，作《别陈州僚绅》五首：

其一

典守淮阳十载零，云萍久住亦前型。

汲公阁静三人月，裴相堂开几客星。

坐啸南阳成瑨谚，打头学舍子由亭。

而今劳燕分飞去，草草骊歌不忍听。

其二

储材为楫并为霖，珍重临歧企望心。

几辈前矛人拔帜，连年讲艺树成荫。

梁园词赋增新课，谢客文章助讨寻。

士品更须先器识，从来受益在虚深。

其三

草生花落两相忘，修废原非事改张。

四十里堤兴畚锸，二千年统焕宫墙。

丽谯复旧题新楔，义塾崇经列素缃。

惭愧我无对山笔，武功志未续缥缃。

其四

金堤蚁穴溃西风，全郡波涛激荡中。

疲力两年嗟涸鲋，伤心百万对嗷鸿。

筏经地险津争问，粥煮天囷灶不空。

恰喜龙门冬月合，重看七邑起农功。

吴重憙的人生历程

其五

大府封章许暂留，迩来粥赈事全收。

觐光倍切觚棱梦，判襏翻生祖席愁。

紫陌朝天随仗马，青郊课雨问耕牛。

恰逢造榜重阳日，听取佳音报旧游。

吴重憙以这五首诗记述了在陈州府十年任上的主要经历。

第一首诗中，先追述了其曾祖吴之勷守黄州十六年，其父吴式芬守南安六年，以自比守陈州十年，先辈给自己树立了典范。

第二首诗中，描写的是吴重憙于教育、科举上的作为。陈州府乙酉（1885年）科商水县屠尔敏得以选拔，西华吕应南、项城张镇芳、沈丘李应樟等人捷秋榜，均府试前列。淮宁于云楼、唐巨峰得选拔，任镇南捷秋榜，均在书院肄业。吴重憙在府试专门设立了一场"诗古"课艺，书院并加诗课。重刻谢叠山先生文章，置于书院中，并开设"弦歌""演畤"两门书院课艺。

第三首诗中，描写的是黄河决口，修复堤坝，复建城楼，创建崇经义塾等事。城垣于光绪十三年（1887年）八月重修，并以工代赈，吴重憙日亲督饬。四城楼以前本是重檐，仍然依其故式重修。文庙于光绪九年（1883年）重修。创建崇经义塾，置书籍于义塾。吴重憙欲续修郡志，但

吴重憙手迹

因诸事牵绊未果，而难以释怀。

第四首诗中，着重写黄河决口，光绪十三年（1887年）八月，河决郑州，吴重憙与各属均觅船只济渡，设法搭救水中老幼，旦夕相继。各县均开厂煮粥，并奉旨拨东南漕米，赈恤流民。灾后，走村串户，尽心竭力倡导、扶持百姓兴复农桑，重建家园。

第五首诗中，写因赈务未完，抚院奏请暂缓引见。自己为个人能力有限，不能尽快尽多地造福黎庶而忧烦愁苦。但不管怎样，自己始终不忘初心，专注民生，力促百业复兴。己丑（1889年）科西华刘子恺（kǎi），商水屠尔敏、胡裕芳，项城余师铭、杨凌阁、张淑栋，扶沟温玉如等学子均中式。

六、开封两道又八年　理案断狱鬓霜生

清代，开封踞河南八府之首。领州二：郑州、禹州；县十六：祥符、陈留、杞县、通许、尉氏、洧川、鄢（yān）陵、中牟、阳武、封邱、兰阳、仪封、荥（xíng）阳、荥泽、河阴、汜县。府治于祥符县。

据康熙《开封府志·序》："开封为中州首都，幅员千里。自梁惠王建国以来，历秦汉以及宋金元明，或为京师，或为省会，豫人所谓沃野沙海、四通八达之区也。明季寇讧，绣壤化为荆

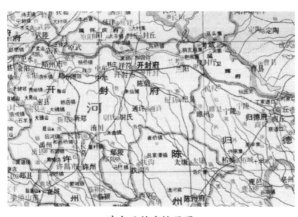

清末开封府辖区图

榛，甲第湮于波涛，无复曩（nǎng）日之盛也。"

开封是一座历史悠久、底蕴厚重的文化古都、魅力之城。自夏迄清，已历四千余年的建城史和建都史。夏朝、战国时期的魏，五代时期的后梁、后晋、后汉、后周、北宋和金相继在此定都，素有"八朝古都"之称。特别是北宋时期，开封孕育了上承汉唐、下启明清、影响深远的宋文化，我国古代四大发明中的活字印刷术、火药和指南针均出自北宋时期。开封还是著名的戏曲之乡、木版年画艺术之乡、盘鼓艺术之乡，名人文化、宋词文化、饮食文化、黄河文化、府衙文化灿烂悠久。文明古迹遍布郊野，文典遗珍不胜枚举。

光绪十五年（1889年）腊月初，吴重憙顶风冒雪赶到开封。他知道开封因幅员、人口多之陈州数倍，故治理难度亦相应数倍于陈。而开封又是一块风水宝地，是历朝历代涌现各种典故、名人逸事、文化大家最繁多最丰富的一片沃土，仅大宋定都开封，宋太祖建隆元年（960年）二月，至宋徽宗崇宁四年（1105年），146年间有183人（次）担任过开封府尹，其中包括先后荣登大宝的太宗赵光义、真宗赵恒、钦宗赵桓及一些勋贵，还有寇准、欧阳修、蔡襄、包拯、范仲淹、司马光、李之纯、苏轼、苏颂、宗泽等一大批能臣贤宦、诗文巨擘。这些光耀史册的人物、行实，激励、鞭策着历朝历代的臣子们，特别是清代府州县官员们围绕着"清、慎、勤"竭尽所能，一展才干。如果哪一位官员能在每三年一次的"大计"中荣膺"卓异"，则成为一省一地之楷模。因此，吴重憙刚抵开封，即投入公务中。

　　因一路辛苦，吴重憙仅数日即病倒，昏昏沉沉，不思饮食，多日滴水未沾。这在他的一首《祀灶》中，可略见一斑。

清代开封府衙（1907年）

　　予于腊初到汴（开封），十日而病，虽赁房数椽，行同旅舍，卧床九日，始进一饘（zhān），枕上闻爆竹声，知祀灶也。

　　　　萧萧风雪打窗声，扶病刚能绕屋行。

　　　　何兴来邀司命醉，今宵无酒亦无饧。

　　病情尚未痊愈，吴重憙开始翻阅开封陈年积累之案牍，春节也未曾歇息。连月余，通宵达旦，荒于饮食。

　　稍缓，吴重憙带儿孙来到府衙正门南不远处的一处祠堂——包孝肃公祠。因包公逝世后，皇帝赐谥号"孝肃"，故名。

面朝包公塑像叩礼后，吴重憙带领人们来至一通碑碣前。此碑高七尺余，宽近三尺，厚近一尺。

酷嗜考证的吴重憙早已知晓，《开封府尹题名记》碑原立于开封府衙署中，当年金灭宋，没有毁掉它；明末黄河水淹开封，府衙被毁，碑碣屹立依旧；清初府衙迁址，衙署正门前建包孝肃公祠，遂将此碑移立于祠内。

这通碑碣阳面为"开封府尹题名记"，阴面则刻记着自宋代太祖建隆元年，到徽宗崇宁四年，计146年间183名开封知府的姓名、官职、上任年月等。

看着陆离斑驳的碑碣，吴重憙一脸严肃。沉吟片刻，他对吴嵚言道："作为这些人中的兄长、叔伯，你说说看，大宋为何要立这样一通碑？"

吴嵚向父亲行一礼，向前一步。"因为'开封典治京邑'，对其知府的选拔，尤为重要，既要对皇上忠诚，又要有一定的民望，更要有较高的文化素养和执政能力。开封府是官僚、贵族、豪右、猾吏、奸商等角逐的一个重要场所，开封知府夹在宋廷皇亲、贵族、官僚之间，执法很难。时人评价曰：'开封官治事略如外州，督察按举必绳以法，往往加以笞责，故府官罢，吏率掉臂不顾，至或欺侮之。'时称'孝顺御史台，忤逆开封府'。

"为强化吏治，宋廷势必要采取措施。开封府立《开封府尹题名记》碑，即是举措之一，也为全国首创。不仅开封，中央三省、六部、诸院寺，地方各路、州、府、军、县、厅亦于本署立历任官员题名碑。其实，这是个简单的流水账，记的就是官员姓名、官职、到任和离任日期。司马光在《谏院题名记》中言，这样做可使后人'历指其名而议之，曰某也忠，某也诈，某也直，某也回'。说到底，就是对官员的一种警诫。对草菅人命、贪鄙渎职者，老百姓指着名字大骂，像被人戳脊梁骨，但凡有点廉耻的人都不会好过，也会给其后人留下不好影响；对关心民瘼、清廉尽责者，老百姓的指名褒奖，既为继任者树立起一个好的标尺，对其子孙后代也是一种莫大的荣耀和鞭策。"

开封府文庙

吴重憙嗯一声，点点头。"官难做，难做官，开封知府像走马灯一样，任期都很短，很多人只有几个月，更甚者只有几天。最有名的开封知府包拯也仅任职一年多。在这个位置上，想有大作为，更难。大部分都是不求有功，但求无过，平庸无奇。包拯、欧阳修在开封府名气最盛。

"宋仁宗嘉祐二年（1057年），包拯任九十三任开封知府。在一年零三个月的知府生涯中，他大力改革诉讼制度以便民，公开拆毁官宦、豪族侵占惠民河修建的花园亭榭，消除水患。他刚正不阿，不通关节，民谚有'关节不到，有阎罗包老'。《宋史》称：'拯立朝刚毅，闻者皆惮之，至于闾里童稚妇女亦知其名，贵戚宦官为之敛手。'一年多时间，'吏民畏服，远近称之'。世人皆称'包严'。"

"第九十四任开封知府是欧阳修，他的性情行事与包拯大为不同。他以宽简著称，行事低调，当有人问他：'你的前任威名赫赫，你会怎么办？'他说：'凡人才性不一，用其所长，事无不举，强其所短，势必不逮。吾亦任吾所长耳。'"

"他权知开封府只有九个月，'民安其不扰'，人称'欧宽'。"

"当年你爷爷提刑河南期间，就曾带我来过这里，就像今天我向你们这样讲述这些典故。你们过来找一找，包拯的名字在什么地方？"

人们蜂拥向前，找了半天，找到"嘉祐二年"，下面却是一个坑。

吴嵚长子吴保锴过来，拉过吴重憙的手："爷爷，那里为啥有一个

开封府尹题名记碑

坑呀？"

吴重憙走上前，摸着那个小坑说："《开封府尹题名记》碑的确起到了一定的道德教化作用。据文献记载，早在大宋中后期，包公就备受敬仰，男女老少皆知其名。宋廷南渡后，碑上他的名字被仰慕者触摸得'指痕甚深'。元朝文学家王恽在开封看到此碑时写道：'拂拭残碑览德辉，千年包范见留题。惊乌绕匝中庭柏，犹畏霜威不敢栖。'那时他看到石碑时，包公的名字还在，其正气'霜威'，仍能震慑贪渎。历经元明及吾皇清，指痕更深，现已变成'小坑'，名字不存。时至今日，开封民间仍有这样的传说：'如果你不是贪官，用手指触摸包拯的名字，手指就不会发黑。如果是贪官，触摸后手指就会黑。'"接着，他又指着碑："你们再找找看，上面有没有李之纯的名字？"

不一会儿，随着几声欢呼，"找到了""找到了"不绝于耳。

吴重憙看着簇拥在身边的子孙们，语重心长地说："李之纯是宋河北东路沧州无棣人，即今武定府海丰县人。他进士及第后，历官度支判官，成都路转运使，知沧州、开封，后任户部尚书、御史中丞、工部尚书。一生不仅清廉有为，还以仁善称著青史。他每赴外任，必让仆从携带镐席——因为各地时有灾荒，毙命野外之人随处可见，李之纯不忍无辜死难百姓被狗撕鹰啄，遂命仆从就地掩埋。途中，凡遇逃难之老弱，必馈以衣食……晚年他曾回故里无棣，倾其所有，创办书院真味堂，招揽贫寒子弟，课以艺文，分毫不取。"

吴重憙指着碑碣，一字一句道："这通碑上，不仅有包拯、欧阳修，还有寇准、范仲淹、吕夷简、曾公亮、韩琦、司马光等人的名号。这些闪闪发光的名字，几乎涵盖了宋代最具力量、最为优秀的人才群体，倘若没有他们，大宋的历史一定会改写。"

吴重憙情绪有些激动起来："你们记住，包公等人名不在碑而有口皆碑，民心烛照，足以激发历代官吏之勤修德政。目下，你们定要刻苦攻读，取得功名，走上仕途，不管才分如何、能力大小，做一个如包'孝肃'那样的人、欧阳'文忠'那样的人，范'文正'那样的人，是我吴家的世代追求，过去如是，今天如是，明天更如是！"

吴重憙转身对吴嵚、吴尉说："你们不仅在研学精进方面垂范于诸弟、侄、甥，也要时常带着他们到开封各处走一走，看一看，讲一讲，这对他们日后立世、做人、为官都大有裨益。"

吴重憙深知：德不优者不能怀远，才不大者不能博见。他如同自己的父亲一样，时刻注意对儿孙进行现场说教式的传统美德、家风家传教育。

在回转寓所途中，吴重憙为几个孙儿解释"子以四教，文行忠信"。

孔夫子从四个方面教育自己的子弟：一则，文学，即知名学，研究如何提高知名度。二则，行学及规范人们的行为，使人们言行举止有章可循。三则，忠学，即修养学，即培养人们自觉自愿地做好自己该做的事情。四则，信学，即知人辨事之学，是培养人们判断力的学问。

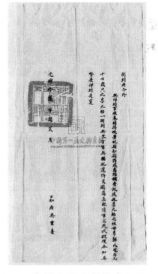

吴重憙在开封任上，深体百姓之情，广施仁慈之政。如光绪十六年（1890年）闰二月呈《为河南杞县徒犯李九勖（jìn）实系亲老丁单事》。秉陈杞县徒犯李九勖的祖母李郭氏，时年七十四岁，只此李九勖一孙，别无次丁，

吴重憙关于释放李九勖
回家侍奉祖母的禀呈

吴重憙的人生历程

亦无触犯违忤及游荡忘亲情形。此案经吴重熹查明情况后，禀呈抚署，无罪释放李九觔回家侍奉年迈的祖母。

九月，吴重熹以办理郑州修黄工程善后事宜有力，奏保“俟离知府任回道员班后，加二品衔”。

光绪十七年（1891年）三月，河南巡抚裕宽奏请以吴重熹护理开归陈许道，七月回开封知府任上，九月至霜降季节，黄河夏汛安澜，奉旨交部“从优议叙”。

根据清代的官阶制度，道员（道台）是省（巡抚、总督）与府（知府）之间的地方长官。实际上道台不完全具备地方政府性质，既是省级行政机构的派生物，还肩负朝廷在地方的稽勘、纠察、追责任务，一些重大事项，擅有专奏之权。道台为正四品官，职分兵备道、分守道、分巡道，以及各种粮道、河道、盐道、驿传道、海关道、屯田道、茶马道等。

光绪十八年（1892年）二月，吴重熹署理开归陈许道，乃指管辖开封、归德（商丘）、陈州三府和许州（许昌）直隶州的兵备道，驻开封。五月，署理南汝光道，领南阳府、汝宁府、汝州、光州，驻信阳。六月，回开封府本任。

因舟车劳顿，旦夕操劳，饮食不周，吴重熹罹患疟疾，身体难以支撑，只好卧床休息数日。但在病中，仍在翻阅属僚呈送的案牍，厘定章法。无法入眠时，曾作一诗，借以慰聊。

病疟

病至浑如早晚潮，潮分子午病邻朝。
寒凝一线冰山倒，热比千军沸浪骄。
截少控弦吴越弩，信如抱柱尾生桥。
伯颜三日滩沙上，可许胥涛再一消。

时日已近十月，但词讼不绝，诸务繁多，加之入秋以来疾病缠身，吴重熹依然无暇回籍祭扫祖灵，为亡故父母送寒衣。忧闷中，吴重熹赋诗一首。

孟冬未焚寒衣

……

吾乡虽陋此俗未云妄，殊类告朔礼废羊犹存。

孤儿今年三度远邱垅，家居如此游宦将焉论。

秋原霜露枯荄剩百草，松楸寂历落月悲风吞。

不知重扃一寒竟何若，痛心所触裳帛难为春。

……

按照家乡习俗，每逢清明、中元、春节及父母生、亡日，远游之子不能亲至墓前致祭，必到郊外一十字路口，面对家乡方向，跪落尘埃，以木画以圆，焚烧纸帛，以寄哀痛。自宦游京师、地方二十几年，吴重憙偕夫人、子侄概莫如此，年年如是。

如在陈州任上，吴重憙于开封不舍昼夜，审结历年积压重案，断狱无枉无纵，声名鹊起。他如同当年高祖吴坛、吴垣弟兄一般，不仅体恤民情，关心民瘼，为官清正，更以慎于理案判狱、善于审理奇案见长。

吴重憙办理的数起越级诉讼案，为他赢得民众一片称颂。

有清以来，凡民之诉讼，不管何等何级何衙门，勿分吏、户、刑、兵诸司，一概受理，因各机构均有为民理事、代民审冤之权限，即使与律法刑狱无关之官员，一般也不会拒绝百姓申冤。正常情况下，这些官员或直接代民理案，但按照各司其职的原则，或将案情告知京师有关院、部、寺，或让衙役带讼者至律法机关。尽管各省道、府、州、县再三申饬，并宣告于各村街间，不管何类何种

开封府鼓楼（1907 年）

案件，先诉至本县，若自认不公或疑知县偏袒被告，可上诉至所在州、府、道，仍不服者，可鸣鼓省按察司、抚署，再不服者，可直接进京诉至都察院、刑部、大理寺等执法理讼机关。但是百姓报官，举目无亲，告之无序，焉管何部何院何寺，但凡看见坐轿子的，即可跪地喊冤。

这是一件"河南汝州直隶州民人朱进忠京控李孝五等挟仇率众用洋炮将伊父朱景波轰伤殒命案"。

原告朱进忠原籍汝州，朱景波系其父亲，与李孝五、朱永和等村邻素相熟识，并无嫌隙。朱景波居住的朱家寨，原有三兴渠一道，一直是朱景波与李孝五共同灌溉田地，朱景波地在渠南，李孝五等地在渠北，光绪十六年（1890年）四月间，大旱，李孝五与朱景波因争用渠水，彼此口角，经邻人陈某说和，两方每日轮流用水，当下各自应允。四月二十七日，轮到李孝五用水。当日，李孝五伙同朱永和到田地开渠用水。朱景波拦阻，声称自己尚需用水一日，让朱永和明日再用水。朱永和回向李孝五告知朱景波不准用水情由，叫李孝五一同前去理论，并称如果不叫用水，将其殴打泄愤。李孝五同意，即同至渠上，朱景波仍然像之前一样拦阻，彼此口角争骂，朱景波用铁锨扑殴朱永和，朱永和闪避，拔刀砍伤朱景波手指，李孝五亦用刀砍伤朱景波左肋。经田间乡邻跑来劝住，并通知朱景波之弟朱顺赶去看明，朱景波业已因伤殒命，李孝五等乘间逃逸。当时朱进忠年尚幼小，经朱顺报案，前任知州更换，未及勘验明了。

当年十一月十二日夜，朱景波家失火，烧毁房屋六间。朱光祖巡更发现，喊同邻人将火扑灭。朱顺怀疑是李孝五挟仇点放洋炮，遂以谋杀兄命、烧毁房屋等情赴省控告。巡抚衙门接状，着当地新任知州复审，查验尸身，并非洋炮轰击致死，确系刃伤致死。后朱永和于光绪十九年（1893年）三月二十七日自外带病回，至二十八日身死。同时查勘其他一干人等，查个水落石出，真相大白，分别处置。

朱顺不服，诉至北京有司，后经抚署转开封府。这次吴重憙再次

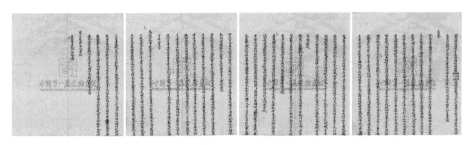

吴重憙结案后，向抚署报呈的禀文

开庭，有理有据有节，逐条驳回朱顺所控所疑。众人咸服。

按照规制，案件审理终结，吴重憙据实禀呈抚署，转刑部记存。

吴重憙在署理开归陈许道时，重新审理"沈丘县民房治国京控杨明道等扎伤伊父殒命"一案。

不知何因，原告房治国竟讼告于步军统领衙门。此为京城最高军事部门，主要负责京都警卫、稽查、治安、追讨事宜，亦有审案、断狱之责。当受理本案后，即发河南省按察司重新审办，按察使遵循办事原则，发回陈州重新审理、办结。

上次经陈州知府复核，沈丘知县业已结案，原告再次申诉，只能呈送上一级——开归陈许道衙门审理。由此，吴重憙重新审读案宗……

案由：房治国籍隶安徽阜阳，寄居沈丘县杨村，与本县杨明道邻村。光绪十九年（1893年）六月间，房治国之父房德和去地里放牛，由杨明道地边经过，杨明道恐怕牲畜践踏并啃食庄稼，当时就向房德和厉声喝止。房德和不服，彼此争角，均未成伤。经田间邻人杨某等劝散。紧接着，杨明道的妹夫高大义之女贞姐被人拐走。高大义传闻房治国参与，央求杨明道前往查找，无获。便回到原籍阜阳县，将房治国及其父房德和一并牵控，批准差传，当时房治国外出未归。房德和因为杨明道曾向他家找寻高女，疑其唆讼。于七月初二日早晨，房德和自用小刀划伤脐旁皮肤，捏称被杨明道扎伤，与杨明道理论，向其讹赖。经万某询问出实情，当时劝走。傍晚，万某等邀房德和酌酒解愁，房德和大醉，一同归来。房德和行至杨明道场地坑边，因醉酒失足，跌

吴重憙的人生历程

落水坑。万某等喊就近的杨明道捞救，业已身死。杨明道因房德和之子房治国不在家，随即投县报验，正在集讯，房治国回家。经当地知县传讯，并查明房治国并无拐卖高女之事。房治国忆及其父因放牛曾与杨明道争角，心疑其父被杨明道扎伤身死；并误听传言，认为杨明道之侄贿赂地保，匿不报案；邻人杨某等亦曾在场帮殴；又将讹传杨家买通仵作、文生、差役等，摆布私结等情，遂由府进京，在步军统领衙门呈控。

这次，经过吴重熹连续数天重新审读案件细情，仔细推断，寻找暗中破绽及不合之处，又经百般调查、探访，基本认可当地县、府审断确有些许偏漏。再开庭审理，作出判决：

房治国京控各情，实因其父死于非命，误听、怀疑所致，并非有心诬告，但控词究属失实；且未在省按察使司、巡抚衙门呈控，直接赴京越诉，殊属不合，予以训诫。房治国无拐卖幼女之情，但偏听偏信，责杖二十；高某失女，与房无关，应著阜阳本地查明下落；房德和自行划伤，本属不合。

案件审理完毕后，吴重熹向豫省抚署据实禀陈。

吴重熹审理"南阳县民李荣欣京控李荣娟等强奸毙命等情"一案，受到河南巡抚裕宽的肯定。

李荣娟与其表弟关栓孜分别隶属南阳、新野两县，关栓孜一直在李荣娟的药铺里搭伙干活。李荣娟与李荣欣为本村同姓兄弟，时常往来。光绪二十年（1894年）正月十三日傍晚，李荣娟药铺内某处绳索被锤敲断，李荣娟令关

58

《清实录》吴重熹署理开归陈许道优叙记录

栓孜去李荣欣家寻找并借用绳索。关栓孜入门喊人，无人应答，仅见李荣欣之妹李四妮，随即走避出门。恰巧被李荣欣之父李本鉴与邻居赵之生回家瞥见，因思其儿媳李周氏回娘家，只有其女李四妮看守门户，心疑关栓孜图奸。立即向前盘诘，关栓孜不服，分辩，彼此诟骂。经赵之生等劝散。李本鉴即以关栓孜侮辱难堪等情控告县衙，准予受理。李四妮闻之家人疑奸控告，丑声外扬，难以为人，不如早死。向家中女眷哭诉，家中女眷劝慰。不料李四妮羞忿莫释，于是月二十一日夜，乘间自缢身死。李本鉴报县验尸，李四妮确系自缢身死，填格殓尸。知县黄某传集人证，李荣娲在押患病，取保医治。李本鉴见李荣娲保释，怀疑黄某受贿放出李荣娲。李本鉴不服，又在省按察使司、巡抚衙门呈控。又不服，进京控于都察院。都察院下传至豫省抚，省抚再发开封重审。

吴重憙查访、了解：一、原主审黄知县虽算不上干才，但为官还算清明，并无劣迹可循；二、被告关栓孜一向勤谨，亦无轻慢淫邪之形。

这次吴重憙亲自复审，逐步弄清案情来龙去脉，切实掌握了本案当事人的有关情况，根据实情，遂作出判决：

本案中被告关栓孜，受人之托前去借绳，并无疑碍，遍查本朝律例，并无治罪专条，拟照不应重律，但贸然入户，间接致人死亡，不可轻忽，杖八十。本案中李荣娲，令关栓孜寻绳，致毙人命，亦有不合，拟照不应轻律，笞四十。本案中李四妮，恐人耻笑，羞忿自尽，实属无辜，贞烈可嘉，应请旨旌表。本案中原告李本鉴，念及年事已高，且失女心痛，越级诉控，有情可原，不予责罚。

嗣后，吴重憙呈报案情及处罚结果，由省抚署审核，予以结案，并禀都察院有司。

在开封府、开归陈许道、南汝光道前后八年，如此诸多悬案杂案，经吴重憙亲自断狱或主持理讼，全部审慎办结，公平公允公正公开，士民称道，传为美谈。

吴重憙曾在南阳知府衙门审案

在署南汝光道时，因官署于信阳，历年诸多沉积重案甚多，而此地又多处山区，峰高林密，常有枭匪盗贼啸聚其中，打家劫舍，滋扰民生。

吴重憙到任后，犹如当年十一世祖吴自肃一般，只身单骑，深入匪巢，晓以利害，耐心劝导，有两股匪徒弃械投明，回归乡里。

匆匆数月，吴重憙的干练、务实、亲民，给南汝光道士民留下极好印象，以致吴重憙回任开封时，当地民众携壶箪食，送至郊野十余里方回。

知开封时，吴重憙还是满头黑发，到离开时，前后近八年时间，五十九岁的吴重憙已是雪染双鬓，步履蹒跚。

光绪二十年（1894年）十月，近代中国第一个革命团体——兴中会创立，旨在"驱除鞑虏，恢复中华，创立合众政府"。

尽管自甲午战争以来，列强逼仄（zè），贪官横行，国祚危厄，半个多世纪沉积的诸多社会矛盾日益凸显，但众多诸如吴重憙这样的中央、地方臣子们，依然在恪尽职守、劳心劳力维系着日薄西山的大清王朝。

七、劬劳豫省十八载　亦喜亦悲意难平

与所有名门世家的长辈一样，吴重憙十分重视诸子、侄孙，以及家姐病逝后自己收揽膝下两个外甥的学业，不惜重金聘请大儒名师为其授业，希冀尽早学业精进有成，取得功名，进一步光耀门楣，并依此进入仕途，报效国家。作为一名父亲、舅父、叔祖，他对这些晚辈不仅力促课学，也揉进了浓浓骨肉情愫和殷殷期许。这在他数次送子、甥北归赴考的多首诗句中，可略见一斑。

光绪十一年（1885 年）立秋日，吴重憙于河南陈州送三子吴鬵回山东参加乡试。吴重憙作《送鬵儿归省》：

> 高科敢望能登第，远道长征祝早归。
>
> 两月为期非甚暂，莫教倚遍署前扉。

光绪十四年（1888 年）七夕，吴重憙送外甥张俊谷与三子吴鬵一起回济南参加秋试，作《送甥儿秋试》：

> 应刘已赴修文召，咸籍曾来选佛场。
>
> 云路可容豚附骥，捷音早盼到宣房。

光绪十五年（1889 年）七月十三日，吴重憙三子吴鬵回山东参加乡试，次子吴尌先期赴北京参加顺天府乡试。七月十五日中元节，吴重憙作《中元对月》：

> 前夜西风落井梧，远怀日下近明湖。
>
> 书香聊望科名继，家世难凭地运扶。

光绪十七年（1891 年）七月二十日，吴重憙以公事在柳园口，目送孩子们北渡，作《送儿北渡应试》：

　　槐忙送汝觅登科，秋赋匆匆四度过。

　　千里梦魂萦病母，一帆烟雨渡黄河。

　　光绪十八年（1892年）闰六月十八日，吴封、吴崡回到信阳，光绪十九年（1893年）六月十七日北行北京，与在京大哥子吴嵚同应顺天府乡试。相距恰是一年，吴重憙作《送儿北行》：

　　连翻雁羽不嫌单，又逐槐黄近上兰。

　　一载戊申同燕垒，十年献赋艳鹏博。

　　图书已付飞灰劫，钟鼎犹余秘本刊。

　　幸藉邮筒堪报汝，卧床病母强加餐。

　　不难看出，吴重憙对儿子们不仅是一位严父，也是一位慈父。这样的父亲，让儿孙们不单单是敬畏和尊奉，还有发自肺腑的爱戴和钦服。

　　吴重憙较为欣慰的是，儿子们不管智力天分如何，俱虚心向学，一心精进，有的科举功成，有的在仕途上已露峥嵘。

62

　　长子吴嵚以光绪戊子（1888年）副贡，候选训导，由内阁中书截取江苏同知，署庆元县知县，后任职浙江台州葭沚（jiā zhǐ）同知，候补知府，赏戴花翎。

　　三子吴崡于光绪十九年（1893年），应癸巳科顺天秋闱中式242名，

保和殿复试钦定一等第35名举人。授内阁中书，赏戴花翎，外放广州佛山同知，署潮州知府、直隶候补道。

　　次子吴封于光绪二十二年（1896年），以监生报捐同知，分

1907年开封"二曾"祠（曾国藩、曾国荃）

指东河试用到省。当年，防汛安澜，经东河总督汇保俟补缺，后以知府用。后署汝光道，调江南江安粮道、两淮盐运使。

然而，在豫十多年中，几桩悲事也让吴重憙时常陷入凄苦之中不能自拔，甚至每每病卧数日。

光绪十年（1884 年）秋初，吴重憙正在陈州辑刻《海丰吴氏诗存》，突接潍县急函，告知岳丈陈介祺病故。吴重憙如雷轰顶。其实，五年前南下陈州时，吴重憙偕夫人即到潍县岳丈家辞行小住，平素几乎每月都有信函往来。前年陈介祺七十大寿时，自己与夫人率诸子到潍县祝寿。这次岳丈遽亡，实有些突兀。但无论公务如何繁忙，唯有向河南巡抚鹿传霖（1863—1910 年，直隶定兴人，同治元年进士，历官知县、知府、布政使、河南巡抚等，官至军机大臣、体仁阁、东阁大学士。卒，赠太保，谥"文端"）告假以归，不亲祭老泰山，无法纾解心头痛念。按例若自身父母亡故，无论路途远近立即奔丧，天经地义，但为岳丈奔丧者，却鲜少此例。但鹿传霖素知吴重憙与陈介祺关系特殊，况自己也是海丰张氏之婿，而吴重憙长子吴燧原配徐氏刚刚病逝，有旧友保媒议定续娶署河南怀庆知府、海丰人张守炎之女。张守炎既是鹿传霖的妻舅，又是吴重憙日后的儿女亲家，更何况吴、张二人一向关系莫逆，情若手足。于是鹿传霖网开一面，吴重憙得以陪夫人亲到潍县哭祭。陈介祺在吴重憙心目中，不仅仅是一位长辈、学者，更是知根知底、知冷知热的师长、知己、挚友，他对自己有父母之情，也有再造之恩……从潍县回到陈州后，吴重憙一连数日寝食难安，想及岳丈对自己的恩情、指教，常常暗自

陈介祺画像

63

吴重憙的人生历程

垂泪。

光绪十六年（1890年）八月，见罢官后的吴崶郁郁寡欢，常常闷在内室唉声叹气，还时常乱发无名之火，吴重憙通过好友吕芝岩，邀请吴崶主讲许昌书院，不料吴崶夫人查氏，突发疾病而逝，吴崶返回陈州，与堂弟吴豳、吴峄及子吴保镛、吴保铎一同送灵至海丰。

查氏病亡，两个侄孙及家室所有资费，一概由吴重憙添补。这还是小事，他最担心的还是侄儿吴崶受此打击，雪上加霜，身体能否支撑？

葬礼毕，吴崶婉拒吴重憙之邀，不再外出，蜗居于海丰吴宅，闭门谢客，每日以读书写字、耕植院中果蔬，打发时日。

吴重憙每每想起二人自幼同榻而卧、同砚而习，名为叔侄，实比手足，情比天高，义若地厚，遥隔千里，怎不记挂心怀！

光绪十八年（1892年）六月，吴重憙刚抵信阳，即接到家中急件。原来海丰古宅突遭回禄之灾（火灾），藏书楼所存先世手泽及与诸宾朋文友来往信函俱一烈而空。吴重憙顿足捶胸，无名心火暴起，一连数日唉声叹气。但静下心来，又为仍在家中的侄儿忧心忡忡，担心其引咎自责，自轻自贱。于是，立即手书一封，打发跟在身边的四子吴峄、侄孙吴保铎，立即起身赶赴海丰。手捧叔父亲函，吴崶不再执拗，立即赶赴济宁，面晤祖父吴式芬门生许振祎，主讲任城书院。

不想，两年后的正月二十日申时，吴崶病发不治而卒。吴重憙遭此痛击，痛哭不已，茶饭不思。白天忙于公务还稍纾解，每到夜间总是浮想联翩，过去的事情一件件一桩桩浮现眼前，啜泣不已。陈夫人见状，婉言相劝，子侄甥孙们也是小心翼翼，日夜悬心。

一年后，五十八岁的吴重憙还是常常想及与侄儿吴崶的点点滴滴，思念，感怀，悲戚，常常不能自已，作《追念亡侄》：

廿载浮沉入宦途，风波险处一帆孤。

世修早向黄泉死，谁画扁舟泛五湖。

又几年，家乡海丰来函，言吴峋生前所理小园树已拱把，拟名之曰"竹遗"，吴重憙再作《记庚俀园》寄托哀思：

> 阿咸横卧六经秋，手理园池今尚留。
>
> 碧绿桐荫红柿叶，聊为痴叔梦中游。

戎马倥偬（kǒng zǒng），公务冗杂，亲故远离，子孙立业，或忙、或悲、或喜，但吴重憙始终不舍初念，利用一些闲暇着意整理、刊刻父亲遗留或自己访求的典籍资料。

看着自己亲自整理、刻印的帙帙典籍，一步步在完成父兄意愿，吴重憙感到了丝丝慰藉。

刊刻典籍，费银若干，家口指繁，资费日绌。陈夫人唯有节衣缩食，自啖粗粝。经年月久，积疴成疾。但为免除丈夫担忧，忍痛隐瘝，终于光绪二十四年（1898年）十一月初二日子时撒手人寰，这让吴重憙痛悔不已。思及伉俪四十年，夫妻于家庭变故、磨难、无奈、困顿中相扶、相携、相伴，同甘共苦，生儿育女。坎坷之途中有多少付出和血泪！怎不叫人痛彻心扉、感念一生！由是，每年陈氏生辰、病亡之日，吴重憙都亲率身边众子孙焚香致祭，寄托哀思。

光绪三十三年（1907年）九月二十七日，陈夫人生忌，吴重憙赋诗缅怀妻子，诗云：

> 海秋丈有千诗债，我愧多年一字无。
>
> 二十五声秋点在，一回展读一嗟吁。

吴重憙赋此诗有按："陈夫人殁于戊戌（1898年）十月，时予于役转输，仅哭以二十五联，题曰《秋点余悲》，今且又九年矣。展祭伤怀，并附二十五联于下。"

秋点余悲

其一

> 文定在长安，两家金石，丝萝昔日，朱陈图嫁娶；
>
> 于归来古棣，廿载糟糠，补绽从前，梁孟逊艰难。

其二

母家调鼎，夫族开藩，世胄清华，翟服仅成含殓礼；

我为门楣，儿营菽水，初衷体谅，牛衣原矢让财心。

其三

如君宽忍慈和，倘天道有知，定为三雏留后步；

奈我驰驱鞍掌，念国恩未报，方辞五马便生离。

其四

挟贵本无骄，因未逮翁姑，如父事兄母事嫂；

戒奢由夙习，肯偶忘朴素，以勤持己俭持家。

其五

拔钗搜箧亦何嫌，夫郡守，子贤书，简素一生无象服；

尹姑莊姝原有范，父登瀛，祖相国，清华三代重鸾台。

其六

三千劫沙散灰沉，造此姻缘，到底是真还是幻；

五百艘连樯结尾，载将夫婿，遂教经岁又经年。

其七

十八载两郡官斋，那得清香凝燕寝；

九重恩连年转漕，更从泛宅感鸾飘。

其八

抚甥缘敬姊，爱侄为承兄，身去心留，肯置家庭成度外；

女愿缓婚期，儿因罢科举，火传薪尽，可知仁孝本天生。

其九

母殁父归林，顾我无家难一例；

女行儿又宦，最谁抱恨彼三人。

其十

谁可九原依，双亲一子；

我生孤雁感，片影重云。

一一

父母相继云亡，兄嫂相继云亡，夫妇总齐眉，我去泉台应有日；
姊妹人言无间，娣姒人言无间，规型犹在口，君因家室苦萦心。

一二

一官羁况五处，乡心仅余，守砚衙斋，远道莫随三乳燕；
轮舶重洋柴车，雪夜只剩，抚棺寄寓，临终未诀两孤雏。

一三

屋瓦正霜寒，远涉江湖来梦别；
纸钱忽飚举，同归泉壤果何时。

一四

损君绿碧青丝，奁物俱空，信德曜千秋同蠋；
愧我诗书画手，线长莫就，伤黔娄百事皆乖。

一五

左臂为谁割，犹时时自抚残骸，舌强莫通疴瘵苦；
中怀难我喻，愿世世补完缺陷，心伤忍说来去因。

一六

小雪重，大雪沉，重担一人肩，方剂为难儿可谅；
仲自南，季自北，宦途三处隔，官场久恋我无词。

一七

莫谓九原孤，定省罢父母翁姑，且膝下摩挲，如雪云儿今廿七；
计才连岁别，奔走在长樯铁辘，忽梦中惊痛，归程水驿甫三千。

一八

默若口衔碑，三十年痼疾缠绵，石不能言心更苦；
病成身在榻，二千里关河迢递，月今一缺影难圆。

一九

十年孝养此成空，最难忘，山路奉舆，风檐忍饿；
百岁光阴原一瞬，尚要办，长途难跅，佳壤牛眠。

67

吴重憙的人生历程

二〇

一岁百函书，无书非详食详眠，从此夜台断音信；

几程三竺路，是路果不生不灭，愿依净土证菩提。

二一

噩耗电传音，已满眼麻衣，剪烛犹开言病信；

沉疴医束手，祝回头莲果，乘云莫过望夫山。

二二

病状忍重思，妇涤厕揄儿捧药；

遗症难再见，媪怀慈惠婢衔恩。

二三

手足久凋零，每言昭史婴砧，怜此神情如隔世；

妇姑依性命，不止谈棋奉盥，犹加体恤到弥留。

二四

逝水似流年，才闻电耗仓皇，七日光阴箭筈速；

颠风刚断渡，莫问云輧消息，一江波浪塔铃寒。

二五

黄泉碧落两茫茫，知携手同行，并无其事；

白马素车空扰扰，叹我躬不阅，恤后奚遑。

真乃情真意切，如泣如诉，教人酸鼻，令人唏嘘。

光绪二十二年（1896 年）十月，五十九岁的吴重憙奉旨补授江南江安督粮道。明、清时期的漕运制度，由户部主管漕运，有漕省份均设有粮道官，负责本省漕粮征解有关事务，将漕粮交兑给运军后押运到通州。各省粮道，为主管漕粮转输事务的官员。

八、庚子西都呈方物　承宣重任再擢升

　　光绪二十年（1894年），岁在甲午，六月二十三日，日本蓄谋已久的侵华战争爆发，整场战争持续了近九个月的时间，以中国惨败、北洋水师全军覆没告终。迫于日本军国主义的军事压力，李鸿章（1823—1901年）不得已以"头等全权大臣"的身份赴日议和，于光绪二十一年（1895年）三月二十三日签订了丧权辱国的《马关条约》。此后，大清帝国国际声望一落千丈，被认为是"东亚病夫"，西方列强开启瓜分中国的狂潮。

　　中日甲午战争后，国难沉重，许多有识之士纷纷寻求救亡图存的道路，急切想拯救民族于水火之中。吴重憙作为一个头脑清醒的爱国知识分子，也不例外，他自幼深受父亲熏陶，有一腔强烈的爱国忧民情怀。

中日甲午战争

　　道光十八年（1838年）七月，吴重憙父亲吴式芬由翰林院编修授江西南安府知府，离京赴任前，道光皇帝面谕："汝并无一人保举，看汝尚可学习，是以命汝出外任学习，办事断不可染外官习气。"

　　道光二十年（1840年）五月二十九日，英国政府以林则徐（1785—1850年）

的虎门销烟等为借口，派出远征军侵华，四十余艘军舰、四千余名陆军在英海军少将乔治·义律、驻华商务监督查理·义律率领下，陆续抵达广东珠江口外，封锁海口，标志着第一次鸦片战争正式开始。

南安府位于江西省西南端，赣、粤、湘三省交汇处，素有江西"南大门"之称，是外省进入广州捷径孔道之一。英军来犯，道光帝闻奏后下令对英国宣战，并派正白旗领侍卫内大臣、御前大臣奕山为靖逆将军，率师征讨，按时调集军饷，以韶州府为前路粮台，以南安府为后路粮台，江西巡抚钱宝琛檄布政使赵炳言与南安府知府吴式芬总督其事，委任吴式芬为提调官，负责弹药、粮草调配，以供征剿英夷的清军作战所需。

吴式芬画像

当时，各路运输部队都向南安聚集，一时出现辎重车船拥挤堵塞、库房爆满、无库可贮、大批粮饷军械无法卸载的局面。吴式芬从容不迫，措置裕如，依旧屋排坚木为栅者数层，可以收银数十万，火药、铅丸、枪炮等件寄于城外僻地，以备粤东需用，随时派员解往无缺，军需得以无误。

道光二十二年（1842年）七月二十四日，清朝政府与英国签订了中国历史上第一个不平等条约——《南京条约》，英军撤军回国。

当时，大批清军络绎过境南安，须捉舟以待，而到境又无确期，吴式芬推敲计算其迟速多寡，督饬属吏酌备船只，无久留者，不苦民而亦不误差，人皆称颂。钱宝琛对此深加赞赏，上奏曰："补南安府府君于接篆后，清厘积牍，虚心体察，唯恐不惬（qiè）于众望，士民咸颂勤明。"

此后二十载，吴式芬辗转江西、河南、直隶、贵州、陕西、浙江等地为官，忠君爱民，清正廉明，有贤官之称，仕至内阁学士兼礼部侍郎衔浙江学政加三级，诰授"光禄大夫"，赏戴花翎。

咸丰六年（1856年）十月初八日卯时，一代硕学通儒吴式芬溘然长逝，享年六十一岁。临终前，他告诫长子吴重周、次子吴重憙："我无所系恋，故此心常处于泰然，尔辈但读书守分，志存忠厚而已。"

吴式芬的遗言，一是嘱咐子孙遇事要心情安定、泰然自若；二是激励子孙读书要志在圣贤、志存高远；三是叮咛子孙做人要安守本分、忠诚宽厚；四是告诫子孙为官要心存社稷、情系百姓。

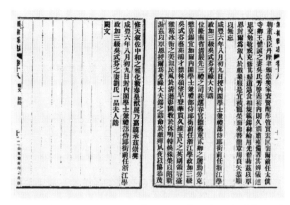

咸丰六年八月初九日《授内阁学士兼礼部侍郎衔前任浙江学政加三级吴式芬光禄大夫诰》（民国版《无棣县志》）

民国版《无棣县志·人物志·名臣·吴式芬》

激励子孙读书仕进，不是吴式芬的首创，而是海丰吴氏家族成为"科举望族""官宦世家"独有的法宝。吴氏家族以文教兴家、道德传世、科举入仕，吴式芬继承并发扬了吴氏家族"崇儒重文，耕读而仕"的传统，其两子五孙九曾孙也牢记先人之教诲、秉承发扬优良的家风传统，考取进士者一人、举人者二人，赏戴花翎的有五人，仕至一品官、二品官、三品官各一人以及四品官二人、五品官三人、六品官一人，引领着吴氏家族再创辉煌。

《马关条约》签订后，面对列强入侵，中国遭数千年来未有之变局，如何应对巨变，如何救国救民，吴重憙与许多爱国知识分子一样，一直在苦苦思索和不懈探求。

　　光绪二十三年（1897 年）除夕，时任江南江安督粮道的吴重憙满腔悲愤地赋诗《丁酉除夕感时书事》五首，感慨中国求和误国，痛斥执政者筹策无方，以致国权尽丧，国运日下：

其一

海外扶桑拂日青，垂荫接叶长东溟。

飞黄不起台湾岛，昆莫难联北幕庭。

讲信仅能归卫地，乞师空说哭秦廷。

从今欲壑成无底，括尽金缯债不停。

其二

浪谈铁马与金戈，炮火丛中奈敌何？

衅起句丽缘本细，战思越巂算遗多。

楼船从此无杨仆，椎髻谁人折尉佗。

重到新亭应涕下，不堪目对旧山河。

其三

眈眈虎视起群边，筹策无方失国权。

诳楚商於原六里，窥臣邻女已三年。

九州鼎重非当问，一着棋输让占先。

不及和元南宋日，莹中犹饰福华编。

其四

吹求疵垢扣严关，万里胶莱任往还。

瓯脱不如黄歇浦，榷场开到鹿门山。

齐疆东亩车行利，佳境通微楔允颁。

幸免李纲成废弃，陈东袖疏一开颜。

其五

天险岷江接海长，相连七泽与三湘。

酣歌坐我沉舟里，鼾睡容人卧榻旁。

鹈鲽几家矜战伐，牺牲二境困输将。

中原今古开奇局，直欲乘云问帝阍。

后来，吴重憙将这几首诗精心抄录数札，让儿孙们随身携带，每逢夜深人静之时捧读，每读必获心得，必励其志。

甲午战争以后，西方列强加紧对中国进行侵略和掠夺。在西方列强政治、经济、文化的全面入侵下，大批中国农民和手工业者失去了传统的谋生手段，无奈而绝望。

光绪二十六年（1900年）前后，山东、直隶等地的下层民众掀起了"扶清灭洋"的义和团运动。义和团运动严重地威胁到了西方列强的在华利益，列强借口清政府镇压义和团不力为由，由英、美、俄、法、德、意、日、奥等八国以"保护各国公使馆"为名，组建了八国联军，发动了进一步瓜分中国的侵略战争——八国联军侵华战争。

光绪二十六年（1900年）六月十八日，八国联军侵占天津，一路烧杀掠抢。七月十九日，八国联军向北京发起攻击，轰隆隆的炮声震撼了紫禁城。七月二十一日凌晨，慈禧太后、光绪皇帝为了保全性命，置国家、百姓于不顾，带着皇后隆裕、瑾妃、

八国联军攻进紫禁城

大阿哥溥儁等换了便装，分乘三辆马车，仓皇离开紫禁城，向西北方向逃亡，即清廷"西狩"。"西"指方向，"狩"为打猎，是王朝统治者打猎的专有名词。庚子年间清廷西狩，实际上是对清廷逃亡行为的隐晦称谓。

慈禧太后、光绪皇帝逃亡时，因出北京走得急，所有的御用被服

吴重憙的人生历程

慈禧太后

光绪皇帝

和食物都没准备好，一路狼狈不堪，艰难备尝，晚上只能睡在土炕上，没有被褥、没有更换的衣服，更没有山珍海味，食不能果腹，寝不能安枕。

时任两江总督刘坤一闻听此事，准备派人为慈禧太后、光绪皇帝进献江南特产名吃。刘坤一（1830—1902年），字岘（xiàn）庄，湖南新宁人，清朝后期军政重臣，曾三任两江总督，颇有治绩。派何人前去为太后、皇上请安呢？刘坤一想到的第一人选就是江南江安督粮道、署理江苏布政使、淮扬海道的吴重憙，他对吴重憙的评价是："公正平和，老成练达。"

为此，刘坤一遂上奏折《奏为圣驾西幸现派江安粮道吴重憙驰赴行在恭叩圣安并进呈方物事》，得到朝廷批准后，即命吴重憙迅速筹办地方特产，赶赴西安请安。

吴重憙奉命，筹办了大量江苏、江西、上海等南方地方特产，于光绪二十六年（1900年）闰八月初八日自江南江宁（今江苏南京）启程，南航北骑，戴星就道，于闰八月二十八日抵达河南省城开封。

在开封，吴重憙得阅内阁于光绪二十六年（1900年）闰八月初三日所发电报：

内阁奉上谕：

吴重憙著补授福建按察使。钦此。

光绪二十六年（1900年）九月初四日，慈禧太后、光绪皇帝两宫逃亡到陕西西安。不久，吴重憙一行赶至西安，向慈禧太后、光绪皇帝觐献地方特产。阳澄湖大闸蟹、南京桂花鸭、苏州糕团、安达火腿、万载百合粉、枫泾豆腐干、高桥松饼、上海春卷等江南地方名吃美食，深得慈禧太后欢心。

在西安行宫，慈禧太后、光绪皇帝先后二次召见吴重憙。后，吴重憙仿唐代杜甫诗作"麻鞋见天子"，集成诗册《麻鞋草》，其一为：

> 凤栖西京杪，麻履青气袅。
> 沐浴项城霖，枭藩闽宁道。
> 浦江舸帆急，从然镇燕赵。
> 赣水千巡浪，回首六都朝。
> 奋体犹悍斗，鹄志凌天骄。
> 看破云天外，耕耘自逍遥。

慈禧太后第一次召见吴重憙时，嘘寒问暖，她道："吴爱卿，听说你是山东人？"慈禧太后恩宠的太监李连英抢先一步回道："回老佛爷，吴大人确实是山东人，海丰县吴氏家族第十八世。"

慈禧太后微微点了点头，对吴重憙道："海丰吴氏？那个喜欢研究金石的内阁学士吴式芬是你什么人啊？"

"禀太后，是微臣之父。"

"哦，是这样啊。海丰吴氏家族很有名气，听说是什么'进士门第''贤宦世家'？"

"回老佛爷，您说得对极了！想当年，原军机大臣、文华殿大学士于敏中还为吴式芬的高祖父吴恭定题赠'尚书第'匾额哪！"李连英又插话道，"老佛爷，还记得那年上了一道《奏为疏浚黄河敬陈管见由》折子的吴峋吗？也是海丰吴氏族人。"

慈禧太后看着吴重憙道："吴爱卿，小李子说得可是属实？"

吴重憙回道："禀太后，吴峋是微臣胞侄。"

吴峋《奏为疏浚黄河敬陈管见由》

慈禧脸色突变，厉声说道："这个吴峋胆大包天，说什么'杜治河流弊、仿治河成规'，想要反对朝廷定下的'开徒骇马颊导流'的决定！"不待吴重憙回话，慈禧又来了一个一百八十度的大转弯，用赞许的口气说，"吴峋爱卿才华横溢，秉承仗义，爱国爱家堪称一代楷模，怪不得当年圣祖爷说'忠贞可嘉'，原来'忠贞世胄，恭定家风'，还真是有道理的！"

《奏为疏浚黄河敬陈管见由》（以下简称《治河疏》）说的是光绪年间的事。黄河在山东境内数次决口，大清河沿岸，转眼间成为一片汪洋，村落尽毁、哀鸿遍野，民不聊生、流离失所……而作为地势低洼、九河下梢的海丰，深受其害。

黄河夺大清河入海后，在黄河如何分流入海的问题上，垂帘听政的慈禧太后和未亲政的光绪皇帝寝不安席、食不甘味。正在这时，滨州人、工部侍郎游百川（1822—1895年，字汇东，号梅溪）上了一道治理黄河的奏折《察看黄河酌拟办法疏》："拟开挖徒骇、马颊等河，以分水势。"慈禧太后御览奏折后，著户部、工部速议具奏。

此时，由礼部郎中升任都察院湖广道掌印监察御史不久的吴峋闻听朝廷要开徒骇、马颊两河，以分黄河水势这事后，心急如焚。

作为"禹疏九河"之一的马颊河，流经山东东昌府茌平、临清及武定府德县、庆云、海丰等地，它贯穿海丰全境，是海丰人民的母亲河，沿河两岸，村镇密集，人丁兴旺，水源丰实，野沃田肥，枣麦飘香，成为滨州名副其实的鱼米之乡，世世代代哺育着千千万万的枣乡儿女。

为了引黄河安然入海，历朝历代对马颊河进行了无数次治理，仅清朝康熙、雍正、

无棣境内马颊河

乾隆年间，就进行过四次大规模的疏浚。不过，马颊河由于受黄河决口、南北大运河的开挖，引水济运和减河（漳卫新河）分洪等影响，时常有水患发生。吴峋曾经对马颊河进行过实地考察。他了解到，如果马颊河开口泄洪，沿河两岸的鲁北、冀南地区数百万亩农田将被淹没，数十万百姓将无家可归。

于是，作为肩负弹劾与谏言之职的吴峋不畏强权，披肝沥胆，不惜丢掉身家性命，于光绪九年（1883年）四月初一日，冒死上《治河疏》，直谏治黄利害，不可引黄入马颊河。

吴峋在奏折里是既恭顺委婉又据理力争，既引经据典、阐述利害，又文字通畅、说理精透。他从汉代编著的第二部中国古代水利通史《汉书·沟洫志》张戎言水性，到明臣潘季驯治黄之法，及清人包世臣的水论，引用了大量的史实进行了佐证。最后，他搬出了当年康熙帝和嘉庆帝所钦定的治黄要旨《国朝治河方略》："坚守束水刷沙之策，不可为保堤放水之庸计。"又将乾隆三十九年（1774年）钦奉上谕写入《治河疏》："倘引河一开，黄水经流势顺，或遇夏秋盛涨湍急，遄（chuán）流吸动大溜，难于遏抑，滨湖民田、庐舍恐不能无冲突之虞，是其利小而患大，不可不慎之于始等因。"他还将嘉庆十五年（1810年）的治黄谕旨附在《治河疏》后："黄河下游，日臻淤垫，甚至海口阻塞，尾闾不通。经朕力持定见，将海口挑挖深通，堵塞马港旁趋之路。现在河水滔滔东注，更无壅遏之虞等因。钦此。"

吴峋在《治河疏》中指出："今乃开工引水北行，渐近京师，甚为非计。马颊小有溢漫，则庆云、盐山诸县恐被其累。如水势大至，天津为众水所归，形如釜底。大溜北趋，近畿受害。而河海两运，亦恐窒碍，于大局深有关系。故，臣愚以为，北岸之徒骇、马颊二河，但可勿开，总宜停辍。"

吴峋不但遇事敢言，而且胆大心细。他这番话是说，如果挑开徒骇、马颊两河，以分水势的话，从皇族的安危到百姓的生死，再从国家的大局到地方的利益等诸方面都会极大的受损，并进行了精辟的论证：第一，现在如果把徒骇河和马颊河挑开，引黄河水向北流，黄河水离北京城会越来越近，这实在不是一个好的法子。吴峋的话外之意就是说，挑开徒骇、马颊两河后，一旦发生洪水，那么北京城势必被淹，皇太后和皇上不就有生命危险了吗？第二，把马颊河挑开后，一旦有大量的客水涌来，沿河两岸的庆云、盐山等县一定被洪水淹没。第三，如果洪水暴发，天津成了多路客水的集中地，天津就像锅底一样被洪水包围。第四，可能造成河运和海运瘫痪，为国家和地方造成巨大的经济损失。第四，提出了结论，那就是不能挑开徒骇河和马颊河以引黄水。

同时，吴峋还提出亟筑缕堤、并筑遥堤、创筑围堤、任民修守、核免钱漕、兼筹帑（tǎng）项、勘定海口、取直河身、考核旧河、历练贤才等治理黄河的具体措施。他在《治河疏》最后奏道："皇太后、皇上轸念民生，慎重河防之至意，凡薄海臣民同深钦感。臣窃以为，方今河患，宜杜治河之流弊，仿治河之成规，必帑不虚糜，河无旁溢，庶为经久之计。"

由此，光绪帝遵照慈禧太后的懿旨，在游百川《察看黄河酌拟办法疏》上详加批阅："该侍郎所陈疏通河道，分减黄河、亟筑缕堤各条，尚须切实筹议，未可遽见施行。徒骇、马颊、鬲津各河，地连畿辅，旧迹渐就湮废，疏通已甚为难。如竟勉力兴办，引入各河，正恐东省未必得其利，而畿疆重地已先受其害，殊非善策。……著游百川、

吴峋《治河疏》(载民国版《无棣县志》)

陈士杰再行通盘筹划，会同熟商，妥议详细具奏。"

游百川见《察看黄河酌议办法疏》被驳了回来，再上《河患非开河减水别无良图疏》，重申："分减黄水，引入徒骇、马颊两河，则水患可息。"

由是，时任直隶总督兼北洋通商大臣的李鸿章奉命会同户部，议复了游百川奏请后，选派熟悉河工的候补知府吴士湘驰抵海丰县东北沿海海口，并到邻傍此河的十余州县测量勘查。又以津海关道周馥前曾委勘东境黄河上下游，谙悉情形，饬与吴士湘悉心妥议，兹据该道府绘图帖说，分析禀复，并先准山东巡抚陈士杰派员往勘缄请会奏。

李鸿章认为，挖开马颊河以分黄河水势于事无补，劳民伤财，并于光绪十年（1884 年）上奏《议复马颊河不宜开挖分流疏》，恳请皇太后、皇上不可开引黄流入马颊河："自开引之议起，直（直隶）东（山东）沿河州县绅民或在臣处，或于委员经过时，纷纷递呈吁恳免办，情词迫切。地势既不相宜，民情又复不顺，工费无出，后患难防，实以不开为便。"此建议还得到时任内阁学士兼礼部侍郎洪钧的力挺。

如此一来，游百川之议最终搁浅。

这样，吴峋以他的赤胆忠心说服了慈禧太后，改变了朝廷的定见，以"杜治河流弊、仿治河成规"为由，废弃根治黄河"开徒骇马颊河以分水势"的错误意见。

吴峋为了国家长久大计，多次上言直谏朝廷弊政，倡言革除腐制，遭到一大批保守派和当朝权势大吏的厌恨和报复，被朝廷降职为国子监学正。不久，心灰意冷的吴峋向朝廷提出了辞职，返回了故乡山东海丰。吴峋回乡后，公心不泯，情注乡梓，关心地方事务，热衷公益事业，拿出自己多年积攒下来的钱物，修缮城池，修葺书院，赈济灾民，兴办实业，筹办商务……五十六岁辞世后，乡人缅怀其恩德，乡谥"贞惠"。

再说慈禧太后、光绪皇帝逃至西安后，暂住西大街陕甘总督部院

《奏吴重憙补授闽臬谢恩由》

衙署所在地南院，不久驻跸巡抚部院衙署所在地北院，将北院作为行宫，遥控京都紫禁城。慈禧出行的马车换成了八抬大轿，护驾官兵也用上了当年乾隆皇帝出巡时使用过的仪仗，又赶制龙旗24面，以壮声色。

吴重憙抵达西安后的第11天，即光绪二十六年（1900年）九月十四日，上奏折《奏吴重憙补授闽臬谢恩由》，并获朱批："知道了。钦此。"

其折曰：

二品衔、补授福建按察使、江南江安粮道臣吴重憙跪奏：为恭谢天恩，仰祈圣鉴事。

窃臣接奉两江总督臣刘坤一、护理江苏巡抚臣聂缉椝会札，委令驰赴行在恭请圣安，敬谨齐呈方物等因，迨于闰八月初八日由江南省城起程，兹于二十八日行抵河南省城地，阅电传光绪二十六年闰八月初三日抄报："奉上谕：吴重憙著补授福建按察使。钦此。"当于旅次恭设香案，叩头谢恩，钦遵伏安。

臣山左庸才，水曹末秩，由郎署而两赝郡领漕运，而上摄藩条，前此叠荷，荣施愧乏，涓埃报称，并复渥承宠，遇涁赝闽峤提刑。伏查福建为滨海严疆，臬事为刑名，总汇清讼，省狱因期五听之兼详传命，置邮宜达四方而不悖，况以地多边瘴，时际艰虞，编保甲以卫闾阎，防海氛以情奸宄（guǐ），事皆急务，责有攸归。自愧疏庸，恐贻陨越，惟召钦承圣训，殚竭愚诚，矢慎矢勤，随时随事奏商督臣，严令僚属，认真经理，力戒因循，冀仰谢高厚鸿慈于万一。余将领赍方物驰抵行在，敬谨呈进，跪聆训诲，俾有迈循外所召，微臣感奋下忱，谨具折叩谢天恩。

伏乞皇太后、皇上圣鉴。

尔臣此折，系借用河南按察使印信，由汴梁省城拜发令并声明。

谨奏。

光绪二十六年（1900年）九月二十六日，两江总督刘坤一、护理江苏巡抚聂缉椝所上奏折获朱批：

派位大员进呈方物由，著赏收。方物，览。委道员李维翰置江安粮道由，知道了。请饬道员吴重憙进呈方物迅即南旋查勘运道由，吴重憙已简放福建按察使矣。

在西安驻留期间，吴重憙结识了当下红人、慈禧太后蟆蛉子、新任陕西巡抚岑春煊（xuān）的幕宾，被人称之为"诸葛再世"的张鸣岐（1875—1945年）。此人为海丰县段家村人，举人出身，春闱折羽后，被岑春煊招揽麾下，视为臂膀。在两宫"西狩"时，张鸣岐献计岑氏，促其立即由甘肃藩台起兵勤王。抵西安后，岑春煊在慈禧太后面前为张鸣岐极尽美言，深得太后青目，恩赐张鸣岐四品秩。此刻，吴、张

《大清律例》

《世祖章皇帝御制大清律原序》　　　　《大清律例通考校刊缘起》

吴重憙的人生历程

二位老乡相识于西安，彼此促膝长谈，颇有相见恨晚之意。后张鸣岐官至广西巡抚、两广总督。

光绪二十七年（1901年）四月初，吴重憙跪辞慈禧太后、光绪皇帝，先去江宁交接署理淮扬海道事宜。四月二十二日，吴重憙舟车劳顿抵达福建。四月二十七日，在福州接任福建按察使。

按察使，别称"臬台"，提刑按察使司主官，是清代的一个官名，秩正三品，为总督、巡抚属官，主管一省司法、监察、邮驿等事务。

福建省，简称"闽"，位于东海与南海的交通要冲，是历史上海上丝绸之路、郑和下西洋的起点，也是海上商贸集散地。

吴重憙在福建按察使任上，忠于职守，秉公办案，勘核词状，平反冤案，振扬风纪，澄清吏治，深受八闽士民爱戴。

吴重憙受家族法学渊源影响，精通律例，其家族海丰吴氏是清代中期著名的法学世家。此次提刑福建，可谓相得益彰。吴重憙的天祖（即五世祖）是吴绍诗，吴绍诗与其长子吴垣、次子吴坛不仅同朝为官，还曾同在刑部，为篡修、考释《大清律例》，刳（kū）肝以为纸，沥血以书辞，均为著名的法律专家。

吴绍诗，字二南，号蚁园，诸生，海丰吴氏第十三世，他在刑部期间，专心致志地学习、钻研法律，逐渐成为一名熟知法律条文、通晓量刑断案的法律专家，并精通刑名之学，特善奏议，许多重案和紧要章奏皆出自他之手。吴绍诗在刑部累计任职近三十年，先后任过刑部主事、郎中、侍郎、尚书等职，诰授"荣禄大夫"。乾隆元年（1736年），朝廷开律例馆，篡修雍正三年（1725年）以后定律，吴绍诗以谙熟例令充任《大清律例》篡修官，首创《大清律例名例》两卷，为《大清律例》全书之纲领。对原有律例进行逐条考证，重加编辑，于乾隆五年（1740年）完成，颁行天下。吴绍诗为官忠君爱民，多有创举，特别是他在法律方面的造诣和杰出的法学才华受到乾隆帝的赏识。乾隆四十一年（1776年）三月，乾隆帝东巡，致仕回籍海丰的吴绍诗于德州迎銮，加尚书

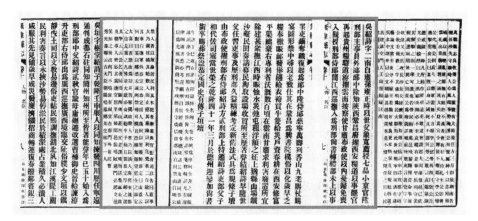

民国版《无棣县志·人物志·名臣·吴绍诗》

衔，十月十七日亥时卒于海丰，谥"恭定"。谕曰："原任吏部侍郎加尚书衔吴绍诗，老成谨慎，宣力有年。前岁以老病乞休，准其回籍颐养。今春东巡，时尚能远出迎銮，特晋阶以示优眷，方冀其延享遐龄，不意遽尔溘逝。所有应得恤典，该部察例具奏，赐祭葬如例。"（《清史稿·吴绍诗列传》）

吴绍诗长子吴垣（yuān），字薇次，号树堂，举人出身，官至湖北巡抚，诰授资政大夫，祭葬。吴垣自幼勤奋好学，年少时跟随父亲宦游各地，习吏治，佐政事，其传记之文严谨有法，骈体之文则笔若惊龙。吴绍诗编纂《大清律例》时，年仅十七岁的吴垣因精通刑名之学担任《大清律例名例》编校，才益练达，出选兵部，特选刑部，出任刑部四川司郎中。乾隆三十六年（1771年），吴绍诗擢升刑部侍郎。按清律，父子不能同部为官，乾隆帝特谕："吴垣系特调之员，不必回避。"一年后，吴绍诗调任吏部侍郎，吴绍诗次子吴坛继任刑部侍郎，吴垣才为了回避胞弟调入吏部任文选司郎中，但他仍在其父手下做事，这在清代是很少见的现象，可见皇帝对这个法律世家的恩宠。乾隆五十年（1785年），吴垣应邀出席乾隆帝为登基五十年大庆举办的"千叟宴"，皇帝赐酒，赞曰："汝父当日清正，汝与汝弟皆能办事。"并赐御制诗刻杖、如意、朝珠、朝衣等物共二十八种，极尽荣宠。吴垣五次升迁，

吴重憙的人生历程

每次升迁乾隆帝都要召见他，寄予厚望，曾多次在公开场合表扬吴垣："非建牙开府，不足展公才。"乾隆五十一年（1786年）二月十七日戌时，吴垣殁于湖北巡抚任上。谕曰："湖北巡抚吴垣，自简任封疆以来，操守谨饬，办事奋勉。上年查办灾赈事宜，实心经理。兹闻溘逝，深为轸恻。所有应得恤典，该部查例具奏，赐祭葬如例。"

吴垣胞弟吴坛，字紫庭，号椒堂，进士出身，官至江苏巡抚加二级，诰授光禄大夫。吴坛年方弱冠即随仕其父左右，日承庭训，帮助审理案牍，曾先后在刑部任职二十余年，有着丰富的法律知识和实践经验。朝廷在重修《大清律例》时，吴坛任纂修官，纂修纲目三卷，逐一厘定。他还精研法律，倾注毕生精力著《大清律例通考》三十九卷，考证乾隆四十三年（1778年）前历代律文的源流、演变，并将历次增删修改的《大清律例》条文各注按语，为清朝法制史扛鼎之作。吴坛对《大清律例》所作的考释，尤其是对"例"的考释，资料丰富，内容广博，考证精确，不仅对清朝法律制度的考证具有重要的学术价值，对现在的司法实践也有一定的借鉴意义。吴坛勤政爱民，断案公正无私，明察秋毫，审理过许多大案、奇案、冤案。其中，他奉旨在金坛查办文华殿大学士、首席军机大臣于敏中家产一案中，表现出了卓越的才华。乾隆帝对他评价为："明晰律令，处事条理分明、理智得体。"

吴坛在《大清律例通考》成书后，未及缮写进呈，便于乾隆四十五年（1780年）八月二十日亥时病逝于江苏巡抚署衙任所。经百余年，《大清律例通考》几将散佚。光绪十二年（1886年）三月，吴坛嫡玄孙吴重憙承先人未竟之业，在河南陈州刊刻《大清律例通考》，并作《律例通考校刊缘起》，《大清律例通考》方得以流传于世。

吴重憙在福建按察使任上，公务之余，对沿海港口名城福州的历史人文、风景名胜饶有兴致，曾作《闽臬署杂咏》七首。轻松愉悦的文字，体现了吴重憙治闽游刃有余的工作能力：

其一

入门一径夹双流，水珮风裳夏似秋。

荷叶香清花韵远，笋舆过处宛如舟。

其二

斋高幽敞透晴光，南槛风来北槛凉。

无缝绿云排槛外，倒涵竹影小方塘。

其三

东园一百本芭蕉，不为风摇为雨摇。

蛎粉泥墙拦不住，怒芽横出走廊腰。

其四

门旁榕盦壮缪祠，祠旁丛篠荫清池。

晚来不断投林响，碧绿浓荫白鹭鸶。

其五

晓露枝头摘荔枝，井华新汲浸名瓷。

分尝百果馋医否，红擘霞裳玉叶脂。

其六

城中小市近鱼虾，海气余腥买到家。

石首长年来不断，不须楝子候开花。

其七

名泉汲得性温良，不数骊山玉瓮方。

最是晚凉新浴好，汤门门外水如汤。

　　光绪二十七年（1901年）七月二十五日，总理衙门大臣庆亲王奕劻、直隶总督兼北洋通商大臣李鸿章代表清政府和英国、美国、俄国、法国、德国、意大利、日本、奥地利、西班牙、比利时、荷兰等十一个国家的公使，在北京签订了中国近代史上失权最严重的不平等条约——《辛丑条约》后，八国联军才逐渐撤出北京。同年八月二十四日，在西安流亡一年零四个月的慈禧太后、光绪皇帝一行，启銮回京。

　　是年九月二十八日，吴重憙奉上谕由福建按察使擢任江宁布政使。

慈禧从西安返京

布政使，别称藩台，承宣布政使司主官，是中国古代的一个官名，秩从二品，为总督、巡抚属官，主管一省行政、财政等事务。

作为一省布政使，主管承宣政令、管理属官、掌控财赋等事务，这对于吴重憙来说轻车熟路。早在光绪二十五年（1899年）十二月十七日，吴重憙即署理江苏布政使。次年正月初十日，上奏折《奏吴重憙接署藩篆日期谢恩由》，并获朱批："知道了。钦此。"

其折曰：

二品衔、署理江苏布政使、江南江安粮储道臣吴重憙跪奏：为呈报微臣接署藩篆日期，叩谢天恩，仰祈圣鉴事。

窃臣于光绪二十五年十二月初十日，奉督抚臣行知署苏藩司陆元鼎奉旨护理抚篆，所遗藩司篆务委臣署理，于十二月十七日护署苏司，陆元鼎将印信文卷委矢移送前来，臣受印，恭设香案，望阙叩头谢恩，抵领任事。

伏念臣山东下士，水部铨材，守陈州者十年，调开封者八稔，两权道篆，三运漕粮，奉年循例引见，蒙恩召见二次，训诲周详，并交军机处存记。圣恩优渥，钦感美名，自忏迂愚，愧无报称，兹复薄条香摄，冰惕益深。查苏省为财赋要区，藩司有旬宣重寄、振兴吏治者，严举措之方，输转利源，宜清盈虚之准。况值财艰方函，尤应治理勤求清赋税以裕军需，所贵去私别蠹，宣德意以亨民志。必期化业安良，凡所设施胥关紧要。如臣梼昧（táo mèi），深惧弗胜，惟有悟道训谕，殚竭愚诚，随时随事，祈承督抚，臣认真经理，不敢以暂时摄篆稍涉因循，以冀仰答高厚鸿慈于万一。所有，微臣接署藩篆日期并感激下忱，谨具折叩谢天恩。

伏乞皇太后、皇上圣鉴。

谨奏。

吴重憙署理江苏布政使期间，曾至按察纠察司庙拜谒先高祖吴坛。

早在吴坛去世十六年后的嘉庆九年（1804年）十一月，吴坛被封为"佑民福惠公"，供奉于苏州城内按察使司的纠察司庙。吴坛还被供奉为苏州府之城隍。

1914年3月早春，吴重憙嫡孙吴保铢（字叔节，副贡生，礼部主簿加五品衔，赏戴花翎）前往苏州拜谒先祖吴坛。此是后话。

光绪二十八年（1902年），吴重憙录钱咏《履园丛话》之《苏州府城隍供奉吴坛》一则并跋，钱咏《履园丛话·鬼神·城隍》云：

《宾退录》极言城隍神之灵显，且各立名字，如汉之纪信、彭越、萧何、灌婴、张耷之类，不一而足。即《祀典》所云"凡御灾捍患，有功德于民，则祀之"之意也。据苏州府城隍而言，向闻神是汤文正公斌，继又改陈榕门先生宏谋，继又改巡抚吴公坛，继又改观察顾公光旭。今闻只改陈稽亭主政鹤矣。三四十年中，屡易其神，岂阴阳亦一体耶？嘉庆元年十一月，余在两浙都转运使幕中。十五日夜，月食七分，二更余，俱已寝矣，忽闻人声沸天，急报城隍山上火起，通天皆红，延烧四五千家。所有杭州府仁和、钱塘两县，及布政司、粮道、学院衙门前一带民居，皆成白地。是夜有原任嘉兴府方公云亭在运司前一小楼作寓，见火光中有红灯数百，围护一宅，火至辄息。意此宅

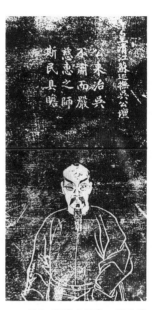

吴坛苏州石刻像，刻于道光七年（1827年），清孔继尧绘，石蕴玉正书赞，谭松坡镌，为《沧浪亭五百名贤像》之一

必是积善人家，当记之。及天明往看，乃城隍庙也。……"

吴坛，是海丰吴氏家族中第三位进士，曾于乾隆三十五年（1770年）、四十四年（1779年）两任江苏布政使。在任期间，请赈恤、节奢浮、兴水利、平米价诸大政，化行治洽，为吴民惜。

四十五年（1780年）四月，吴坛擢江苏巡抚。到任后，积劳致疾的吴坛胃痛旧疾时发时止，饮食日减，犹不肯稍自休息，亲赴丹阳一带查勘旧淤河道，欲通宁苏水运，以利民生而便商贾。蠲免公田积欠租粮，嗣后永以为例，百姓免于赋税，欢声载道。奏请添设京口救生船只，并议开扁担、秦淮两河，疏浚支流，以使农田收灌溉之益，奉朱批嘉许。七月，黄河漫溢，雎（jū）宁一带民田被淹，吴坛奏请携带白银六万两星驰前往赈抚。不久，赴金沙查办案件，舟次触暑，暂驻扬州，病渐加剧，遂至不起，仍坚持在卧榻上办公。后来，病情加重，才具折请假回署调理，回到苏州第五天便病逝，享年五十七岁。境内百姓闻讯，恸哭于四野。众朝臣亦惋惜，并高度评价其一生："折狱唯良，仰符天理，俯切人情，性刚真而心乎仁者，紫庭诚不可及也。"

陕西巡抚毕沅撰《抚吴大中丞吴公传略》云："及公薨（hōng），而阖郡士绅黎庶咨嗟悼叹，佥谓我吴民无福，而丧我慈父母也。父老扶杖拊膺，多有巷哭及私祭于家者。由此观之，公之惠德入人者深矣。""公之心事如青天白日，不愧公忠体国之大臣，殆所谓有猷、有为、有守者非欤。"

江西·曹秀先《故友吴紫庭墓表》

吴坛卒于乾隆四十五年（1780年）八月二十日亥时，葬山东海丰城南之新阡。十二月十四日，授光禄大夫，其诰曰：

奉天承运皇帝，制曰：

奉玺书于中禁，位重句宣；领节镇于外台，职司抚辑。任专锁钥，绩奏澄清。尔江苏巡抚兼兵部侍郎、都察院右副都御史加二级吴坛：才本优长，躬能表率。六条秉宪，人瞻列戟清霜；百郡承流，地遍随车膏雨。特颁庆典，诞播徽章。兹以尔克襄王事，特授尔阶光禄大夫。锡之诰命。於戏！厘纪振纲，资莫安于伟略；諴（xián）民饬吏，慰宵旰之深衷。罔替成劳，用终永誉。

乾隆皇帝除诰授吴坛本人"光禄大夫"外，还赠其原配解夫人、继配韩夫人"一品夫人"，赠吴坛曾祖父吴自治、祖父吴瑛、嗣父吴绍谟为"光禄大夫"，赠吴坛曾祖母高氏、祖母张氏、嗣母潘氏为"一品夫人"。

总督仓场侍郎倪承宽撰文并书丹《皇清诰授光禄大夫江苏巡抚吴公暨原配解夫人继配韩夫人合葬墓志铭》，评价吴坛一生："秉明慎之忱，布慈祥之化。"

其铭曰：

> 海岱英灵，气萃于公。应运而起，倬亮天功。
>
> 帝心简在，公论攸同。鸿猷方振，何蹶而终。
>
> 我掇遗事，勒铭幽宫。乐石可勒，舆诵靡穷。

咸丰六年（1856年）八月初九日，吴坛因嫡曾孙吴式芬官，再次获赠"光禄大夫"。

吴重憙在福建按察使任上，平反疑狱，清厘尘案，仰符天理，俯切人情，离任之时，百姓含泪挽留，依依不舍。

光绪二十七年（1901年）十一月二十二日，吴重憙由福建福州抵达江苏江宁，就任江宁布政使。次年正月二十一日，时任两江总督的刘坤一上奏折，并获朱批："知道了。钦此。"

其折曰：

再，新授江宁布政使吴重憙现已抵省，应饬赴新任。现著藩司篆务之江南盐巡道徐树钧，亦饬回本任。各务重职守，除分檄饬道外，谨会同江苏巡务臣恩寿附乞陈明。

伏乞圣鉴。

谨奏。

光绪二十八年（1902年）二月初六日，《奏吴重憙报到任日期由》，获朱批："知道了。钦此。"

其折曰：

江宁布政使臣吴重憙跪奏：为恭报微臣到任日期，叩谢天恩，仰祈圣鉴事。

窃臣前接闽浙督臣许应骙（kuí）行知，准吏部咨开内阁销出，本年九月二十八日奉上谕："江宁布政使著吴重憙补授。钦此。"等因，当即具枳谢恩，恭请陛见一由，交卸福建臬司篆务。迎枳北上途次，奉到朱批："毋来见。钦此。"遵即驰赴江宁，奉两江督臣刘坤一、江苏抚臣恩寿檄饬，赴任于十一月二十二日，准署藩司江南盐巡道徐树钧将敕印文卷要负责送前来，臣恭设香案望阙叩头，抵领任事。

伏念臣水曹末秩，山左庸才，典剧郡于河南监司，幸晋督漕粮。于江北臬事张陈兹复仰荷，宠荣承宣重任，抚躬循省信切悚惶。查江宁为水陆交冲，藩司级度，支总汇际，兹赔续款进新，政事繁举，凡内治外交，安民察吏，在在，均关紧要。臣自淮梼昧，深虑弗胜，惟有屏除习气，殚竭愚诚，秉承督抚。臣随时认真经理，不敢因循怠惰，自蹈敬尤，以期仰鉴高厚鸿慈于万一。所有，微臣到任接印日期暨感激下忱，理合恭枳（zhǐ）具陈叩谢天恩。

伏乞皇太后、皇上圣鉴。

再现值封印期内，臣于启用后，仍然敬谨固令并陈明。

谨奏。

清光绪以前，全国十八省。原则上，每省只设一名布政使。唯一的例外是江苏省。顺治元年（1644年）的江南省和顺治十八年（1661年）分省后的江苏省，均设有两名布政使。

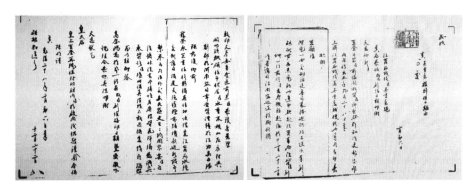

《奏吴重憙报到任日期由》

光绪二十五年（1899年），吴重憙署理的江苏布政使衙署在苏州，掌管苏州、松江、常州、镇江四府，太仓一州。

光绪二十七年（1901年），吴重憙补授的江宁布政使衙署在江宁，主管江宁、扬州、淮安、徐州四府，海州、通州二州，海门一厅。

吴重憙担任江宁布政使时，在纠正一个冤假错案过程中偶获六舟和尚的全形拓真迹，在当地传为佳话。

某日，一位江宁籍武官带着马夫回乡省亲，途中突遇山洪暴发。山洪过后，发现山腰处被冲出一个大洞穴，于是派马夫探望，发现洞穴有大量银锭，武官让马夫搬运银锭。快要搬完之际，洞穴塌陷，马夫被埋于洞穴。武官收拾财宝赶路，结果中途遇害，后马夫又奇迹生还，却被当地官员以谋害武官判处死罪。

吴重憙偶然得此消息，觉得此事十分蹊跷，遂到监狱见了马夫一面，详细询问事情来由。马夫痛哭流涕，急切述说原委。通过一番察言观色，对讼案审理颇为谙熟的吴重憙已经认定此案是一桩冤假错案。为探究事情来龙去脉，他带着衙役赶往洞穴查看，真实了解详情，证实了马夫所言的真实性：当时，马夫只是被砸昏过去，醒来之后，在洞穴寻得另一出口，还拾到一个精美的楠木匣子。他以为是拿到了宝贝，回家打开一看，里面只有数张黑乎乎的纸片。吴重憙为一探究竟，匆忙赶往马夫家，马夫的妻子正要把纸片当作鞋样剪掉。

91

吴重憙的人生历程

吴重憙自幼受家学影响，喜爱金石，并在父亲吴式芬、岳父陈介祺的熏陶下，成为清末较为著名的金石学家。

吴重憙仔细观看那些黑乎乎的纸片，初步辨出此物可能是已经销声匿迹多年的六舟和尚亲手制作的者女觥（gōng）、杞伯每匦、颂簋（guǐ）、亚疑鼎、冈鼎等六件青铜器全形拓，遂拿出十两纹银从马夫的妻子手里买下那几张纸片，并派人四处探访，终于找到杀害武官的真凶，马夫得以无罪释放。

吴重憙回衙后，经过多方考证，最终证实那些纸片正是六舟和尚亲手制作的全形拓真迹，喜不自胜，专辟书房珍藏。

这个六舟和尚就是浙江海宁人姚达受，早年出家于海宁白马庙，拜松溪老和尚为师，十七岁正式剃度为僧，先后住持湖州演教寺、杭州净慈寺、苏州沧浪亭，晚年退隐白马庙。六舟生平多才多艺，兼擅诗文、绘画、书法、治印、刻竹、装裱、鉴别古物、修整古器并识读铭文，尤擅传拓古铜器全形，堪称一绝，阮元以"金石僧""九能僧"称之，一时名播海内。

无棣海丰吴氏家藏六件青铜器全形拓片

吴重憙偶得六舟和尚全形拓真迹这个消息很快被传播出去，时任直隶总督兼北洋通商大臣的袁世凯听说后，也深爱此物，已经从言语间流露出来。吴重憙与袁世凯虽有师生之谊，但对此宝物，他还是没舍得割爱相赠。他为袁世凯复制了一套"全形拓"，装裱后，派人送到袁府。袁世凯自然非常喜爱，悬挂于书房，闲暇时玩味观赏。

吴重憙在江宁布政使任上，以厚民生，以恤民命，任职仅三个月，即于光绪二十八年（1902年）四月二十一日，奉旨调补直隶布政使。六月初十日，上奏折《奏吴重憙谢调补直隶布政使恩吁请陛见由》，并获朱批："知道了。钦此。"

其折曰：

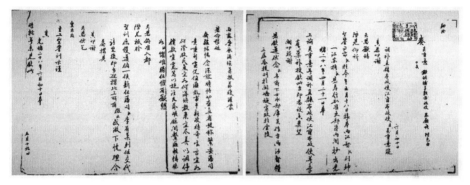

《奏吴重憙谢调补直隶布政使恩吁请陛见由》

调补直隶布政使、江宁布政使臣吴重憙恩跪奏：为叩谢天恩，吁请陛见，仰祈圣鉴事。

窃臣于本年五月十八日接奉两江总督臣刘坤一、江苏巡抚臣恩寿行知准吏部咨内阁抄出光绪二十八年四月二十一日奉上谕："吴重憙著调补直隶布政使，江宁布政使著李有棻补授。钦此。"当即恭设香案，望阙叩头谢恩，钦遵。

伏念臣青齐下士，水部庸员，作守两河督粮，三届忝提刑于闽峤，旋宣政于金陵。雨露叠承，涓埃莫报。兹复渥蒙，恩命移任。畿疆怵惕，念深就瞻情。切查直省号称繁要，藩司责重，句宣况值匪乱甫平，新政待奉官方宜如何为？澄叙民气宜如何顺？滋培教案宜尽善以调停，偿款宜宽筹以挹注，凡兹艰钜关系匪轻梼眜（mì）。如臣惧难胜任，唯有吁恩天恩俯准入都陛见祗聆圣训，庶获遵循，一俟新任藩司李有棻到任交代清楚后，即当迎折北上。所有，微臣感激下忱，理合恭折具奏，叩谢天恩。

伏乞皇太后、皇上圣鉴训示。

谨奏。

光绪二十八年（1902年）九月初四日，吴重憙由江宁抵达北京，向光绪皇帝叩辞，请训。光绪皇帝面谕："吴爱卿，早在道光年间，汝父吴式芬因勤政爱民，也曾任直隶布政使，赏戴花翎。汝去直隶，当以汝父为楷模，忠贞善政，体恤民瘼。"

吴重憙叩头谢恩，由北京至直隶保定，执掌京津之要。

至此后，吴重憙仕途一帆风顺，他以一腔强烈的爱国热情，坚决抵制外国列强的经济侵略，推新政，开自治，创实业，兴慈善，办西学，忧国忧民，为民谋利，以一个传统士大夫的爱国热情与开明绅士的远见卓识，为中国的近代化做出了不懈努力，成为晚清政坛上匡时救国、叱咤风云的人物。

九、护理直隶展公才　建牙开府廉吏功

光绪二十六年（1900年），"西狩"西安的慈禧太后认为，八国联军侵华与自己的狼狈逃亡是一场耻辱，要自强雪耻。于是，在光绪二十七年（1901年）新年伊始，慈禧太后遂以光绪皇帝的名义发出新政诏书："如何而国势始兴？如何而人才始盛？如何而度支始裕？如何而武备始精？各举所知，各抒己见。通限两个月内悉条议以闻，再行上禀慈谟。斟酌尽善，切实施行。"这以后，清末持续十年的新政由此发端。

清政府成立了督办政务处，开始筹办新政，并陆续颁布了一系列新政法令。同年九月二十七日，李鸿章去世，袁世凯继李鸿章出任直隶总督兼北洋通商大臣，积极推动清末新政，设练兵处于京师，练新兵于马厂、保定，又在直隶设立师范学校，多次派遣留学生出国，并把李鸿章在北洋经营数十年的官僚企业全部据为己有，可谓踌躇满志，风云一时。

光绪二十八年（1902年）九月，袁世凯准备回籍河南项城葬母。行前，袁世凯意欲委托吴重憙护理直隶总督，特招调补直隶布政使不久的吴重憙由保定至天津直隶总督衙署，对他说："直隶乃京畿要地，拱卫京师，稍有动乱，便会危及朝廷。直隶总督这个职位权重位显，把这个护理大权交给谁袁某也不放心，唯仲饴年伯莫属！"

袁世凯为何尊称吴重憙"年伯"呢？原

袁世凯（1859—1916年）

吴式芬道光乙未科（1835年）殿试卷

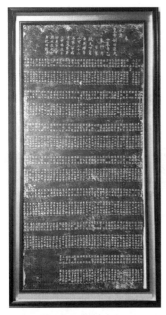

道光乙未科吴重憙之父吴式芬（第二甲第37名）与袁世凯之叔祖父袁甲三（第二甲第147名）同榜进士

来，吴、袁二家可谓世交。

早在道光十五年（1835年），袁世凯的叔祖父袁甲三（1806—1863年，官至漕运总督）与吴重憙的父亲吴式芬为同榜进士。可以说，吴重憙是袁世凯的父辈。

袁世凯（1859—1916年），字慰亭（又作慰廷），号容庵、洗心亭主人，河南陈州府项城县袁张营村人，故人称"袁项城"，是中国近代史上著名的政治家、军事家，北洋军阀领袖。

袁甲三胞兄袁树三（1802—1843年），以廪贡生入国子监读书，授开封府陈留县训导，有二子。长子袁保中，即袁世凯之父，以附贡生捐同知，一生未仕，留居乡里主持家务，练乡团，保护乡里，有六子。袁树三次子袁保庆，举人，由济南府知府擢江宁盐法道，掌食盐产销，因无子，过继兄袁保中四子袁世凯为嗣子。袁保庆军功显赫，颇具清名。

袁世凯，自幼习经书、爱骑射，喜兵法，性格桀骜不驯，为人豪侠仗义，立志学"万人敌"。光绪二年（1876年）、五年（1879年），袁世凯先后两次在陈州参加院试考试，均名落孙山，最终连个生员（秀才）也没有考上，整日里饮酒、驰马，还创办了"丽泽山房"和"勿欺山房"两个文社，自任负责人，并免费为文雅客士供给食用，过起了诗酒文人的生活。因为袁世凯家资丰厚，有钱有闲，慷慨好施，各方人才奔走于其门者如过江之鲫。

光绪六年（1880年）二月，吴重憙就任陈州知府。

因吴、袁二家为世交，吴重憙陈州上任伊始，便拜会了袁氏一族仍健在的长老，从而认识了袁世凯。他对袁世凯能将"四书""五经"背得滚瓜烂熟很是赏识。吴重憙、袁世凯二人虽然年龄相差很多，但谈诗文，论时事，过从甚密，互为座上宾。据袁世凯幕僚门生沈祖宪、吴闿（kǎi）生记录袁世凯言行的《容庵弟子记》一书记载，吴重憙将袁世凯看成"诗酒友，雅敬爱之"。吴重憙还时常劝诫袁世凯多读书，少饮酒。在吴重憙的教诲下，袁世凯砥砺磨炼，纨绔之气逐渐消失。

光绪七年（1881年）秋，袁世凯拜别吴重憙，离开陈州，先去上海谋事不成，再前往山东登州，投奔嗣父袁保庆的结拜兄弟吴长庆（时任广东水师提督，赴山东帮办军务并节制四镇总兵）处参军，帮办营务处。

为报吴重憙知遇之恩，袁世凯在军营里刻苦读书，准备回陈州参加他科举之路上的第三次院试。光绪八年（1882年），因为清朝藩属国朝鲜发生了"壬午兵变"，袁世凯随吴长庆所率部队东渡朝鲜去平息兵变，再一次与科举考试失之交臂。他曾在寄给其三哥袁世廉的信中写道："弟不能博一秀才，死不瞑目。"如此一来，袁世凯对考科举取功名之路彻底绝望，愤然说道："大丈夫当效命疆场安内攘外，岂能龌龊久困笔砚间自误光阴耶？"并赋诗《感事》自勉：

眼前龙虎斗不了，杀气直上干云霄。

我欲向天张巨口，一口吞尽胡天骄。

后来，他与军机大臣张之洞（1837—1909年）奏请清廷，停止科举考试，推广新式学堂，从而使延续千年的科举制度在中国"寿终正寝"，这与袁世凯科考不第不无关系。

光绪十年（1884年），朝鲜发生"甲申政变"，袁世凯协助驻朝总兵吴兆有平定政变，受到直隶总督兼北洋通商大臣李鸿章重视。次年，

袁世凯托吴重憙转递的致
二姊家书函封

李鸿章任命袁世凯为驻朝鲜总理交涉通商事宜大臣，位同三品道员。

袁世凯钦差朝鲜期间，袁家的大小事情，多依靠时任陈州知府吴重憙在地方上一力维持，袁世凯和家里的联系信函也靠官方邮驿转递。

袁世凯在吴重憙面前辈分低了一辈，视吴重憙为父执，书信中也称吴重憙为"年伯公祖大人"。

光绪十九年（1893 年）十二月二十九日，袁世凯写给吴重憙的回信《回致吴重憙函》称谓吴重憙"仲饴年伯公祖大人"，信中对吴重憙很是崇敬，并自称"愚侄"，简述了朝鲜东学党起事之事及其想开缺回国之意。

仲饴年伯公祖大人尊右：

自别襜（xín）晖，又更蓂序，每怀霁范，式篆寸中。秋杪接奉赐函，并读再笺。渥蒙饰贺，捧诵之下，惭感莫名。只以禫吉未逢，按序陈丹，实有未便，致稽肃贺，转荷先施，歉仄奚似。辰下敬维履绥（yì）延庥，禔（zhī）躬集祜（hù）。奏殊猷于露冕，迓恩宠于云章。指洊（jiàn）屏藩，眉欣尘颂。

侄海邦稽迹，朽驭恒虞。春初，东学教匪扰后，倭使大石正己旋亦撤去。倭廷知挟诈无济，因于仲秋复改派驻华全权大臣大鸟圭介兼驻韩邦，前月抵此，与侄往还，颇称相得。且深知韩为华属，不敢从中挽越挑唆。明春，冰泮津沽，即须赴京驻扎，派员在韩代理。似此，岛夷交涉，可望渐泯诈虞。所有教匪首目，亦已于夏秋间诛锄过半，内地稍觉安静。惟韩内政泄沓依然，而地方官吏，大率贪苛，不时仍有殴戕官吏各案。韩廷徇庇情私，多未能持平妥办。近事若是，未免代切隐忧。兼之南道各产米之区风雨为灾，收成甚歉，民食极艰。昨经商定，禁米出洋，并恳请中国暂开上海米禁，准令华商运来接济，以期平粜而纾灾黎。嗷鸿堵安，庶或无滋他虑。

侄明秋差满，拟即南行，特此间替手无人，仍恐难于脱卸。明春释吉，当赴津门一行。傅相果允有瓜代，或可捧檄之任耳。长者荣权南汝，亦既有时，擘画攸宜，境清政肃，上游器重，定可指跂真除。翘首相望，忭忱曷罄。

京畿一带水患非常，刻虽永定奏功，而议赈议工，纷纷难已。家三兄前又赴滦州放赈，月杪当可回津。诚如廑虑，所谓不了情形。蒿目时艰，实深隐惧。此间各国驻使及商民等，近尚安辑。知念，特以奉闻。风便，尚希惠以箴言，俾匡不逮是荷。

禔安。维祈。

爱照。不饬。

治年愚侄袁世凯顿首

敬再肃者：

窃至自去夏奉旨回差，瞬近期年。方愧涓埃未报，乃于今春三月十七日忽奉恩纶，简授浙江温处道缺。宠惊非分，悚惧益深。当以墨绖（dié）未除，电恳傅相奏清开缺。旋奉谕谓："事出特恩，不能代奏。且系奏留在差人员，应俟差满，再议赴任等因。"昨奉札饬，知已奏请留差，俟明秋三届差满，再酌看情形，饬赴本任。即奉俞允。惟有钦遵办，以待来年。

此间春初教匪蠢动，颇肆诪张，上月又复蜂起，聚党数万，汉京三百余里之忠清道报恩县境筑城竖旗，据险号召，声将逐斥倭洋。举国皇然，各西人亦纷纷迁徙。而倭使复乘衅以旧案讹索，鼓弄多方，意颇有所觊觎（jì yú）。韩素怯弱，卒无部置。经侄随时赞助排解，并禀调水陆精锐密事防范，藉张上国声威，外侮内忧，始渐解散，东亚大局得以相安。惟韩积习既深，骤难更革，度支不节，用人非才，驭民不爱，江河日下，挽救殊难。政源未清，窃谓杞人之忧，正未有艾。
倥十年于此，夙夜兢兢，虽安堵如常，幸堪藏拙。特肩虞蚊负，尤恐
难能胜任，深负君相知遇之恩。忐忑寸衷，无时或已。尚祈长者赐以
教诲，俾识遵循，是为至祷。

家本生慈迎养署间，眷属均尚救平，差足告纾厪（jǐn）注。附肃寸禀，
恭叩。

台安。

治年愚侄世凯谨再肃

光绪二十年（1894年），中日甲午战争爆发，袁世凯化成平民逃至
天津。次年，李鸿章与日本签订《马关条约》，袁世凯请假回籍省亲。
是年年底，军机大臣奕䜣、步军统领荣禄联名奏请派袁世凯督练新建
陆军，同日，光绪帝批准，袁世凯在天津小站开始用西法编练中国首
支新式陆军。

光绪二十七年（1901年），李鸿章病逝，袁世凯受命署理直隶总督
兼北洋通商大臣。次年，袁世凯实授直隶总督兼北洋大臣，并兼任政
务处参预政务大臣和练兵大臣，在保定编练北洋常备军（简称"北洋军"）。

直隶总督署

同年九月二十五日，袁世凯丁母忧
回籍，直隶布政使吴重憙在天津接
印，坐镇直隶总督衙署，正式护理
直隶总督兼北洋大臣。

直隶，因其直接隶属京师而得
名。明朝时称"北直隶"，清顺治二
年（1645年）改称"直隶"，康熙八年
（1669年）称"直隶省"，简称"直"，
辖今天津市和河北省大部及河南省、
山东省小部地区。雍正、乾隆以后，
逐渐在今河北承德、张家口北部和

辽宁大凌河上中游、西河上游以北以及内蒙古西拉木伦河以南、奈曼库伦二旗等原蒙旗部分设置州、县，划归直隶省，辖境逐渐扩大。

直隶总督正式官衔为总督直隶等处地方提督军务、粮饷、管理河道兼巡抚事，权重位显，集军事、行政、盐务、河道及北洋大臣于一身，是清朝九位最高级的封疆大臣之一，总管直隶的军民政务，又因直隶省地处京畿要地，直隶总督被称为"疆臣之首"。

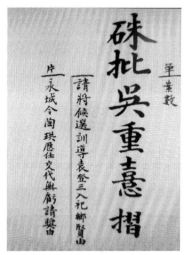

宣统元年（1909年）朱批时任河南巡抚吴重憙折《请将候选训导袁登三入祀乡贤由》。袁登三，增生，以功奖用训导，袁世凯堂祖父

直隶总督衙署，驻地为省城保定。同治九年（1870年），清廷将天津、营口和烟台三个口岸的通商事宜划归直隶总督管理后，直隶总督衙署多驻天津。在冬天外贸淡季时，总督才回署保定。

袁世凯是个孝子，对生母刘氏极尽孝顺。光绪二十七年（1901年）四月二十九日，未等袁世凯离开济南，刘氏病卒于山东巡抚寓所，袁世凯向朝廷恳请开缺守制，并回籍营葬。当时，八国联军正驻兵京师分据天津各处，《辛丑条约》谈判正急之时，逃难于西安的慈禧太后自身都难保，当然不会批准，下懿旨曰：

山东地方紧要，正赖统筹全局，著赏假百日，在署治丧。

慈禧太后的意思就是赏假百日，让袁世凯在山东抚署穿孝，假满后改为署理直隶总督，并允俟大局定后再行赏假回籍营葬。袁世凯再吁请回籍营葬，清廷以伏莽未靖、天津未收，谕云：

袁世凯奏恳请回籍终制营葬一折览奏，情词恳挚，具见孝思。值此时局多艰，直隶地方紧要，办理交涉及善后一切事宜，正赖该署督悉心筹划，宏济艰难。所请回籍营葬之处，著俟秋间查看情形，再行

101

吴重憙的人生历程

赏假。该署督务当仰体朝廷倚畀之意，移孝作忠，力图报称，用副委任。钦此。

光绪二十七年（1901年）冬十月，清廷与八国联军和议告成，袁世凯移总督府于直隶。十一月，慈禧太后、光绪皇帝回到北京。第二年七月，袁世凯接收天津后，大局初为布置。八月，袁世凯再具疏以生母葬期在迩，疏恳赏假两月，回籍营葬。九月，奉旨云：

袁世凯著赏假四十日，回籍营葬。该督之母刘氏，教有义方，加恩赐祭一坛，著河南巡抚派员前往致祭。钦此。

慈禧太后赏假四十日，赏内帑三千两，诰封袁世凯生母刘氏为一品夫人，建坊题褒，赐祭一坛。袁世凯奉旨后，遂具疏谢恩，并表示："一俟葬亲之事毕，从此报国之日长。"

光绪二十八年（1902年）九月二十五日，袁世凯奉旨离开天津，随带官员、仆从及护卫兵队数百人，回河南项城原籍葬母。

袁世凯离天津后，吴重熹坐镇直隶总督府，行使直隶总督之职，事必躬亲，日理万机。上任当天，即上《奏报接护督篆到任日期事》。

光绪二十八年（1902年），直隶地区由春至夏，风调雨顺，大田一律播种。金秋时节，老天突然变脸，连降暴雨，境内黄河泛滥，南运减河及大清河堤岸漫决，洼地禾稼多被水淹，再加上入秋以来的雹灾、虫灾、霜灾，庄稼颗粒无收，民不聊生。

灾情发生后，吴重熹亲临通州、霸州、安州等部分受灾州县，一如他的曾祖父吴之勷在直隶省为官时一样，现场查看农作物遭受灾害情况，指导抗灾救灾和生产自救。

吴之勷，海丰吴氏第十五世，为官四十余载，其中有一半时间是在直隶的武邑、东安、昌黎、清苑、遵化、天津、保定等地任职，

光禄大夫吴之勷（吴式芬祖父）画像

以兴学校、恤民隐为先。

乾隆五十八年（1793年）夏，武邑县境洪水泛滥，道路被毁、桥梁中断、农田被淹、民房倒塌，五百多个村的十余万百姓无家可归。时任武邑知县的吴之勷携吏胥仆从四人，一连数十日跋涉在泥沼中，遇大水则乘小舟，无舟则制作木筏，跑遍了辖区所有村庄，细查灾情，抚慰灾民，常常是风餐露宿，却毫无倦怠，沿着境内的滏阳河、索鲁河、清凉江等百里河道进行巡查。每到一处，他时刻关注汛情和水位涨落情况，组织百姓及时排除险情。当时，直隶巡抚仅拨付给武邑灾银三百两、赈粮三百石，还责令吴之勷酌情少报受灾户数和人口。吴之勷虽据实力争，却最终无果。为了百姓生计，他拿出自己的全部积蓄购买了六百石米粮，在重灾区设置四个粥棚，让吃不上饭的灾民不至于因饥饿致死。吴之勷自掏腰包赈灾感动了当地的乡绅商贾和大户人家，他们争相捐米一千余石，保证了全县灾民没有一个人饿死。次年二月，吴之勷调离武邑任职东安时，武邑全境父老乡亲们不约而同地齐聚武邑县衙门前，哭声一片，感天动地。他与灾民风雨同舟抗洪抢险、重建家园的事，也被传为佳话。

嘉庆五年（1800年）夏，吴之勷升任天津府河防同知兼摄天津县事时，正逢京津地区连日暴雨，北京昆明湖决口，淹没了周围十几个州县。天津南运河决口，大堤外的村庄倏忽不见了踪影，大批难民蜂拥进城，露宿城头避难。吴之勷心急如焚，忙命仆役购置芦席，让百姓遮体。此时城西南水深已达两丈，水大浪急，天津仅有一条芥园堤也多次发生险情，大水距堤顶仅数寸，危若累卵。此时，道府官员奉檄安集流亡，吴之勷专事防堵之责，他组织数百名民众奋力堵塞，在堤岸增土石十多万方。又连日暴雨，上游洪水下泄，水没了大堤，万民恐慌，一些衙役兵弁也欲逃生。吴之勷立在堤上，岿然不动，沉着地指挥民众继续救险，使人们的情绪渐渐安定下来，抢运土石，誓与大堤共存亡。连续苦战三昼夜，大水始退。连续三十多天，吴之勷奋战

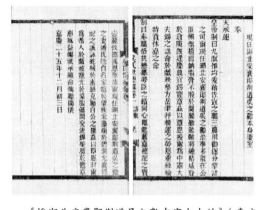

《授湖北安襄郧荆道吴之勷中宪大夫诰》（嘉庆二十五年十二月初三日）

在大堤上，指挥若定，与民同甘共苦，天津民众至今不忘，百年咏唱。吴之勷又到青县、静海督修堤坝数十处。直到十月，各地修堵之事才告完结。是年大计，吴之勷以"卓异"之绩升署理保定府。后，吴之勷任湖北黄州知府十六年，又任湖北安襄郧荆兵备道三年，归里以养。

嘉庆二十五年（1820年）十二月初三日，吴之勷蒙恩诰授"中宪大夫"，诰曰——

奉天承运皇帝，制曰：

九赋惟均，爰藉佐宣之职；三农用劝，遂分掌计之司。尔现任湖北安襄郧荆道吴之勷：莅事多能，在公匪懈。慎稽出纳，脂膏不朘（juān）于闾阎；勤勉输将，总秸成登于仓庾。既逢庆典，宜锡宠章。兹以覃恩，授尔为中宪大夫。锡之诰命。於戏！秩参方岳，聿抒挽运之劳；恩重丝纶，特贲（bēn）休嘉之命。

咸丰六年（1856年）八月初九日，吴之勷以嫡孙吴式芬官，晋赠光禄大夫。

在直隶，吴重憙继承并遵循曾祖父吴之勷"君子得舆，民所载也"的民本思想，在抓农业、兴水利，时时刻刻关注民生，政绩显赫，民众拥戴。

为以苏民困，吴重憙在实地勘办直隶灾区灾情后，多次上奏折，奏请朝廷延缓百姓粮租、给予百姓抚恤。

光绪二十八年（1902年）十月二十日，《奏为开州等州县本年秋禾被水灾歉请蠲（juān）缓粮赋事》：

护理北洋大臣、直隶总督、布政使臣吴重憙跪奏：为查明开州、东明、长垣三州县滨临黄河村庄秋禾被水淹歉恩恩分别蠲缓粮赋，恭折仰祈圣鉴事。

窃查直属州县本年秋禾灾歉村庄，业经另折奏办。所有，开州、东明、长垣三州县滨临黄河村庄秋禾被淹情形，经大名府督同该州县勘议，禀由藩司核明，具详请奏前来。

……

据报，被水灾区幸有附近成熟村庄秋禾丰稔，贫黎均可佣趁，谋食应照历次奏案蠲缓粮赋，毋庸另议。调剂请将成灾五六分村庄应征本年钱粮照例蠲免十分之一，成灾七分村庄应征本年钱粮照例蠲免十分之二，成灾八分村庄应征本年钱粮照例蠲免十分之四，其五六七分村庄蠲剩钱粮缓至光绪二十九年秋后起，分作二年带征，八分村庄蠲剩钱粮缓至光绪二十九年秋后起，分作三年带征。如有未被灾以前花户长完蠲免案内银两，准抵下年正赋，至被灾各村庄未完节年钱粮及歉收四分村庄未完本节年钱粮，同歉收三分村庄未完节年钱粮暨出借仓谷等项，一体缓至光绪二十九年秋后启征，仍减免差徭。其歉收三分村庄应征本年钱粮，同比连灾区之成熟村庄应征本年并节年钱粮及出借仓谷等项，照常征收，以供支解。

除饬将灾歉分数项数册结造送核办外，所有查明开、东、长三州县本年秋禾被水灾歉村庄，请蠲缓粮赋，缘由理合恭折，由驿驰奏。

伏乞皇太后、皇上圣鉴训示。

谨奏。

光绪二十八年（1902年）十月二十六日，《奏为查明本年秋禾灾歉州县恩恩蠲缓粮租酌予抚恤事》：

护理北洋大臣、直隶总督、布政使臣吴重憙跪奏：为查明本年秋禾灾歉州县，恩恩蠲缓粮租，酌予抚恤，恭折仰祈圣鉴事。

窃本年顺直地方，自春徂夏，雨泽调匀，二麦收成稔，大田一律播种。满望雨晹（yáng）时，若普庆丰登。

讵六月以后，连次大雨，以致山水下注，南运减河及大清河堤岸漫决，泛溢出槽，加以沥水汇注滨临各河，洼地禾稼多被水淹，并因天时不齐，各属有被旱被霜被雹被虫之处。当饬分别据实勘办。

……

除饬各属，将灾歉项亩分数造具册结果奏外，所有查明本年秋禾灾歉州县请蠲缓粮租、酌予抚恤缘由，理合会同兼管顺天府府尹臣徐会沣、顺天府府尹臣陈璧恭折具陈。

伏乞皇太后、皇上圣鉴。

训示施行再部章应开灾歉村庄地数及蠲缓银数，但各项数目繁多，势难叙入折内。即藩司查取核明汇总，亦须时日。今将已到者，汇开清单，先行咨部。未到者，俟再催取。另咨其被灾灶地，另饬运司开单详咨。

已饬道、府、厅、州，于亲勘得实之日，先出简明告示，即行停征。其较重者，于被水时已先停征，不准稍有含混合拼陈明。

谨奏。

吴重憙护理直隶总督兼北洋通商大臣四十余日，奏报的折子与咨呈的公文多达四十折（篇）。据中国第一历史档案馆馆藏资料记载，吴重憙所奏折子及咨呈涉及军事、吏治、刑狱、民政等多个方面。

光绪二十八年（1902年）十一月初五日，袁世凯葬亲既毕，绕道长江一带拜会各地巡抚，于十一月中旬回到天津，从吴重憙手中接回直隶总督印绶，对吴重憙在护理直隶总督兼北洋通商大臣期间办事井井有条给予赞赏。

吴重憙《奏为查明本年秋禾灾歉州县恳恩请蠲缓粮租酌予抚恤事》

吴重憙在卸任护理直隶总督兼北洋通商大臣后，还以直隶布政使的名义就护理直隶总督期间督办山海关内、外铁路关防事宜，上奏折《奏为正任总督袁世凯假满回津现将前护理督办关内外铁路关防咨送接收事》，可谓尽心尽力，有始有终。

袁世凯葬母假满回津不久，接到圣旨，兼任督办商务大臣，与张之洞会同办理。

光绪二十八年（1902年）十二月，吴重憙奉旨开缺直隶布政使。

次年正月初三日，吴重憙与新任直隶布政使交接完毕后，茕茕孑立于保定藩署唐槐古柏前，久久不肯离去，触景多伤，赋诗《重到保阳藩署》，诗云：

> 回头五十又三年，古柏唐槐尚俨然。
>
> 增得几番霜露感，此情能否达黄泉。

吴重憙还令人用照相机将唐槐、古柏拍摄下来。待照片洗印出来后，他分别于照片之上各题诗一首。

吴重憙为何对藩署唐槐古柏依依不舍呢？因为，他再别唐槐古柏时，再一次想起早已阴阳两隔的父兄。

吴重憙睹槐思父，作《拓槐影题图》抒怀：

> 槐花黄自李唐年，绿满西南半壁天。
>
> 两世未曾承午荫，且图节错与根盘。
>
> 布散千枝与万枝，寒鸦晓鹊互栖迟。
>
> 每看霜露增悲感，十四龄童再到时。

吴重憙于图上有按："保阳藩署唐槐婆娑瑰古。自道光庚戌，随先君子任，即仰攀之。光绪壬寅，重膺此任。昔先君子以十月来，腊月交卸，甫两月。今憙亦以冬月来，正月交卸，亦恰两月。因用西法脱槐全影而倩，李君岳星拓而大之，以成此图，因题于幅。"

道光三十年（1850年），吴重憙随其父吴式芬就任直隶布政使时，藩署内有一棵唐槐，婆娑瑰古，浓荫蔽天，吴重憙时常在唐槐下抓住槐枝攀援荡秋千。五十三年后的光绪二十八年（1902 年），吴重憙就任直隶布政使。吴重憙不禁感慨，昔日，先父到此任职是十月来腊月交卸，刚刚两个月；今日，自己以冬月来正月交卸，亦恰恰两个月……

吴重憙作《拓柏影题图》，怀念兄长：

> 森森双柏影婆娑，记得童时手抚摩。
>
> 白发陈枝相慰藉，树犹如此奈人何。
>
> 昔时元季旧盘桓，四十年来雁序单。
>
> 今日两株青翠在，菁菁杕杜不胜寒。

吴重憙于图上亦有按："保定藩垣古柏二株，昔先兄室值其下，今黛色霜皮，依然幼时所见。因脱其影，俪柏为图，并系以时。"

道光三十年（1850 年）十月，吴式芬就职直隶布政使时，时年十三岁的吴重憙与时年三十七岁的胞兄吴重周一道随父至此。当年，藩署西墙旁有两株古柏，俊秀挺拔，苍翠茂盛，吴重周常在树下小亭为父亲处理文案，吴重憙则在树下嬉笑玩耍。如今，吴重周已离世三十六年，双柏仍然青翠如昨。

吴重憙对父母的养育之恩、对兄长的手足之情，不因时光的流逝而淡忘，总是怀着深深的思念，久久不能释怀，历久弥新。他在《石莲盦诗》里，收录有缅怀父兄的诗文多达十余首。

不久，在袁世凯的推荐下，吴重憙改派为电报局驻沪会办大臣。

吴重憙在上海任会办电政大臣期间，办了数件功在当代、利在千秋的大事，其一就是主持收回中国电报总局官办之事。

一〇、驻沪大臣定八条　电报总局终归公

光绪二十八年（1902年）十二月十七日，清廷内阁发布上谕：

前因电务为军国要政，应归官办。已谕令袁世凯、张之洞等还商股，将各电局悉数收回，候派大员经理。著即派袁世凯为督办大臣，直隶布政使吴重憙著开缺以侍郎候补派为驻沪会办大臣。该局改为官办之后，其原有商股不愿领回者，均准照旧合股。朝廷于维持政体之中，仍寓体恤商情之意。该大臣等务当统筹全局，认真办理，将从前积弊一律剔除，以期上下交益。钦此。

接到圣旨，吴重憙不敢怠慢，立即整理手头各项案牍，仅数天即交割完毕。次年正月初八日入都，十七日慈禧太后、光绪帝诏见于勤政殿。再次问及家世、子女现状，又问身体情况，勗（xù）勉再三，并赏赐衣物。退至候诏偏殿，自有一帮内侍前来道喜，吴重憙早有准备，以数两纹银予以馈谢。

回到宣南坊达智桥胡同住宅，吴重憙立即命四子吴峐和家人们收拾行装，择吉日赶赴上海。

岁聿云暮，一元复始。

正在大江南北之国人沉浸在春节、元宵佳节的团聚、欢乐之际，

内阁奉上谕：直隶布政使吴重憙著开缺以侍郎候补派为驻沪会办大臣

吴重憙的人生历程

吴重憙由北京启程，前往上海。

本来吴重憙欲借南下赴沪之际，回海丰祭扫曾祖吴之勷，盖因此年为曾祖冥日七十五年。他多次听父母讲过，父亲襁褓之中遽然失父，九岁时再次失母，作为祖父母的唯一独苗，自然受到祖亲的万千呵护，可以说是祖父母鞠育、恩养长成，父亲在京城、在外地为官时，平日忙于公务不便退身回籍亲祭祖父母，也定让兄长吴重周赶回祭奠。父亲病逝时，曾含泪叮嘱"千万不能忘记你曾祖父母，不管公务如何冗繁，定回来掬一抔土、烧一张纸，以告慰祖亲之灵"，现在父母、兄嫂、侄儿先后离开人世，而自己的三个儿子吴钦、吴尌、吴幽俱在江南为官，只有四子吴峤在嫡母陈夫人去世后，一直伺候在侧。目下只因袁世凯再三叮嘱，早日赴沪促成大事，吴重憙遂按落心头之隐痛，让吴峤在德州下火车赶往海丰，自己携家人、护卫直抵上海。

在火车上，吴重憙回想自己宦游南北经历，不禁思潮起伏。思及远祖吴自肃、天祖吴绍诗、高祖吴坛、伯高祖吴垣、曾祖吴之勷、父亲吴式芬等宗亲数十人，大都为官南方，足迹遍及江苏、浙江、福建、广西、湖北、湖南、江西、贵州等地，目下自己的三个儿子，吴钦在江苏、吴尌在河南、吴幽在广东，只有四子吴峤陪伴自己左右。想到此，不由想起父母常说的那一句"官身不自由"，朝廷让你去东，你不能顾西，不管环境如何恶劣、条件如何简陋，恪尽职守，殚精竭虑，以展宏图，这不仅是朝廷对臣子的要求和期许，也是作为臣子必须坚守的最基本原则。这次赴沪，重任在肩，荆棘相伴，一切都充满了悬念和未知。想及自己打拼数十年，先工部，后河南陈州、开封，再江安粮道，署淮扬海道，摄藩司；又福建按察使，再直隶布

吴氏家庙

政使，一路艰辛备尝，患得患失，日益赢得朝廷的垂青和信任，跻身大臣之列——成为吴氏一门第五位"登华贯，领容台"之人，虽有一班故旧宾朋曾用"苦尽甘来，可喜可贺"来比况自己，但吴重憙却觉得如履薄冰，丝毫感不到庆幸和荣耀。

眺望着车外迎面扑来的林木山峦，回望甩在身后的莽野河川，吴重憙不由诗意渐浓，几乎挥笔而就，拟《记恩述事》二阙：

其一

先皇侍从水曹郎，试郡而今廿六霜。

三届转输供漕米，入闽提典慎刑章。

兼坼暂摄申重巽，世泽承恩誉二方。

蒲柳年华樗栎质，一蒙荣遇一凄惶。

其二

召对延英太液西，申江遥驻遂幽栖。

畿疆重任初三释，卿贰崇班第五跻。

横海远行持玉节，拜恩累叶捧璇题。

深惭报称无涓滴，辜负天书降紫泥。

吴重憙认为，朝廷不弃自己蒲柳之身、浅陋之质，再三勖勉，两赐书福，自己唯有鞠躬尽瘁、肝脑涂地，方不负浩浩皇恩，报效国家。

吴重憙出任驻沪会办电政大臣时，还写了一首诗《驻沪诗兆》，他特别注明："李岳星赠画，有杏花春雨词意，随题一诗，时嘉平十六日也。十七日而有驻沪之命，诗若为兆焉。"诗云：

杏花春雨雨潺潺，六载江南两鬓斑。

远道音书望鱼素，深宵残梦见刀环。

一江别意东流水，几点羁愁北固山。

犹有巢痕寄白下，可能燕子再飞还。

鸦片战争之后，中国国门洞开，俄、英、美、法等国列强为殖民通商，竞相要求在中国设立电报线路，发展电报业。

电报学堂

当时，电报属于新生事物，发展电报业务，京中重臣群起而攻之，有的说电报之设会使中国之防形同虚设，有的说创办电报必使电气横冲直撞，切断地脉，惊扰祖宗。

但深受李鸿章器重的盛宣怀，还是在李鸿章的防务区大沽北塘海口炮台与天津之间建立起一段短途电报线。开始试运营后，效果自然很好。慈禧太后终于意识到西方国家在中国架设线路掌控中国的通信大权，不仅丧失利益，也危害国家的安全。

李鸿章一面于天津设立电报学堂，一面在天津东门内问津行馆成立中国第一家官办电报局——津沪电报总局。光绪七年（1881年）四月，第二条干线津沪工程全线开工建设，从天津、上海两端同时立杆架线。

光绪八年（1882年）三月初一日，中国电报总局将原来的"官本官办"的性质改为"官督商办"，其理由是"电报固以传递军报为第一要务，而其本在厚利商民，力图久计"。电报官督商办后，由盛宣怀、郑观应等集股创建。

两江总督左宗棠（1812—1885年）为抵制英国染指长江水线，奏准架设长江电线，由南京至汉口一千六百余里，次年竣工，是为电报总局第三条干线。两年内，商线官线基本上覆盖了全国各行省和主要商业城市，初步形成了一个"殊方万里，呼吸可通"的电讯网。从此，中国使用了两千余年的"驿站＋六百里加急"传递紧急公文和情报的时代，一去不复返了。

自光绪二十年（1894年）开始，投资电报业利润丰厚，遂成为众人追逐的投资对象。

光绪二十七年（1901年）九月二十七日，中国电报总局创始人李鸿章逝世，中国电报总局的最大靠山坍塌。不久，进入中枢后的督办政务大臣鹿传霖大力整顿国家财政，他建议的将轮船招商局、中国电报总局二局收归国有。

光绪二十八年（1902年）九月二十三日，盛宣怀父亲盛康去世，盛宣怀依制丁忧，朝廷即下令，由袁世凯充督办商务大臣，接替了盛宣怀在中国电报总局的重要职位，电报局的命运自此形格事变。

"电线归官"改革近一年，"华商惶急""商情震动"，清政府一时又拿不出巨额白银收赎商股，忙得奉旨督办电政大臣的袁世凯焦头烂额，中国电报总局成了一块烫手的山芋。

电政大臣只不过是袁世凯的一个兼差，自然要派员驻上海代行其事。袁世凯接了李鸿章的位，也接受了李鸿章北洋大臣的班底。然而，袁世凯又不能亲临上海任职电政大臣，唯有派遣一位自己信得过的钦差大臣代行其事。北洋大臣中有谁有资格、有胆量到上海去向盛宣怀这位老前辈叫板，接管轮、电两局？由此，急欲在新政有所建树、心计又颇深的袁世凯自然又想起了吴重憙。斟酌再三，袁世凯向清廷保奏了直隶布政使吴重憙。

此时，朝廷朝中重臣、疆臣渐分两派，一派以军机大臣、庆亲王奕劻和直隶总督兼北洋大臣袁世凯为主，一派以军机大臣、外务部尚书瞿鸿禨（jī）和云贵总督岑春煊为主。两派各立山头，相互攻讦，势若水火。有些朝臣、疆臣已经站队，有些作壁上观，还有一些不想介入。吴重憙目下还算不上封疆大吏，他宦

1901年2月，大北电报公司在上海至吴淞敷设陆路电报线

天津电报总局

游几十年，深知官场凶险，往往一句随随便便的话语、一个不经意的表态，就会为自己的仕途陡增滞碍。还有，他只想一心一意报效朝廷，忠于国事，实在不想过多介入权力和利益之争。

正因如此，袁世凯选择了吴重熹担任驻沪电政大臣，坐镇办事。一则为报答吴重熹当年谆谆教导、循循善诱、刻意提携之师恩；二则对吴重熹知根知底，办事比较放心；三则让吴重熹在新的职场历练，为今后仕途进一步通达奠定基础。论家世，海丰吴氏簪缨世家、文化名门，祖上俱为显官清吏，四海人人皆知，这一点比之盛宣怀更加通显而荣耀；论资历，吴重熹从工部郎中到知府、至道员、升臬台、擢藩司，凡数十年，都是靠实干靠政绩一步步进入朝廷视野，并委以重任的。这样的人，身份贵重，业绩卓异，声誉清明，年龄比盛宣怀还长几岁，朝廷委其督办电政，可谓应天时顺地利合民意。

于是，袁世凯将吴重熹请进自己的官邸，提出让吴重熹做自己的副手，担任驻沪会办电政大臣。

尽管吴重熹与袁世凯谊属世交，但职位上却大有高低。袁世凯是一品大员，更是朝廷的大红人，因"庚子之变"时，与荣禄合力为慈禧太后卖命，成为太后面前的宠臣，旨授太子少保，满朝文武皆尊称其"宫保"。为此，吴重熹是穿着官服应邀到袁府的，袁世凯则请吴重熹换了便服，在内客厅相见。

寒暄过后，袁世凯对吴重熹说道："仲饴年伯，知遇之恩，恩重如山！当年，如果没有年伯的帮助就没有袁某的今天啊！"

袁世凯虽然"年伯长""年伯短"地挂在嘴边，吴重熹还是尊称道：

"宫保，言重了。"

袁世凯道："仲饴年伯啊，您奔波了这大半辈子，刚刚是一个从二品。论年伯的学识、年伯的才能、年伯的人品，早就该有个好差事，享享福了。"

吴重憙疑惑道："宫保，你的意思是……"

袁世凯神秘地笑道："这不是嘛，李中堂仙逝了，朝廷让我袁某做这个电政督办大臣，去上海接收中国电报总局，这可是一个难题啊，责任重大。我打算让您当我袁某人的左膀，以钦差驻沪电政大臣常驻上海，不知年伯意下如何？"

能在国家救亡图存的关口出力，吴重憙欣然同意赴沪，他起身，拱手谢道："感谢宫保抬爱，力将电局收回！"

不久，袁世凯提请清政府任命吴重憙为专门驻沪会办电政大臣，坐镇上海，饬将电局收归官有。清代文人胡思敬在其《国闻备乘》曾写道："（李）鸿章薨，（王）文韶再罢，（盛）宣怀之势遂孤。袁世凯继为北洋大臣，先夺电报局以授吴重憙。"

抵沪后，来不及休整，吴重憙即前去拜望驻沪商约大臣吕海寰、盛宣怀。

吕海寰（1842—1927年），字镜宇，山东莱州人。同治六年（1867年）举人，历任兵部车驾司总办兼则例馆提调、总理各国事务衙门总办章京、兵部员外郎、江苏常（州）镇（江）通海道道台等职。光绪二十三年（1897年）为驻德国、荷兰大臣。光绪二十八年（1902年）官至工部尚书，即被朝廷任命为钦差办理商约大臣，在沪与

吴重憙书札

西方列强进行商约谈判。

吴重熹对吕海寰心存敬仰。同为山东老乡，从感情上具有认同感亲近感，更重要的是，吴重熹钦佩吕海寰为了国家利益，与洋人有理、有节、有力地谈判、抗争，颇有山东人耿直豪爽、铮铮铁骨的侠义风范。光绪二十一年（1895年）时逢日本强迫清政府拟订不平等的《马关条约》草约，吕海寰站在为中国争取利益的立场上，将"洋货照完半税"改为"照完正税"，"准日人在通商口岸城镇运货设行栈"改为"通商口岸之城镇"等等，密报总署，在极尽可能的情况下进行了补救。他在处理泰安、江阴两教案及英国轮船以在台湾被扣留检查为由要求赔偿损失一案中，均处理得有理有节，中外钦服，遂以善办外交闻名。正因如此，吕海寰得到李鸿章的赏识，光绪二十三年（1897年）专荐为驻德国、荷兰大臣。光绪二十六年（1900年），德使克林德向巡街清兵开枪被自卫清兵击毙，德国大哗，不断向清廷施压。不少驻德公使劝他逃离柏林，可他始终坚守职位，凡是涉及国体主权方面的事情都据理力争，毫不妥协。《辛丑条约》签订后，吕海寰极力斡旋，方使赴德"谢过"的清使醇亲王爱新觉罗·载沣免行跪拜之礼，挽回大清脸面。回国后督办津浦铁路，阻力重重，举步维艰。吕海寰苦口劝导，解决了浦口站之沭口桥两大关键问题，使铁路顺利通车。为此，吕海寰赢得朝野的一致赞誉。

吴重熹书札及书法作品

吴重熹早已风闻盛宣怀之大名。盛宣怀（1844—1916年），字杏荪，号愚斋，江苏常州人，秀才出身。同治九年（1870年）入李鸿章幕府，成为洋务运动的主力。他头脑活泛，眼光独到，在参与创办中国第一个大型民用航运业轮船招商局后，先后主持创办了一系列企业、学校：中国第一家电信企业天津电报局、第一家内河航运公司山东内河小火轮航运公司、国内第一条南北干线卢汉铁路、第一家国人自办的中国通商银行、第一个钢铁联合企业汉冶萍煤铁厂矿公司、第一个理工科大学北洋大学堂（今天津大学），以及湖北煤铁开采总局、华盛纺织总厂和南洋公学（今西安交通大学和上海交通大学的前身）等。在通过兴办洋务成为全国首富的同时，盛宣怀在政坛也是步步高升，先后任招商局督办、天津海关道、山东登莱青兵备道兼东海关监督、直隶津海关道兼直隶津海关监督、太常寺少卿，曾被朝廷特授"专折奏事特权"。光绪二十七年（1901年），因保护东南地方有功，清廷钦赏太子少保衔，被世人尊称为"宫保"，次年任工部左侍郎，旋派上海，协助吕海寰与各国进行增加关税、改订商约的谈判事宜。

天津是中国开办邮电通信最早的城市

吴重憙对这位驰骋政商、纵横捭阖、长袖善舞的洋务运动风云人物，心中既感到佩服，又有些新奇。毕竟，他接触的官场人物，大凡儒雅有致、守官如一者居多，而像盛宣怀这种亦商亦官的人物少之又少。

吕海寰专门设宴，为吴重憙接风洗尘。三位驻沪钦差大臣相互约定：不负天恩，倾力相助，携手并进，共图大业。

之后，中国电报总局原总办盛宣怀将电报局一切事务案卷移交吴重憙接收。吴重憙接管中国电报总局后，即着手主持接办各省电报商局，亲自厘定章程八条，令各分局遵办。

吴重憙郑重申明："本大臣接办电政局，仍以恤商便民为重。"他要求各局员："务须仰体此意，上下一心，秉承总局妥慎办理。"他并规定了严明的纪律："线路关系最重，欲其畅通，全在弃兵等巡视得力，仰即迅速选补足额，倘仍前侵蚀，以致线路不灵，积压迟误殆人口，定予重惩。""各局领生必须和衷共济，来往报务错字甚多，尤须格外认真，每当值班之时，不得擅离职守，倘仍存疏误，定必按章定章加等科罚。""各局凡遇传递官电一切军国要政，倘有漏泄，查明后局员、报生一律以军法从事，其有泄漏商报者，局员撤差，报生严办。"

正是由于吴重憙办理电政尽职尽责，纪律严明，措施得力，如期于光绪二十九年（1903年）三月初一日正式接办各省电报局，并将所办情形一一具折上奏。朝廷当即诏告：

会办电政大臣咨督办电政大臣以前奉谕旨驻沪会办电政，已于三月初一日接办所有各省电局，自应严加整顿，以维政体而顺商情，现经厘订章程八条，电饬各分局遵办在案，除会列台衔将通电稿抄送各省督抚将军查照外，咨会施行。

至此，中国电报总局完全收归官办。

光绪三十一年（1905年）七月初七日，督办电政大臣、直隶总督袁世凯《奏请在中国境内防禁私设无线电报事》获得朝廷批复，吴重憙奉旨悉心办理，严格执行中国无线电报、电话准归电局经办，除通商口岸已设之电话外，无论何国何人，凡未经中国政府及电局允准者，

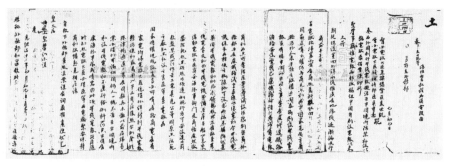

袁世凯《奏请在中国境内防禁私设无线电报事》

一概不准在中国境内私设无线电报。如不遵行，按例科罚，以保电利而维主权。吴重憙还特别强调，中国各处海、陆军队或有需用此项无线电报者，应随时知照电政大臣办理。如此一来，国内私设无线电报现象得到有效整治。

蜀道之难，难于上青天。自古以来，四川人就一直想开辟出川之路。光绪二十九年（1903年），四川总督锡良提出的铁路线路计划，次年奏准设立官办川汉铁路公司。川汉铁路是清末提出兴建的一条重要铁路线路，连接湖北、四川两省，是贯通长江中上游地区的重要东西向铁路动脉，也是影响中国历史进程的一条铁路。清末，该铁路引起了"四川保路运动"，进而引发了"辛亥革命"，被称为"一条铁路搞倒了一个王朝"。

修建川汉铁路，商办路政及转运物料来往密码电文频繁，就中国电报总局如何收取费用等情况，吴重憙多次与四川总督锡良沟通，四川省开办川汉铁路后，与京外各处交涉日繁，所发往来商办路政密码电文拟请咨明电政大臣后，一律列入一作四等概免加费。

中国第一历史档案馆收录有钦命驻沪电政大臣吴重憙在修建川汉铁路期间，来往密码电文收费等情况的札文两则。

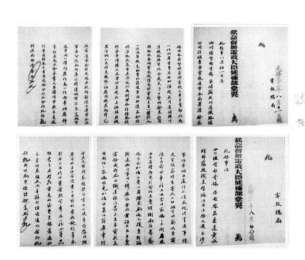

中国第一历史档案馆收录有钦命驻沪电政大臣吴重憙在修建川汉铁路期间，来往密码电文收费等情况的札文两则

光绪三十年（1904年）八月初七日，吴重憙呈札文《为查电报定章凡一作四等只能发本省督抚电免收密费其余发递他处者仍应按照向章

办理札饬电报总局事》。

光绪三十年八月初八日到电报总局札。钦命会办电政大臣、候补部堂吴（重憙）为札饬事，准。

四川总督部堂锡（良）咨开："据盐茶道黄承暄详，窃照职道督办川省洋务，凡遇交涉事件查询各处情形消息，既须灵通事机，更宜慎密，时有电报不能拘定明密。伏查电政大臣前咨章程内，关需用密码之各衙局，应由各省督抚先行咨明立案，该衙局所发密码不必加倍。又查川省机器局近已援案督办，职道衙门事同，一律应请咨明电政大臣立案，电饬成都局。凡职道衙门发交各处电报，盖用闽防之密码，均免加倍计算，以符通章理，合具文条。祈察核转咨实为公便等情，较此相应咨明。为此，合咨贵大臣请烦查照施行等因，到本臣准此。查电报定章，凡一作四等只能发本省督抚电免收密费，其余发递他处者仍应按照内章办理。除咨处外合行札饬札到该局，即便转饬遵照。此札。"

光绪三十一年（1905年）八月初十日，吴重憙呈札文《为川省开办川汉铁路商办路政及转运物料来往密码电文一律列入一作四等概免加费札饬电报总局事》。

光绪三十一年八月十一日到电报总局札。钦命会办电政大臣、候补部堂吴（重憙）为札饬事，八月初一日准。

四川总督部堂锡（良）咨开："窃照，川汉铁路总公司详称，案查电报通章各局署译发密码，由各省督抚咨明电政大臣立案，即作为一作四等电费不必加倍。现在，川省开办川汉铁路，与京外各处交涉日繁，所发往来商办路政密码电文，拟请咨明电政大臣，一律列入一作四等概免加费，以符通章而昭慎密。如非办涉路政密码电，不得援以为例，理合详请察核移咨等情。据此又查，川省现在上海购办机器、洋铜，以及将来铁路一切应用机器物料，已派罗道崇龄驻沪、冯丞启钧驻汉口、孚守仁驻宜昌，分设局所专司转运所有往来密码电文，事同一律均应作为一作四等，相应并案移咨。为此，合咨贵大臣，请烦查照立案施行等因，到本大臣准此。除分行外，合行札饬。札到该局，即便查照。此札。"

中国第一历史档案馆还收录有光绪三十一年（1905年）十一月初七日，《钦命会办电政大臣候补部堂吴（重憙）为札饬事十一月初七日准》。

伊犁将军长电："闻伊犁驻京文报委员孙丞管祖章与敝处往来公电，请照章列一作四等，按月照各省通例结拨。"电饬京局遵办等因，当即电复伊犁驻京文报委员："与尊处往来公电，列一作四等按月结拨，已饬京局照办等语。余饬北京局遵办外，各行札饬札到该局，即便查照。此札。"

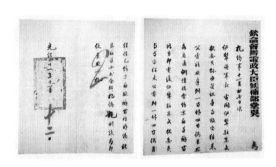

《钦命会办电政大臣候补部堂吴（重憙）为札饬事十一月初七日准》

光绪三十二年（1906年）正月二十六日，吴重憙在上海驻沪会办电政大臣任上接阅电抄。

奉上谕：

仓场侍郎著吴重憙补授。钦此。

仓场侍郎，官名，亦称总督仓场侍郎，晚清度支部仓场衙门主管，秩正二品，掌理漕粮积储及北运河运粮事务，所辖有坐粮厅、大通桥、京通十三仓等处监督等。

光绪三十二年（1906年）二月二十一日，吴重憙上奏折《奏谢授仓场侍郎恩由》，朱批："著迅速来京。钦此。"

其折曰：

会办电政大臣、新授仓场侍郎臣吴重憙跪奏：为叩谢天恩，恭矢仰祈圣鉴事。

窃臣于光绪三十二年正月二十六日，在任海差次接阅电抄，奉上谕："仓场侍郎著吴重憙补授。钦此。"臣当即恭设香案，望阙叩头谢恩讫。伏念臣一介庸愚，三年于役职司、电政等，于传命置邮任次贰卿，已愧叩窃非分，兹复宠领玉昭入莞，金仓闻命，自天感惭无地。查仓场侍郎一官，有综理天下漕赋之责，唐置左户为宰相兼辖之阶，因号封臣，佐尚书度支之计。如臣梼昧，深惧弗胜，唯有殚竭愚诚，勉勤履职。一俟接准部咨，即行起程北上，泥首宫门，面求圣训。俾有遵守永矢战兢，以期仰答高厚鸿慈于万一所有。微臣下忱理合恭怃，叩谢天恩。

伏乞皇太后、皇上圣鉴。

谨奏。

不久，吴重憙由上海返回北京，就任仓场侍郎。

吴重憙在上海奉旨会办电政大臣整整三年的时间里，为中国电报

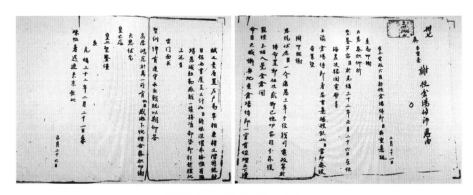

《奏吴重憙谢授仓场侍郎恩由》

总局由原来的"官督商办""永归商办"改为"官本官办""电线归官"做出了不懈努力和贡献，他主持收回的中国电报总局为中国近代工商业的发展提供了有力的支持。

吴重憙为官清正，肃正衙门，办事干练，勤勉尽职，获得朝野一致好评，多次得到慈禧太后的褒奖和赏赐。

光绪三十年（1904年）十月十八日，慈禧太后赏赐吴重憙御笔题"寿"字、衣料等物。是年闰十一月十七日，吴重憙上奏折《奏谢赏寿字等物恩由》。

会办电政大臣、候补侍郎臣吴重憙跪奏：为恭谢天恩，仰祈圣鉴事。

本年十月，恭逢慈禧端佑康颐昭豫庄诚寿恭钦献，崇熙皇太后七旬万寿。十八日，蒙恩颁赐御笔"寿"字一幅、如意一柄、蟒袍一件，齐交到臣。臣当即恭设香案，望阙叩头，祇领讫。

伏以皇太后珠宫笃祜宝箓延年。敷言允协于九畴，瑞应首徵于五福。指挥先定运，规矩以从心；平服以庸仰，系纶于示掌。颁璇题而锡祉，辉煌争日月之光；调玉烛以诚民，黼黻（fǔ fú）焕升平之色。臣躬逢盛典，盖切欢忱，效祝厘而晋颂无疆；瞻仰信殷，光鳌戴恩，补衮服而感中有庆。载成永荷夫龙光。所有，微臣感激荣事下忱，谨缮折叩谢天恩。

伏乞皇太后、皇上圣鉴。

谨奏。

光绪三十一年（1905年）十二月二十三日，慈禧太后再赏赐吴重憙衣料等物，深感荣耀的吴重憙于次年正月二十六日，上奏折《奏吴重憙谢赏衣料恩由》。

会办电政大臣、候补侍郎臣吴重憙跪奏：为恭谢天恩，仰祈圣鉴事。

三十一年十二月二十三日，接京电蒙恩赏衣料四卷到，臣谨即祇领，叩头谢恩讫。

窃臣本自章缝，恭承黼黻，会睹宫仪于司隶，遂跻卿贰于朝班，曾邀赐衮恩，

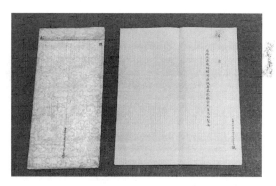

《会办电政大臣候补侍郎臣吴重憙跪请慈禧端佑康颐昭豫庄诚寿恭钦献崇熙皇太后圣安》折

光备侍中于貂珥；方励垂绅磬，折凛称服于鹓梁。兹值凤琯回春更祥，龙章锡美朝颁。大赉恩到臣家，陪朱紫之成行，维衣裳之在笥（sì）。尚方束锦，俾大官知学制之难，上褚五十衣，觇远臣被圣恩之渥。臣

职惭补衮司在置邮，听宫漏于传箧，愧筐之报，称荣施昼锦，如傍日月，龙衮于九重，益念宵衣，莫答高厚鸿慈于万一。所有，微臣感激下忱，谨缮枳叩谢天恩。

伏乞皇太后、皇上圣鉴。

谨奏。

慈禧太后御笔所赐"寿"字，运笔有力，气势恢宏，吴重憙珍爱有加，现珍藏于无棣古城吴式芬故居"吴重憙红十字运动纪念馆"。

吴重憙奉旨驻沪会办电政大臣期间，除主持收回中国电报总局官外，还参与了上海万国红十字会的创设，成为早期中国红十字会领袖之一。

慈禧太后御笔赐吴重憙"寿"字

一一、抚赣安民兴实业　肃政平叛正教风

　　光绪三十二年（1906年）三月十八日，吴重憙由上海返回北京，赴仓场侍郎任。

　　甫任五日，又接到圣旨，署江西巡抚。

内阁奉上谕：

　　江西巡抚著吴重憙署理，迅即驰赴署任。胡廷干著俟吴重憙到任后，再行交卸。钦此。

　　巡抚，即巡抚某地等处地方提督军务兼理粮饷，官名，别称"抚台""抚军"，以"巡行天下，抚军安民"而得名，秩从二品，加兵部侍郎衔者为正二品。清代巡抚主管一省军政、民政。

　　光绪三十二年（1906年）四月初六日，吴重憙在京启行，由火车达汉口，再乘轮船转九江入湖口，阅视该处炮台炮勇及九江陆军。四月十八日，抵江西省城南昌接印，正式就任江西巡抚，代表中央行使地方军政大权。

　　江西，因唐玄宗设江南西道而得省名，又因境内母亲河为赣江而得简称"赣"，素有"文章节义之邦，白鹤鱼米之国"之美称。

　　光绪三十二年（1906年）闰四月初七日，吴重憙上奏折《奏接篆日期由》。

　　署理江西巡抚、仓场侍郎臣吴重憙跪奏：

内阁奉上谕：吴重憙
署理江西巡抚

为恭报微臣行抵江西省城接印任事日期叩谢天恩，仰祈圣鉴事。

窃臣在仓场侍郎任内复承恩命，署理江西巡抚，仰蒙召见，圣训周详并奉旨："著即迅速赴任，毋庸请训。钦此。"当于四月初六日，在京启行，由火车达汉口，附轮船转九江入湖口，阅视该处炮台炮勇及九江陆军，于四月十八日行抵江西省城。

准前抚臣胡廷干委署南昌府知府徐嘉禾、署抚标中军参将刘竹书将江西巡抚兼提督衔关防一颗暨王命旗牌文卷等件齐送前来。臣当即恭设香案，望阙叩头，抵领任事。

伏查江西水陆交冲，境连以省，当省城教案之后，人心既须镇靖，而新政繁兴，财力匮乏，尤难支柱。臣自顾菲才，深惧弗克胜任，惟有勉矢慎勤，力图振作，督内司道各镇认真经理。遇有重要事件，电商督臣合力筹办，以期仰答高厚鸿慈于万一。所有，微臣接印任事日期并感激下忱，谨缮折叩谢天恩。再，臣经至铁路长江一带，商旅畅行，地方安谧，堪以上慰。宸廑。

伏乞皇太后、皇上圣鉴。

谨奏。

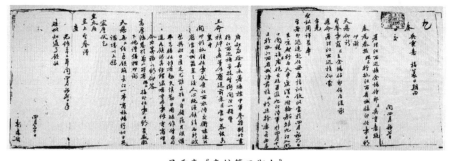

吴重憙《奏接篆日期由》

光绪三十二年（1906年）六月，实授吴重憙为江西巡抚。六月十六日，吴重憙上奏折《奏补授江西巡抚谢恩由》。七月二十日，吏部发出致兵部公文《为知照吴重憙补授江西巡抚奉旨著兼兵部侍郎衔事致兵部》。

吏部为知照事，内阁抄出光绪三十二年六月十四日奉上谕："江西巡抚著吴重憙补授。钦此。"遵抄出，到部查定例，各省巡抚为都察院右副都御史，应否兼兵部侍郎衔。吏部具奏请旨等语："今吴重憙由仓场侍郎钦奉谕旨补授江西巡抚奉应否兼兵部侍郎衔之处等因，光绪三十二年七月初八日具奏奉旨著兼兵部侍郎衔。钦此。"相应知照可也。须至咨者。右咨兵部。

吴重憙在仓场侍郎仅五日，即奉命前往江西接任胡廷干署理江西巡抚，处理南昌教案后事。

南昌教案，即光绪三十二年（1906年）南昌群众毁教堂、杀教士事件。

所谓"教案"，就是中国人民反对基督教的侵略而引发的诉讼乃至外交纠纷的案件。江西近代教案，此起彼伏，层出不穷，频繁猛烈。粗略统计，从同治元年（1862年）到光绪三十四年（1908年）短短的四十六年内，全省先

南昌天主教堂

后发生教案有案可查的即不下3000余起，平均每年7起，就其规模而言，呈现四次高潮：同治元年（1862年）的南昌教案；光绪十七年（1891年）的长江教案；光绪二十六年（1900年）的全省教案；光绪三十年（1904年）的第二次南昌教案（亦称"棠浦教案"）。江西在全国传教活动不是很活跃，而教案发生却是全国最频繁、最严重的省份之一。

自《辛丑条约》签订后，西方列强的一些传教士凭借侵略特权，大肆霸占中国百姓的田产广设教堂，教会势力大有扩充，仅江西一省，天主教堂、耶稣教堂就达三百处之多。到了光绪年间，奉教者日多，但不少地痞流氓为称霸乡里，欺侮民众，借势入教后，以新昌天主教堂法国教士王安之为护身符，作恶多端。

光绪三十二年（1906年）正月二十九日，已升任法国天主教九江区

总主教王安之邀请南昌知县江召棠至南昌天主教堂春酌。席间，王安之强求推翻前年就已经了结的新昌旧案，赔偿给因欺男霸女、滥杀无辜而遭暴打后被投江毙命的教徒棠浦人罗检等人抚恤银十万两，再将被监禁的罗检手下众教徒无罪释放，另责令江召棠将怒杀暴徒的新昌龚耀庭、龚栋、龚祥三人由原来判定的各监禁三年改判死刑。江召棠一身正气，当场坚拒不允。争执之下，王安之用餐刀刺伤江召棠咽喉。消息传出，南昌全城群情鼎沸，学生罢课，商人罢市。四万余人集会百花洲，要求惩办王安之等教士。正月初三日，南昌市民暴动，烧毁法国教堂三处、英国教堂一处，王安之等六名法国传教士被群众揪出教堂痛打，当场毙命，另有三名英国传教士亦被当场打死。初四日，署理两江总督周馥派副将陈季同赶赴南昌，查办南昌教案。是日，英、法、美兵舰驶入鄱阳湖，进行威吓。初

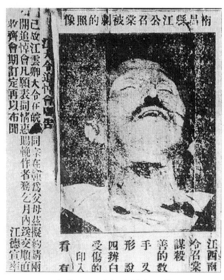

南昌县江召棠被刺的照片

五日，江西巡抚胡廷干接清廷指示，令南、新两县警署逮捕一千六百余名肇事民众，并将龚栋等十人斩首示众，其余二十七人分别判刑。初七日，江召棠因伤势过重医治无效死亡。北京《京华日报》等报刊连续刊出报道《江西县首被杀》《江西地方官真冤》《江令伤痕单》等新闻，附有照片，引起全国上下对南昌教案的广泛关注。是日，英国公使萨道义派九江领事倭讷抵南昌办理教案。

二月十三日，外务部派津海关道梁敦彦会同法国参赞端贵，自天津赴南昌办理教案。三月初二日，议办南昌教案在南昌进行，有外务部代表津海关道梁敦彦，法国公使代表端贵及法国公使馆职员、英国

公司代表倭讷(nè)、两江总督代表陈季同、张之洞代表梁鼎芬等人参加。十三日，南昌教案移北京议办。当日，御史黄昌年奏参江西巡抚胡廷干颟顸(mān hān)贻误，参江西布政使周浩办案迁延误事，参江西按察使余肇康于重要刑案未能立即讯验。谕旨将胡廷干撤任，周浩暂留任察办，余肇康降二级交部议处。一场教案引发了江西官场"地震"，巡抚、布政使、按察使三司同时开缺。

光绪三十二年(1906年)四月十八日，吴重憙抵达南昌，风尘未洗，即紧锣密鼓处理南昌教案善后工作，肃整衙门，安抚百姓。"将南昌教案善后一切事宜，及新

南昌教案现场

旧交涉要案，并各属民教词讼事件，分别督饬妥办，极为允协，中外均无闲言"。闰四月二十九日，清廷与法国政府签订了《中法新定南昌教案善后合同》，南昌教案就此结案。

南昌教案平息后的某日午后，吴重憙游览了南昌名胜百花洲。此洲位于南昌东湖之中，自古有名，张九龄、李绅、杜牧、黄庭坚、辛弃疾、欧阳修、文天祥等名人学士，均留有咏百花洲的诗词文章。清乾隆年间，江西布政使彭家屏书"百花洲"三个大字，镌为石碑。

初夏时节，百花洲上，草繁花盛，蜂飞蝶游。吴重憙信步寻到"恭定公教思碑"前，可惜石碑早已残破，其上文字剥蚀难辨，遂有感而作《记恩述德》三律，其一：

京兆刚刚五日留，江湖襟带又洪州。

并无兄弟能连榻，犹忆高会侍此楼。

才走轺车五陵道，难寻碑石百花洲。

摩挲九老南山杖，七十来孙亦白头。

129

吴重憙的人生历程

吴重熹之天祖吴绍诗，谥"恭定"，因德高望重，列"三班九老"，宴游北京香山，乾隆帝亲赐杖、赐宴并如意、金玉、玛瑙、水晶、丰貂、文绮、倭缎、朝珠等。吴绍诗出职江西巡抚时，已是六十八岁高龄的老人。吴重熹出任江西巡抚时，六十九岁。故吴重熹在诗中有云："摩挲九老南山杖，七十来孙亦白头。"

乾隆三十一年（1766 年）二月，吴绍诗由兵部侍郎出任江西巡抚。吴绍诗在江西任职时，年高誉隆，执法如山，爱民如子，深得江西父老的爱戴，被尊称为"老菩萨"。

江西地区宗族势力严重，宗族之间经常发生械斗，又加之民风彪悍，打架斗殴等案件接连不断，严重影响了社会的稳定与和谐。吴绍诗上任伊始，就审理了一宗因争夺煤矿开采权聚众械斗死亡十四人的命案，结案后以江西巡抚的名义贴出告示，告诫江西全境凶暴之徒，以惩戒好斗之风。很快，江西民风大变，政通人和。

吴绍诗在江西任职三年余，南昌、德化、新建、进贤、鄱阳、余干等地年年夏季暴雨连天，山洪暴发，江湖水涨，圩堤冲毁，田地被淹，房屋被毁，百姓无地可耕，无家可归，无米可食。吴绍诗亲自走访灾区，抚恤灾民，督率巡道守令详细勘查灾情上奏，提请减租，重建家园。他还恳请朝廷赈灾，亲定赈恤条款，分等级赈恤，使地方官不敢造假误报，并上奏借白银三万两，修复南昌等处被毁坏的堤坝，以工代赈，保卫民田。江西贡院经久失修，行将倾圮，吴绍诗奏请"预动五科岁修银六千两，大加修理，凡向之用土筑者，悉易以砖石，一律完固，

大学士于敏中《诰授荣禄大夫吏部右侍郎加尚书衔赐谥恭定海丰吴公（吴绍诗）墓志铭》

使宾兴多士无风雨渗漏之患"被批准实施。吴绍诗勤政为民，多次蒙赐御书福字及鹿麋野鸡等物。

吴绍诗还为当地百姓办了三件事关民生的实事。第一件是屯田减租，使百姓免于重赋；第二件是开豫章沟，消除水患；第三件是颁行采矿条例，彻底解决了因采矿而引发的争端。吴绍诗敬以持躬，恕以待人，奉职恪勤，殚精竭虑，被乾隆帝视为股肱大臣，时任文华殿大学士于敏中称赞他："不赫然为名，而渗入肌肤至深。"

吴绍诗在江西任职期间，查阅营伍至袁州府，顺道至万载县谒少参公祠。"少参"，即吴重憙的七世祖、吴绍诗的祖父吴自肃。

吴重憙《记恩述德》三律其二写的是吴自肃扬威万载勇武忠贞、士民爱戴众建生祠之事，还写道因为吴自肃忠义仁厚、广布德政，他的嫡孙（吴绍诗）和嫡孙的来孙（吴重憙）先后出职江西巡抚，诗云：

> 遗泽源流万载长，当年拒逆挽澜狂。
>
> 讲堂裡祀民怀永，楔牓忠贞御语香。
>
> 敢说于公兴驷马，真如朱邑葬桐乡。
>
> 天恩不负循良吏，两遣儿孙抚豫章。

吴自肃，海丰吴氏第十一世，吴氏家族首位进士，官至参议，诰授"朝议大夫"，崇祀江西、山西、河南三省名宦祠。

民国版《无棣县志·人物志·名臣·吴自肃》

吴自肃早年游历各处，志向远大，为人慷慨有大节。康熙十二年（1673年）九月，他由推官改授江西袁州府万载县知县。是年十一月初六日，突发"三藩"之乱，云南叛乱，湖南告变，长沙失守，袁州各县的盗贼也趁乱而起，响应吴三桂叛军。万载邻境四下兵起，百姓纷

吴重憙的人生历程

纷出逃避难。吴自肃自告奋勇，一马当先，率众与叛军大小数十战，前后斩伪官十五人，降三十余人，生擒十七人，杀贼兵三千八百余名，夺回被掳男妇六百余口，辎重器械无可计数，奉旨："吴自肃忠贞可嘉，著于现任内加一级。事平，以各部主事先用可也。钦此。"康熙帝还称赞道："山东人真好汉！"战乱过后，吴自肃奏请蠲缓赋税，招集流亡，著《作文家法》，投戈讲学，俾知大义，万民如孤孺之依慈母感之。

康熙十八年（1679年），吴自肃回籍候补，万载士民共建讲堂，门人王尚选题匾曰"南棠岘石"。后，万载廪生辛承顼（xū）、杨维鉴、辛金印等联名公呈恳乞宪台将吴自肃崇祀万载学宫名宦祠，《合邑绅士请入名宦公呈》曰：

如已故万载县令吴父母讳自肃者：东国儒宗，南天福曜。宫花草树，赐绫饼于曲江；墨绶初飘，试牛刀于锦水。下车两月，利器偏遇磐根；任事五年，批窍无妨游刃。

称赞他："忠贞两字,奉异数于彤庭;钟鼎千秋,留徐芬于青史。""此公之智勇，可以捍牧圉，而树旗常者也；此公之精诚，可以贯日月，而同金石者也；此公之慈仁，可以媲生成，而歌父母者也。"

吴绍诗曾在其《蚁园自记年谱》中，对谒拜万载少参公祠有详细记述：

余仰托祖荫来抚是邦，顾瞻榱桷（cuī jué），缅怀往烈，不禁潸然出涕，乃为文以祭，曰："凡我先祖当年拯诸水火之遗黎，皆余小子。"此日登诸衽席之赤子，鸠工重葺讲堂祠宇，稍廓规模，捐银二百两，增置学田，佐诸生膏火资，以垂永久。少参公历官江右滇晋三省，所至皆以治绩卓卓，祀名宦。余尝于自陕去官时，经过蒲坂，继又以陈臬至滇南，皆得展拜木主，今持节江右，更得葺治先祠，以光俎豆，又得少参公讲学时所著《作文家法》一册，梓于豫章书院为多士，程式祖德孙谋、勉承继绪忠贞之业，佑启后人灵爽不昧或其式凭乎。

吴重憙巡抚江西，未得恭诣万载奠拜先祠，追念遗徽，不胜泫然，敬刻一联寄万载县祠宇文，曰：

守境荷崇褒贤士夫，讲习同心往哲名堂。

吴重憙《记恩述德》三律，其三记述了其父吴式芬任职江西之事，并说自己出仕已四十年，由海丰至北京、至河南、至江南、至江苏、至福建、至上海，回北京再至江西，很少有机会回故乡海丰到父母坟茔前祭扫凭吊，诗云：

先人六载守梅花，庾岭梅花宛似家。

东郡趋庭如往日，西山卷雨对飞霞。

难填精卫弥天石，涉尽恒河阅世沙。

回首松楸未归扫，卅年无日不天涯。

吴重憙清楚地记得，父亲曾向他讲述自己在江西六年的"故事"。

吴式芬在江西任职六载，历任南安、建昌、临江、南昌知府，清厘积牍，虚心体察，唯恐不惬于众望，士民咸颂勤明。

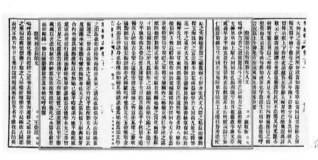

沾化·苏敬衡《祭阁部吴公（吴式芬）暨配刘夫人文》（民国《无棣县志·艺文志》）

吴重憙出任江西巡抚那年夏季，江西部分地区大雨成灾，吴重憙带随员了解灾情，及时据实上奏朝廷：

江西本年自春徂夏，淫雨为灾。……入秋以后，上游各处大雨时行，赣河之水建瓴而下，长江之水倒灌而上，以致南昌各府属滨临河湖一带圩堤田舍多被冲决淹浸。……

吴重憙一面奏请减免灾区赋税缓征粮租，一面组织各府州县进行赈灾抗灾。

赈灾救灾事宜还未结束，在湖南醴陵、浏阳和江西萍乡的交界处又爆发了民众、矿工起义，史称"萍浏醴起义"。

光绪三十一年（1905年）七月二十日，孙中山、黄兴、宋教仁等在日本东京成立中国同盟会，确立"驱除鞑虏，恢复中华，创立民国，平均地权"的纲领。

萍浏醴起义旧址——醴陵麻石街遗址

次年春，留日学生蔡绍南等奉东京同盟会总部派遣，回到湖南组织和发动反清武装起义。是年七月，蔡绍南回到江西萍乡原籍，积极联系会党，通过其儿时朋友"富甲一方"的江西会党首领魏宗铨，约集萍乡、浏阳、醴陵地区哥老会首领龚春台、肖克昌、沈益古、李金奇等百余人，在萍乡蕉园秘密开会，议定以洪江会为基础，联合哥老会和武教师会，组织相对统一的"六龙山洪江会"，推荐龚春台为大哥。在蔡绍南、龚春台等人的宣传鼓动下，许多工人、农民和手工业者纷纷入会，会员日众，革命情绪益高，计划择期起义。是年十月，萍乡、浏阳、醴陵三县清军联合进攻六龙山洪江会所在地萍乡麻石镇，李金奇等猝不及防，机关被查封，会众不战而散。魏宗铨等闻讯，即刻由上海返回萍乡，密谋再度发动大规模起义。十月十八日，蔡绍南联合萍乡洪江会首领龚春台、洪福会首领姜守旦、哥老会首领冯乃古、会党活动家魏宗铨等人，在萍乡举行紧急联合会议，讨论联合举行武装起义，但未达成结果。洪江会激进分子廖叔宝不以为然，独自率部下三千余人，集结于麻石镇外，竖起"大汉"白旗，首先发难。

十月十九日，蔡绍南、龚春台等人紧急檄告各处会众同时发动起义。至此，声势浩大的萍浏醴武装起义在混乱之中开始。

起义初发时，吴重憙根据萍乡的情况奏报："逆匪所过地方只索军械，令供粮食白布，所抢劫焚杀者皆向办警察保甲绅士人家为多。到处出有伪示安民，收买人心。"吴重憙没有刻意渲染这些起义者如何为非作歹，滥杀无辜，涂炭生灵，十恶不赦，故他按兵不动，静观态势发展。此时，军机处则电斥吴重憙："萍乡匪势猖獗，何以并无奏报，事先既无觉察，事至又意存推诿，尤为非是。"

不得已，吴重憙奉命与湖南巡抚岑春蓂立即出动兵力，分别进攻萍乡、浏阳各处的起义队伍。起义部队时聚时散，伺机反击，清军不能取得全胜，反而屡受挫折。这时，湖广总督张之洞从湖北、两江总督端方从江苏又派出一部分兵力，会同作战。十月二十七日，吴重憙派江西按察使秦炳直率省城常备军第一标第二营驰抵萍乡，江南第九镇统制徐绍桢节制第三十四标由九江经袁州驰抵萍乡，合围起义军。次日，起义军全面失败，清军大举清乡。十一月初二日，起义军残部在文家、黄沙坪等处分别被清军围追，起义群体逐渐解散。十四日，军机处电吴重憙，饬令各府县大举清乡，绥靖地方。

上谕：

江西萍乡等县会党披猖，经湘赣各军合力进剿，首要各犯均已拿获正法，渐就敉（mǐ）平。本年江西等处，屡告偏灾，生计窘蹙，迫于饥寒，流为盗贼，扰及乡里，愚民无知，被其鼓惑，放票入会，结党多日，酿成事端，著该将军督抚等，整饬吏治，严定考成，多令各州县等官，于平时必当周知民隐。

萍浏醴武装起义爆发后，因会党组织不统一、准备不充分、力量不足等原因，历时四十余天，最终于光绪三十二年（1906年）十二月初一日，在赣湘苏鄂四省清军围剿下，宣告失败。

上海《时报》载《萍乡匪乱纪事》

萍浏醴起义是同盟会领导的具有资产阶级民主革命性质的大起义，在很大程度上动摇了清政府封建统治根基。

光绪晚期，各地兴办实业，风头正劲，吴重熹积极响应，亲自参与，先后创办了江西瓷器公司、轮船公司，以及吉祥机器砖瓦公司、江西省城电灯厂、九江火柴公司、九江制蛋厂、赣州鸣泰航运公司、徐塘煤矿、永新保富铁矿公司、永新锰矿公司等一批地方企业，为江西发展民族资本主义经济写下了浓墨重彩的一笔。

中日甲午战争后，面对瓷器市场的持续低迷，且有逐渐被外瓷攘夺之势。另外，《马关条约》允许洋人直接在华投资设厂，当时已有洋人多次企图在江西景德镇设厂制瓷。为此，不少开明士绅提出改进制瓷技术，仿制西方瓷器，扩大销路。同时，为避免利权丧失，成立江西瓷器公司势在必行。一时之间，创设新式瓷业工业理念愈加深入人心。

光绪二十二年（1896年）正月，两江总督张之洞上《江西绅商请办小火轮瓷业及蚕桑学堂折》，主张创办瓷器公司，并提出派人去西方考察瓷业，研究洋人习性，仿制西式日用瓷器，免税数年，限江西省一省专利十五年等措施，此提议得到光绪帝和总理衙门同意。

景德镇制瓷作坊

当清政府把此事交给时任江西巡抚德寿办理时，却遭到了拒绝。德寿认为景德镇早有窑厂仿制西方瓷器，产量尚不小，最重要的是西瓷瓷厘是财政一个重要来源，每年共计可得银十余万两，倘予以免税，是财政一大损失。他还担心，仅仅免收景德镇产西瓷的厘税，广帮诸商会以同为西瓷相率抗缴厘金，还有许多本来贩卖华瓷瓷商通关时会借口西瓷不予缴税，将给通关管理带来很大不便。为此，他请求朝廷仍照原来办法，无论华瓷西瓷，一律照章纳税。德寿的意见得到光绪帝支持，张之洞创办瓷器公司提议搁浅。

而此时，国外特别是日本制瓷技术不断进步。光绪二十五年（1899年），日本成功试验用煤代替柴作为烧制瓷器燃料，大大降低了瓷器生产成本。洋瓷凭借低廉价格逐步扩大向中国的倾销，景德镇瓷器市场面临着持续萎缩压力。

为保住利源，扩大市场，清政府又把开办瓷器公司的提议重新提上日程。

光绪二十九年（1903年），署理江西巡抚柯逢时提议官商合办瓷器公司，并派湖北候补道孙廷林实际着手开办。柯逢时还吸取张之洞提议创建瓷器公司遭到德寿否决的教训，在奏折中明确指出，此次兴办瓷器公司所有章程均循商例，应完厘税一律抽收，且不敢援专利之条，致为商人所疑沮。但柯逢时奏办的瓷器公司创建并不顺利，主要原因是资金不到位。

光绪三十一年（1905年），继任江西巡抚胡廷干想继续创办瓷器公司，曾有集官商股本三十万两银创办计划，但因其在处理南昌教案不力而被撤职，创办瓷器公司计划最终仍未施行。

光绪三十二年（1906年），新任江西巡抚吴重熹将创办瓷器公司之设想又重新提出。上任伊始，即饬令瓷器公司总办兼洋务局江西补用道李嘉德赴沪招商集股。是年六月，李嘉德抵沪，就瓷器公司如何筹款办理、是否要申请专利、手工生产抑或机器生产等事，商晤于时任上海道瑞澂（chéng）。七月三十一日，瑞澂收到李嘉德和江西农工商矿务局总办傅

清末九江瓷器店

春官两份来电，均表示吴重熹同意由瑞澂办理瓷器公司事务，请他速拟章议办。

随着瑞澂的介入，江西瓷器公司成立步伐大大加快。瑞澂以身作则入股三万元于筹办中的江西瓷器公司，他还先后找到时任上海总商会总理曾铸、协理朱葆三、董事陈润夫等人邀集入股。八月初二日，瑞澂收到吴重熹来电，咨催江西瓷器公司办理情况，希望他速行照办，俟商招妥，拟章禀候农工商部核定。初三日，瑞澂复电南昌汪少翁，请他代向吴重熹表示，既然敢担任招商，就必能召齐商股且可振兴江西瓷器公司。初九日，瑞澂找到来上海办事的中国棉纺织领域早期的开拓者张謇，请他入股筹办中的江西瓷器公司。

经过瑞澂积极介入，瓷器公司迅速筹集到发起人认购股款，光绪三十三年（1907年）年初，商办江西瓷器公司发起人曾铸、张謇、袁蔚章、陈作霖、许鼎霖、朱佩珍、樊棻、瑞澂等八人联名向农工商部禀文，申请将原官商合办瓷器公司更名为商办"江西瓷业有限公司"，并公举徽人康达为公司经理。是年四月，吴重熹奏报两江总督端方，改江西瓷业有限公司为商办。光绪三十四年（1908年）五月初八日，商办江西瓷业有限公司在景德镇举行了盛大的开幕典礼，政、学、绅、商、军、工各界到者千余人，公司正式开工生产。是年六月，江西瓷业有限公司得到农工商部正式批准立案，并填给执照。

中国陶业学校旧址

江西瓷业有限公司成立后，一方面设本厂于景德镇，注重恢复"康乾古制"，利用我之所有以应人之所无；另一方面设分厂于鄱阳，专仿东、西新法，取人之所长补我之所短。其后，江西瓷业有限公司无论在传统艺术瓷、日用瓷还是新式工业用瓷方面，均取得了显著的进步。宣统二年（1910年），在南洋劝业会上，江西瓷业有限公司产品大为各界所欢迎，其品类有一千余种，销量甚大，并荣获一等奖章。

江西瓷业有限公司由最初的官办、官商合办到最终的商办，它的成立标志着景德镇瓷业正式进入了企业化时代。作为晚清中国新式陶瓷企业代表，由它开启的"厂校合一、科艺结合"的新型陶瓷职业教育模式，由它引进、消化及推广的新式煤窑、贴花、刷花等新式制瓷技术，为新中国诞生后景德镇瓷业真正迎来现代化振兴奠定了坚实的基础。

江西北临长江，境内赣、抚、信、饶、修五大水系如叶脉状遍布全省，主要水道赣江纵贯省境南北，入鄱阳湖，出长江，北连运河，东下大海，沟通国内和世界各地，成为举世闻名的海上丝绸之路的中枢。

江西是长江流域诸省中试办内港航运业较早且较活跃的省份之一。不过，直到光绪二十二年（1896年），华商创办内河轮船企业才取得了合法地位。清末，江西内河轮船的航运业才刚刚起步，境内较大规模的轮船公司只有官绅唐征瑞等投资二万两白银创办的见义轮船公司、江西省官厅收购和济公司后成立的豫章商轮公司、上海泰昌轮船局在九江港设立的分公司、广东航业商会在南昌开设的广东轮船公司和镇江顺昌、胜昌两家轮业公司在九江设立的分局，寥寥数家，资产也比较薄弱，严重制约着江西实业的发展。

为了鼓励官民创办实业，发展江西的航运业，吴重熹与九江道的几名官员联合集资十万两白银，购买了七艘（其中百吨以上两艘）轮船，开办了道生轮船公司，来往于全

清末的九江码头

省各主要港口，并将航线扩大到湖南、湖北的内河，成为江西规模最大、实力最强的一家轮船航运企业。

官办及官商合办轮船企业的出现，客观上减少了封建统治阶级对民族资本轮运企业的阻挠与压制，使民族资本轮运企业得到较快的发展。

吴重熹还积极支持民办航运公司的发展。当时，吉安富商徐竹亭筹资八万两白银，购买了三艘货轮，创办了祥昌轮船公司，与道生公司一起成为当时江西两家实力较雄厚的轮船公司。

祥昌轮船公司航行在赣江中下游及鄱阳湖区，营运受到很大的限制。吴重熹得知详情后，立即给予大力支持，调整赣江水面的运输线路，使祥昌公司谋到了南昌以上水面的运输权。徐竹亭立即添置了二艘轮船，来往于吉安、丰城、樟树诸埠。到宣统三年（1911年），祥昌公司已发展成为江西省内河小轮公司中最发达的公司，获利甚厚。

在吴重熹的提倡下，江西的民族资本轮运企业得到了较快的发展，相继创办了十多家水运企业，共有轮船三十三艘，为江西的航运业发展做出了贡献。

其他，诸如纺织品出口、煤矿测绘、铁路修建、架设电话电报线路、成立农事试验厂等，在吴重熹亲自督办或支持下，都取得了很大进展。

清代江西麻纺历史悠久，闻名遐迩，历年"夏布"本地输出外省产品者为大宗，到光绪三十二年（1906年）年底吴重熹离赣时，达到18386担的最高额。是年，萍乡煤矿绘图处进行矿井地质勘探，完成了东平巷《窿道地质图》，该图为1∶1000的剖面素描图，标明东平巷穿越地层层序、岩山与构造变化等情况，成为江西最早的矿井地质图。年底，萍乡煤矿施工和设备安装全面告竣（中国南方规模最大、机械化程度最高）。接着，在吴重熹的全力支持下，萍乡煤矿开始筹划与汉阳铁厂、大冶铁矿合并成立汉冶萍煤铁厂有限公司（简称"汉冶萍"公司），成为中国跨行业跨地区的特大型联合企业。

吴重憙认识到江西地处内陆，多山多水多阻碍，交通闭塞，发展实业必须发展铁路。在平定南昌教案之乱后，继续聘任日本人冈崎平三郎为工程师，对省内三条铁路线（九江至德安、德安至山下渡、山下渡至南昌）大规模预测。之后，再进行第一段实测，

1908年汉冶萍公司发行的股票

施工设计同时进行。至吴重憙离赣时，第一段垫道和桥梁工程业已开始。

继光绪二十七年（1901年）江西开通安源至萍乡有线电报后，在吴重憙任内又开通了电话，继而萍株（湖南株洲）线电报电话全线开通，成为江西铁路最早实现电信通信的区段。安源至醴陵亦开通长途电话，成为清代江西唯一的长途电话线。

在江西任上，吴重憙强力推行新式教育，他出职江西前的光绪三十一年（1905年），江西新式学堂仍然没有什么起色，甚至在全省繁盛之区南昌，官、私小学堂亦复寥落如晨星。光绪三十二年（1906年），吴重憙奉旨巡抚江西后，对一些学者借口经费支绌、教员缺乏等因导致新式学堂发展滞后的推辞，加以严厉驳斥，并通饬各属抓紧办理。彭泽县许业笠等创设一所高等小学堂，吴重憙大加赞赏，并倡议各界兴学。吉水知县到任将近两年，办理学堂情形本来就不周妥，还敷衍塞责，虚报蒙蔽，吴重憙对其记大过一次，以观后效。

如此一来，在吴重憙及社会各界的推动下，江西学务大有起色，由官府、私人或地方绅商兴办的各种类型的新式学堂如雨后春笋遍布全省，到光绪三十二年（1906年）年底，江西全省已有278所新式学堂，其中，官立学堂122所，占总学堂数的44%；公立学堂109所，

141

吴重憙的人生历程

1905年，江西大学堂改名为江西高等学堂

占总学堂数的39%；私立学堂47所，占总学堂数的17%。

吴重憙重视培养人才、留住人才，在省会南昌开办江西政法大学堂、江西优级师范学堂、各区区立小学堂，新建县立教育学堂、私立南昌登瀛学堂、私立南昌义务学堂、私立南昌正蒙学堂等一批学堂。其中，江西实业学堂校址在南昌蚕桑局农事试验场内，招收学生百余名，聘请日本林学士齐藤丰喜讲授农学、算学、物理学、化学、博物等科。在江西督练公所开设江西武备学堂毕业生招待所，收留该校毕业生，不使涣散，以资调用，又恐人才被外省取用，吴重憙特批复拨库银二百两，用于房屋、薪水、伙食各项，按月开销。

吴重憙还注重发现人才、使用人才，宋育仁便是其中的代表者之一。

宋育仁（1857—1931年），字芸子，四川富顺县人，中国早期资产阶级改良主义思想家，因进士授翰林院庶吉士，改任检讨，曾出使英法意比四国公使参赞，着意考察西方社会、经济、政治制度，积极策划维新大计。回国后，参加中国第一个维新改良政治团体"强学会"，梁启超为书记员，宋育仁为都讲，主讲《中国自强之学》。后，强学会遭顽固派弹劾被迫解散，宋育仁又上书和硕恭亲王奕诉，率先提出改革财政、废科举、改学校等变法措施，遭到顽固派的阻挠而不被采用。戊戌变法失败后，"戊戌六君子"被害，宋育仁也遭罢黜，从京解职返川闲居。

湖北总督张之洞慕宋育仁之名，调其督办湖南、湖北合力于宜昌设立的土药统税总局。宋育仁力除时弊，改良税法，令同僚和后继者不得从中舞弊，湖北的贪官污吏都讥讽他是愚顽之人，又在张之洞面前极尽谗言诋毁他。宋育仁无奈弃官而去，潜心编著国外科学论著。

宋育仁离开湖北之际，吴重憙恳切征用其来到江西，委任江西铜元厂总办，欲在江西干出一番事业。江西制造铜元系于光绪二十九年（1903年）三月开铸，本附入机器制造总局，嗣又改局为厂，迨光绪三十年（1904年）六月始定名为"铜元厂"。

江西省造光绪元宝当十

宋育仁深得吴重憙礼遇器重，清涤弊窦，重饬规章，仅仅任职数月，铜元厂就赢利百余万，一转铜元厂历年亏累境况，为江西抚署、两江督衙上下称道。吴重憙深感欣慰，愈加厚重于宋育仁，欲在采矿、兴办学堂等方面一展宏图。正在宋育仁踌躇满志时，原来那些在铜元厂中饱私囊的旧僚，忌宋育仁尤甚，左右掣肘，诽言汹汹，令宋育仁不得尽展宏志，遂辞吴重憙。吴重憙百般强留，宋育仁皆不应，忧愤而去（1931年，宋育仁病逝，葬于成都东郊）。

吴重憙与宋育仁从相识到相知不足一年，但私交甚厚，多有诗词唱和，其《石莲盦诗》收录有《宋芸子以诗见赠即步元韵》，诗云：

> 几度貂裘犯夜寒，为筹盐铁叩桓宽。
> 萍来江汉皆成实，松出峨眉自郁盘。
> 东阁偶吟何水部，南朝同吊孔都官。
> 伤心天地多荆棘，拣尽枝栖未易安。

诗中，吴重憙把宋育仁比作西汉著《盐铁论》的桓宽和一代重臣

143

南朝梁何逊。同时，以南朝陈孔范诮讽阿谀之徒，感叹能吏无用武之地。

吴重憙因任职江西巡抚期间政绩卓著，慈禧太后、光绪帝特赏赐衣料，以示体恤。

光绪三十二年（1906 年）十月二十八日，吴重憙上折《奏为恩赏衣料谢恩事》。

十一月初二日，内阁奉上谕：

邮传部右侍郎著吴重憙补授。钦此。

十一月初四日，吴重憙上《奏为奉旨补授邮传部右侍郎谢恩事》，朱批："知道了。"

新授邮传部右侍郎江西巡抚臣吴重憙跪奏：为叩谢天恩，仰祈圣鉴事。

窃臣于光绪三十二年十一月初三日接阅电钞，本月初二日，奉上谕："邮传部右侍郎著吴重憙补授。钦此。"臣当即恭设香案，望阙叩头谢恩。

伏念臣猥以庸才，忝膺疆寄，战兢戒惧，陨越时虞。溯自莅任以来，粟遵圣训，将南昌教案善后一切妥筹布置，中外尚无间言。时值春夏淫雨为灾，米粮翔贵，饶州、抚建等府会匪相继作乱，即经分兵剿办，次第敉平。此外，乘饥抢米抗粮及藉端毁卡，各重案亦经派营前往，会同地方官严拿惩治，以儆习风，并饬各属举办平粜俾资安抚。入秋，米价渐减，民情悉臻。绥辑正在督练新军，筹建学堂，逐加整顿，而萍匪事起，迭奉谕旨，钦遵办理。幸旬日之间，已将窜匪击散，免致蔓延，现责成臬司秦炳直于抵萍后，严饬各军搜捕山乡余匪，清查伏莽，务绝根株，上纾宸廑。

臣仰荷朝廷优容，不责臣以竭蹶（jué），宠加任使，并令入京供差，感激涕零，深惭非分。一俟抚臣瑞良抵任，当将地方情形详举以告。臣交卸后，即行起程北上，趋诣宫门籍遂瞻就之，愿勉竭。臣愚以仰酬高厚鸿慈于万一。所有，微臣感激下忱，理合恭摺，叩谢天恩。

伏乞皇太后、皇上圣鉴。

谨奏。

早在光绪三十二年（1906 年）八月，吴重憙曾上奏："江西财政困难，拟就调和民教，兴学练兵，澄清吏治，力筹整顿。"得旨："著即认真经理。毋托空言。"十一月二十七日，奉旨补授邮传部右侍郎的吴重憙上奏，奏请对卸署临江府候补知府任贵震等七名贪劣不职官员一并革职，令贪劣者知戒惧、不职者咸思奋，兴懦立顽，廉以翼吏。

其折曰：

新授邮传部右侍、江西巡抚臣吴重憙跪奏：为贪劣不职各员严加甄别，以肃官常，恭折具陈，仰祈圣鉴事。

窃查江西吏治近年以来，败坏废弛，因循不振，诚有如湖广总督臣张之洞前此参奏所云者。

臣自抵任后，悉心考核，遇事详求，固不敢寄耳目于人，尤不欲以溪刻从事，曾于详陈，力筹整顿，各情形折内声明。

初莅此邦，所属各员贤否尚未周知，容臣考察明确，再当据实举劾，以昭激劝。计臣在任八月于兹，向所称为贤能，各员咸皆任用循名，核实尚属相符，特以事迹未彰无由，腹列致涉滥举其识见短绌，才具平庸，比比皆然。概予严劾，亦属太过，谨将臣见闻所及征诸案牍，确有真知而实为众论所不许者，先行据实参处以挽颓风。

查，有卸署临江府候补知府任贵震，不顾名誉舆论嚣然；新昌县知县马肇修，玩视要案，藉病延诿；南康县知县锺祖彤，纵容丁役严饬不遵署；上犹县知县候补知县佘登云，舆情不洽，声名平常；定南厅训导邱焕然，干预词讼，不守本分；临川县东馆司巡检李世龄，不惜声名，屡被讦（jié）控；试用库大使嵇承榕，需索差费，加倍要求。以上各员，均请一并革职，庶使贪劣者知所戒惧，不职者咸思奋，兴懦立顽，廉以翼吏，治渐有起色。

145

此外，尚有考核未确介在疑似各员，当举所知，以告新任抚臣再加省察，随时办理。所有，甄别赣省属史缘由，谨会同两江督臣端方，恭折具陈。

伏乞皇太后、皇上，圣鉴训示。

再，所遗新昌、南康等县二缺、巡检一缺。赣省现有应补人员，应请扣留外补。合并声明。

谨奏。

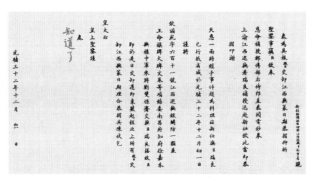

吴重憙《奏为具报微臣交卸江西抚篆日期事》

十二月初一日，继任江西巡抚瑞良到任，吴重憙交卸后，上《奏为具报微臣交卸江西抚篆日期事》，朱批："知道了。"

新授邮传部右侍郎江西巡抚臣吴重憙跪奏：为具报微臣交卸江西抚篆日期，恭折仰祈圣鉴事。

窃臣钦奉恩命补授邮传部右侍郎并恭阅电钞，奉上谕："江西巡抚著瑞良补授，迅赴新任。钦此。"当即恭折叩谢天恩，一面将经手事件赶为料理，兹新任抚臣瑞良已行抵省城，于光绪三十二年十二月初一日，谨将钦颁干字六百十一号江西巡抚银关防一颗并王命旗牌、大牌文卷等项，饬委南昌府知府徐嘉禾、抚标中军参将刘双保，齐交抚臣瑞良接收，臣即于是日交卸，遵即束装起程北上。所有，微臣交卸江西抚篆日期，理合恭折具陈。

伏乞皇太后、皇上圣鉴。

谨奏。

吴重憙巡抚江西，尽职尽责，废寝忘食，仅在中国第一历史档案馆有案可查的他起草的奏折与公文就达300折（篇）。其中，他在光绪三十二年七月二十八日一天里就奏呈《奏请展限盘查仓谷缘由事》《奏报各属光绪三十一年征收节年钱粮完欠数目等事》《呈江西省光绪三十一年征收节年钱粮比较上三年完欠分数清单》《呈江西省光绪三十一年随奏节年钱粮已未完及动存各数清单》等 19 折（篇）。

清光绪三十二年九月初九日，江西巡抚吴重憙《奏为审明吴先裕挟嫌纠抢焚杀团绅一家三命案按律定拟事》

147

吴重憙的人生历程

一二、邮传侍郎扬国威　京汉铁路我经营

　　吴重熹任职江西巡抚不及一年，即奉旨由江西南昌回京补授邮传部右侍郎。

　　邮传部，官署名，置尚书及左右侍郎为主管。光绪三十二年（1906年）九月二十日，清廷以"预备立宪"而改革中央官制，专设邮传部，主管航、路、邮、电四大政，以张百熙为首任尚书，唐绍仪、胡燏（yù）棻为左、右侍郎。胡燏棻未到任即病逝，吴重熹继任邮传部右侍郎，曾任邮传部官员的夏仁虎在《旧京琐记·朝流》回忆道："邮传部之设，张百熙为尚书，唐绍仪、胡燏（yù）棻为左、右侍郎。胡未到任而逝，吴重熹承之。"

　　光绪三十二年（1906年）年底，吴重熹奉调回京供职。此时，正值中国收回路矿利权运动的高涨之日，朝野一片收回京汉铁路的呼声。

　　"茫茫九派流中国，沉沉一线穿南北。"毛泽东笔下的"沉沉一线"指的就是京汉铁路。京汉铁路于光绪二十三年（1897年）动工建设，光绪三十二年（1906年）三月初八日全线通车，铁路建设用时九年，总投资4624.3万两白银，全长1214.5公里，是我国历史上第一条真正意义上的铁路大动脉。

　　京汉铁路，原称"卢汉铁路"，从北京卢沟桥经河南郑州至湖北汉口，是中日甲午战争后清政府开展洋务运动以图自强举借

京汉铁路建成时立下的碑文

外债修筑的第一条铁路。光绪二十一年（1895年）《马关条约》签订后，光绪皇帝提出了救亡图存的六项"力行实政"，其中修铁路被列为首项。刚开始，清政府打算在兴建铁路时实行"官督商办"，由各省富商集股修建。可是，当时的清政府早已信誉扫地，华商"各怀观望"，无人问津，不得已只好借款筑路。消息传出后，欧美等国的公司派代表蜂拥来华，竞相兜揽。清政府认为美、英、法等国胃口太大，而比利时是个小国，钢铁资源丰富，铁路技术成熟，最主要的是他们"于中国无大志"，比较让人放心。最终，清政府经过与比利时谈判，达成借款修路协议，由比利时国某公司承建卢汉铁路。

早在光绪二十八年（1902年），也就是卢汉铁路开工建设五年后，时任钦差驻沪会办电政大臣的吴重憙针对外国人修筑中国铁路所带来的危害，深感忧虑，常常夜不能寐。他多次向清政府上书，强烈要求赎回铁路的管理权，维护国家权益。

原来，为了修筑卢汉铁路，清政府以高额利息向比利时公司借款450万英镑，并签订了《卢汉铁路比国借款续订详细合同》和《卢汉铁路行车合同》，合同里规定：筑路工程由比利时公司派人监造；所需材料除汉阳铁厂可以供应外，都归比利时公司承办，并享受免税待遇；在30年借款期限内，一切行车管理权均归比利时公司掌握……

光绪三十三年（1907年）年初，京汉铁路全线通车不到一年，回京任职的吴重憙再次为赎回京汉铁路管理权的事忧心如焚。

吴重憙之所以如此，是因为京汉铁路通车后，一直被比利时公司代管着，运输成本却完全由中国承担。铁路如果有了盈利，比利时公司还要提取20%的余利。这些极不平等的做法，不仅使清政府在财政上蒙受了巨大损失，还使中国完全丧失了京汉铁路的主权。吴重憙认为，在还清京汉铁路贷款前，铁路被洋债主所操纵，行车管理掌握在比利时人手中，财权抓在了俄国人手里，尤其是确立的"以路抵押"的借款模式，为以后帝国主义者利用债款关系，掠夺中国铁路权打开一个极为恶劣的先例，必将给中国铁路的早期发展造成极大损害。

根据《卢汉铁路比国借款续订详细合同》第五款规定："在一千九百零七年以前，中国不得增还股本，或全还借款，或核减利息。在一千九百零七年以后，中国总公司无论何时，可将借款还清，一经全还，所有合同，即时作废。"据此规定，中国在光绪三十三年（1907年）以后可以赎回京汉铁路。

京汉铁路横亘于中国南北，与其他各支线均待外资供给始克兴修。于是，国人皆欲将此路线从比利时人之手设法收回。

时任军机大臣兼外务部尚书、督办铁路大臣的袁世凯对收回京汉铁路一事也非常关心，他敦促清廷要求邮传部、度支部及外务部商议收回的具体办法。

京汉铁路全线通车

邮传部作为清廷主管交通的衙门，具体负责实施赎回京汉铁路。吴重憙对收回京汉铁路的态度非常明确，成为主持收回京汉铁路的重要成员。据光绪三十三（1907年）年正月十八日的《盛京时报》报道："新任邮传部侍郎吴君重憙现已晋京，闻顷语人曰：'京汉、粤汉二铁路系中国铁路，总汇攸关，甚属紧要，中国宜独立筹办，以收回利权外溢。幸粤汉权已经湘粤官民慷慨赎回，京汉铁路尚在外人掌握，整顿铁路事宜，须先由赎回京汉铁路入手。'"

要想赎回京汉铁路谈何容易，清政府借比利时国款筑路共借款450万英镑，这么巨大的款项如何筹集？

经过深思熟虑后，吴重憙以邮传部右侍郎的身份会同外务部堂官上奏朝廷提议筹款赎回京汉铁路，并建议改良邮、电、路各项要政。

光绪三十三年（1907年）二月十五日发行的《申报》刊载《西报纪邮传部近事》一文中写道："邮传部右侍郎吴重憙会同外务部堂官向政府提议筹款赎回京汉铁路，并改良邮电路各项要政，众皆悬揣中国恐无法集款向比公使赎回京汉铁路也。"

吴重憙任邮传部右侍郎四个月后，转为左侍郎，光绪三十三年（1907年）三月二十三日。

内阁奉上谕：

吴重憙著转补邮传部左侍郎。邮传部右侍郎著于式枚补授。钦此。

筹款赎回京汉铁路的交涉，一开始就不顺利。作为邮传部二把手的左侍郎吴重憙提出的修改合同，遭到比利时公司的拒绝。在其他方面，比利时公司也采取不合作的态度，甚至以交给国际公断相要挟。交涉方面主要的困难是《卢汉铁路比国借款续订详细合同》第三款中规定："此项借款，自一千九百零九年起，分二十年期，由北京总银行按照本合同附表抽号拨还。"比利时方面利用这一条款，使出种种手段妄图拖延时间，避免中国一次性全部归还欠款。双方彼此往回，久而不决。最后，比利时方面甚至声明此次谈判内容需由比利时国家公使和清廷外务部"评断"，以此拖延时间。

在这种情况下，吴重憙在与比利时的交涉中采取了非常强硬的原则立场，代表清政府郑重向比利时声明："无论评断至如何地位、若干时期，均不得因此丝毫阻碍一千九百零九年一月一日中国收回该路（京汉铁路）之事。"清政府的这一态度，在晚清软弱外交中是罕见的，由此显示了中国收回京汉铁路的决心和勇气。如此一来，使中、比谈判不得不朝着中国的正义要

京汉铁路武昌总站

151

求方面发展，比利时最终无奈同意中国一次性还款赎回京汉铁路权。

当时，赎回京汉铁路需要巨额资金，中国的钱庄票号已渐趋没落，金融市场掌握在外国银行手中。于是，吴重熹协助邮传部尚书陈璧（1852—1928年），经过充分的准备，于光绪三十三年（1907年）十一月初四日正式上呈《拟设交通银行折》，指出因为赎回京汉铁路"需款尤巨，议办债票、股票必须有总汇之区专司出纳。……未赎路之先，所出债票、股票须由银行担任，否则所有应办事宜与部直接，唯独无此政体，且不能消息银市机关，诸多窒碍"，且"轮、路、电、邮四者互为交通，而必资银行为之枢纽"。因此，有必要仿照各国普通商业银行章程，设立交通银行。奏折中还附上了《交通银行章程》，明确"交通银行纯用商业银行性质，由邮传部附股设立，官股四成，商股六成""该行为京汉赎路时，总司一切存款、汇款、消息、镑价、预买佛郎克等事""总行设在北京，铁路可通之天津、上海、汉口、厦门、镇江、广州六处先立分行"，为了让邮传部牢牢掌握交通银行的人事权，还规定了"总理、协理均听邮传部堂官命令"，其"总理、协理、总办、副办各员，必须有专门财政学、出洋考察财政学或曾在银行充当职事及曾办银行著有成效者"，同时上奏的《奏派总理协理片》还对交通银行总理人选进行了举荐。

鉴于收赎京汉铁路的迫切需要，《拟设交通银行折》上呈后没有遇到多大的阻力，该折的最终批阅意见为："奉旨依议。钦此。"由此，交通银行的成立从规划变为了现实。

光绪三十四年（1908年）二月，邮传部奏请在北京正阳门内西交民巷镶红旗官地上，建盖交通银行获批准。是年二

交通银行香港分行（1934年）

月初二日"龙抬头"之日，交通银行正式开市，对收回京汉铁路、助推交通事业发挥了积极作用。

在筹款方面，遇到的困难更多。吴重熹带领邮传部官员四处奔走，历尽千辛万苦，东挪西凑，仅仅凑了官银 500 万两，并向川汉铁路局借银 100 万两，合计仅够总借款数的四分之一。实在没办法了，邮传部设立"管理公债处"，在欧美市场发行公债事务。一直以来，清政府发行公债都是委托各国公使在其国银行或会社办理，这一次邮传部自己办理发行公债业务，引起英国人不满，从中阻挠，仅仅募集到 1000 万元。最后，邮传部只得以振兴实业的名义向英国、法国借款。英、法两国考虑到各自在华利益，最终同意英国汇丰、法国汇理两家银行出借 5 万英镑。这项借款不以赎路为名，才免除了英、法参与管路、分利、查账及以路权抵押等，这在当时是史无前例的。

京汉铁路总局

款项交清，合同废除，清政府才从比利时公司赎回了被代理了将近三年的京汉铁路路权。从此，京汉铁路归中国自管，回到了中国人民的手里。

经过整顿，京汉铁路营业成绩突出，赎回后第一年经营收入增加了 800 余万元，余利较上年多 58 万元，第二年较第一年之余利又多 59 万元。此后，经济效益每年都有所增长，给中国人争了一口气，也用事实证明了中国人自己可以经营好自己的铁路。从政治层面来理解，赎回京汉铁路管理权的意义更加巨大。

光绪三十四年（1908 年）八月，吴重熹奉旨调离邮传部，前往开封，就职河南巡抚。是年十二月初十日，中国政府终于收回京汉铁路主权的消息传入开封后，吴重憙百感交集，特意赶到黄河第一铁路桥——京汉铁路郑州黄河大桥，驻足黄河岸边，注目着一列列由北京卢沟桥站始发途经黄河大桥的火车，冒着滚滚浓烟从他身旁轰隆隆风驰电掣向湖北汉口呼啸而去……

京汉铁路的赎回，是 20 世纪初中国人民收回矿山路权运动中的一大胜利，维护了中国的国家尊严和权利，意义巨大。由此，京汉铁路成为中国腹地最重要的南北交通干道，打破了中国传统的依赖水道与驿道的交通格局。

吴重憙奉旨在京赎回京汉铁路主权期间，坊间还流传《赣抚覆舟鄱阳湖死而复生》一段故事，预见了京汉铁路失而复得和收回过程的艰难曲折。

光绪三十二年（1906 年），吴重憙奉旨由江西南昌进京就任刚刚成立不久的邮传部右侍郎时，已是隆冬时节。进京的便捷路线是从南昌乘船沿赣江顺流而下，渡鄱阳湖至九江，转乘轮船招商局的江轮到武汉，再换乘火车由京汉铁路到北京。

冬季的江南，寒流涌动，北风盛行。吴重憙习惯乘坐传统的木制官船，从南昌到九江近四百里水路扬帆也非一日之程。吴重憙择吉日从南昌赣江码头启程，这天风和日丽，微风顺流，并无风浪之苦。第二天清晨，一出赣江口，天气阴沉，北风拂面，但风力不大，随行人员请示吴重憙是否停泊避风，吴重憙为人精细谨慎，就传唤舵工到舱里问话，舵工根据以往经验，认为风力不会继续增大，午后可能停息，于是就向吴重憙禀报说："大人，冬季鄱阳湖上无甚大风。人们常说'夜风午息，朝风夕止'，这等风力无碍行船！"

于是，吴重憙就传令开船，船行不到百里，已是午牌时分，风力不但不减，反而不断增强，官船只得落帆划行。

鄱阳湖形似葫芦，南北长四百余里，东西最宽处近二百里，吴重憙的官船正好行驶在比较宽漫的地方，湖水浩渺，汪洋一片，不见岛渚。太阳刚偏西，风力骤然增强，天空彤云密布，湖面顿时波涛汹涌，船体剧烈颠簸，失去了控制。面对这阴风怒号、浊浪排空的险恶处境，个个吓得面如土色。吴重憙乘坐的官船由于船大篷高、底平载轻，更易招风，几排恶浪打来竟把官船给掀翻了。其他几只随行小船也自顾不暇，只能大声呼喊，无法施救，眼睁睁看着吴重憙被巨浪吞没。

风力稍渐平息，随行人员驾着小船到出事地点哭喊搜寻，也一无所获，便认为吴重憙一定是殉职了。

当时，已经进入电报新闻时代，信息传播也较快，第二天的江西官报就刊登出《赣抚鄱湖覆舟生死不明》的消息。消息很快就传到了北京，在京的亲属友好悲痛万分，都认为吴重憙没有生还的希望了，

鄱阳湖

就按照殉职的规矩办理。先为吴重憙置办了梓棺，在梓棺里放置了他的"衣物"，又到水滨焚烧香烛纸船为他招魂，还在永定门外举行了隆重的祭奠仪式。

官船倾覆之后，身着厚厚官服的吴重憙当即落水沉没，幸好被一位水性好的随从人员从水中捞起，吴重憙喝了几口水已神智昏迷，但并没有断气。这位随从解下腰带把吴重憙缚在背后，又拼命抓住一块船板，听天由命地随波漂流。最终，两个人漂到了一处长满芦苇的浅滩上。随从见不远处的荒岛边儿停有一艘渔船，就拼命地呼叫。那艘渔船划过来，老艄公将吴重憙背到船上，架到舱内。

时年六十九岁的吴重憙经过一番冷冻和惊吓，早已经昏厥过去。

155

老艄公上前一摸，还有微弱的脉象，就说："还有救！快快！"于是进行了倒控水、捶打胸、对嘴吹气等传统办法抢救。经过一番折腾，吴重憙慢慢地苏醒了过来。老艄公笑着说："这位爷，大难不死必有后福啊！"

当老艄公弄清这位刚刚苏醒过来的"爷"就是巡抚大人时，自觉失言，连忙下跪请罪，吴重憙感激地说："老人家何罪之有！快快请起！快快请起！我还没来得及感谢老人家的救命之恩呢！"

老艄公端来一大海碗热乎乎的鱼汤，吴重憙咕嘟咕嘟一口气喝个底朝天，精神也好些了。

吴重憙为官清正廉洁，随行的官船上并无金银细软，只是损失一些书籍手稿之类，未免可惜。

风平浪静之后，老艄公联系到一艘大船，把吴重憙送到了九江。九江府知府罗纲乾得到禀报后惊喜异常，即刻将吴重憙接到九江府衙，安排接风压惊。招商轮船局九江分局的局董郑官桂也赶来问候，并通知下属赶紧用电报电告北京。罗纲乾笑着对吴重憙说："大人操劳经办的电报，可是发挥功效了！"

此时，在北京的亲属友好正在忙活着为吴重憙办丧事，接到吴重憙生还的喜讯后，真是啼笑皆非。

吴重憙在九江休息两日，便乘轮船招商局的江轮去了武汉，在武汉换乘火车，不几日就平安到达北京。到京的第二天，慈禧太后和光绪皇帝召见吴重憙，倍加体恤，为他的生还感到庆幸。

熟谙清末掌故的清代文人胡思敬在其《国闻备乘·卷二》之《邮传部不利堂官》一则中，简要记载了吴重憙"鄱湖覆舟"这件事："邮传部初开，用张百熙为尚书，胡燏棻、唐绍仪为左右侍郎，命下而病笃，未几遂死，改用江西巡抚吴重憙，以其旧办电政也。重憙渡鄱湖，大风覆舟，援起，绝而复苏。京师人不知确耗，有为之设祭招魂者。"

光绪三十三年（1907年），吴重憙在任邮传部左侍郎期间，已是七十岁的老人，满头白发。是年冬十月，慈禧太后体恤老臣，加恩吴重熹与农工商部尚书溥颋（tǐng）、邮传部尚书陈璧、理藩部尚书寿耆均可在紫禁城内骑马。

紫禁城是皇宫禁地，历来严禁大臣在里面骑马。大臣们上朝，在东华门、西华门处，乘轿者落轿，骑马者下马，然后缓缓步行前往觐见皇帝。康熙时期，为礼遇一部分年高力衰的老臣，允许他们在紫禁城骑马上朝，这就是赏赐紫禁城骑马的由来。到后来，紫禁城骑马逐渐演化成一种特别的荣誉。

吴重熹获恩赐紫禁城骑马，自然是受宠若惊，遂赋诗一首，感念皇恩浩荡：

> 过隙驹光七十年，雪霜赢得上华颠。
>
> 孙欣抱子堪兄后，儿肯休官在父先。
>
> 书籍价高难入手，车轮磨热未曾悬。
>
> 君门伛偻羞惭甚，又沐新恩紫禁鞭。

光绪三十三年（1907年）四月初八日，这一天是浴佛节，又称"佛诞节""龙华会""华严会"，是中国佛教徒纪念教主释迦牟尼佛诞辰的一个重要节日，光绪帝特赏赐吴重熹浴佛缘豆，以示对老臣的高看一眼厚爱一层。

吴重熹将御赐浴佛缘豆敬以供母，并作《佛豆供母》，缅怀辞世已五十三年的老母亲：

> 老母当年拜佛时，炷香捧贝立相随。
>
> 伤心五十三年后，又奉新恩奠一卮。

吴重熹之母刘氏（1797—1855年），直隶高阳望族，勤俭治家，待族郿有恩，随吴式芬宦辙所至，赒（zhōu）恤贫乏，助公善政，咸丰六年（1856年）八月初九日，累遇覃恩封为"一品夫人"，锡之诰命——

奉天承运皇帝，制曰：

职重中朝，允藉公忠之佐；德先内助，必资淑慎之仪。载赉丝纶，用光闺阈（yù）。尔内阁学士兼礼部侍郎衔前任浙江学政加三级吴式芬之妻刘氏：闲家维则，秉礼无愆。黾（miǎn）勉同心，退食励自公之节；谋猷克赞，进思抒报国之忱。特沛彝章，俾膺休宠。兹以覃恩，封尔为一品夫人。於戏！妇顺与臣共，同道义贵有终；国章并家乘，偕辉恩施勿替。式承异渥，益勉令模。

刘氏享年五十九岁，一生育子女十数人，唯吴重周、吴重憙及其姊存，余俱殇亡。

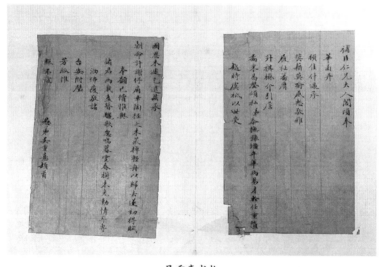

吴重憙书札

一三、收回豫矿抗掠夺　维权兴教惠民生

19世纪末20世纪初，世界各帝国主义掀起了资本输出、瓜分中国的狂潮，抢资源，办工厂，建银行，都妄图从这块古老、富饶的土地上攫取更大的经济利益。正是处于这样的历史背景下，早先因远离江海而暂免帝国主义就近撕咬的河南，也成为帝国主义通过修筑铁路、开挖矿藏进行经济侵略的掠夺对象，从而给这个以往相对宁静的内陆省份带来前所未有的震荡。面对帝国主义的经济侵略，时任河南巡抚的吴重憙领导河南民众给予了坚决的回击，表现出了崇高的民族气节和爱国精神。

光绪三十四年（1908年）八月初三日，内阁奉上谕：

吴重憙著补授河南巡抚。未到任以前著朱寿镛（yōng）护理。钦此。

九月初九日，吴重憙上殿辞别慈禧太后、光绪皇帝。此日正逢重阳佳节，慈禧赐重阳糕四盒，分赍儿孙兼戚郑（dǎng），举家荣幸。

九月十六日，吴重憙乘汽车离京抵豫。十七日，正式出职河南巡抚。十九日，吴重憙在河南开封巡抚衙署呈《奏为恭报微臣抵豫接篆日期由》。

河南巡抚兼管河工事务臣吴重憙跪奏：为恭报微臣抵豫接篆日期，叩谢天恩，仰祈圣鉴事。

窃臣钦奉恩命，补授河南巡抚，当于九月初九日仰蒙召见，训示周详，莫名钦感，即乘汽车于光绪三十四年九月十六日行抵河南省城，十七日准护理巡抚、布政使臣朱寿镛将河南巡抚兼提督衔关防暨王命旗牌、书籍文卷，派委开封府知府刘更寿、抚标中军参将文炼斋送前来，

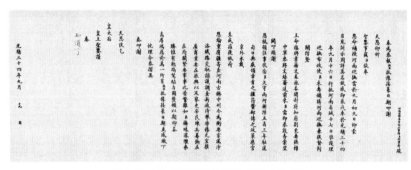

吴重憙《奏为恭报微臣抵豫接篆日期由》

臣当即恭设香案，望阙叩头谢恩，祗领任事。

伏念臣久守两河，渐陟五省，三年驻沪，旬日典廒（áo），领章贡之疆符，赞邮传之政策，历官京外，永戴生成，兹役祗荷恩纶，重膺疆寄。

查河南古称"中州"，今为冲要，京汉、汴洛铁路交驰，谘议调查，新政待举，学务允宜，推广商业，要在振兴，以及察吏安民练兵筹饷，在在，均关紧要事。事比昔繁难，如臣梼（táo）昧深惧弗胜，惟有勉竭驽骀（tái），力图整顿，以期仰答高厚鸿慈于万一。所有，微臣抵豫接篆日期并感激下忱，理合恭折具奏，叩谢天恩。

伏乞皇太后、皇上圣鉴。

谨奏。

十月二十一日，光绪帝于北京西苑瀛台涵元殿驾崩。次日，慈禧于北京西苑寝宫仪鸾殿去世。半个月后，爱新觉罗·溥仪在紫禁城太和殿正式登基，由光绪皇后隆裕和爱新觉罗·载沣摄政，第二年改年号为"宣统"。

吴重憙对河南怀有深厚的感情，曾任陈州知府、开封知府十数年，又署理开归陈许道、南汝光道数年，足迹遍及大半个河南。

吴重憙刚抵任河南，就接手一件棘手的涉外公案。其实，这件案子吴重憙在京就已有耳闻。

福公司是中国近现代史上英国在华的两大公司之一，以经营煤矿为主，主要活动于山西、河南。光绪三十二年（1906年），福公司因山西官绅的赎买而被迫放弃了在山西的开矿活动后，便集中精力牟取河南煤矿的经营权，成为当时中国显赫一时的外资企业。

河南矿藏丰富，尤其是煤炭资源分布

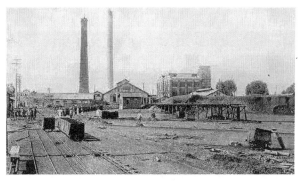

1905年后，福公司在华专门经营河南矿务

很广，品质又好，因此久为帝国主义所垂涎。光绪二十一年（1895年），中日《马关条约》给予外国来华设厂的权力。次年，意大利人安杰格·罗沙第以代理牧师的身份，借调查中日甲午战争后情形之名，来中国游览，觊觎勘测河南、山西、陕西三省蕴藏的丰富煤炭资源。随后，罗沙第赶往英国伦敦，联络一批权贵、富豪，组建起"北京辛迪加"——福公司，在英国注册后，于伦敦设立了门面。

光绪二十三年（1897年），罗沙第复至中国，在天津设立福公司办事机构，并与英、意驻北京使馆取得密切联系。当时，朝廷不允许外国人在华开矿，罗沙第急需找个中方代理人，以中方公司经营，福公司在背后操纵。在英、意使馆的帮助下，罗沙第很快就拉拢上了精通英语的李鸿章的核心幕僚马建忠，马建忠向罗沙第推荐了他夫人的同乡候补知府刘鹗。刘鹗（1857—1909年），不事科举，涉猎广泛，精于算学、医学、水利、金石、天文、训诂、音律，是很有名气的外商之买办与经纪人，所著《老残游记》为中国四大讽刺小说之一。

刘鹗成为英国福公司买办后，指示他的儿女亲家、皖籍补用道程恩培和滇籍翰林院检讨吴士钊在河南办起了既无资金又无矿址的豫丰公司，炮制出合同草案九条，由意大利驻京使馆盖章作保，让吴式钊、程恩培以"华董"身份，托称向福公司借款1000万两，勾结时任河南巡抚刘树堂承揽开矿事务。刘树堂于光绪二十四年（1898年）二月初九日将此草合同上奏清廷，请求允准。昏聩（kuì）而又媚外的清廷，即让总理衙门大臣庆亲王奕劻等以国家最尊严之执政者身份，在京总理衙门与罗沙第签订了《豫丰公司与福公司议定河南开矿出铁以及转运各色矿产章程》。在此之前，光绪皇帝已批准了总理衙门关于河南矿务的奏折。经清政府批准，福公司取得河南怀庆左右、黄河以北诸山各矿的采矿权，为英国资本攫夺豫北矿藏敞开了大门。光绪二十八年（1902年）五月，福公司擅自在老牛河附近的下白作村开办矿厂，以英国驻上海总领事、英国福公司在华总董事长哲美森之名，命名为"哲美森厂"（中方称之为"泽煤盛厂"），并运置机器，强行开凿，由此扎下了霸占豫北煤矿的根基。从当年起，福公司在河南焦作进行了长达40多年的机械化采煤矿井建设和煤炭开采。

据统计，福公司霸占焦作煤矿前十年，投入了1400多万元巨资（约占1895—1907年英国在华厂矿投资总额的1/3以上），相当于同一时期河南省四个民族资本主义煤矿资本总额的3.5倍，加上技术上的巨大优势、英国政府的支持和清朝官府的"保护"，更使民族资本主义的煤矿相形见绌，步履艰难，极大地妨碍了民族矿业的发展。

当年，《豫丰公司与福公司议定河南开矿出铁以及转运各色矿产章程》第十三条规定："福公司于各矿开办之始，即于矿山就近开设矿

道清铁路马涧桥桥身上刻着"福公司"三字，
系取得焦作煤矿开采权的英国福公司的简称

道清铁路马涧桥桥身上刻着"光绪甲辰"字样

务铁路学堂，由地方官绅选取青年颖悟学生二三十名，延请洋师教授，培养专门人才，以备路矿因材选用，此项经费由福公司筹备。"这就是经清政府批准的英福公司在中国创办焦作路矿学堂的最早法律

1919 年的英国福公司发电机房

依据。但是，英国福公司根本不打算履行这一条款。

光绪三十二年（1906年）正月，福公司在河南的第四号井开始出煤。此时，适逢清政府废除科举考试制度、兴办新式学堂，而福公司拒不履行开采之始即出资开办路矿铁路学堂的承诺。于是，河南交涉洋务局根据《豫丰公司与福公司议定河南开矿出铁以及转运各色矿产章程》之规定，委派交涉洋务局路矿股文案、候补知县严良炳驰赴哲美森厂，会同交涉洋务局驻该厂照料员、候补知县邓伯龙，与福公司正式交涉。福公司哲美森厂总矿师堪锐克先是借口公司投资甚巨，收效甚迟，对于开办路矿学堂未便承认，继而又推诿，提出公司事有专责，必须总董白莱喜来到矿厂方可开议。最终，交涉无果而终。

哲美森厂出煤后，所产煤炭一部分销往外地，但相当一部分在本地销售，这就直接威胁着民间煤业土窑的发展甚至生存。因而，从光绪三十三年（1907年）二月起，引发了河南人民收回福公司在豫北售煤特权的斗争。

光绪三十四年（1908年）九月十九日，刚刚抵豫的吴重憙详细了解情况后，认为福公司煤矿交涉损国家利权至巨，他表示要力持正义收回福公司权力，领导河南民众坚决回击福公司的经济侵略行径。于是，吴重憙令河南交涉洋务局议员、候补知府杨敬宸和修武县知县严良炳为河南巡抚代表，赴天津与福公司在华总董事长白莱喜谈判售煤方案

和开办路矿学堂事宜。白莱喜却傲慢地声称，福公司只与签订原章程的所谓豫丰公司接洽，拒绝与河南地方官员谈判。

吴重憙只好加派有名无实的豫丰公司帮董、候补知府方镜前往天津，协助杨敬宸、严良炳与白莱喜谈判，并叮嘱方镜一定要根据条款，据理力争，不可曲意退让。

经过一年多的艰苦谈判和斗争，于宣统元年（1909年）二月初六日，河南代表和福公司代表在哲美森厂重新签订了《河南交涉洋务局与福公司见煤后办事专条》，在规定福公司售煤的同时，其中第八条对福公司开办路矿学堂又作了规定："路矿学堂，议定本年春季开办，除饭食由学生自备外，所有堂中宿息、舍宇、游戏场以及教习员司、夫役薪工，书籍、文具、仪器、标本、灯火、煤水，统归福公司筹给。"至

焦作路矿学堂（1909年）

此，福公司确认创建焦作路矿学堂，并立即着手筹建，于三月初一日正式开学，招收本地学生20人，聘请英人李恒礼等4人和华人陈筱（xiǎo）波等为教习。焦作路矿学堂1913年停办。1915年6月，在开封创办福中矿务学校，1920年迁至焦作，次年更名为矿务大学，后发展为焦作工学院，即今中国矿业大学与河南理工大学前身。

谁知《河南交涉洋务局与福公司见煤后办事专条》一经签字，白莱喜就大耍伎俩，推翻已经达成的协议，要求"华商如有自愿赴福公司购煤者，他人不得阻挠买煤"，企图通过这种手段变相获得就地售煤特权。

吴重憙得知后立即表示："（福公司）所请就地售煤之处，既与通商

条约及此次议单违背，尤恐有妨小民生计，易酿事端，势难照允。"并饬令河南交涉洋务局官员"婉切阻驳"。

不料福公司竟以重金贿赂交涉官员杨敬宸、严良炳，签订了两条补充协议，规定"华商如愿赴厂购煤，中国不得禁阻，且须地方官示谕居民"等。这样，福公司就可凭借机器开采的优势，扼杀豫北大批土煤窑，进而独霸豫北煤矿，其用心是十分险恶的。

这一协议的签订引起了河南人民的极大愤怒和不满，吴重憙闻听后义愤填膺，采取果断措施：一方面立即派出豫丰公司帮董、候补知府方镜赴津继续交涉、谈判；一方面当即责令交涉洋务局将未经允准之续单立即销废，同时请求外务部迅速照会英国公使，转饬福公司毋得违约而在内地卖煤，以保治安而弭事变，并将福公司在河南开矿见煤后交涉情况向外务部作了全面汇报。

吴重憙仕宦多年，熟习律例，他还从法理方面指出，与福公司签订续议条款的交涉洋务局议员并无签字之权，所订合同并不发生效力。既如此，则英使所称"应担责任"等语，自属要挟之词，何能承认？如此一番义正词严的陈述，使外务部不得

输煤栈桥

不将吴重憙的意见转告英国公使，但英国公使不仅没有收敛，反而变本加厉地实行外交讹诈，借口福公司因煤窑忽被官场及绅士吓阻，致生意顿减，要求清政府自宣统元年（1909年）闰二月十一日起，每天赔偿福公司一千两"损失费"，直到抚院不干预为止。若六个月后仍未照办，则每日应增至两千两。

英使的恐吓迫使外务部妥协了，而吴重憙在地方士绅和民众的支

持下，仍然据理力争，由此激发了河南人民争取主权、保卫矿山的斗志。

省会开封绅民连续召开数千人参加的大会，表示绝不承认杨敬宸、严良炳等私订的卖煤条款，继续坚持废除前订的"正约"，并派代表去巡抚衙门请愿，要求吴重憙废除杨敬宸、严良炳等所订条款，惩办这两个贪官污吏。

随后，绅、商、学界组织河南保矿协会，进而在有关府县成立保矿分会，并公举杜严、方贞等为代表，进京向清廷外务部、工商部递呈，力争废约。同时，复以豫省绅、商、军、学界或河南保矿协会名义，在上海革命党人创办的《民呼日报》上发表《维持豫省矿产贩卖权通告书》《河南抵制福公司通告书》《申讨民贼之檄文》等文告，严厉申讨将豫省人民生存权赋予外人的杨敬宸、严良炳一伙，实为卖同胞残同种之枭獍，表示我豫人头可断、踵（zhǒng）可决，而此完全之主权绝不可弃！呼吁全国各省绅民协力相助，以求四方响应，结众志以成城，一往直前，誓沉舟以破釜！四月二十六日，在全国最大的工商业城市上海，各省旅沪同乡会均派出代表，召开数百人的联合会议，组成国民协会，致电清廷外务部，指出福公司内地售煤，违背通商条约，此端一开，全国内地尽成租界，各省士民忧愤交并，誓死力争，要求外务部坚决拒绝。各地报刊也竞相报道，支持河南人民的正义斗争，更引起全国的普遍关注。

英国福公司的西大井井架

这是一场与福公司短兵相接的搏斗，投入斗争的民众和学生人数更多，开封的多次集会常逾万人。一些十多岁的学生也在万头攒动的民众大会上慷慨陈词，表示驱逐这伙帝国主义豺狼的决心。当获知交涉洋务局与福公司在该局谈判的消息时，开封数百群众不召自来，在交涉洋务局门口示威，但遭到军警的拦阻。在处于斗争最前线的焦作修武县，学生们走上街头，聚众演说，散发传单，激励大家与福公司

福公司于1902年开始兴建道清铁路。1907年，历时五年终于修成道（今安阳滑县道口）清（今焦作博爱清化）铁路，全长154公里，与山东铁路接轨，进入威海，和海运连接

斗争。千余农民和土煤窑工人还拿起棍棒，拥入县城，向严良炳问罪，随后又冲入福公司矿厂，将其采煤机具砸毁。一时间，从省城到豫北，群情激愤，几欲暴动。

吴重憙顺乎民意，奏请将杨敬宸、方镜、严良炳分别交部议处察议，获朝廷批复。

但是，领导运动的上层绅商却害怕暴力行动，始终运动限制在所谓"文明抵制"的范围之内。他们一面派代表向清廷吁请支持，并多次与福公司谈判、交涉，一面又派出多人分赴道清铁路沿线福公司售煤处所，联络绅民，共同抵制，复派人到郑州、许昌等车站，劝阻商民购运福公司煤炭。这种貌似文明实为软弱的态度，正好给福公司提供了可乘之机。

英国驻京公使一再向清廷外务部施加压力，甚至以动用兵轮相威吓。外务部也认贼作父，极助英商，屡电河南巡抚吴重憙，反诬河南绅民开会聚众，著说发报，并分申各处，恣意谩骂，凭空诬蔑，一唱百和，簧鼓沸腾，嚣张之气，日益加剧，要求吴重憙弹压民众，赶紧与福公司妥协。军机大臣电责吴重憙不顾大局，贻误时机："该抚身为疆寄，于地方交涉，既不能审慎于前，又不能调和于后。经外务部

屡次电商，始终固执己见，多所顾虑，实于大局之关系未能权其轻重。嗣后务须相机因应，力为其难，劝导商民，维持商局。倘有无知之徒，借端滋扰情事，定惟该抚是问。"

在这样的情势下，河南保矿协会的绅商仍胶执"文明抵制"，结果事与愿违，不仅"废约"的目标未曾实现，连福公司就地售煤也未能阻止。不过，限定华商购煤每起需在100吨以上，算是给地方小煤窑多少留点生存空隙。

河南上层绅商发动和领导的保路矿权益运动，由于受主客观多种因素的制约，虽未能获致多少具体成果，但毕竟从一个侧面反映出河南人民的爱国传统和民族觉醒，在一定程度上遏制了帝国主义对中原地区的侵略。

内地售煤事件过后，福公司又变本加厉地提出了开办铁矿、铁厂的要求。吴重憙本着"保制造之利益，守约章之范围"的宗旨，加以严词拒绝。

宣统二年（1910年）春，英国公使再次照会外务部，请饬（chì）豫抚吴重憙为福公司颁发所请开矿制铁执照。面对巨大压力，吴重憙坚持维护国家主权，亲笔致电外务部，指出："此次该公司要求制铁，系属显背约章。若此端一开，不特豫省损失权利，将使内地制造之权，落于外人之手，各国相率效尤，损失利权，将无底止。"

吴重憙在据理驳斥福公司在河南开办铁矿、铁厂的同时，还积极鼓励本地绅商胡圣之、樊明庶发展民族资本主义工商业，创办了宜阳广益煤矿，与洋人争利。一时之间，华商兴办的煤矿厂、铁矿厂、电灯厂、

河南机器局

火柴厂、面粉厂、纱厂等近代厂矿，如雨后春笋般在河南大地上茁壮成长起来。

在籍翰林院编修张修成和杜严等集资创办了宏豫铁矿公司，开采修武凤凰岭铁矿，土法冶铁，以抵制福公司侵夺。对此，福公司称此举有违总理衙门与福公司原定合同，要求予以停办。此时，全国绅民正掀起了要求废约自办矿产的热潮，迫于舆论压力，直至辛亥革命爆发，福公司在河南增开铁矿、铁厂的野心一直没有得逞。1919年，宏豫铁矿公司在新乡购机立厂，发展成为河南首家近代冶炼厂，1924年停办。

河南是农业大省，是千百年来华夏治黄的主战场，黄河自陕西潼关入境，全长711公里，黄河素有"铜头铁尾豆腐腰"之称，且河道高悬地上，大部分都处在"豆腐腰"河段，具有不同于其他江河及黄河其他河段的突出特点。自公元前602年到1938年的2540年中，黄河下游决口1593次，其中三分之二发生在河南；大改道26次，有20次在河南，素有"三年两决口，百年一改道"之说。同时，豫北沿黄地区又是资源性缺水、干旱灾害严重的区域，据史料记载，大旱灾约10年一遇，频繁、惨烈程度触目惊心。也正因此，防汛、抗旱任务尤为艰巨，居全国之首。

民国版《河南通志·经政志·河防·豫河工程考》载："综览有清一代，豫河工程其大要不外堤与埽坝，堤为河工之通制，而埽与坝则为河南修防家所专恃。考豫堤自雍正加帮以后，两岸堤工始称完备。"

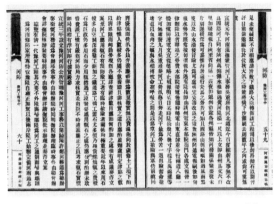

民国版《河南通志·经政志·河防·豫河工程考》

吴重憙

吴重憙早年在河南陈州、开封任知府期间，重视江河治理，对筑坝修堤、抢险泄洪有着丰富的经验。河南不设总督，巡抚总揽全省军事、吏治、刑狱、民政等工作，职权很重，事情很多。吴重憙出职河南巡抚兼管河工事务以来，将治理黄河工程当作一项体恤民生的首务来抓，为黄河安澜打下了坚实的基础。

光绪三十四年（1908年），河南境内黄河秋汛安澜，十月初一日，吴重憙上折《奏报黄河霜降安澜事》。十月初六日，内阁奉上谕，饬吴重憙恭代虔诣河神庙，并批复了吴重憙对确保秋汛黄河安澜出力各级官员进行嘉奖的提议：

吴重憙奏黄河霜降安澜一折，本年大汛期，内河水叠次徒长，各工险要环生，时有刷蛰。仰赖河神默佑，得以化险为夷，普庆安澜，实深寅感。著发去大藏香十枝，交吴重憙祗领，虔诣河神庙，恭代祀谢，用答神庥。所有，办理河工出力之河南布政使朱寿镛、开归道曹福元、河北道石庚、开封府知府刘庚寿，均著交部从优议叙。前署开归道候补道何廷俊著赏加二品衔。余，著照所议办理。

该部知道。

内阁奉上谕：饬吴重憙恭代虔诣河神庙

钦此。

十月十九日，吴重憙上折《奏为遵旨恭代祀谢河神庙事》，并获朱批："知道了。"

其折曰：

再，臣奏报霜降安澜一折，钦奉上谕："著发去大藏香十枝，交吴重憙祗领，虔诣河神庙，恭代祀谢，用答神庥（xiū）等因。钦此。"

兹由驿赍（jī）到钦颁大藏香十枝，臣当即钦遵祗领，诹（zōu）吉于十月十七日，虔诚斋沐，捧诣省城大王将军各庙，恭代祀谢，虔伸圣敬，并分颁开归、河北二道，各赴本工河神庙，敬谨致祭，以答神麻。所有，奉到颁发藏香，钦遵恭代祀谢缘由，理合附片陈明。

伏乞圣鉴。

谨奏。

吴重憙在河防中，注重人文关怀，对河防河工、河营官兵倍加关心、爱护。如，宣统元年（1909年）九月，吴重憙上奏折，饱含深情陈述了汛期河工、兵卒不顾个人安危，"直以血肉之躯与水相搏，性命在呼吸之间"等情节，读之令人动容：

河工、营汛，终日奔走河干，最为劳苦。一遇出险，奋命抢堵，直以血肉之躯与水相搏，性命在呼吸之间，是以部章河工抢险与军管前敌同膺优保。而管汛各员弁养廉薪俸为数至微，实无以资温饱，向于岁修土工项下酌给津贴，惟人数较多，仍属不敷养赡，且非核实之道，自应酌盈剂需明定津贴之数，以清界限而恤勤劳。现饬各厅详查薪津数目，应如何酌加之处，俟有成议，奏咨立案。至河工应用砖石，有预防险工者、有临时抢险者，关系均极重要。

近年以来，用石较多，山空洞深，椎凿工巨，加之铁道路工、桥工需石尤多，价乃翔贵，惟烧砖之费较石为巨，故仍多用石而少用砖。然遇工段紧要，应用砖石之处仍应分别酌办，未敢惜费误工，惟有严饬河防局力求核实，并由臣不时遴派廉正之员考求砖石实价，如局员稍有浮冒，即行据实严参。

报水保之设，由来已久，陕州万锦滩为豫省黄河报水之起点。负责水保者，责任重大，艰辛备尝，若有大汛，不论山径崎岖、风高夜黑，还是山洪暴发、暴雨如注，都要在第一时间里六百里加紧驰报。吴重憙多次提议，为确保汛情及时、人员安全，各级道府州县要积极探索改进报水模式。他规定，如遇黄河陡涨，无须派人具文驰报，可电禀巡抚衙门。作为当年以驻沪会办电政大臣身份全权收回中国电报总局国有的吴重憙还特别强调，电文要言简意赅，不可废话连篇铺张浪费。

为此，吴重憙曾饬河北道：

近今百度维新，凡事无不改良，因思河工向有陕州万锦滩水报，如遇黄河陡涨一尺以上，立即由州具文，六百里加紧驰报，自陕至省向系一昼夜即递到，沿途各州县皆知河务关系紧要，从未片刻迟缓，深为可嘉。

惟溽（rù）暑遄行，夫马之劳苦可知，且西路山径崎岖，如遇风雨、黑夜以及山水涨发，冒险尤为可虑，亟宜妥筹改良之等。

查，陕州向通电报，嗣后如旬报水势，仍照常按旬折报。外遇有陡长，即由该州电禀本部院衙门各处，文报皆一律删除，以省驿站之劳费。本部院接电后，随时转电山东直隶并分行两道八厅，一体加慎防护。电文宜从简略，止须报明某日某时、陡长几尺几寸字样，其万锦滩等字可无庸赘。

就在宣统元年（1909年）这一年，在吴重憙和广大河工的努力下，豫河凌汛安澜、桃汛安澜、伏汛安澜、秋汛安澜，九月十八日，宣统帝以豫河霜降安澜，特发大藏香十枝，交河南巡抚吴重憙祗领，虔诣河神庙祀谢。

是年十一月二十二日，吴重憙上折陈述，黄河修守，桃汛、伏汛、秋汛和凌汛同样紧要。时下正是凌汛紧要关头，昼夜督饬防护，水势循顺，采办岁料业已陆续完竣，并表示来年春汛，将亲赴各河段督查验收，确保豫河安澜。朱批："知道了。"

其折曰：

再，黄河修守，桃、伏、秋、凌四汛同关紧要，现在节交冬至，已届凌汛，河内渐有水凌随溜下驶，不惟铲伤埽坝且恐阻遏水势，亟应预筹防范。

臣先经通饬两岸道厅营汛，于迎溜兜湾各埽坝前密挂逼凌桩把，层层拦护，并多设打凌船只，置备各项器具，派兵分段看守，遇有冰凌拥集近埽，立即敲打推行，使之顺流而下，不任阻遏为患。旋据各厅禀报，均已一律遵办防守。悉臻严密两岸河势亦尚循顺，工程俱称平稳。

应办己酉年岁料先于霜后，按厅派定数目分饬，乘时采购，兹已陆续据报完竣。其办料较多之处，年前亦可全数堆齐。

臣当于来年春汛期内，周历各工认真验收，不任稍有虚松、短少情弊，以昭核实而重修防。所有，督饬防护凌汛并采办岁料缘由，理合附片具陈。

伏乞圣鉴。

谨奏。

宣统元年（1909年）年底，吴重憙上奏，请朝廷下拨河防岁修之款，补堤修坝：

豫省黄河工段绵长。昔年祥牟荣郑决口，辄糜帑（tǎng）千数百万始克底绩。自郑工以后，前河奏臣许振祎奏明，岁修之款额定六十万两，以四十八万两归各厅专办岁修工程，即于该款内酌提各河署公费以资办公，另设河防局以十二万两作为办石防险之用。嗣前抚臣锡良，因新案赔款数巨期迫。……

宣统二年（1910年）正月，农工商部亦奏，据豫省河防岁修，缮单具陈：

据河南巡抚兼管河工事务臣吴重憙奏称，宣统元年，豫省黄河两岸八厅岁修黄河防工需比照上三年节减节数目，缮单具陈。查单开，宣统元年办过埽砖土石各工，共用银三十四万五千三百四十七两四钱二分七厘。……

宣统三年（1911年）年初，吴重憙于上年所奏的拟设"豫河河防公所"获朝廷批准。豫河河防公所旨在管理豫河河工事务，以开归陈许郑河务道为总办，彰卫怀河务道为会办，寻常事件由总办随时回明抚院办理，临时事作由总会办会详抚院核办，紧要特别事件由总会办详请抚院批示办理，并奏咨立案。

在河南，吴重憙就黄河河防，先后奏报了《为咨送光绪二十四年份豫怀二河营官兵支过俸饷银两数目册结请烦核销事致陆军部》《为具奏查明光绪二十四年份豫怀二河营官兵支过俸饷银两循例报销一折奉旨恭录咨送事致陆军部》《奏为查明本年上南郑中中河下南黄沁卫粮祥河下北八厅办过工段丈尺动用银数事》《奏报已解光绪三十四年冬季份沿江防队月饷银数事》《奏为豫河封邱县主簿葛传中试署期满堪以胜任汛务保请实授事》《奏为豫河凌汛安澜现饬筹备春汛修守事宜事》《奏为查验各厅河工料物督饬勘估春厢筹防桃汛事》《奏为豫河桃汛安澜事》《奏为时届庚伏豫省黄河各工修守平稳督饬筹防大汛情形事》《奏为查明豫河各厅本年办过岁修河防各工动支并节省各银数事》《奏为查明本年河防另款工用银数请核销事》《奏为确核本年豫河各厅岁修河防工用比较上三年用银数目事》《奏为分饬开归河北两道查验料物筹防桃汛事》《奏为豫省黄河桃汛安澜各工保护平稳仍饬筹备修守事》《奏为汇案核销光绪二十六年至光绪三十三年河营官兵支过俸饷银两事》等，为黄河安澜可谓呕心沥血，不辞辛劳，令人敬仰。

吴重憙在河南巡抚任上，经常深入村镇、矿区了解情况，体恤民众之疾苦，关心百姓之生计，深知变革的意义所在。此时，清廷下诏"预备立宪"，同时规定了地方自治分期进行的程序，以设立推动自治机关和培养自治人才为根本。吴重憙积极支持新政，不断上书，要求变革。他及时奏报《于署内附设筹备宪政考核处》《河南第一届办宪政及第二年预备情形》等，期盼早振朝纲，以兴大业，并奏请豫省编修杜严、主事方贞和彭运斌等回籍协助，筹备成立河南谘（zī）议局。

根据清廷拟订的"预备立宪"预备期内九年筹备事宜清单，第一年各省应设谘议局，吴重憙遂于光绪三十四年（1908年）十月设置谘议局筹办处。次年秋，经过各府县官绅包办的所谓"选举"，全省根据中枢给河南规定的员额，共"选出"议局议员97人，各府县立宪派代表人物大体上均网罗在内。宣统元年（1909年）九月初二日，首届河南谘议局开幕，举杜严为议长。在50天的会期中，共审议本省官府和议员们提出的议案70件。宣统二年（1910年）十月间，召开第二次会议，审议议案百余件。宣统三年（1911年）辛亥革命爆发，谘议局未再召开会议就进了历史的"博物馆"。

在河南省谘议局这个所谓"地方议会"筹办和召开的同时，又筹办了府、厅、州、县的所谓"地方自治"，大多数府县都成立了"议事会"（议决机关）和"参事会"（执行机关）。开张不久，即遇辛亥革命，遂草草收场。

清廷给这种作为"宪政之基础"的谘议局规定的职权和性质"为各省采取舆论之地，以指陈地方利病、筹计地方治安为宗旨"，吴重憙所要求于谘议局议员的也不过是"备官府顾问之资"，充其量不过是清朝腐

清末资政院旧址

朽统治的"宪政"点缀，与所谓"人民与闻政事"渺不相涉。但这种地方议会的召开，毕竟给立宪派提供了集结力量、开展活动的方便。

光绪三十一年（1905年），清廷下令废除科举制度后，城乡地主士子断绝了传统的仕进之路，只好转向学堂。风气所趋，河南各地稍识时危的青年志士奔走呼号。商城刘伯襄原是个笃信程朱理学的旧式士子，接受了西学的启蒙后，即在族人的支持下，本"明耻以教战，强身以兴邦"之义，在故乡创办起"明强学堂"。

吴重憙顺应潮流，鼓励新式学校的创设，致力于兴学救亡、兴学育才。据官方不甚准确的统计，河南全省至宣统元年（1909年）官立、公立、私立的各类学堂共有高等、理科、法科、体育专修科等专门学堂11所，农业、工业、商业、实业预科等实业学堂30所，优级、初

级、传习所等师范学堂63所，以及中学堂23所、小学堂2800多所、女子学堂17所，共有在读学生近9万人，是光绪三十年（1904年）的4000多人的22.5倍，加上历年毕业的各类学堂学生5000多人，拿全省总人口2600多万来核计，大约3000人中有1人受过或正在受学堂教育的学生，平均每个县900多名。

吴重憙在兴办省内学堂的同时，鼓励自费生和官方遴选的官费生去日本等国家和地区留学。据光绪三十四年（1908年）统计，河南籍留学日本的学生，除在日本振武学校专习军事者50名学生外，总共有官费生76人、自费生20人。在此期间，也有零星自费去欧美留学的。

河南留日学生留影

吴重憙大力支持创办作为"时务""新学"的载体和传媒的近代报刊、书籍，在河南传播渐广，光绪三十四年（1908年）创办《河南教育官报》、宣统元年创办《自治官报》《宪政月刊》等刊物，附带还出版了《外交阐微》《富国新典》《东西国军志译要》等新书，在官绅士庶中起到了广见闻、宣上德、通下情的作用。

吴重憙还积极支持豫省客籍高等学堂的开办。光绪三十四年十一月十五日，吴重憙在向朝廷上《奏为客籍高等学堂援案拟办预科毕业折》写道，河南省城豫河客籍高等学堂于光绪三十一年（1905年）正月间设立，招选经史文学确有根柢之贡监生员，及曾在他学堂已学洋文、算术者入堂肄业。原令补习预科一年即升高等正科，嗣复查照本省暨山东、福建等省高等学堂先办预科四年毕业成案，展长期限，分班切实授课，计自开办至十二月已满四年，与八学期先办预科毕业之例相符。又有河南高等学堂附设之客籍学生，前经按名改拨该堂，此项学

生因程度尚有不足，饬令
补习一年，再加考核，各
该生补习至今亦逾二年，
其学期有积至九期、十期
者，自应一律援照河南高
等学堂预科毕业成案，于
本年十二月举办毕业。届

河南留学欧美预备学校时期的校门

时考试后，满八学期以上者，照章分别等第奖给拔贡、优贡、岁贡、
优廪生，以资鼓励。并查二月间，学部议复四川高等学堂预科毕业六
学期学生均比照中学堂奖励减等给奖，奉旨允准有案。拟请将该堂六、
七学期学生援照四川成案，凡毕业考试列入最优等者奖给优贡、优等
者奖给岁贡、中等者奖给优廪生，以示区别而策精进。至该堂自光绪
三十二年（1906 年）为始，拟办高等正科，并仍附设中学堂，其已历五
学期各生，年终察看预科程度，果已优胜，应与得奖各生一体升入正科。
最终，吴重憙奏报的为豫省客籍高等学堂拟办预科毕业之事获得朝廷
批准。

吴重憙在河南巡抚任上，倡禁鸦片，收到有一定成效。

晚清后期，烟土盛行，毒祸蔓延，社会动荡。四川、云南、贵州
的土烟产量最高，光绪年间川东无处不种罂粟，自楚入蜀，沿江市集
卖鸦片者，十室中不啻六七，四川土药行销湘、鄂、陕、黔等省，道
途数千余里，至光绪末年四川有四十余州县，除边厅者，都已种植罂
粟为生计，岁产土药不下 20 万担。至光绪三十二年，国际委员会估计，
四川生产的土药已增至 23.8 万担，云南为 7.8 万担，贵州约为 4.8 万担，
三省合计 36.4 万担，约为全国鸦片产量的三分之二。

光绪三十二年八月，光绪帝在中外舆论的促进下，经过大臣们的
反复讨论，权衡利弊得失，最终发出了禁烟上谕：

自鸦片烟弛禁以来，流毒几遍中国，吸食之人废时失业，病身败

177

吴重憙的人生历程

家。数十年来，日形贫弱，实由于此，言之可为痛恨。今朝廷锐意图强，亟应申儆国人，咸知振拔，俾祛沉痼（xián）而蹈康和。著定限十年以内，将洋土药之害，一律革除净尽。其应如何分别严禁吸食，并禁种罂粟之处，著政务处妥议章程具奏。

光绪三十三年（1907年）冬，为了禁烟在新定的《新刑律》中明确列有鸦片烟罪。光绪帝驾崩后，新继任的宣统帝于宣统元年（1909年）年初新颁《禁烟条例》，规定凡栽种罂粟、制贩大烟、设烟馆制烟具等均处有期徒刑。

朝廷数次诏令禁烟，但在一些省份收效甚微，吴重熹深知此乃地方官玩忽职守、办事拖沓、权威不足所致，他制定了一系列的禁烟章程以及措施的具体实施方案，通饬各属将吸烟人数切实调查，并多设局所，勒限戒断，经创办牌照捐于售吸两项，严示限制。如此一来，在很短的时间内河南境内七十余县实行了禁种罂粟。

针对河南与山西、陕西交界处山区仍有大片罂粟种植区，并且官匪勾结，禁种遇到很大阻力，吴重熹上《奏为办理禁烟情形事》《奏为禁烟渐著成效仍请禁止邻省土药入境事》《奏为土药一律禁种并禁输入事》等奏折，奏请朝廷严饬律令，处责重罚，以儆效尤。

农民在罂粟田里割取膏汁

由于鸦片在当时的中国已经存在了很长时间，并且已经成为很多人的牟利手段，当时中国有很多烟农和商人是靠种植贩卖鸦片来获取利益的，并且很多商贾纳税的来源都是鸦片的种植和销售，而清政府在禁烟的过程中需要有一定的资金来支持，这就导致了税额的加大。由于断了许多人的收入来源的同时，又加大了税收，这就导致了很多地方和商人缴税压力的增大，造成了一定程度上的不满。由于鸦片交易已经成为当时清政府的一项重要收益手段，禁烟运动的开展，使其

大清为禁鸦片设立一刑法，中国人判死缓，洋人判死刑

在这方面没有了收入来源，同时又要偿还不平等条约中的战争赔款，这就导致当时的清政府已经没有足够资金支持新政的发展和运作。

旧中国烟害之国情，绝非一朝一夕之事。吴重憙也知道禁种、禁卖、禁吸应相辅而行。但是，在当时的大环境下，恐怕哪一条也不可能施行彻底。吴重憙提出的禁运一条，也是治标不治本之法。不过，他能出自本心，禁绝鸦片，也是难能可贵了。

吴重憙为人，刚直不阿；为事，清正廉洁。在河南，他整肃吏治，严惩贪污腐败，奏请朝廷批准，查办革职了一大批贪官污吏，以及劝退回籍一批年老庸劣官吏。一时间，河南官场的风气焕然一新。

卸任汤阴县知县周宝琛、前代理偃师县知县刘仁骏在任内，实欠正亲并驿站等款分别为银六千一百九十八两四钱九分二厘七毫、一万一千四百七十九两一钱六分九厘，均屡催未解，先行摘去周宝琛、刘仁骏顶戴，勒限两个月将欠款如数清解，如逾限不完或完不足数，再行从严参办。已革辉县知县李如棠，亏短任内正、杂各款逾限未完，将其原籍家产一并查抄。

候补通判白榕因性情懒惰、人亦平庸，候补知县应桂馨因人不安分、声名恶劣，准补黑冈管河县丞车铖因宗旨不正、久未回工，荥泽县管河县丞陈谦因请咨赴引二年余未曾回工，灵宝县县丞郑榕因任性妄为、民不堪扰，固始县往流集巡检国文魁因纵子为非、颇滋民怨，候补巡检

程霖因调验不到，候补典史曹蕴镜因浮躁多事，永城营虞城汛千总高良发因擅离职守，归德镇右营归并左营候补把总赫连恭礼因募补勇粮、舞弊营私，候补县丞方培东因年老多病、难期振作，均著即行革职。

候补知县郑振轩因嗜好未除、有意规避，候补县丞稽尔楫因嗜好已深、兼兹物议，均著革职，永不叙用。

另有，候补副将石庆藩，前管带防营御下不严，操防未能得力，着以游击降补。卸署考城县典史丁尚阳与押犯酬赠，不知自爱，被革职。审办不力之卸署考城县知县李霁及前署考城县知县吴寿祺，一并交部察议。署唐县知县钱祥保因玩视人命、贪赃厉民，被撤任，交部议处。

宣统二年（1910年）三月十七日，清廷任命宝棻（fēn）为河南巡抚，吴重憙奉诏开缺，返京供职。

内阁奉上谕：

河南巡抚吴重憙著开缺，另候简用。钦此。

三月二十二日，吴重憙上《奏为奉旨开缺另候简用谢恩事》，伏乞皇上圣鉴。

开缺后的吴重憙仍心系豫省，光绪三十二年（1906年）四月初一日，吴重憙上《奏为豫省候补人员过多请暂停分发事》："豫省候补人员过多，请暂停分发二年，俾得稍就疏通。"得旨："著宝棻到任后，体察情形，具奏候旨。"他还就鸦片问题多次上书清廷，其《开缺河南巡抚宣统吴重憙奏请禁邻省土药入境》奏折明确提出：

禁种、禁吸、禁卖三者，本属相辅而行。今部议注重禁吸一节，以为吸者咸自戒除，则卖者自然裹足，外土不禁自绝，此诚执简驭繁之道。……所虑外土入境，吸食者既易于复染，各膏店之存土亦难以稽查。即豫民种烟之户，目睹外土获利，复生觊觎之心，恐不免有偷种情弊。见据各属绅民具禀，佥谓本土禁绝，外土依然畅销，坐使邻省享此厚利，小民咸怀不平，惟有仍请严禁外省土药，一概不准运豫销售。……调任山西抚臣宝棻曾奏准，邻省烟土不得销售晋境。豫省事同一律，应请由臣分咨邻省各督抚，严饬边境各属，一体谕禁。商民不得再将土药运售豫境，其由陕西入境以及火车运载之土药，只准由豫经过，不准落地销售。并通饬豫省各州县暨厘局委员，于交界处所严密查察，以遏来源，一面再饬属将禁吸事宜，随时认真办理，以期廓清烟害。

吴重憙在河南任职两年零七个月的时间里，兢兢业业，日理万机，仅在中国第一历史档案馆有案可查的他起草的奏折与公文就达706折（篇）。其中，他在宣统元年（1909年）二月初五日这一天，先后起草了《奏为豫河凌汛安澜现饬筹备春汛修守事宜事》《奏报筹拨光绪三十四年松沪厘金银两事》《奏为新选辉县知县潘学澜于地方政务尚未熟悉请派赴开封府谳（yàn）局学习事》《奏为委任施廷弼调署渑（miǎn）池县知县事》《奏请以刘辑调补抚标中军参将事》《奏请以松涛升补考城营都司事》等奏折16折，彰显了吴重憙浓浓的忠君爱民的家国情怀。

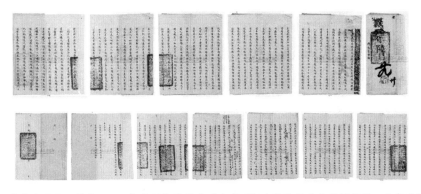

清宣统元年六月十一日，河南巡抚吴重憙《为审理河南洛阳县民人穆新发因口角争殴扎伤朱天才朱根才先后各身死一案事致法部》

吴重憙的人生历程

一四、解职津门真率会　刊刻藏书万千种

　　宣统二年（1910年）三月，吴重熹出任河南巡抚不及三年，即奉诏北京供职，清廷任命江西巡抚宝棻接任吴重熹河南巡抚一职。宝棻（1856—1913年），京师八旗蒙古正蓝旗人，秀才出身，先后在吏部和户部任职二十余载，而后被外放。宝棻由江西南昌抵达河南开封时，已是六月初夏。

　　宝棻未到任的近四个月的时间里，吴重熹继续主持河南全面工作。

　　宣统二年三月十七日，吴重熹接到开缺另候简用圣旨的当天，致法部公函两则，一则《为报明河南孟县民艾光州被其受业师姬奇殴伤越日抽风身死凶逃一案文职初参承缉不力职名事致法部》，另一则《为报明河南邓州民郭明海因口角争殴被张遂康扎伤越日身死凶犯脱逃一案文职初参承缉不力职名事致法部》。

　　这以后的百余天里，吴重熹仍然夜以继日处理日常行政事务，并维护继任巡抚未到任期间的社会稳定，他先后就河南境内的人事调动、筹解京饷、刑事案件等方面奏报了《奏请以潘鸣球补授洛阳县知县事》《奏报汇解黑龙江省庚戌年的饷银两事》《奏为豫省历年办理学务出力人员卫辉府知府华辉（huī）等员请奖事》《奏为遵旨改设宪政筹备处并恭书上谕悬挂事》《为报明河南洛阳县刘群被宋长生等砍伤越日身死凶逃一案文职初参承缉不力职名事致法部》等30折奏折、21篇公文。

　　宣统二年六月末，吴重熹将河南巡抚兼提督衔关防大印及王命旗牌、书籍文卷转交于新任河南巡抚宝棻后，即奉旨启程赴京。开封士绅百姓闻讯，扶老携幼，依依相送，令时年七十三岁的吴重熹老泪纵横，

不忍离去。道光年间，他父亲吴式芬曾任河南按察使、布政使，多有惠政，离任时百姓亦是自发送行，遮道挽留。

道光二十七年（1847年）二月，吴式芬奉旨由署理广西按察使补授河南按察使。

当时，河南遭遇了严重的旱灾。八月初，吴式芬到达进入河南的首站宜沟驿，天突降大雨，雨势连宵达旦，农田沾脚，庄稼返青，一派生机勃勃。在此以前，河南赤地千里，已经快一年未降雨了。于是，河南百姓称赞吴式芬"甘雨随车"。吴式芬到任后，朝廷拨银30万两赈恤灾民。他随同河南布政使鄂云浦共议，赴邻境采买米石，及招徕商贩，以资赈恤。当时，山东捻军进入河南境内，南汝光一带不逞之徒起而相应，往来肆扰，吴式芬亲带兵弁歼获贼首，盗贼始息。不久，吴式芬署河南布政使。后，补授直隶布政使，调授贵州布政使、陕西布政使，以倡捐军饷赏戴花翎。吴式芬过世后，彭蕴章为其撰写墓志铭。

铭曰：

　　海丰世阀，令德遥承。笃生儒雅，祖武是绳。

　　词章流誉，经济垂名。藩宣四国，回翔九卿。

　　秩迁秘省，职典文衡。大猷未竟，沉疴遽撄。

　　抽簪虑澹，易箦神清。素车会葬，千里驰情。

　　泽诒后嗣，积善有征。佳城永固，爰勒斯铭。

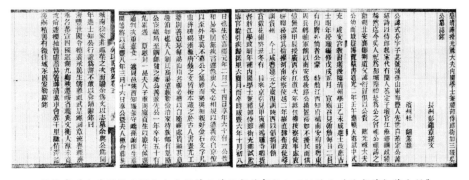

彭蕴章《皇清诰授光禄大夫内阁学士兼礼部侍郎衔加三级吴公（吴式芬）墓志铭》

吴重憙的人生历程

俗话说得好，老子英雄儿好汉。在河南，吴式芬甘雨随车以德化民，吴式芬次子吴重熹抵抗福公司经济侵略，吴重熹次子吴尉鸡公山上维护国家主权，祖孙三人爱国爱民之情怀在中原大地广为传颂。

光绪年间，外国人垄断了中国鸡公山，肆意出售中国的土地牟取暴利，酿成了"鸡公山外人租地交涉案"（又称"鸡公山外人购地建屋案"）。当时，有的地方官主张向洋人退让，而吴尉却挺身而出，坚决维护国家领土主权，并大义凛然地指出："官守有责，尺地寸土何敢轻弃！"表现出其崇高的民族气节和爱国精神，值得后人敬仰和缅怀。

鸡公山位于河南省信阳市南 38 公里处的大别山支脉，其主峰海拔 784 米，状如雄鸡引颈报晓，两侧有蜿蜒的灵华山和逶迤的长岭，宛如雄鸡的两翼，整体形象犹如雄鸡昂首振翅挺立于群山之中，显得分外壮观，故名"鸡公山"。鸡公山由奇峰怪石、云海雾潮、泉溪瀑布、林木花卉等诸多景观构成，素有"青分楚豫、气压嵩衡"美誉。

19 世纪末 20 世纪初，帝国主义在中国境内掀起瓜分中国的狂潮，就连鸡公山也不放过，并由此引发了一场国际官司，这就是清朝末年轰动朝野、引起中外广泛关注的鸡公山租地交涉案。

鸡公山上出现外国建筑，肇始于光绪二十九年（1903 年）。当年，京汉铁路汉口至信阳段通车，位于鸡公山下的新店车站（鸡公山站）投入使用，距武汉仅四五个小时的车程，便利的交通吸引来了很多旅居中国的外国人。光绪二十九年春末夏初，美籍传教士李立生、施道格在游山观景时发现鸡公山，并在西文报纸上称赞鸡公山："山径深幽，泉源甘美，气候清爽，适宜避暑。"不

20 世纪初的鸡公山

久，李立生给时任代理信阳知州曹毓（yù）龄送了一个"红包"，仅用156.25两白银就从自称拥有鸡公山地权的大地主湖北广水人叶接三手里购买了长1.5公里、宽约1公里的随田山场，并在其上兴建了四幢别墅。次年夏，施道格用562.5两白银购得张君仁等五姓公有山岭，东西南北约均三里，内附水田四十一亩，并在新任信阳知州徐佐尧任内，逃税建造别墅两幢。光绪三十一年（1905年）夏秋之间，施道格转买袁祖才从李玉平处买来的五六亩山坡，这次干脆连税也不缴了，把中国政府撇在一边，根本不向官府投契，私下议价立约，购地建房。施道格还买断了山场，分片作价。消息一经传开，在汉口、上海、广州、天津、青岛等地居住的外国牧师、传教士、富商巨贾和社会名流，以及设在汉口的日本三菱洋行、英国汇丰银行、法国永兴银行、俄国商行等蜂拥而至鸡公山，争先恐后地从李立生、施道格手里买地建别墅、修教堂。短短两年时间里，鸡公山上就矗立起英、美、法、德、俄、日等20多个国家建造的洋式楼宇27幢，寓居外侨70多人，正所谓："桃源真有新天地，十里风飘九国旗。"鸡公山成了"世界建筑博览会"。

李立生和教徒们上山后将北岗一带划为"教会区"。外国巨商大贾在南岗地区建屋居住，形成"洋商区"或称"买卖场"。骄扈一时的洋人居然还规定：教会区内不准中国人行走，外国人居留鸡公山境内不准查户口。由于在鸡公山的外国人统由驻扎在汉口的外国领事馆管理，鸡公山沦为洋人们在中华腹地变相的"公共租界"。

洋人强居鸡公山，大兴土木，肆意侵伐当地居民的利益，惹起民怨，河南信阳各界对此十分愤怒，纷纷提出抗议。时任河南巡抚陈夔（kuí）龙将此事通报给湖广总督张之洞，张之洞认为外国人在鸡公山大肆建屋，当地官员有失领土之罪，他"据以奏政府，以失领土罪有司，并饬豫鄂督抚交涉收回所买地"。清政府得知事情的来龙去脉后，极其震怒，严令查办。

慈禧太后诏曰：

此有违总理衙门通朝廷得知事情的来龙去脉后行章程。厉办。

光绪三十二年（1906年）正月，继任河南巡抚张人骏抵任后，将如何处理鸡公山外人购地建屋一事具折上奏，清廷朱批："著照所请。钦此。"张人骏饬令河南南汝光兵备道吴崶、河南铸钱局总办韩国钧到鸡公山调查实情，严令鸡公山附近各户不得再向外国人售地，并与驻汉口各国领事交涉，停止工程，磋商退价还山办法，并斥责曹毓龄、徐佐尧"异常疏忽"，暂行革职，命其随同吴崶、韩国钧办理此案的交涉等，以观后效。

张人骏（1846—1927年），字千里，号安圃，历官同治、光绪、宣统三朝，官至两广、两江总督兼南洋通商大臣，是晚清重要政治家，曾在南海诸岛巡察勘测、宣示主权、夺回主权，多次大义凛然地与外国列强抗争，坚决反击美国、日本、英国、葡萄牙等列强的挑衅和侵略，维护了国家主权和领土完整，被称作绝不低头的外交大臣。至今，南海有以张人骏命名的"人骏滩"。

张人骏祖籍山东海丰张家码头村，与吴崶的岳父王懿（yì）荣是儿女亲家，张人骏女张允淑适王懿荣长子王崇燕。张人骏与袁世凯既是盟兄弟又是儿女亲家，张人骏五子张允亮配袁世凯长女袁伯祯。

张人骏任山东巡抚时，陪同其堂叔"清流健将"张佩纶（1848—1903年，与张之洞、陈宝琛、宝廷等被誉为"枢廷四谏"，合肥李鸿章爱婿，民国才女张爱玲祖父），第一次回张家码头村寻根祭祖，赠送精美典铜香炉一个、香筒一对及蜡台一对，捐银修缮了张家祠堂，与村族长共同拟定了张家码头张氏后人起名排序一百字。张人骏在任两

鸡公山别墅旧照

江总督兼南洋通商大臣期间，曾赠送张家码头村题有"两江总督""南洋大臣"鎏金灯两盏。这两盏鎏金灯悬挂于张家祠堂，直至新中国成立前后。

民国版《无棣县志·人物志·名臣·吴峑》

吴峑自幼秉承家教，并深受其父吴重熹的爱国情怀影响，有一颗强烈的爱国图强之心，对列强横行中国愤懑不已。他在协助鄂、豫两省督抚张之洞、张人骏办理交涉鸡公山外国人租地案时，面对气焰嚣张、不可一世的洋人，不卑不亢，据理抗争，寸步不让，重申外国商人不得在中国内地置办产业的原则，义正词严地指出：各外国商人在鸡公山购置私产与中国和各国签订的条约精神不符，传教士购地之后又转手出售牟取暴利既违条约又违教规。

鸡公山外国人租地交涉案费时两年，经反复磋商谈判，中方与各国领事于光绪三十三年（1907年）年底初步达成协议。此时，张人骏已升任两广总督，新任河南巡抚是闽县人林绍年。

光绪三十三年十二月初一日，湖北荆宜道调署汉黄德道兼江汉关监督齐耀珊、河南南汝光兵备道吴峑与英国驻汉口管理通商事务总领事官埃·霍·法磊斯正式签订了《收回鸡公山地另议租屋避暑章程》。

该章程共十条，章程规定：鸡公山鄂、豫两省毗连交界之基地，共计923亩，前由教会向华民购买后划分他人避暑，今由两省将此基地暨山上路一律收回，定为两省官地，由两省勘收、订界、管业。允许租户在此收回地基内，盖造西式房屋租为每年避暑之所。已造或立有合同欲造之房屋，由地方官给价购回，仍转租原租户居住。以上各项租屋，每年夏令租价按屋价8%纳收，由两省发给租据。地方官未购回之房屋，仍由原租户居住，不纳租银。避暑地内的外国人，不得开矿、开设行栈及从事贸易。警察及各项治安，归中国地方官办理，租住鸡公山之各国人，不得有自治之权力。凡卫生、街灯、清道、修路、市集、家用净水等事，须由各租户公举代表，呈请地方官妥筹办理。除官地外，尚有基地347亩实为教会公产，并未转卖，故仍归教会公产执业。但不得转卖洋商，洋商可在该教会公产内造房避暑，该教会公产应遵守教会公产章程等。

光绪三十四年（1908年）九月初,林绍年卸任河南巡抚,吴重熹补授。九月三十日，新任湖广总督陈夔龙和河南巡抚吴重熹联名向清廷奏报《鄂豫边境鸡公山购地建屋案办结并善后事宜》。

湖广总督臣陈夔龙、河南巡抚臣吴重熹跪奏：

窃查鄂豫两省交界之鸡公山，前于光绪二十九、三十等年，经美国教士李立生、施道格等价买民间山场，契内多未注明教会公产字样，朦请地方官印税，复转售各国洋人纷纷建屋，经夔龙在河南巡抚任内查明情形与约章不符，略会升任湖广总督臣张之洞行令江汉关道照会各国领事设法禁阻。

……

《收回鸡公山地另议租屋避暑章程》的签订，总体上维护了中华民族的尊严，维护了中国的主权和领土完整。鸡公山外国人租地交涉案的妥善处理，是近代涉外活动中维护国家主权比较成功的范例之一。同时，也使鸡公山迅速崛起。据《鸡公山志》记载，至1935年秋，常驻和避暑的外人为2201人。抗战前夕，鸡公山共建造各式建筑300余幢，成为与庐山、莫干山、北戴河并称"中国四大避暑胜地"。

吴對在鸡公山外国人租地交涉案中，因卓有劳绩，赏戴花翎，又因其坚守国家利益，维护国家主权，成为忠君爱国的典范。

宣统二年（1910年）盛夏时节，卸任河南巡抚的吴重熹回到北京,觐见宣统皇帝，奉旨补授陆军部侍郎。

政声卓著，遗爱在民。返京后的吴重憙曾作诗一首《开缺西北归留别梁园寅僚绅庶》，并自注："予官豫二十年，京外豫绅未有间言。"其诗云：

两年雪苑庆弹冠，无定云萍事渺漫。

三月莺花方鄂杜，一庭气味别芝兰。

幸无烂额焦头苦，共结披肝沥胆欢。

赢得一番愉快在，居然鱼壳寿清端。

九重圣主泽如天，丰草长林在眼前。

始愿竟谐初服志，道心莫损已残年。

堆经滟澦皆平坦，路过邯郸免醉眠。

从此愈轻符竹累，升平政策仗群贤。

紫凤丹书下九霄，疏慵解镇听逍遥。

七旬已过悬车岁，卅载难忘作郡朝。

敢谓思人犹爱树，从知有竹不弹蕉。

挂冠梦稳扶轮去，天阙云中望斗杓。

关怀事事费商量，郑重临歧话别肠。

铁富六州休铸错，河防三伏忌更张。

难平雀鼠争牙角，关念昕宵为雨旸。

试看迎车迷甘澍，豫疆今岁卜丰穰。

霜叶辞柯返旧林，汪情潭水雨同深。

只知抗疏争权利，遑向同僚恋盍簪。

今日数行知己泪，来朝千里古人心。

相期皓首崇明德，遥寄天风海上琴。

陆军部，官署名，以尚书、侍郎为主官。光绪三十二年（1906年），清廷将兵部改为陆军部，将练兵处、太仆寺并入该部。在海军部、军谘府未设立之前，全国的"武装力量"暂归陆军部管理、统辖。宣统二年（1910年），清廷改革陆军部，原尚书、侍郎、丞、参一律撤销，

189

吴重憙的人生历程

吴式芬故居尚书第

改陆军部长官为陆军大臣和副大臣各一员。清末陆军部是中国第一个近代意义上的中央军事行政管理机构，它的设立是救亡图存的产物，是中国军队近代化的客观需要。

吴重憙在陆军部闲暇时，即在海丰吴氏于京城宣南坊达智桥胡同老宅——他的出生地看书、校书、刻书。

说起吴重憙的出生地宣南坊，要从其十三世祖吴绍诗讲起。

雍正六年（1728年）十月二十二日，上谕："著京官主事以上、外官知县以上，各举品行材猷可备任使者一人，即亲戚子弟不必引避嫌疑。"次年，时任湖北黄梅知县吴象宽（1680—1742年，字居之，号芝园，吴自肃第三子，进士，敕授"文林郎"，以吴绍诗官貤（yí）赠"通奉大夫"、甘肃布政使）举荐侄子吴绍诗到刑部浙江司学习，吴绍诗以办事明练、执法明允，兼办湖广司、河南司事，进以七品小京官衔充律例馆纂修官，后经吏部酌议职衔以六部司员内阁主事。乾隆六年（1741年），吴绍诗方于京师租下宣南坊，始有固定居住之地。吴绍诗在《蚁园自记年谱》中记载：

辛酉（1741年），蚁园（吴绍诗号蚁园）年四十三岁，起复赴京师铨例七品京官，俸满外推郡佐，余资深应首推本堂，以余向在西曹，久谙习部务，奏请以额外主事留部，遇缺题补。时以本堂交办事件较多，往往不能下直，又值匮乏，弗克具车马，遂于官署南偏，赁皂役邵姓房数椽居之，蔽风雨而已。

吴绍诗还记载自己晚年，曾在宣南坊效司马光在洛阳真率会故事：

癸巳，蚁园年七十五岁，在吏部。与六乡中耆年诸公为真率会，馔六簋、不设海错，从一仆、不御肩舆，以期约而可。久同会者，武进程公景伊、无锡稽公璜、江夏崔公应阶、桐城张公若澑、新建曹公秀先、吴下蒋公元益及余七人，诸公皆健甚，独余龙钟殊渐衰朽。

乾隆三十五年至四十年（1770—1775 年），吴绍诗长子吴垣任职刑部四川司郎中、吏部文选司郎中期间，于宣南坊设"消寒会"，以文会友，诗酒唱和。吴之承为其父吴垣作行述时，记："在京师日，公余与春明执友为消寒会，皆一时名宿胜侣，嘉招都下，称盛事云。"

道光二年（1822 年）七月，吴绍诗嫡孙吴之勷从湖北安襄郧荆道任上奉旨进京引见，以原品致仕，遂将其祖父吴绍诗原租赁的宣南坊购买下来，成为无棣海丰吴氏家族在北京城里唯一一套居所。吴之勷为其妻作行略时，记："呜呼！余与恭人别才四阅月耳。余二月奉旨引见，四月与恭人同发襄阳，至武昌傺（jiù）寓。余人都会六七月间，大雨道途泥淖，仅一得平安书。迨余以年老休，方欲购宅宣南坊，取恭人来就。"

后来吴式芬中进士后，引见改翰林院庶吉士。吴式芬于宣南坊辟一书屋，题曰"双虞壶斋"，是为金石雅集、著书立说之处。吴式芬曾自述：

余自庚寅以后游京师，获交当代好古诸家，每遇古器必手自摹拓，而四方同好亦各以所藏拓赠，所获寝多。爱荟萃墨本，汰其质者，装册为玩，以是随其所得付装，故不次时代先后，亦不类分其器。续有所收，则别自为册，盖取其多而未已，用六一居士《集古录》目例也。道光十有七年岁次丁酉二月十三日海丰吴式芬识于宣南坊寓。

吴重周、吴重憙兄弟为其父吴式芬作行述，云：

时与刘詹岩、张励菴、喻凤冈、

吴式芬在北京宣南坊金石会友

吕鹤田、叶崑（kūn）臣、孙兰检、罗椒生、张筱浦、何根云诸年丈，结诗赋之会，约十日一聚，互相切磋，有尊酒论文之乐。丙申散馆，钦定一等第九名，授职编修，仍与诸年丈以诗赋会课，厥后尝谓不孝等日："写字作诗本吾性之所好，是一二年中朋侪（chái）觞（shāng）咏，借助他山，此乐至今不忘也。"

"宣南坊"，在吴重憙所填诗词曲赋中被多次提到。他在《送陈筱石制军入川》一诗中写道：

> 风云际会舜尧年，眷顾恩深重镇边。
>
> 行看黄麻宣北阙，先教红旆向西川。
>
> 牂牁江上还乡锦，宣武坊南饯别筵。
>
> 遥计韶光好三月，画桡春水鹧鸪天。

诗中所提"陈筱石"即陈夔龙（1857—1948年），字筱石，贵州贵阳人，进士，任湖广总督时，曾与吴重憙联手处理鸡公山购地案善后事宜。

吴重憙寄给儿女亲家、署河南怀庆府知府张守炎（1842—1911年，字寅生，号星谋）的诗里特别提到宣南坊有三椽老屋，其《寄星谋》云：

> 闻说新斋辟小园，一诗遥寄当寒暄。
>
> 黄锦好纳南檐日，绿蚁应开北海尊。
>
> 瀹茗藤荫怀封宇，宜春杨叶隔重门。
>
> 宣南我有三椽屋，辜负严冬斗室温。

《石莲七十七自寿词》之《三煞》亦云：

> 退院僧，瘦骨支，旧宫人，白发飘，归来不用船合轿。三椽老屋宣南寄，几点晨星日下遭。真率会情共表，且相与素心朝夕，问答渔樵。

宣南坊双虞壶斋，得名于吴式芬珍藏的一对虞司寇青铜壶。

北京宣南坊有一处双虞壶斋，今山东无棣古城也有一处双虞壶斋，是吴式芬考鉴金石、著书立说、学术交流及收藏青铜器的场所。

双虞壶是一款什么样的壶？吴式芬又为什么将书房命名为"双虞壶斋"呢？原来，双虞壶是一对同铭的青铜壶，因为这对壶是吴式芬的祖父送给他的，又加上壶里铸有难得一见的金文，吴式芬视其为珍宝，所以便以"双虞壶斋"命名了自己书房。

吴式芬故居双虞壶斋

道光三年（1823年），吴式芬扶祖母潘氏（诰封恭人，晋赠一品夫人）的灵柩从湖北襄阳返回山东海丰。此时，吴式芬祖父吴之勷已经从湖北安襄郧荆道任上退休一年有余，便在吴式芬的陪伴下一起回到了老家。当时，吴家仅有几亩薄产，不能自给。吴式芬悉心筹划，将家里家外的事办理得井井有条。同时，他不忘攻读诗文，并潜心钻研金石学。

一天，吴式芬被祖父叫到卧室。吴之勷慈爱地看着吴式芬，叫着吴式芬的乳名："逢昌啊，你去年就中了举人，因为你奶奶不幸去世，所以全家人也没有心思好好地为你庆贺一下。哎，如果你父亲在天有灵的话，他该有多高兴啊！"

吴式芬蹲在吴之勷面前，一边为吴之勷捶腿一边动情地说："爷爷，孙儿能中举人，多亏了爷爷的养育和教诲！"

"逢昌，你高中举人，爷爷要奖励你！说说，你想要什么奖励？"

"爷爷，我还没有考取进士，哪好意思伸手向爷爷要奖励？"

"话可不能这么说，只要你有鸿鹄之志，总有一天会金榜题名的！"吴之勷微笑着说，"逢昌，你看窗台上摆着的是什么？"

吴式芬直起身，走到窗台前，情不自禁地脱口而出："青铜壶！还是一对儿！"

是什么样的青铜壶让吴式芬兴奋不已？原来，这是一对世上难得一见的周代虞国铸造的青铜壶。商周时期，青铜器完全是由手工制造。所以，没有任何两件青铜器是一模一样的。不过，这对青铜壶却极其相似，就像一个模子铸出来的一样。该壶高约38寸、广约19寸，纹饰精美，造型典雅，铸工精良，弥足珍贵。布满绿锈的壶体装饰波曲纹，形象夸张，线条劲健，构图饱满，壶体似葫芦，口小，颈直，腹圆，底平，如果盛酒或水，不易溢出；壶颈两侧各置横半圆形附耳一个，出行时，便于携带。

吴式芬手捧青铜壶爱不释手，他向吴之勷请教："爷爷，这对青铜壶有名字吗？"

吴之勷手捻银须，乐呵呵地说："这是一对'虞司寇壶'，是我在湖北襄阳时一位老朋友送给我的。当时我就想，等你中了举人后，就将它奖励给你！今天，这对壶就是你的了！"

吴式芬如获至宝，高兴地说："谢谢！谢谢爷爷！"

"逢昌，你知道这壶为什么叫'虞司寇壶'吗？"吴之勷想考考孙儿的学问。

吴式芬略一沉思，回答说："爷爷，孙儿想，这壶之所以叫'虞司寇壶'，是不是虞国的司寇铸造的壶啊？"

"不是！"吴之勷纠正道，"是虞国的司寇家藏的。"他继续问道，"你知道司寇是什么意思吗？"

"司寇，西周始置，位次'三公'，与六卿相当，和司马、司空、司士、司徒并称'五官'，掌管刑狱、纠察等事。"吴式芬滔滔不绝，他又补充说，"后世也用司寇作刑部尚书的别称。"

"很好！"吴之勷对吴式芬的回答非常满意，他问吴式芬，"逢昌，你对'虞司寇壶'的'虞'字了解吗？"

"一知半解。"吴式芬如实

吴式芬故居收藏的双虞壶（仿制品）

地回答。

　　"那好，爷爷就为你讲一讲这个'虞'……"吴之勷轻声慢气地说，"'虞'，从虍、从吴，'虍'指老虎，意为征服；'吴'指街头说唱杂耍艺人。'虞'指被黄帝打败的蚩尤的南方九黎族战俘，在归顺黄帝之后，没有被分配田地，也没有被遣返回南方，而是被允许以流浪说唱杂耍卖艺方式继续在中原地区谋生。"

　　吴之勷顿了顿，继续说："在古代，农耕文化是受人尊敬的。非农职业流浪人口，故有诈骗之嫌。由此，'虞'还含有欺骗的意思……"

双虞壶原拓本

　　"爷爷……"吴式芬插话道，"孙儿知道了，尔虞我诈的'虞'就是欺骗的意思。"

　　"很好！"吴之勷继续说，"'虞'又指周代姬姓国，'虞'也同吴，史书上记载'虞'有二，一是在南方，即春秋时代曾争霸中原的吴国；一是山西晋南的北虞……"

　　"北虞……"吴式芬不由自主地脱口而出，"暮虢（guó）朝虞！春秋初期，虢和虞都是小国。当年，北虞国国君因贪图晋国的良马美玉，借道于晋军灭了与己唇齿相依的虢国，晋国在归途中又不费吹灰之力把虞国灭掉了……"

　　"灭虢取虞，不错，历史上确实有'暮虢朝虞'这个典故。"吴之勷对吴式芬说，"逢昌，咱爷俩儿光顾说话了，我倒忘了告诉你，这对虞司寇壶壶口和盖口内都有金文。我上了年纪，眼神不太好，铭文写的是什么也看不清，你拿回去好好研究研究吧。"

　　"嗯。"吴式芬又蹲下身来，为吴之勷捶腿，"爷爷，等孙儿弄懂了壶上的铭文后，再讲给您听。"

"那好！"吴之勳微笑着说，"逢昌啊，我有点累了，想睡一会儿。你把这对虞司寇壶拿到你的书房去吧。"

"嗯。"吴式芬将吴之勳扶到床上，侍候爷爷躺下，随手拿起一床薄被盖在爷爷身上，细声地说："爷爷，您休息吧，过一会儿孙儿再来看您。"

吴式芬双手抱着虞司寇壶，兴高采烈地回到书房，扑下身子，潜心研究起壶体上的金文。

双虞壶壶口内侧、盖口内金文拓片

几天的工夫，吴式芬就将虞司寇壶上的金文大致弄明白了。虞司寇壶壶口内侧有金文（阴）五行、二十四个字："虞司寇白吹作宝壶，用享用孝，用祈眉寿，子子孙孙，永宝用之。"虞司寇壶盖口内有金文（阴）十一行、二十三个字："虞司寇白吹作宝壶，用享用孝，用祈眉寿，子子孙孙，永宝用。"

吴式芬生前对虞司寇壶钟爱有加，不但将自己在山东海丰和北京宣南坊的书房命名为"双虞壶斋"，而且将自己的部分著作、日记、随笔以"双虞壶斋"冠名，如《双虞壶斋藏器目》《双虞壶斋印存》《双虞壶斋日记八种》等。

光绪十八年（1892年）六月，海丰吴家大院（今吴式芬故居）遭遇了一场无名大火，家存吴氏先世手泽付之一炬，精美绝伦的虞司寇双壶仅存一对壶盖，现藏于北京故宫博物院。

晚秋某日黄昏，北京宣南坊双虞壶斋，吴重熹端坐于书案前，深情地抚摸书案上于宣统二年（1910年）三月末在河南开封刻成的二十卷本《攈古录》，思绪万千，赋诗《先著〈攈古录〉于庚戌三月晦日告成感赋》，诗云：

> 昔侍严亲病榻前，两儿跪泣受遗编。
>
> 迁延五十三年后，第四童孙始校镌。
>
> 南阁吾师南羽友，烽烟保护费精神。
>
> 伤心父执无人在，阮叶吴刘何李陈。

并附言："刘念台《礼经考次》，公未成书，公子汋（yuè）辑之甚勤，至汋之子茂林始辑成之，事略相仿。"刘宗周，别号念台，是明代最后一位儒学大师，所辑《礼经考次》未刻行即辞世，其子刘汋考订遗经以竟父业。刘汋临卒，戒其子茂林："若等安贫读书，守《人谱》以终身足矣。"吴重憙此言是说吴家与刘家"事略相仿"。

首联：昔侍严亲病榻前，两儿跪泣受遗编。

咸丰六年（1856年）十月初八日卯时，吴式芬临终前，千叮咛万叮嘱泣跪病榻前的吴重周、吴重憙二子，将其尚未编纂完毕的《攈古录》等金石专著编校刻印。

吴式芬做官，忠君爱民，清正廉明，有"贤官良臣"之称。吴式芬做学问，艺苑鸿才，禁林硕望，有"硕学通儒"之誉。

吴式芬"好金石文字，凡鼎彝、碑碣、汉砖、唐镜之文，皆拓本藏之"。一生收集的仅周、秦、汉三朝的青铜器和铭文拓片就有130多种，且著述颇多，著有《金石汇目分编》《舆地金石目录》《江西金石存佚总目》《陶嘉书屋钟鼎彝器款识目录》《陶嘉书屋泥封目次》《封泥考略》《汉封泥考》《〈寰宇访碑录〉校

吴式芬金石手稿

本》《印谱》等。他与陈介祺合编《封泥考略》十卷，是我国第一部比较系统地著录并考释封泥的专著，在古封泥学术史上具有开创性的意义，成为后来几部封泥著录的范例。

吴式芬无论是在金石收藏、著述方面还是在封泥、印刻的收藏与研究方面，均取得了骄人的成就，特别是《攈古录》和《攈古录金文》这两部金石学巨著，对金石文著录之多和诠释之精均超过前人，为清末以来的金石学家所推崇和引证，充分肯定了吴式芬在金石学界的地位。

《攈古录》二十卷，是一部金石总目，共录商、周至到元代金文1781种、石文15230种、砖瓦文1105种，计18116种，以及木刻6种、玉文4种、瓷文2种。《续修四库全书总目提要》评价《攈古录》："凡吴氏（吴式芬）以前，各家金石并录之目，从未有如此目详且备者。"著名金石学者李佐贤则是这样评价吴式芬及其《攈古录》："君（吴式芬）鲜荣利之好，而深翰墨之缘，于金石书画，尤为笃嗜。所著《攈古录》，钟鼎碑版文字搜罗靡遗，盖自欧（阳修）赵（明诚）著录以迄今日，考据家无如是之详尽赅博者，洵堪信今传后无疑也。"

《攈古录金文》三卷，按青铜器的种类编排，每类中又以铭文字数多少为序，此属创例，颇便检索。全书考释、集录商周至元代有铭文的钟鼎彝器总计1334件，器铭下各附释文，间有吴式芬的考证或采录许瀚、徐同柏、朱善旗、陈介祺等诸家之说。此书出阮元《积古斋钟鼎彝器款识》、吴荣光《筠清馆金文》二书之后，而尤较二者为赅备。

颔联：迁延五十三年后，第四章孙始校镌。

吴式芬遗著《攈古录金文》，于光绪二十一年（1895年）由吴重憙在河南校刻面世。吴式芬另一部遗著《攈古录》，则于宣统二年（1910年）由吴重憙在河南镌刻行世。《攈古录》刻本印行时，距吴式芬辞世已是53年后。

《攈古录金文》，线装三卷，每卷三册，共九册，书中铭文皆吴幽手摹上版，其勾摹水准颇为高超，近代古文字学家容庚在《商周彝器通考》中夸赞说："摹刻精善，木刻中以此为第一。"吴阄（1869—1920年），吴重憙第三子、吴式芬第四孙，诰授中宪大夫，赏戴花翎。

《攈古录金文》从一问世就引起了金石界的广泛关注。光绪二十一年十二月二十五日，吴重憙亲家王懿荣（1845—1900年，字正孺，以翰林院侍读仕至国子监祭酒，晚清著名金石学家，为发现、收藏鉴定甲骨文第一人，被称为"甲骨文之父"）在向光绪帝上《奏为恭进国朝儒臣撰集古金文成书有裨经训堪备》，并奉进初印本十部，恭呈御览。王懿荣在进呈折对《攈古录金文》给予极高的评价。

御览仰祈圣鉴事：

窃臣籍隶山东，有海丰县人、前内阁学士兼礼部侍郎衔臣吴式芬，道光朝进士，生平专攻训诂之学，长于音韵，精于考订，所集《攈古录金文》一书凡九册，为卷有三，每卷又各分三册，其书本义专集成周以来钟鼎彝器款识，多据原器精拓本及相传旧摹本。收入出前大学士阮元所著《积古斋钟鼎彝器款识》、前湖南巡抚吴荣光所著《筠清馆金文》二书后，尤为赅备。……虽所释说互有短长，要皆以根据礼典探讨六书、推阐经义为主。治今古文尚书者，非得此无以为。同时，佐证汉儒许慎《说文》序云："郡国往往于山川得鼎彝其铭，即前代之古文。"是以许书所收自籀（zhòu）文及壁中经古文外，所谓鼎彝古文者，厥惟此种。盖自宋明以来，诸家谱录集摹古文之多，无逾于此者。

近代享有国际声誉的著名学者王国维（1877—1927年）在《国朝金文著录表序》中点赞《攈古录金文》著录之富："其

王懿荣《奏为恭进国朝儒臣撰集古金文成书有裨经训堪备》

集诸家器为专书者，则始于阮文达之《积古斋钟鼎彝器款识》，而莫富于吴子苾（吴式芬）阁学之《攈古录金文》。"

梁启超（1873—1929年）在《清代学术概论》中写道："金石学之在清代又彪然成一科学也。……道咸以后日益盛，名家者有刘喜海、吴式芬、陈介祺、王懿荣、潘祖荫、吴大澂、罗振玉。式芬有《攈古录金文》，祖荫有《攀古楼彝器款识》，大有澂《斋集古录》，皆称精博。"梁启超又在《近代学风之地理分析》一文中曾说："山左金石学最富，自顾亭林来游，力为提倡，厥后黄小松宦斯土，搜剔日广。斯土学者亦笃嗜之，有以名其家者。海丰吴子苾（吴式芬）、诸城刘燕庭、潍县陈簠斋、黄县丁彦臣、福山王廉生皆收藏甚富，而考证亦日益精审。故咸同间金石学度越前古，而山东学者为之魁。"

颈联：南阁吾师南羽友，烽烟保护费精神。

"南阁"，指的是许瀚，吴重憙及其兄长吴重周皆受业于许瀚，故云"吾师"。"南羽"，指的是丁艮（gèn）善，丁艮善与吴重憙均为许瀚及门弟子，故称"友"。

许瀚（1797—1866年），字印林，山东日照人，清代杰出的朴学家、校勘学家、金石学家、方志学家和大书法家。许瀚与吴式芬为通家至交，道光十二年（1832年）以后，许瀚每赴京应试，多借吴式芬在京宣南坊双虞壶斋居住。咸丰五年（1855年）八月，许瀚应浙江学政吴式芬邀请随署校文。未几，吴式芬因病引退。咸丰六年（1856年），许瀚自杭州返山东，居沂州，助吴式芬编《攈古录金文》，致力于金文考释。是年十月初八日卯时吴式芬谢世，《攈古录金文》尚未编纂完，许瀚作《哭吴子苾阁部联》，感人至深，催人泪下：

平生金石盟心，才几时，江城剪烛，沂驿传书，那期白马素车，酹酒为君订遗稿；

世事云烟过眼，从今后，拔剑歌哀，衔碑语苦，纵复高山流水，抱琴何处觅知音。

咸丰七年（1857年）正月初九日，吴重憙至沂州，亲邀许瀚校订其父遗著。

吴式芬辞世第二年，许瀚由沂州抵海丰，校订吴式芬金石遗文。不久，许瀚在吴家大院患偏瘫病，不得已返回日照养病。许瀚曾自述云："弟初病极危，转侧饮食，非人不治。赖贤主人派八人环侍，夜不熄烛者月余，自分旦夕间人，不意能生还也。及舍弟暨小儿得信往视，东君为制卧舆，廿人舁（yú）之，行半月抵舍，竟得不死，费百余金。"自此以后，许瀚常居日照。

数年后，许瀚右手恢复知觉，继续校订吴式芬遗文。咸丰十一年（1861年）八月初，捻军劫掠日照，许瀚逃至山中避难，家中藏书皆毁于战火，吴氏遗文散失一部分，许瀚门生丁艮善历尽千辛万苦，用了一年多的时间悉数购回，吴氏遗文始得完璧归赵。许瀚对此事有详细记叙："贼退，小儿下山视之，室中物俱为灰烬，独苏翁书散弃崖谷间，收而裹之。弟旋亦下山，闻贼未果退，尚在邻近屯庄，不能遽归，乃别移山麓暂住。检点苏翁书尚少数册，送磴（dèng）山寨，交丁少山收存。少山谓贼焉须此，此必遗崖谷间，避难者拾去耳。多方访购，历年余，果尽得之。惟分编中少陕西一册，似其家仍有副本，无甚关紧要也。兄于苏翁有知己之感，故以相闻。"

许瀚在海丰、日照两地历时十余年校《攈古录》《攈古录金文》《陶嘉书屋钟鼎彝器款识目录》《金石汇目分编》等吴式芬遗书。

同治五年（1866年），许瀚因病抑郁而卒。同治十一年（1872年）夏，吴重憙为业师许瀚入祀乡贤祠去日照奔走。期间，他与丁艮善一同拜谒许瀚墓，赋诗《谒印林师墓》，缅怀恩师：

> 山海蔚灵秀，葱郁钟大儒。
>
> 吾师南诏裔，制行曾闵徒。
>
> 善事肃斋翁，八十三岁徂。
>
> 哀哀孺子慕，文孝谥非虚。

201

经学遵马郑，研精不佚粗。

小学祖颜徐，音训穷根株。

道咸际世隆，往籍为菑畬。

挈经首仪征，蕉声继平湖。

未谷著义证，勤恪倡权舆。

师任校刊役，点尽无模糊。

文慎考史籍，欲并经籍驱。

编纂未卒业，大愿付子虚。

仅遗攀古稿，殁托承祚佝。

举以付贱子，迄未完编蒲。

与我先子交，不变黎任初。

襄校在临安，鸡鸣风雨俱。

丙辰痛陟岵，敦请来海隅。

恒于校定暇，眷此第二雏。

训我丽则赋，东马兼严徐。

戊午孟陬月，痼疾遽不愈。

舆师返桑梓，缠绵十载逾。

右臂幸能运，取稿复笺涂。

其时黄巾起，南北乱已忧。

筑堡与避地，奔走同咏呼。

吴重憙《谒印林师墓》

师体久床第，动转苦不舒。

载其先世主，与我遗泽书。

病肢居其左，共挽一鹿车。

山寨卒不守，散佚在沟渠。

南羽徐购求，稿卒归弊庐。

使我手泽完，慰我泪眼枯。

师友谊如云，迥与世俗殊。

父书与祖砚，何日能忘诸。

易箦六寒暑，丙舍方始趋。

略抒释菜心，跪拜荐春蔬。

执手相向哭，此痛谁能如。

桑梓诸父老，见我同欷歔。

愿将师学行，吁请达天衢。

宫墙近咫尺，永享乡贤俎。

筑场空有志，归程已戒途。

难将松柏攀，转步犹趑趄。

至今，无棣古城吴式芬故居南客厅仍悬有许瀚撰写的一副楹联：

居心平易无城府，作事从容有纪纲。

丁艮善（1829—1893年），字少山，山东日照人，清代金石学家、校雠（chóu）学家和书法家，世称"山左宿学"。光绪九年（1883年），丁艮善受时任河南陈州知府的吴重憙之嘱，至陈州复校许瀚未能校竣的吴式芬《攈古录金文》及许瀚《攀古小庐杂著》等。吴重憙并命其三子吴幽受业于丁艮善。其间，

居心平易无城府，作事从容有纪纲

吴重憙的人生历程

吴重憙胞侄吴峋罢官后在陈州访求汉砖得数百块，与丁艮善为画《风雪访砖图》，吴重憙作《题庚生侄风雪访砖图》二首：

其一

侄罢谏职，游陈得断砖三百，尽覆黄流，仅存此幅。

剔藓剜苔觅断砖，或分或篆不知年。

最奇忠信沉寒井，纵涉波涛自坦然。

其二

陈州城西北隅忽出古井，得旧砖，皆有"忠信"二分书的是汉物，并出古瓷数事。

相传光武有遗基，南顿千秋是故祠。

他日同人传拓本，荒村风雪忆当时。

丁艮善为覆校《攈古录金文》，勤苦功卓，吴重憙作《赠丁少山艮善》：

204

苦忆卢鸿旧草堂，十年夙愿快今偿。

独肩浚长千秋业，同爇南丰一瓣香。

耽篆地邻秦诏石，传经人近郑公乡。

烽烟先箸凭收拾，每抚遗编总泪浪。

后，丁艮善回日照，吴重憙作《途中作长歌寄丁少山》：

……

齐鲁今大儒，首称许夫子。

君从折节游，授受得深旨。

缨绂虑澹图，书富许郑功。

探词藻耻川，与涂阻且长。

……

山石磈礧兮桂树连蜷，恍惚有人兮援琴而弹。

欲我并驾兮缥缈飞仙，手折若木兮啸傲台巅。

乃以虵馈兮我马不前，辜负相招兮霞举翩跹。

愿因晨风兮赠子诗篇，一眉新月兮遥出苍烟。

尾联：伤心父执无人在，阮叶吴刘何李陈。

《攈古录》《攈古录金文》刻板发行已是吴式芬去世五十余年后的事。五十年，半个世纪，吴式芬生前金石好友阮元、叶志诜等相继离世，留下的只有他们不朽的金石著作。

"阮"，阮元（1764—1849年），字伯元，号芸台，江苏仪征人，谥号"文达"，清代著名经学大师，书法界的泰斗级人物，被尊为"三朝阁老""九省疆臣""一代文宗"，精于金石，尊碑仰帖，著有《中州金石记》等。

"叶"，叶志诜（1779—1863年），字东卿，湖北汉阳人，清代著名学者，精金石之学，所藏彝器甚多，著有《金山鼎考》等。

"吴"，吴荣光（1773—1843年），字伯荣，号荷屋，广东南海县人，清代岭南著名的书画金石鉴藏家，名极一时，著有《金石款识类》《筠清馆金石录》等。今无棣古城吴式芬故居东南隅南墙上有一副石刻对联，是为吴荣光所题："新添十竹皆紫玉，恰对九峰如画屏。"

"刘"，刘喜海（1793—1853年），字吉甫，号燕庭，山东诸城人，清代金石学家、古泉学家、藏书家，著有《海东金石苑补遗》《三巴金石苑》等。

"何"，何绍基（1799—1853年），字子贞，号东洲，湖南道州人，阮元门生，清代诗人、画家、书法家，经史皆通，尤精金石考证，著有《东洲草堂金石跋》等存世。道光十三年（1833年）重阳节，何绍基到吴家大院观摩吴式芬所藏《襄阳梁君夏侯夫人两志拓本》，并为吴家所题二联，至今悬挂于无棣古城吴式芬故居进士厅、仪仗厅廊柱之上，一联为："四省承宣三掌节钺，九封光禄两列史晟。"另一联为："院雨记听蕉叶响，庭台似点菊花斑。"

"李"，李佐贤（1807—1876年），字仲敏，号竹朋，山东利津人，与吴式芬同榜进士，清代金石学家、收藏家，与鲍康、刘喜海、陈介祺、吴式芬、吕尧仙结为金石之盟，互为投赠，积累大量文字和实物资料，

205

编著有《武定诗抄》《武定府诗续抄》等。吴式芬病逝,李佐贤恸作挽联:

四省承宣三掌节钺,九封光禄两列史晟

院雨记听蕉叶响,庭台似点菊花斑

"言与行可师可法,况复勋猷可纪,著作可传,拟兹功业文章,洵有荣名称没世;我共君同郡同科,更兼金石同盟,琴书同好,追忆风流儒雅,空余老泪哭知交。"同治十一年(1872年)八月至十月,吴重憙与李佐贤至潍县为陈介祺原配李氏襄礼,并至胶州东同游崂山、琅琊台,作《白云洞》《华岩庵》《上清宫》《太清宫》《钓龙矶》"劳东五咏"。

"陈",陈介祺(1813—1884年),字寿卿,号簠斋,山东潍县人,清吏部尚书陈官俊之子,清代金石学家,居京时广泛涉猎各种文化典籍,对于经史、义理、训诂、辞章、音韵等学问,无不深入研究,而尤酷爱金石文字的搜集与考证,曾向当时著名学者阮元求教质疑,并与何绍基、吴式芬、李方亦等金石学者互相切磋,旧居建有"万印楼"一

教孝教忠训秉宣铎,辞尊辞富宜等抱关

幢。光绪十八年(1892年),陈介祺之婿吴重憙在河南信阳刊刻吴式芬与陈介祺合撰《封泥考略》十卷石印本。光绪三十年(1904年),吴重憙于上海印行《封泥考略》石印本。今吴式芬故居双虞壶斋廊柱上悬有

陈介祺手书楹联："教孝教忠训秉宣铎，辞尊辞富宜等抱关。"

　　览书思父，闻秋念乡。吴重憙再赋诗一首，感慨"秋声都以下，归梦故乡迟"。诗云：

　　　　　推枕问秋秋无声，一灯如豆窗前明。

　　　　　西风吹我下阶去，萧条梦作乡关行。

　　某日，吴重憙在宣南坊双虞壶斋整理亲朋好友往来信函时，找出一封其胞侄吴峋于光绪二十年（1894年）春节期间从故乡寄来的家书。吴重憙再读家书，不禁老泪纵横，因为吴峋写完这封信不久就病逝了。

　　吴峋生性善良，至仁至孝。他比胞叔吴重憙只小一岁，叔侄两人从小形影不离，同院玩耍，同榻作息，同砚习学，感情甚笃。

　　在这封家书中，吴峋以较大篇幅回忆了他和吴重憙在海丰学宫学习时的往事。

　　吴重憙手捧吴峋的家书，触景生情，情不自禁地自言自语："时间过得真快啊！这一晃吴峋过世六年矣，亦不知海丰学宫是否景色依旧？"不久，吴重憙从在京同乡处得知，海丰学宫已多年没有翻修，砖瓦脱落，蒿草没膝，一片荒凉景象。

　　海丰学宫（即今无棣文庙），原为"无棣古八景"第一景"芹泮槐荫"，楼台掩映、古槐苍郁，有诗为证：

　　槎桠古树幂宫墙，宇内常存奕叶光。

　　满地春风兼化雨，杏坛分得一枝香。

　　"芹泮槐荫"中的"芹泮"，指的就是海丰学宫。

　　海丰学宫始建于何年无考，曾在元代末年毁于战火，明代初期在旧址重建。在清代，世居海丰城里的吴氏子弟与"芹泮槐荫"近在咫尺，且朝夕相伴。"三更灯

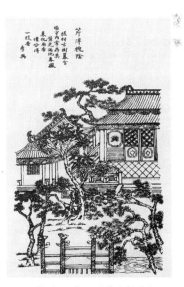

无棣古八景之"芹泮槐荫"

火五更鸡，正是男儿读书时。"寒来暑往，吴氏子弟在学宫里埋头苦读"四书五经"，另习八股文，以应科举之需。同时，吴氏子弟和其他生员一样，严格遵守《圣谕广训》《卧碑》等规定，争做"三纲五常"的表率，并"两耳不闻窗外事，一心只读圣贤书"，以期将来做一个爱民忠君的官吏或绅士。其中，海丰吴氏第十一世吴自肃就是海丰学宫培养出来的一位佼佼者。

吴自肃十七岁即补博士弟子员，二十四岁在学宫月科"三试皆冠军"，二十五岁中举人，三十五岁科进士。

吴自肃为官广布德政，为学著作斐然，既为后人树立了忠义、仁厚的道德典范，又不断激励着吴氏后人在科场与仕途上积极进取。

自从吴自肃成为海丰吴氏第一个进士后，极大地鼓舞了吴氏家族"以文教兴家、以科举入仕"的热情，吴氏子孙纷纷以吴自肃为榜样，刺股悬梁，奋发读书，以期科举取士为官，家族兴旺发达。如此，吴氏家族渐渐地步入科场崛起之路，先后出了吴自肃、吴象宽、吴坛、吴熙曾、吴侍曾、吴式敏、吴式群、吴式芬、吴峋等九名进士，号称"进

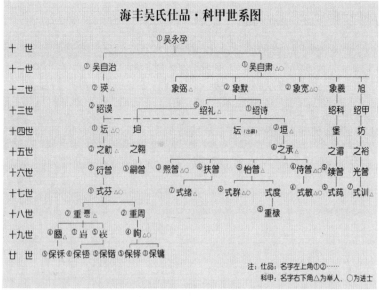

海丰吴氏仕品·科甲世系图

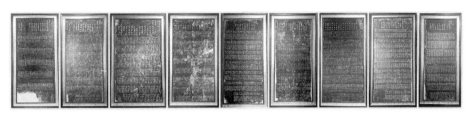
皇帝御赐进士题名碑拓片（海丰吴氏 9 名进士依次为：吴自肃、吴象宽、吴坛、吴熙曾、吴侍曾、吴式敏、吴式群、吴式芬、吴峋）

士世家"，并享有"祖孙父子兄弟叔侄进士之家"美誉。海丰吴氏不但科甲连第，而且高官簪缨，出相入仕者逾百人。

为感念海丰学宫对吴氏子弟的培养，吴重憙捐俸修缮了学宫。学宫在明清两代增筑或重修多达十六次，其中以吴重憙这次规模最为宏大。焕然一新的学宫，红墙碧瓦，翠柏绿槐，成为莘莘学子求学的好地方。据民国版《无棣县志》记载，仅明清两朝，从海丰学宫走出考取文、武进士者近五十人。

如今，历经数百年风雨的海丰学宫，仍然书声琅琅，成为国家AAAA 级景区无棣县古城标志性景观之一。

到了宣统三年（1911 年），清王朝日益腐朽，帝国主义侵略进一步加深，中国民族资本主义初步成长，仁人志士为推翻清朝的专制统治，挽救民族危亡，争取国家的独立、民主和富强，八月十九日，成功发动了辛亥革命。十一月十三日，中华民国成立。十二月二十五日，隆裕太后下诏退位。自此，实行两千余年的中国专制的帝制王朝结束。

大清王朝土崩瓦解后，吴重憙解任离京先携家迁至天津日租界秋山街,后移居英租界博罗斯道（即今烟台道56—58 号），闭门谢客，不谈国事。

天津烟台道（56-58 号）天津市文物保护单位吴重憙旧居

袁世凯当上中华民国大总统后，多次派人从北京专程到天津邀请吴重憙出任新政府官职。袁世凯之所以这么做，原因有二：一是感谢吴重憙当年的知遇之恩；二是为自己充当门面。不过，吴重憙决意不再出仕民国。创刊于上海的《青鹤》总编纂陈赣一在《新语林·卷三·方正》曾写道："袁总统遣使征之，吴闭门不纳。使者复至，始延入。不俟其启齿，率而曰：'吾年七十，且夕将死，宁有心依恋利禄耶？'使者返报，袁沉默久之。"后来，袁世凯搞复辟活动时，吴重憙是旗帜鲜明地持反对意见，但多次劝解未果。2024年4月2日是吴式芬诞辰228周年纪念日，吴式芬嫡系后裔吴朴承先生应邀抵无棣，在吴重憙红十字运动纪念馆参观时，他感慨万千地说："当时我曾祖父（吴重憙）也劝过袁世凯不要称帝，劝不住……"

吴重憙婉拒袁世凯美意后，在天津博罗斯道小洋楼石莲盦（ān）藏书室，唯以藏书、吟诵为事，并乐此不疲。

石莲盦的藏书从宋元秘籍到明清善本无所不有，多为古本、手抄本和

2024年4月2日，吴重憙曾孙吴朴承（左一）在吴重憙红十字运动纪念馆审阅本书样稿

稿本等珍品，而且大多是经过名家珍藏、批校、题跋过的，价值连城。清初严启隆所著《春秋传注》抄本就是石莲盦藏书室里的一件瑰宝。严启隆为著《春秋传注》，前后十二次易稿，倾注了毕生的心血。后来，《春秋传注》在吴重憙的呵护下得以刊刻传世。石莲盦还藏有"镇室之宝"——唐人所书《四分律》一卷。此经卷归属吴重憙后，先后有何绍基、张之洞、严长明、石景芬等大家、名人为《四分律》题跋，王懿荣在题跋中写道："余酷嗜唐人写经墨迹，较碑刻为易睹，可以寻订书脉，

而知宋刻唐临汉晋诸帖之伪。"《四分律》的珍稀度由此可见一斑。

　　吴重憙还拿出大部分精力系统地整理、编辑、修订、刻印了海丰吴氏家族明清两朝数百年间的文章、诗词、奏本等遗书。其中，就有被世人称为吴氏"小四库全书"的《吴氏文存》《吴氏诗存》《吴氏世德录》和《吴氏试艺》等名典，以及具有很高学术价值和史料价值的《石莲盦藏书目》和《海丰吴氏藏书目录》等著作。另外，吴重憙辑刻的其他典籍也为数不少，其中《石莲盦刻山左人词》和《石莲盦汇刊九金人集》两部巨作校勘精严，版式字体在当时堪称佼佼者。

　　1914 年 3 月 3 日（农历二月初七日），吴重憙七十七岁生日那天，他依乐府北曲自作《石莲七十七自寿词》，回顾了自己苦辣酸甜的一生。避地津门的义州李葆恂（1859—1915 年，字宝卿，号文石，精鉴别亦工诗善书画，吴重憙与其合著《津步联吟集》）为此寿词题跋："以龙门自叙之气，行宫调曲折之中。朗爽似白仁甫，潇洒似马东篱。其叙述剪裁，全以古文法行之，则康王乐府不是过也。公喜为倚声，不甚度曲，今偶一为之，而分刌节度，不失累黍，宫商抗坠，要眇抑扬。试拍红牙，绝无拗折嗓子之弊，信贤者不可测已。安得付之雪儿于翠尊绛蜡间，曼声歌之，一洗迩来嘈囋（zá）噍杀之音乎。"

石莲七十七自寿词

　　【正宫端正好】尧舜世，道光时，十八年，二月卯。春分节，八日花朝。良辰揽揆嘉名诏。伯仲间，怜偏小。

　　【滚绣球】则记俺，梅岭边，戏鼓鞑。柳江边，度龀髫（chèn tiáo）。又随侍大河嵩岳，承恩泽，移畿辅，路近云霄。向黔灵，指节旄。返终南，听鼓鼛（gāo）。拜先主君臣祠庙。更曾经雨淋铃骡网蜀道。严亲又视之江学，慈母归依故里乔。只未得龛赭观潮。

　　【叨叨令】一霎时，降严霜，杀百草，堂萱老。一霎时，陈封章，请解职，庭椿耄。一霎时，去钱塘，携琴鹤，归途绕。一霎时，读蓼莪（lù é），念生我，天不吊。兀的不痛杀人也么哥，兀的不闷杀人也么哥。只剩得，

211

吴重憙的人生历程

弟与兄，叔合侄，三人了。

【脱布衫】始读书不间昕宵，对青灯午夜频烧。始学文全忘昏晓，望青云九天路渺。

【小梁州】柳下专心祀枣糕，汁染宫袍。科名连岁榜头标，咸与籍，侥幸得连镳。

【幺】春闱独愧泥金报，空惹人七次牢骚。永使我落孙山，文憎命，长辞号舍，焚砚学君苗。

【上小楼】登仕版，冬官雅操。屯田韵号，惊遇攀髯，仙去鼎湖，过密箫韶。出燕郊，神路缭。六年照料，博得个把一麾，柳湖瞻眺。

【幺】惊心的鲸奔龙跳，金堤走埽。千万兴工，百万赈饥，拯此鸿嗷。人牵荄，粟空廒（áo），百般竭蹶，都只为郑州口决黄流倒。

【满庭芳】因之迁调，任以领袖，使继欧包。一心慎恤刑章考，阳世阴曹。一重轻严如斧钺，一出入判决秋毫。十八年为郡守，落得个循资旧套，衣绣斧方操。

【快活三】又三年，督转漕。朝牵挽，夜叫嚣，受挑剔费尽中间。饱令正，供入天。瘦精合糙。

【朝天子】蓦忽开海岛。幕忽危燕雀，蓦地听蒙尘耗。麻鞋行在路迢迢，有似失群鸟。望秦关一时怎到，觐天颜，恩莫报。抛江鱼味好，听闽猿清叫，命去掌提刑稿。

【四边静】议和成赔偿最要。搜索盈余，增加税繇。白下开藩，又返三山棹。罗掘成空，桑孔为劳，粥无米妇难巧。

【耍孩儿】都统署，天津新撤须探讨，又调我京畿镇剿。光阴两月圣恩叨。许乘轺驻沪巡了，特设置邮传紫电三年领，要整饬光射金蛇万里遥。恰日俄兵事肇，天传朔雁，水递文鳐。

【五煞】漕京通，五日期，去章江，二水滔。会城正涉欧西教，笙歌酒醴娱来使，议抵罚赔结外交。又是萍江哄闹，直动了兵联四省，方落得凯奏金铙。

【四煞】佐邮传，过一年，抚河南，悲两朝。官从旧地迁才乐，重看竹马儿童老。渐见鹓鸾旧侣凋，只为从民所好。因矿务横生抵牾，博得个解镇逍遥。

【三煞】退院僧，瘦骨支，旧宫人，白发飘，归来不用船合轿。三椽老屋宣南寄，几点晨星日下遭。真率会情共表，且相与素心朝夕，问答渔樵。

【二煞】忽渔阳，鼙鼓喧，倏神京，襁负逃。城头头白乌飞噪，随行带屋蜗难学，失路投林燕觅巢。幼安避辽东早，从此便鸿冥蠖屈，迹晦身韬。

【一煞】鼓儿词，贾凫西，道情歌，郑板桥，旁人莫把痴顽笑。快无祢鼓挝千杖，清少牙琴按七条。权当作歌合啸，博得个心闲梦稳，又何妨利尽名消。

【尾声】安期枣莫寻，方朔桃难找。算八旬仅有三年少，且看他子子孙孙膝下绕。

1915年，吴重憙刻自撰《石莲盦词》刻本一册。1916年，吴重憙撰《石莲盦诗》十卷刻本印行。

1917年早春，八十岁高龄的吴重憙作《唐拓武梁祠画像残册为李一山题》。早在道光二十八年（1848年），时年十一岁的吴重憙随父宦游河南开封时，即经眼《唐拓武梁祠画像残册》。李一山，即李汝谦（1878—1931年），字一山，号益山，济宁人，是中国最后一批秀才之一，清末民初著名文化学者，在诗词、书画、收藏和金石学方面颇有造诣。他所藏《唐拓武梁祠画像》，今藏北京故宫博物院。

武梁祠画像

吴重憙的人生历程

吴重憙

唐拓武梁祠画像残册为李一山题

> ……
>
> 此图仅存十四幅，唐时旧拓传溪藤。
>
> 忆十一龄戊申岁，大梁随宦曾眼经。
>
> 越七十载岁戊午，我八十一重开幐。
>
> 虽经昆焰火不尽，古香古色仍奔腾。
>
> 茧理腻若截肪细，麝煤重比沈云崩。
>
> 国初题自朱查手，小石帆亭集大成。
>
> 竹垞山舟各七一，尚书梁公八旬盈。
>
> 雪礓持赠秋盫手，声价直许同连城。
>
> ……

1918年初夏的一天，已知时日不多的吴重憙在他的天津寓所石莲盦中枯坐。

214

"好字！真是好字啊！怪不得商丘那个陈药洲，自谓得遇唐人小楷墨迹极稀呢？"耄耋之年的吴重憙沉醉在石莲盦藏书室里把玩镇室之宝——《四分律》经卷，自言自语道，"这个唐经生真是了不得，字字珠玑，令人心醉。"

吴重憙的家人轻轻地推开石莲盦的门，向沉醉在藏书海洋里的吴重憙禀告道：

天津吴重憙旧居

"老爷，李叔同求见。"

"李叔同？是那个擅长书法金石的李叔同吗？"

"回老爷，正是此人。"

"快请！"

李叔同何许人士？李叔同（1880—1942年）祖籍浙江平湖，生于天津，曾留学日本，在诗词、书画、佛学、金石、教育、文学、哲学、法学、音乐、美术、戏剧等诸方面都颇有造诣，并在话剧、油画、广告画和木刻等多个领域开中华灿烂文化艺术之先河。

李叔同蜡像

"吴公，晚生李叔同早就仰慕吴公大名，今日专程登门拜访。"西装革履的李叔同彬彬有礼地向吴重憙请安道。

"岂敢，岂敢……"身着青布长衫的吴重憙将李叔同迎进石莲盦，无不赏识地道，"怎么能自称晚生呢？先生的大名老朽早有耳闻，今日相见三生有幸啊。"

"吴公较晚生年长四十余，即使家父在也得称吴公兄长，称晚生已是抬举叔同矣。吴公，听说您正在校对令尊的《攟古录》，不知进展如何？"

"《攟古录》？哦，早已刻印完毕。听说叔同也喜欢研究金石学，如若不弃的话，老朽可以将家父所撰《攟古录》《攟古录金文》相赠。"

"那可是晚生求之不得的，多谢吴公厚爱。海丰吴氏家族可是金石世家啊，举世无双。"李叔同话锋一转，他道，"吴公，听说您这儿有本唐书经卷……"

吴重憙顿时喜形于色，他道："是啊，是有一本《四分律》。遗憾的是，不是全本，仅一卷而已。"

"一卷足矣。据说，现在市面上连一张残帖也难觅啊。"李叔同兴奋地回道。

李叔同在书法艺术上的成就为世人所瞩目，吴重憙就曾经看过其书法，并给予了极高的评价：笔势开张，逸宕灵动。

吴重憙兴奋地道："你看，书案上那本不就是《四分律》吗？老朽刚才还在翻阅。"吴重憙说着，从书案上拿起《四分律》，递给李叔同，"你看，这书的品相多好，硬黄纸本，朱丝栏，纵约八寸，长约九尺。你再看，这字，结撰圆匀，高古纯熟，流畅遒劲，气足饱满。"

李叔同小心翼翼地将手中的《四分律》展开，一缕墨香扑面而来，他不由自主地道："千年遗墨。"

吴重憙自豪道："你再看看这书的题跋，道州何绍基、福山王懿荣、南皮张之洞、江宁严长明都留有墨宝。"

李叔同连连赞同道："真乃珍稀品也。"

"叔同，老朽有一事不明，那就是书写《四分律》那个唐经生是谁？"

"唐经生？噢，那不是一个人的名字，指的是唐代的经生。"

"经生，唐代的经生？"

"吴公，唐代佛教盛行，信徒多以佛经敬奉，佛经多以端正工稳的小楷手抄而成，抄写佛经的人被称为'经生'，其字则称为'经生书'。这类手抄的经卷，在书法上亦有较高的水准，反映了唐代书法艺术已相当普及。但后人称之'经生书'，则含有贬义。"

"噢，是这样。这么说，《四分律》是一部经书了。平时老朽总爱临习墨迹，对书中的内容倒是没怎么注意。"

"吴公，晚生听说，这《四分律》是佛教戒律书，也称《昙无德律》，原是印度昙无德部所传戒律，后译成六十卷，主要从身、口、意三个方面对出家的比丘、比丘尼的修行及日常衣食坐卧规定的戒条，并对违犯者订出惩罚制度，重者逐出僧团，轻者剥夺一定时期的僧籍并责令向僧众忏悔等。《四分律》译出六十多年后，北魏法聪开始弘扬，至唐代，道宣以《四分律》为宗旨，开创律宗，成为中国古代最有影响的佛教戒律。"

"哦，原来如此。叔同知识渊博，老朽敬佩。"

"吴公，晚生对这《四分律》真是爱不释手啊，这不仅仅是书上的小楷，书中的提跋，而是难得一读啊。"

"既然喜欢，可带回尽情阅览。"

"吴公，这，这恐怕不妥吧？这《四分律》可是石莲盦里的镇宅之宝啊。"

"无妨，尽管拿去！"

"吴公，那晚生就不客套了。请您放心，晚生会尽快将《四分律》完璧归赵的。"

晚风拂柳笛声残，夕阳山外山。

李叔同告辞时，吴重憙突然击掌而歌："天之涯，地之角，知交半零落。"

李叔同一愣，这不是自己创作的《送别》吗？随即，李叔同感情真挚地吟唱道："一斛浊酒尽余欢，今宵别梦寒。"

淡淡的笛音吹出了离愁，幽美的歌词唱出了别绪，听来让人百感交集。

是谁看破红尘？吴重憙还是李叔同？

两人道别不久，也就是1918年6月22日夏至日，曾经在晚清政坛上叱咤风云的吴重憙卒于津寓烟台道56—58号，享年八十一岁。吴重憙去世五十八天后，即1918年8月19日，以"二十文章惊海内"的李叔同在杭州虎跑寺剃度为僧，取名"演音"，号"弘一"，时年仅三十九岁。从那一刻起，世间再无李叔同，只有弘一法师。李叔同出家后，穷研《四分律》，花了四年时间著成《四分律比丘戒相表记》。后，李叔同（即弘一大师）被尊为"律宗大师"，律宗第十一世祖，是享誉海内外的著名高僧。

吴重憙病逝后，他的生前好友、收藏鉴赏家、天津"世进士第"鼓楼东姚家后人姚彤章题《悼吴仲怿重憙联》：

避地到津门，廿年前，旧雨重联，病榻小谈才两日；

定交在燕市，八月杪，凉风忽起，夜台长别已千秋。

吴重憙夫人陈氏（1836—1898年），诰封一品夫人。

吴式芬过世第三年，即咸丰九年（1859年），吴重憙娶山东潍县清代金石学家、翰林院编修加侍读学士陈介祺长女为妻。陈氏嫁入吴家后，贵而能贫，躬操家政，敬爱兄嫂，人无间言。

在封建社会，女子地位特别是出嫁以后的女子，地位低下轻微，必须严格遵从"三从四德"，还极力推崇"男子有德便是才，女子无才便是德"的陈腐观念，既有德又有才的吴重憙则不然，他常常鼓励妻子陈氏读书识字，其《劝内子学书》云：

> 风雨孤灯守敝庐，簪花标格乍临书。
>
> 盈箱金石存家学，插架缥缃富旧储。
>
> 淡泊聊安儒素业，辛勤且补女红余。
>
> 涂鸦儿辈无批抹，好代游人课墨猪。
>
> 闺阁从来擅胜流，卫夫人笔画银钩。
>
> 休将十指空争巧，学制双鳞好付邮。
>
> 客子无亭留问字，故家有砚可成秋。
>
> 兔园册子谁收拾，谅我清贫试一筹。

吴重憙与陈氏相濡以沫四十载，感情笃深。某年，吴重憙病重，百医不愈，陈氏刮股和药，吴重憙方起死复生。

陈氏生于道光十六年（1836年）九月二十七日，潍县陈氏系名门世家，其祖父是协办大学士、吏部尚书、加赠太子太保衔、谥"文悫"陈官俊（1788—1849年，字伟堂）。陈氏卒于光绪二十四年（1898年）十一月初二

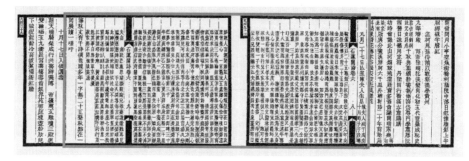

吴重憙《秋点余悲》

日子时，享年六十三岁。

吴重憙育有四子：嶔、嵙、幽，陈氏出；峄，高氏出。一女，适直隶光绪己丑举人、江苏候补道张彬。

海丰吴氏家族辉煌二百余年，秉承的就是世代以耕读为业、以孝悌传家，这种淳风厚德的家风成为一代又一代吴氏子孙不懈的精神追求。吴重憙对四个儿子亦寄予厚望：居家耕读，独善其身；出仕荣身，兼济天下。特别是每次孩子们回故里海丰或直隶应试之际，吴重憙都要赋诗加以鼓励鞭策，诠释了如山般的父爱、似水般的母爱。

光绪十九年（1893年）六月十七日，吴重憙作《送儿北行》此诗时，特别注明："病室饮食非嵙侍不进。次科甲午奉母而行，自后遂不复赴试。"光绪二十年（1894年），吴嵙陪伴母亲陈氏回山东海丰，此后遂不再参加乡试。

光绪二十三年（1897年）重阳佳节，江南江安督粮道吴重憙独坐江宁梯云楼，作《重阳日独坐梯云楼望儿辈归来》：

菊黄荑紫又深秋，日日规程计远邮。

三月音书频付雁，重阳风雨强登楼。

宦情淡泊怜云影，家计浮沉托水沤。

无力买山惭恋栈，年华六十欲平头。

就在这一年春节，六十花甲的吴重憙终于与儿女们团聚在江宁辞旧迎新，喜作《除夕》：

儿女团栾坐夜阑，屠苏酒暖岁华寒。

案头打出春灯稿，画个鲇鱼上竹竿。

光绪三十四年（1908年），吴嵙在写给其父、时任邮传部左侍郎吴重憙的数千言家书中，倾诉了对亲人特别是对五年未见的三弟吴幽浓浓的思念之情，吴重憙读罢老泪纵横，将吴嵙书信内容代演为诗，作《二子相思》一百五十八言，舐（shì）犊情深溢满笔墨：

寂寂复寂寂，雁羽何联翩。

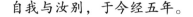

自我与汝别，于今经五年。
羊城瘴疠地，梦魂时萦牵。
丙午换新岁，严亲蒙内迁。
途径申旧治，竹马迎叹然。
仲兄由浙来，家若月团圆。
独弟隔岭峤，椒酒难同筵。
今岁父与兄，荐岁燕台边。
题彼我脊令，豫粤床难连。
卓异弟上考，行见来朝天。
径途在所经，望汝先着鞭。
既纾老父念，亦慰兄随肩。
吾母弃三雏，忽已十秋前。
阿妹孝且顺，沪上中道捐。
白云在亲舍，道远胡绵绵。
各笃骨肉恩，寄汝长风篇。

就在这一年，吴重憙欣闻吴崶由江安粮道委署两淮盐运使，喜作《闻崶儿由江安粮道委署两淮盐运使寄以勉之》：

黾勉期承祖德难，世臣乔木国恩宽。
父权总制儿都转，忝补先人未历官。

吴重憙的四个儿子不负其所望，蜚英庠序，光耀门楣。

长子吴嵚，字闰生，号彦果，副贡，候选训导，由内阁中书截取江苏同知，署理庆元知县，浙江台州府葭沚同知候补知府，诰授“中宪大夫”。义州李葆恂有诗赞：“自叙分明太史公，当筵一曲气如虹。都将身世无穷感，付与铜弦铁板中。”

次子吴崶，字阗（tián）生，监生，东河同知、河南候补道署南汝光道，调江南江安督粮道、署两淮盐运使，诰授“资政大夫”。义州李葆恂有诗赞：“瑶环瑜珥绕庭闱，轼辙贤名世所稀。舞彩堂前应一笑，着将豸

绣当莱衣。”

三子吴豳，字稼生，举人，内阁中书，广东佛山同知署理潮州知府，直隶候补道，诰授中宪大夫。义州李葆恂有诗赞："解组承欢足啸歌，孝廉衣钵继巍科。料应祝寿无凡语，三代奇文贮腹多。"

四子吴峄，字虚斋。义州李葆恂有诗赞："文章政事两堪传，合有新词播管弦。试听讴歌何处遍，两河南北九江边。"

吴重憙虽说是举人出身，可是他自幼就受父辈、祖辈嘉言懿行的影响，遍读家藏诗书，年纪轻轻便立下光耀门楣的宏大志向，最终保持了海丰吴氏的辉煌。

1925年民国版《无棣县志》有《吴重憙传》。

吴重憙，字仲饴，式芬子。

同治壬戌（1862年）举人，援例授工部郎中，擢知河南陈州府。慎于折狱，尤以振兴文学为先务。修圣庙，建设崇经义塾。郑州决河，水至府西数里，鸠集民夫分段修堤捍御，设粥厂救活灾民无算。调开封审结全省重案，无枉无纵。荥泽保和寨民工出险，冒雨抢护，立泥

民国版《无棣县志·人物志·名臣·吴重憙》

淖中，经两昼夜而工固。擢江南安粮道。光绪庚子（1900年），拳匪乱，中外失和，两宫幸西安，江督委赴行在，呈进方物。历升福建按察使，江宁、直隶布政使，护理直隶总督北洋大臣，充驻沪会办电政大臣，改仓场侍郎，受命巡抚江西。时有教案未了，继以萍乡匪乱，部署甫定，内升邮传部侍郎，简授河南巡抚。历官中外四十余年，不赫赫为名，竭诚秉公，政简而事治，故以谨慎受知遇，典任封疆，官守其法，民安其治。

解任，归寓津门。民国纪年，闭门谢客，绝口不言时事，编辑吴氏文存、诗存、世德录，皆梓行。著石莲闇诗文集、词集及奏议各若干卷。卒年八十有一。

海丰吴氏祖茔石像生——石马、石羊、石猪

1934年4月，吴重憙与陈夫人合葬于山东无棣县东南乡牛家庄新阡，与吴重憙同客天津的近代藏书家、校勘学家章钰（1865—1937年，字式之，江苏长洲人）为其撰《海丰吴抚部墓志铭》：

公讳重憙，字仲怿，晚号石莲，海丰吴氏。先世自康熙初进士特奖"忠贞"少参公（十一世吴自肃）后，六传至阁学子苾（十七世吴式芬）先生，均以科第进身，历历中外，载国史及名家传志，焉奕显融，不待复述。

公即阁学公仲子也，母一品封刘氏，直隶高阳例贡生、江苏里河县丞讳环公女。

生而至性过人，自总角即随兄镜秋先生（吴重周）饫闻庭训，于乾嘉诸老辈实事求是，学派旁及艺事，靡不覃（tán）思迈进，而本原之地，一以纲常伦理为归。年二十五，举本省乡试（1862 年中举人），报捐郎中，签分工部，以历办穆庙山陵调大事。外擢知府，守陈州者十年（1879—1889 年），守开封者八年（1889—1896 年）。郑州决口，荥泽县民工出险，赴工次抢护，不避淫霖酷日，以身先之。于兴学、听讼、降匪、振荒诸要政，则督率属县，务使实忠及民，两郡父老至今讴诵。

循绩上闻，中枢倚重，历阶至开府，盖由于此。计两权开归陈许道，一权南汝光道，擢江安督粮道，署江苏布政使，调淮阳海道。时值庚子之变，奉江督刘忠诚公檄，赴西安行在，呈进方物，入觐东朝，荣蒙优锡。还任后，擢福建按察使。未几，又擢江宁布政使，调直隶，未受事，拜护理直隶总督，恩命甫履本任，特旨以侍郎候补充会办电政大臣。驻沪者四年（1903—1906 年），召补仓场侍郎。萍乡匪乱，出抚江西。事敉（mǐ）平，召转邮传部侍郎。岁余，特简河南巡抚。福公司煤矿交涉，损国家利权至巨，公力持正议，与外务部所主张者差池，无何听镇之命下，公遂慨然于直道难行，无意问天下事矣。

辛亥变作，避地天津，诸子亦先后辞官来侍膝下。公自童卯至耋岁，未尝顷刻废书，于先古遗文，尤实视如颐目，既刊《吴氏世德录》《吴氏文存》《吴氏诗存》《攈古录金文》《阁部公日记》等书，又刻《大清律例通考》《九金人集》《山左人词》等书，津逮甚广。杜门以后，又理董阁部遗著《金石汇目分编》，以六卷未竣，引为大疚。自著《石莲闇诗》十卷、词一卷，皆定稿刊行。他所撰述，及官书奏义，则排比成帙，藏于家。独居深念，则以为奕世穷宦，及身乃逢奇，若涓埃无补有负平生，又以道揆法守。一时崩溃，江河日下，有未知所终者。用是沉忧极愤，体益不支，于夏至戊午年六月二十二日（公历）考终津寓，上距生道光十八年二月初七日（农历），寿八十有一。

配"一品夫人"陈氏，协办大学士、吏部尚书、潍县文悫（què）公孙女，三品卿衔、翰林院编修介祺女。贵而能贫，以不逮事翁姑，所以礼兄公、姒妇者，敬爱兼至，尝割股和药起公危疫。躬操家政数

223

十年，人无间言，先公二十二年卒。子四，长嶔，戊子科副贡，浙江台州府同知；次對，江安督粮道、署两淮盐运使；三齼，癸巳科举人，广东佛山厅同知；四峰，荫生，侧室高宜人出。女一，南皮张彬其婿。七孙，保锘，候选通判；保锴，候选郎中；保铢，礼部簿正；保镃、保镠、保鳞、保钧。孙女十一。曾孙继本、济本、隆本。曾孙女七。

卜于甲戌岁（1934年）四月二十七日与陈夫人合葬邑东南乡牛家庄新阡。呜呼。钰，何人也？乃不揣而志公墓也。盖自公解组而后，钰适奉调外务部，京邸邻近，随时请益，推把逾分，有不敢承者。同侨津步，益不胜气类之感。酬唱问答，僮走为疲，匆匆七八年。习见公危坐斗室，论议教诲。

三公子齼以习篆娱亲，不离跬步，气象淳古，如游万石君门下。

时项城袁氏柄国，因公官陈州时识拔士也。间询公："比来，对公云何？"公笑谓："亦承其偶来存问耳。"未尝履以一字。又谓诸子："虽服官各省，子叔疑故事哉？则耻之又自逊。国诏下后，旧时失职员，不应具遗折者，往往率意上凌，邀易君之典。"公谓："去官无递遗折例，余以开缺人员，将来尤不应上闻谆谆，为后人预戒焉。"盖公律己严正，无一不秉礼度义，大率类是。

曩（nǎng）闻公之辰逝也，驰往哭之，时甫属纩受啥，诸子环跪于侧。次公子對，遽以志墓文请，且呜咽曰："此先人遗命也。"仓卒间，垂涕应之。内乱频仍，今始告窆（biǎn）。长公子嶔乃理前诺，以行状抵旧都，为撮陈大要如此。管蠡（lí）之见，诚不足既公盛美，九京可作，或不责其僭且诬也，俯仰人天，泪随墨下。

铭曰：

> 聿有汉殿若灵光，岿然高峙何堂堂。
> 翳公德望与颉颃，痛哉老去遭海桑。
> 孤梦攀天天茫茫，一柱难砥狂澜狂。
> 人间万事付秕糠，所期世学绵青箱。

贱子奉教逾十霜，责以镌幽增凄惶。

一生无愧在伦常，标此七字公能当。

无棣城古鬲津长，首邱大颐今其偿。

高木世臣于兹藏，敬告终古毋摧伤。

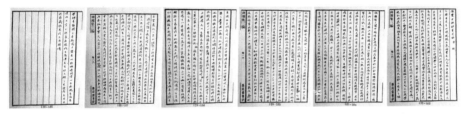

章钰《海丰吴抚部墓志铭》

225

一朝毕节事千秋 浩气英灵同不朽

——吴重憙的红会情结

七年前识君，已废瞻岵诗。

三年前送君，西去寻庭闱。

风烟动地来，伊凉飞劫灰。

讵谓得凶耗，血泪凝麻衣。

昔我与君遇，君遇同我悲。

今吾与君晤，我遇惟君知。

瞻彼松柏阴，下有草离离。

松柏一旦枯，那免霜雪欺。

南陔采幽兰，枝叶春葳蕤。

及时念明发，馨膳休悔迟。

不为集蓼虫，焉知此衷哀。

区区鲜民心，相对双泪垂。

此为吴重憙写给离世友人的诗句，追怀，思念，不舍，跃然纸上。

吴重憙具有醇厚的亲情乡情情结，宦游南北几十年，午夜梦回，忆及父母、兄嫂、子侄、师长、挚友、旧朋等在一起的日日夜夜，点点滴滴，常常为自己或不能经常晤面、畅谈，或不能亲至他们墓前祭奠，或怅惘，或叹惋，或不安。

转眼又到年底，吴重憙再次向朝廷奏请回籍，一则本年虽事务冗杂，但经过不舍宵旰，电政事务业已理顺，国营民助，收入增加；二则至祖亲、父母、兄嫂墓前亲奠心愿未了，始终如石块压在心头，何况明年是母亲刘太夫人仙逝五十年（虚年）、兄长吴重周病逝四十年（虚年），不回去祭奠一番，难却心头之痛。还有，明年还是岳丈陈介祺病逝二十周年祭，陈氏亲友数次来函问询归期。提及岳丈，吴重憙满腹感激，几欲涕泗。陈介祺是岳丈，也是恩师，让吴重憙时刻铭记胸间，感念一生。

另有一则更重要的事情。前不久，吴重憙接到海丰诗友张守宣一函，得知其正在编纂一册《海丰乡土志钞存》，"求"吴重憙在百忙中予以教正。这是海丰一件人文大事，吴重憙不由极思早日回到家乡，或参校，或捐助，咸慨然之，欣然之。

上海南洋公学和南洋公学图书馆旧址
（上海交通大学前身，电政公所在此办公）

然而，令吴重憙始料未及的是，正在做好准备返籍之际，日俄战争爆发，再次让他的返籍计划化为泡影。也正是由于这场狼犬式的战争，历史性地将吴重憙、吕海寰、盛宣怀等推到了开创中国红十字会基业的前沿，并成为朝夕相处、共度时艰的挚友，共同书写了中国近代史上传奇而瑰丽的一页。

一五、红会源起欧罗巴　东渐流传至大清

　　19世纪中叶，西方国家已经完成第一次工业革命，在为欧美带来巨大社会变革和滚滚财富的同时，由此而引发的争夺资源、土地、霸权的战争此起彼伏。1859年6月24日，年轻的瑞士银行家亨利·杜南（1828—1910年）途经意大利北部小镇索尔弗利诺，正赶上法国、撒丁两国联军与奥地利军队之间展开一场血腥战役。战场上血光冲天，尸横遍野，死伤者达四万多人。

亨利·杜南

　　目睹无助的伤兵在烈日的炙烤下呼号挣扎、奄奄待毙的旷世惨状，作为一向富有仁善情怀的杜南实在于心不忍，遂不顾个人安危，动员、组织当地居民抢救伤兵、掩埋尸体……战争结束后，陷入悲怜情愫中无法自拔的杜南写下了《索尔弗利诺回忆录》。在书中他描绘了战争的悲惨情景以及想对伤员进行救援，但因势单力薄、力不从心而遗憾和不安。为此，他提出了永载史册的两个著名主张：一是在和平安定时期应该建立战时伤员救护团，及时救护战地伤病员；二是制订国际性的神圣协议，让救护团的行动受到保护。为此，他提出倡议：在所有国家建立由受过训练的志愿者组成的伤员救援协会，目的是帮助、救护、照顾战时伤员。杜南的倡议，在欧洲各国赢得了广泛共鸣。

　　接着，在杜南的呼吁、奔走、策划下，由瑞士日内瓦公共福利会出面联系、组织，选出了亨利·杜福尔格（将军）、琼斯塔夫·冀瓦尼埃（律

吴重憙的红会情结

师）、路易·阿皮亚（医学博士）、狄奥德·莫诺瓦（医学博士）及杜南等五人组成的筹备组。1863 年 2 月 17 日，委员们在日内瓦召开首次会议，由此"五人委员会"（红十字国际委员会的前身）成立。

是年 10 月 26 日，欧洲 16 个国家的代表在日内瓦召开首次外交会议，并一致通过了《红十字决议》。决定在各国建立救护团体，为表示对瑞士的敬意，其标志定为"白底红十字"（瑞士国旗为红底白十字）。翌年 8 月 8 日至 22 日，又签订了《红十字公约》，且被欧美大部分国家相继承认。公约中规定：战场上进行救护的医院及人员处于中立地位，人身安全应受交战各方保护，救援活动不得受到阻碍；对伤病员，不分敌友均给予施救。1880 年，该组织正式定名为"红十字国际委员会"（ICRC）。

当红十字运动在西方兴起之时，中国社会仍处于半封闭状态。尽管两次鸦片战争，外国列强的坚船利炮给了大清统治者迎头一击，但他们还没有认识到自己已经走在世界末路的危险境地，故步自封，自以为是，国门依然闭塞。然而，其时已经具备某些红十字会色彩的义赈活动在江南一带已经大行其道。发生于 19 世纪 70 年代后期的"丁戊奇荒"给江南地区农村造成极大灾难，千万百姓从食草根树皮到典妻鬻子，比比皆是。于是，民间自发兴起了一种"民捐民办"的救助组织，即由民间自行组织劝赈、募集经费，向灾民散发救灾物资的跨地域大型救荒赈灾活动。这是由一大批富有爱心的江南绅商的联合行动，这一方面与江南一向流行的慈善传统有着极为密切的关系，另一方面又在一定程度上超越了传统的地方性慈善事业。这种义赈是一种跨地域跨阶层的地方性救荒赈灾，立足于江南地区，又辐射全国范围内大部分灾区。到 19 世纪 90 年代，义赈已"风气大开"，甚至对官赈产生了一定影响。在某些府州县机构，也主动派员参与活动，拨付一些银粮予以资助，依靠官府的力量，维持义赈活动有步骤、有程序地开展。但这些义赈组织属于松散、临时型的，一旦灾荒度过，即行解散。

在19世纪80年代之前，杜南开创的红十字事业并不为国人所知，直到1898年5月9日《申报》刊登鲍生《创兴红十字会说》一文：

十余年前，英医梅威令君设伤科医院于台湾，广收台闽聪慧子弟数十人，教以临阵医伤之术，学成试可，挈之至申江演习于租界工部局广场，招子及西友往观。其人腰佩利刀，左手持红十字小旗，肩荷药笼医具，衣袖亦以红十字为记号，出入于白草黄沙之内，施其妙技，井井有条。后航海至天津谒当道贵人，愿赴军营效力，当道者不之用，乃仍返台湾。

文中的"十余年前"，即1888年前，一位英国医生梅威令在华组织红十字医疗队，要求赴军营服务，但被天津地方官拒绝。外国列强的野蛮行径，已经在国人心中烙下了极深的烙印和伤痛，凡是外国的东西，如果不是刀枪架在脖子上，一般会"断然拒绝"。这是截至目前中国历史资料中，所见有关红十字活动情况的最早记载。

梅氏红十字医疗队是在国人没有任何心理准备的情况下突然"冒"出来的，太过新奇，骤难接纳，自在情理之中。但近代中国毕竟已不是传统意义上的封闭社会，在西方列强入侵日益加深、西方文明渐成时代潮流的大势下，中国已经不可能再闭目塞听、隔绝于世，诸如张之洞、张謇等不断向朝廷申奏"睁眼看世界"，向西方学习、看齐，寻求强国兴邦，已成气候。正因如此，大清才有了机械制造局、枪炮制造局、纺织局等，清廷设置海军处、陆军部、商部、外务部等，电话、电报、电灯在大城市乃至宫廷"粉墨登场"。正是在世界走向中国、中国融入世界的历史大背景下，以博爱恤兵、人道奉献为主旨的红十字事业，渐次登陆中国。

在以后的十几年中，中国有识之士为此做出了不懈努力。

红十字运动的启蒙宣传，以1894年甲午战争为开端。战争中，日本红十字组织——赤十字社成员"驰赴战地者多至十万人，不特日兵

吴重憙的红会情结

临阵受伤蒙其医疗，即华兵之中弹而仆者，亦不分畛域，一体留医"。这道不同寻常的"风景线"，给中国军人、各级官员和普通百姓留下了深刻启示。著名维新人士谭嗣同在是年末所作《报贝元征书》中，对日本赤十字社的博爱之举，赞赏有加，流露出效法之意。

无独有偶，在这次惨烈的战争中，中国也出现了一支红十字队伍。

据1897年2月8日《申报》刊载，有"中国妇人金氏者，前在美国习医，至此适卒业而归，遂与泰西某女医同立红十字会……募诸各善士，集得洋银三千元，受伤者遂医药有资，渐渐痊愈"。

这是自1888年前英国医生梅威令要在华组织红十字医疗队吃了"闭门羹"之后，在华夏大地出现的由中国人自发组建的首支红十字会队伍。后据专家多方考证，这位中国妇人"金氏"，可能是后与孙淦共同发起成立天津红十字会之人，名曰"金韵梅"，是中国最早留美毕业回国的留学生之一，她当是中国人创立红十字会组织的率先实践者。

甲午战争中死难的清军官兵

在惨烈的中日甲午战争中，大清海陆官兵死伤约3.5万人，而无辜罹难的渔民、其他百姓更是无法计算。金氏临时组建的红十字医疗队，尽管只有寥寥数人，在当时的战局下，开展的救护活动无异于杯水车薪，但甘冒矢镝、救死扶伤的红十字会精神，已经在官兵、民众中产生了积极影响，给满目疮痍、积贫积弱的中国大地，点燃了星星之火。

作为洞悉国内外大势，极欲励精图治、报效国家的吴重憙，也对红十字会十分关注。他曾对袁世凯坦言，面对内乱不休、外强环伺，兵燹（xiǎn）随时将至的局面，若中国也设有一个这样的红十字会组织，拯救万千士兵、无辜百姓于危难，该是顺天时、应民意之举。但此时自己虽然身在官场，但人微言轻，不便明言，仅仅是畅想一番而已。但他坚信，随着时间的推移，在适当的时机，红十字会定会顺势而为登陆中国，并渐成气候。

通过《申报》，吴重憙还了解到：甲午战争期间，住上海的外国人组织了一个红十字组织，并且在 1894 年底资助一批西方传教士和医生在奉天（今辽宁）营口设一医院，专门收治被弹药所伤的中国士兵。这家医院，《申报》曾直称为"牛庄红十字会医院"。吴重憙推断，它肯定曾以"红十字会"的名义进行了各种宣传，并开展了相应的活动。

其实，在《申报》开始使用"牛庄红十字会医院"这个称呼之前，国内就有一些人士将这个医院与红十字会联系在一起了。例如，一位自称"天马山庄主人"的人士在致《申报》馆的信中提及该医院时，称"幸得泰西各善士设立红十字会"；另一位署名"瑶林馆主湘人女士"的女子亦致函《申报》馆，称受伤清兵"幸赖红十字会泰西诸善士为之医治"。

同时，上海的一些社会各界人士和慈善组织还向这个收治中国受伤官兵的"红十字会医院"提供了捐助。当时因经费不足，活动受限，该医院的创办者恳请在上海的英国传教士慕维廉出面倡议、发动、劝募款项。《申报》馆得知此事后，立即刊发一则劝捐公启，并以该馆"协赈所"的名义向社会各界劝募捐款。最终，为该医院募捐英洋 4500 元、规元 1000 两。（规元，是近代上海地区通用的银两计算单位）

就在《申报》馆的募捐公启发表 10 天后，五次奉旨嘉奖、赏戴花翎加二品顶戴的致仕道员，时任上海仁济善堂董事施善昌（1828—1896 年）在《申报》上刊登了《劝募北洋医院经费》的公启：

倭奴犯顺，薄海同仇，从军士卒，忠义奋发。北洋一带战阵受伤兵勇，蒙泰西乐善之士于营口、烟台等处设局医治，更得教士慕维廉先生集募经费，源源接济。某等食毛践土，尤属义不容辞。敬告远近忠义仁人，推同袍敌忾之心，念兵凶战危之苦，仁囊慨解，以助刀圭，多多益善，造福无量。倘蒙汇助，祈交上海六马路仁济善堂经收汇解，即行掣付收照，并刊登申、沪、新各报，以昭大信。

数天后，施善昌又以"丝业会馆筹赈公所"的名义，再次在《申报》上刊出了为《牛庄红十字会医院劝募经费》的倡议。为筹措资金，英国驻沪总领事直接致函上海地方官员，请其代为设法募捐。施善昌还利用自己的良好关系，与上海地方官员亲自禀请两江总督张之洞、江苏巡抚赵舒翘捐款。

英领事函称：

红十字会在牛庄设医院，自备资斧，治伤军至六百余名。近更概行送疗，用费已至万余两，出自西商。在沪西国官绅捐银五千余两。今接信催助，请详上宪宽筹接济，并遣翻译面商。事关善举，又系医治华军，除有道酌筹外，可否求饬司局酌拨闲款，汇沪并给，出自恩施。

施善昌《太上宝筏》

大约半个月之后，施善昌便将自己募集的该项捐款规元 1000 两，以及两江总督张之洞捐助的 10000 两、江苏巡抚赵舒翘捐助的 2000 两，一并交由上海英国领事署转解该家具有红十字会性质的医院。

10 年后，施善昌之子施则敬承接父亲衣钵，成为上海万国红十字会的主要发起者、组织者，中国红十字会的主要奠基人。

由是，红十字运动开始为中国社会舆论所关注。而《申报》《大公报》《中外日报》等权威报纸的宣传鼓动，产生了很大影响，其中《申报》的宣传最具有感染力。《申报》于 1872 年 4 月 30 日在上海创刊，是旧中国出版、发行时间最长的报纸。从1898年5月到1899年4月间，《申报》先后发表《创兴红十字会说》《红十字会历史节译》《红十字会说》《中国亟宜创兴红十字会说》等一系列文章。这些文章对杜南开创红十字运动的业绩，红十字会的性质、宗旨、任务以及中国创兴红十字会的必要性、重要性、紧迫性作了合情入理、生动服人的论说。文章指出："红十字会者何？泰西各国施医疗疾之善举也。"战时如此，平时亦然，这是红十字会的主要职能；红十字会具有中立性，在现代战争中具有独特的作用；红十字是国家文明、社会进步的标志。

今则合欧亚美诸洲，除野蛮外，凡有教化之邦，无不踵兴斯会，所未兴者惟我中国及朝鲜耳……若中国则声名文物照耀寰区，王者之师最重仁义，而坐令兵卒于效命疆场之际，断骨折胫，惨怛呼号，而无人焉为之尽力扶持，拯其困苦，不特中心有所不忍，且不将贻四邻之笑而鄙之为野蛮乎？

不创兴红十字会，不仅与中国礼仪之邦的声名、地位极不相称，而且还被鄙视为"野蛮"之国。《申报》的大力宣传，使国人对红十字会由陌生到认知，这对中国红十字会的创立，无疑是强有力的推动。不仅如此，《申报》在之后的"上海万国红十字会"创建期间，以至于转型"中国红十字会""大清红十字会"期间开展的各项活动，亦是不遗余力，大肆宣传，对中国红十字会的发展壮大，发挥了推波助澜的作用。

也是通过《申报》等渠道，吴重熹还知道了"二孙"——孙中山、孙淦在中国红十字的启蒙运动中，可谓功不可没。

1897年，学医出身的孙中山（1866—1925年，名文，字载之，号逸仙，广东香山县人）旅居英国伦敦期间，将伦敦红十字会总医员柯士宾所著《红十字会救伤第一法》译成中文，由伦敦红十字会出版发行（1907年2月由《民报》社在日本东京再版发行）。这是孙中山唯一的一部翻译作品。《红十字会救伤第一法》讲述的内容是"通行之知识"，即红十字会员必须掌握的现场、初级救护的基本方法、技能。该书图文并茂，言简意赅，剖理精当，被孙中山比作"济世之金针，救人之要术"。孙中山翻译此书的目的，意在宣传、推广红十字的"济人之术"。他在本书序言中曰：

恻隐之心人人有之，而济人之术则非人人知之。不知其术而切于救人，则误者恐变恻隐而为残忍矣，而疏者恐因救人而反害人矣。夫人当患难生死俄顷之际，施救之方，损益否当，间不容发，则其理不可不审求也。此泰西各国通都大邑，所以有赤十字会之设，延聘名师，专为讲授一切救伤拯危之法，使人人通晓，遇事知所措施；救济之功，成效殊溥。近年以来，推广益盛。

FH-961.20

救主歷一千八百九十七年

紅十字會救傷第一法

倫敦城紅十字會印

孙中山翻译的《红十字会救伤第一法》

这本译著在海外出版，但此时的清政府对外国新闻、出版等少有关注，因而国内鲜有此书面世，影响也非常有限，仅仅在报刊上作了介绍。但此书表明孙中山对红十字事业的热切关注，也为他在武昌起义成功后积极支持创建"中国红十字会"奠定了基础。

与孙中山在海外的推动相呼应，孙淦则多在国内四处奔走，大声呼吁。

孙淦（gàn），字实甫，上海人，长期在日本大阪经商，热心于慈善事业，在日本加入了赤十字社，叠见日军官兵于陷阵冲锋时，深获赤十字社之助益，萌生了在中国创兴红十字会的欲念。但孙淦深知，要在墨守成规、官僚主义恣行的中国创设红十字会，没有官方的支持，将一事无成。思虑再三，他于1897年冬在东京向中国驻日公使裕庚递上《大阪华商孙淦呈请裕钦使转咨总署奏设红十字会禀》（附有汉译日本赤十字社章程），恳请裕庚公使咨明总理衙门，代为上奏。禀文称，红十字会赈灾恤兵，不分内外，一视同仁，博施济众，实为近世"至善之大政"，环视全球，除"野蛮"之邦外，莫不设有此会，"以亚洲文明之国，而万国共行之善政，我独阙如，坐令西方之人，以野蛮相待，蔑我滋甚，其于国体，所关匪轻"。换言之，不适应世界潮流，创建红十字会，将被外国视为"野蛮之邦"，而中国作为文明古国，要屹立于世界民族之林，与国际接轨，非创立红十字会不可。他在秉文中还列举了创设红十字会的"四利"：

疾伤有恃，军士气壮，鼓行而前，图功自易，一利也；万邦善政，是则是效，结盟诸国，人不敢轻，二利也；国有病疫，大凶大札，会众治疗，保全必多，三利也；我国医学，讲求未精，此会若成，研究益易，四利也。

有利无害，何乐而不为呢？裕庚公使见禀，表示赞同，当即批曰：

查红十字会，西人谓之 Red Cross Society，拯灾济众，最称善举，本大臣亦曾目睹。该商所禀各节，具见心存利济。惟善举之设，事出众擎。允准之权，应听政府。仰侯据情咨请总理衙门核夺，可否迟速，应俟复到之日，再行饬遵。

孙淦的呼声，通过裕庚传递给清政府，使清政府对红十字会有了初步认识。孙淦的禀文在《时务报》刊出，1898 年 3 月 26 日又经《申报》转载，引起极大反响，孙淦因此赢得"请准回国倡导红十字会第一人"的美誉。

其时，在江南江安粮道任上的吴重憙，在披览《申报》时，不仅为孙淦之远见卓识拍案叫好，更为这位布衣商人"竭忠尽智，以底于成"的精神所鼓舞。他认为，随着大清国对外界事务认知的不断深化，诸如红十字组织这样的利国利民运动，定会在古老的中国大地扎根、开花、结果。

是的，作为中国红十字会的倡导者和积极推进者孙淦，他不仅在《时务报》《申报》发表《红十字会说》，详细介绍红十字会的发端、继起、定帜，以及日本红十字会组织（赤十字社）的历史、现状，还出版

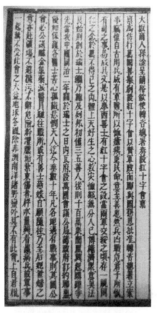

《时务报》中刊载的孙淦
奏设红十字会的禀文

《博爱》一书，为创立中国红十字会号呼奔走，筚（bì）路蓝缕，艰苦备尝。然而，由于当时的义和团运动、庚子之变，让清政府焦头烂额、疲于奔命，裕庚奏报给清政府关于成立红十字会的吁请，随之付诸东流，孙淦的希望也化为泡影。直到1911年11月10日，伴随着辛亥革命胜利的号角，孙淦的愿望才得以实现——他与金韵梅等共同创立天津红十字会，为中国红十字会事业发展，继续奔走、奋斗。

杜南所宣扬的红十字精神，以一些有识之士真知灼见、大声呼吁和报刊、书籍的大肆宣传、热情鼓动为载体，渐次影响华夏，在中国得以传播，这为中国红十字会的创建，奠定了社会心理基础。

一六、古国慈善史有名　救济善会夺先声

　　随着红十字启蒙运动的兴起和推进，红十字被越来越多的人所认识，所理解，所接受。在近代中国人的观念中，红十字虽然来自外洋，但在中国社会可以轻而易举地找到融合点，红十字"人道博爱"理念，完全可以与中国传统之"仁""义""善""德"对接。"仁者爱人""义薄云天""上善若水""厚德载物"，大凡中国人，上至宫掖勋贵高官，下至乡野黎庶，对至圣先师孔子及历代诸先贤的至理名言，都有很深的体验。"仁义""善德"与"人道""博爱"，名异实同，至少有相通之处。

　　而从一个有名望的家族来说，一般设有"积善堂""敬德堂""善庆堂"等。"行善之家，必有余庆"成为代代相传的睦族、兴业、立家的理念。

　　从吴重憙家族来说，九世祖吴志德、十世祖吴永孕向以慈悲为怀，善交仁人志士，平时周济贫困，荒年捐米施粥，德被闾里，被乡人称之为"善人"；十一世祖吴自肃、十三世祖吴绍诗为官一方，也是以体恤黎庶、关心民生为宗念，分祀云南河东、甘肃巩昌名宦祠。而吴重憙的高祖吴坛（十四世）、伯高祖吴垣、曾祖吴之勷任职地方，更是如此，每遇荒歉，总是带头自纳薪俸，劝捐商贾，设留所，搭粥棚，以济四方饥馁，而父亲吴式芬宦游南北期间，每抵一地，首先拜望一方耆老，遍访城乡孤寡，周施贫贱老幼，母亲刘氏则自学医道，自购药材，为贫苦百姓送医送药，分文不取……吴重憙是听着祖先们的仁善故事渐渐长成，这些故事在他心灵上留下了深深的烙印。后来，袁世凯向他

吴重憙的红会情结

讨教为学、为人、为官之道时，他谆谆以告："为人义为先，为家情为牵，为臣忠为天，为官民为念。"

所以，当兵燹（xiǎn）祸乱、民众被难之际，对红十字组织留有深刻印象的吴重熹等一干臣子认为红十字会这样一个专以救治伤残兵员、赈济百姓的组织，与自己的"体国尽忠，理政为民"宗旨及传统理念相契合，岂能不鼎力支持、倾力而为？

既然"红十字精神"与中国传统主流文化"仁""义""善""德"并无轩轾（zhì），那么红十字登陆中国，被中国人所接纳，就没有不可逾越的社会心理障碍。从传统意义上讲，红十字较之任何其他五花八门的"西学"，更容易在中国传播。这也是红十字启蒙运动得以扩展的深层次原因。

红十字运动启蒙宣传逐渐深入人心，创建红十字组织的尝试也在曲折中不断进行。光绪二十五年（1899年）春，上海绅士汪炳等人创设"中国施医局"，并经苏松太道批准。

施医局，性质上属于善堂的一种。善堂是一种慈善组织，在中国有着源远流长的历史。中国作为礼仪之邦，乐善好施，扶危济困，为中华民族优良传统。因此，历朝历代均设有慈善救济组织，实施赈贫恤患活动。明清以来，民间慈善事业兴起，各地善堂林立，蔚成人文景观。"善堂者，经理地方之善举也""所行善举，则育婴焉，恤嫠（lí，寡妇）焉，施棺焉，掩埋焉，冬则施衣，夏则施药，地方之穷而无告者养生送死之事，皆于是赖焉。凡此善举，无论通都大邑，城乡市镇之间，皆大略相同"。

在此背景之下，中国施医局的开办，具有非同一般的意义。它已不是传统意义上善堂的翻版，而是赋予了红十字精神的新内涵，其章程称："同人酌照红十字会章程办理，有事施于军事，无事施于贫民。"

战时救死扶伤，平时济灾恤难，恰是国际红十字会的主要职能。尽管中国施医局不是红十字会的称谓，但已经具备红十字会的性质，至少也是中西合璧的一种新型慈善机构，与中国历史上的各类善堂相比，其内涵更具全面而深刻。但中国施医局的服务范围仅仅局限于上海及周边部分区域，还不具备全国层面的普遍意义。而且施医局的实际作用和影响也非常有限，虽然它声称"有事施于军士"，可是当八国联军侵华战争爆发后，在狼烟四起的津京大地基本没有发挥任何作用。

其实，清政府对红十字会的认同，并不像对待其他西方舶来品那样，一开始就盲目而蛮横地采取排外主义，而是以一种比较积极、开明的态度予以认可、支持。盖因清廷最高统治者信奉佛教，慈悲为怀、普度众生的佛家信条可以说潜移默化、根深蒂固，而红十字会的宗旨，大抵与佛法弘扬的宗旨有相通相融的意涵。

吴重憙还了解到，光绪二十五年四月（1899 年 5 月）世界和平会议（清代外交文件称"减兵保和大会"）在荷兰海牙召开，清廷积极响应，并派遣驻俄国、奥地利、荷兰公使杨儒赴会。大会于 7 月 29 日通过《推广日来弗（日内瓦）原议行之于水战条约》（即《关于日内瓦公约原则推行于海战的海牙公约》，简称《水战条约》）。"日来弗原议"是指 1864 年 8 月 22 日《改善战地陆军伤者境遇之日内瓦公约》（简称《日内瓦公约》）。

《水战条约》纳入《日内瓦公约》，使原来的战地救助活动已由陆战扩展到水战。杨儒对《水战条约》表现出极大兴趣，当即在会言明：立即详告政府，再酌画押。

荷兰之行，让杨儒眼界大开。返俄后，他立即奏报清廷，陈述中国加入《水战条约》的重要意义，言称"各国均有红十字会，此次不过由陆军推诸水战"，扩大了日内瓦公约的适用范围。对中国而言，

清代官员与洋人合影

缔约有百利而无一害，况且"此项与会为中国入会之始"，如果"不画押批准"，那么"外人将疑中国显分畛域，遇有应入之公会，未必肯与我周旋"，中国的国际地位势必受到影响。

同时，杨儒还站在中国传统文化立场上概括了红十字会的基本性质："红十字会救生善会，各国俱重视此举，谓为教化中应有之仁义。"表达出立即创建中国红十字会的强烈愿望。但作为第一个提出设立中国红十字会的官员，受到封建理念束缚的杨儒，其见解不可能从近代国家建设和发展的角度定位红十字会作用的范围。

清廷接到电奏后，即发总理衙门合议。光绪二十五年十月二十二日（1899 年 11 月 24 日），总理衙门遵旨奏报合议情形，"西人称为红十字，今日来弗即瑞士都城，始自同治三年，各国公议立约十条，大致遇有战事，在战地设立病院，救治伤病军士，两军当视作局外中立之人，公同保护。大抵泰西政俗与墨子兼爱之意相近，此次推广会章行之水战，详列十四款，添设救伤船只，意在广施医药，拯溺扶伤，故环球各国，均视为最要之善举"，中国理当加入，"以示仁爱之意"。十一月初五日（12 月 7 日），清廷"依议"，特命杨儒前往海牙签约。十一月二十五日（12 月 27 日），杨儒抵达荷兰，遵旨在《水战条约》上"画押"。

尽管杨儒在条约上画押，但荷兰外务部强调"日来弗原约，中国应先画押入会，方能将这次画押批准之件存储"。意思是说中国应首先在"原议"即《日内瓦公约》上签字，此次的画押才能生效。作为推广条约的《水战条约》，毕竟是从"原议"中派生出来的，"今推广条约既已画押，瑞士政府必须声请补签日来弗之原议，以免纷歧"。而且"别国有允从现约而未与原议者，均已向瑞士补签"，中国自然不能例外，理应履行"补签"手续。但没来得及走完程序，八国联军侵华战争爆发，清政府内外交困，不仅无暇顾及补签之事，而且因此次浩劫，"前次约本遗失无存"。杨儒创办"中国红十字救生善会"之请遂成泡影。不过，清政府对加入国际红十字组织的积极态度，给欧美一向对东方诸国，特别是对闭塞专制的大清国的印象有了一定改观。

不久，中国救济善会、济急善局的成立，则成为中国红十字会的先声，尤其前者在社会上产生的影响非常大。

光绪二十六年（1900年）为农历庚子年，"庚子之变"是中国近代历史上最惨痛的一页。八国联军发动了旨在瓜分中国的侵略战争，五月二十一日（6月17日）联军攻占大沽炮台，六月十八日（7月14日）占领天津，七月二十日（8月14日）北京沦陷，慈禧太后挟光绪皇帝"西狩"。

外国列强在京津大肆屠戮，生灵涂炭，死伤累累；无数文化瑰宝或焚于大火，或被抢掠一空。

正在吴重憙顿足捶胸、悲叹不已之际，接到两江总督刘坤一之命，着吴重憙携江南地方名贵特产，立赴西安晋献。刚刚赶到河南故地，忽闻陆树蕃、严信厚等一众慈善人士组建"中国救济善会"，欲赴华北开

"庚子之变"后北京正阳门衰败之景

展救助活动。吴重憙不由击节称赞。他不由想起《左传》之名言"从善如登，从恶如崩"，还有古先贤曾子所言"人而好善，福虽未至，祸其远行矣"。他想，若自己身在上海、江浙，一定会倾其所有，予以襄助。

为救死扶伤、周济难民，江浙一带一批社会善士、著名绅商陆树蕃、严信厚、庞元济、施则敬等，在上海发起组织"中国救济善会"，经上海道员余联沅批准成立。中国救济善会，既名善会，便烙上旧式善堂的印记，但它所具有的红十字会性质，却引发世人注目。是年八月二十四日（9月17日）《中外日报》刊登中国救济善会的"公启"称：

近因京师拳匪（指义和团）为非，激成大变。列国师船连樯北上，

竟以全球兵力，决胜中原。炮火环轰，生灵涂炭，兵刃交接，血肉横飞……某等不忍坐视，先集同志，筹捐举办，拟派妥实华人，并延请洋医华医，赴津沽一带，遇有难民，广为救援，名曰中国救济善会。呈请上海道照会各国领事，声明此系东南各善士募资创办，亦如外国红十字会之例，为救各国难民及受伤兵士起见，已蒙各国领事会议，允由德国总领事发给护照，善会中人携向军前救护。

这个"公启"，有三个鲜明特点：第一，该团体由东南地区（以江浙两省为主）绅商联合发起，属于全国性组织，而不像旧式善堂那样局限于一城一邑；第二，它救护的对象是中外双方伤兵及难民，而不仅限于中方；第三，它按照国际惯例，由中国地方官照会各国领事，发给前往战区的护照。这表明，中国救济普会是一个遵照国际红十字会的基本精神和行动惯例成立的一个团体，与旧式善堂已有显著区别。也正因为如此，后人把中国救济善会的成立，视为中国红十字会的先声。

救济善会成立后，联合了相当一批江南绅商来扩大组织网络，其中最显著的表现就是设立了救济会的收捐处，主要有《申报》馆协赈所、杭州清和坊鼎记钱庄、苏州东大街同元钱庄、广东源丰润票号、宁波北江下富康钱庄、绍兴保昌钱庄、杭州庆福绸庄、苏州中市仁和钱庄等，有效地扩大了自身的社会影响。

中国救济善会成立后，上海道按照国际惯例，照会驻沪各国领事，称：

中国救济善会，此系江浙善士募资创办，亦如外国红十字会之例。为救各国难民及受伤兵士起见，请照会贵总领事，颁给护照，俾救济会之人准向北方军前，随时救护。

由于救济善会的组织工作堪称完善，很快赢得了江南社会各界的广泛信任和支持。它成立不久，当时旅居上海的刘鹗就筹垫白银 1.2 万两的巨款送交救济善会，上海道余联沅也捐银 1000 两，轮船招商局委员谭干臣、韦文甫和郑观应等人则拨助大米 500 石。救济善会委托余联沅道台照会德国驻上海总领事，请其颁给护照，让参与救济善会之人准时开赴战地随时救护、赈济。余联沅照会德国驻上海总领事，申明所请所愿，德国总领事也很快便"缮给执照"，从而扫清了北上的外部障碍。最后，余联沅偕陆树藩、严信厚、庞元济、施则敬一行，向当时暂留上海的李鸿章面禀救济善会的救援请求，很快也得到了肯定的答复。这些举措为救济善会的行动带来了很大的便利，因为这使得该会可以"相机行事，与华人办事则依赖中堂，与洋人办事则昌言善举耳"。

自该年八月，中国救济善会在领取护照后，驰赴华北前线，展开广泛的人道救护。到次年二月底，共持续了将近七个月的时间，这也是中国历史上首次由民间自发开展的大规模、跨地域救济战争难民的行动，共从华北接运 7000 余人回南方，费银 20 余万两。其间，侵华各国官兵见到救济善会中人臂上均佩有"红十字"袖章时，尽管知道该会尚未加入日内瓦国际红十字会，认为未便滥用红十字标志、旗帜，但也只是让该会将"红十字"改为"蓝十字"，但并未质疑其行动原则或阻挠其救援行动。由此可见，侵华各国对救济善会的红十字会性质在一定程度上给予了承认。

作为中国救济善会主持人陆树藩（1868—1926年），在率众救护过程中十分注意按照红十字会精神行动。例如，他在天津遇到一批不惜自身安危、自愿服从洋兵，结果却陷于困境或受伤垂死的中国苦力时，虽恼怒其为了贪图私利、不顾民族大义，但念及"红十字会例以平等救人为主，故仍一体援之"。而得知随自己北上的一些会友"颇有退心"时，又特地向其解释"泰西红十字会章程，系专往军前救济"，动员他们齐心协力，携手并进。

所以，不管中国救济善会的红十字会性质

陆树藩

吴重憙的红会情结

究竟如何，当时社会上的看法大抵将其与红十字会联系在一起的。例如，《申报》认为救济善会其宗旨与"泰西红十字会相同"，《新闻报》亦称之为"救济红十字会"，《苏报》则称其："略仿各国红十字会，又斟酌于人地所宜而损益之。"

历经数十年战火、灾难的洗礼，具有红十字会性质的慈善社团的组建，是红十字启蒙宣传的直接产物，而慈善社团的不断出现，也扩大着红十字的社会影响，推动着启蒙宣传向纵深和宽广方向发展。但这类具有红十字性质的慈善组织，如同历史上的诸多善堂、救济所一样应急而设，大多是临时性的。事毕撤销，难以维持长久。然而，红十字会的种子已在多灾多难的中国悄然扎根，当在合适的时机，在富有远见卓识的一代人杰的催生下，破土而出，开花结果，亦成为历史的必然。

一七、日俄战火燃东北　万国红会济飘萍

中国红十字会的真正发端，源于清末的日俄战争。

日俄战争，是 1904 年 2 月至 1905 年 9 月日本和俄罗斯为争夺中国东北三省和朝鲜半岛而进行的战争。

在吴重憙的印象里，日本、沙俄是侵吞、掠夺中国的最大利益获得者，最阴险，最凶残，最不讲信义，是将大清国肢解得支离破碎的恶魔。这一切，正如后世学者框定的那样，日俄是将近代中国一步步推向半殖民地深渊的刽子手。俄国曾通过逼签《瑷珲条约》《北京条约》《勘分西北界约记》等不平等条约，将中国北方 150 余万平方公里的领土划入俄国版图。日本则通过《马关条约》攫取两亿两白银的战争赔款和对台湾群岛等地的殖民统治。但日俄欲壑难填，沙俄有"黄俄罗斯计划"，日本则制定"大陆政策"，双方均想独占东北进而扩张殖民统治的"势力范围"，为此明争暗斗，剑拔弩张，随时准备厮杀。

1900 年，沙俄在参加八国联军进攻京津的同时，单独出兵侵占东三省。战争结束后，借故拖延，拒不履行《俄国撤兵条约》，希图独占，激起日本强烈的敌对情绪。1902 年 4 月，中俄签订《交收东三省条约》，但当年 10 月俄罗斯第一次撤兵之后，便不肯继续履行条约，招致日、英、美等列强的反对。1903 年 8 月 12 日，日本正式向沙俄提出交涉，要求其承认日本在朝鲜有"优越利益"，日本仅承认沙俄"于满洲铁路有特殊利益"。两国几经谈判，均未获结果。在英美的怂恿支持下，日本决计不惜一战。1904 年 2 月 6 日，日本照会俄罗斯终止谈判，并断绝外交关系。2 月 8 日，日本海军未经宣战突然袭击俄罗斯驻扎在中

249

吴重憙的红会情结

日俄战争初期的旅顺

国旅顺口的舰队，日俄战争爆发。

日俄战争不仅是对中国领土主权的粗暴践踏，而且也使中国东北人民在战争中蒙受了空前的浩劫。

然而，懦弱无能的清政府力难阻止战火在自己国土上燃烧，竟将辽东划为交战区，宣布"局外中立"，只呼吁交战双方尊重清皇朝在盛京(沈阳)的陵寝，而对无辜受难的数百万东北民众生命、财产视为草芥，漠然置之。

战前，各国侨民陆续撤离东北，交战双方伤病兵员亦由日、俄两国红十字会救护。唯中国东三省百万无辜同胞在滚滚狼烟中流离失所，受尽磨难，生死难卜。

战争开始后，方圆千里，枪炮四起，生灵涂炭。

看到转来的奉、吉抚台、军宪及多位外国教会友人的函电，让驻沪电政大臣吴重憙心情沉重，夜难能寐。

陷于枪烟弹雨之中，死于炮林雷阵之上者数万生灵，血飞肉溅，产破家倾，父子兄弟哭于途，夫妇亲朋呼于路，痛心疾首，惨不忍闻。

这是日本人在奉天(今辽宁)创办的《盛京日报》对东北人民在日俄战争中真实状况的"回忆录"，可谓处处断壁残垣，哀鸿遍野，令人目不忍视。战争让百姓失去了家园，失去了亲人，到处都可以看到仓皇逃命的难民，几达数十万之众。

一位曾参与救援的红十字会会员右蠖(huò)慵在《红十字会日记摘存》中写道：

俄军每经一村屯，大肆焚毁民房，恐留为日人之用，殃及百姓，露宿风餐，朝不保暮，其惨实难言喻。又勒令民间所有牛羊骡车马匹，悉数供应，凡有不顺或藏匿者，即行屠戮，大肆奸淫。道途沟壑间，妇女幼童尸骸无数者，种种情形，多系俄兵经过所致。受雇于俄之华人，或筑沟垒，而为地中炸弹所伤；或遭鞭挞（tà），血痕累累。……

日军不用帐篷，到处与民杂处，将老幼撵出，壮者留作苦工，奸淫妇女，无所不为，控诸司令部，亦不闻问。俄人食用等物，随处购买，小民稍沾其利。日军各物，由本国运来，所用之洋数千万元，皆军用手票，一角以至百元，强迫民间通用（辽东千余里市面，无一角现洋），违则吊打，有至死者，惨酷毫无人理。关外民风纯朴，战线以内，不能逃亦不敢逃也，蹂躏万状，呼吁无门，为之惨然！……

各国会员，有凭轼而观者，时被炮火所伤。据称日人每战，奋不顾身，有可不死之处，亦皆争先而死地。该国殉难者恤其家子孙世禄，国人以为荣，逃则人皆不齿，潦倒终生，无啖饭处。方俄军之首山埠也，驻兵五万余，炮台林立，并设铁网二三里，宽约二丈余，以大树数尺做桩，指粗铁丝络而为网，上下铁刺长尺余，沿网架炮，似难飞越。日军两万余人，敢死者百余，刺死铁网之上，余踏尸身而过，俄亦无可如何。炮台可以横攻，不能竖放，日人蛇行而前，前者死，后者进，及至台下炮不能击，该台即为日踞，苦战三昼夜，枪弹放罄，两边短兵相接，此役共死伤七万余人，俄剩千余，日仅数百，尚无退志，俄军只得退守辽城。

俄由辽城败走后，所埋炸药，遍地皆是，偶触辄毙多命。有日大雨触发电气，城外轰声如雷……即与军政司相商，雇夫觅大木数十根，两头套铁圈，用长绳拉之而走，如碌碡滚行之状，缘此轰去者不少。惟州署花厅西偏大树下，尚有炸弹数枚，至今无人敢动。……

日俄双方退守一方，都在路间埋设地雷，常有逃难民众被炸，死伤无数。加之，此时奉、吉胡匪冯鳞阁、杜立山、金万福等各路悍匪，趁机作乱，各处骚扰，肆意抢掠，掳人勒赎，积案重重，让黎民百姓生计如雪上加霜，苦不堪言。

日俄战争期间背井离乡的民众

清政府可以严守"局外中立"，但对难民潮的涌起，各级地方官却不能视而不见，置身事外。因东三省居民大多原籍山东、直隶、河南，而直隶总督作为大清八督之首（东三省总督1906年设，全国始为九督），地处京畿，拱卫京师，辖治范围除直隶、北京、天津、山东、山西、河南外，还有奉天、蒙古，稍有动乱，便会危及朝廷，故直隶总督之任非其他督臣所比拟。因此，战争一开始，直隶总督袁世凯、山东巡抚周馥立即派出大队船只前往旅顺、营口等处，拟救难民出险，不料俄国远东总督阿列克谢耶夫竟称，各口岸已经封闭，不准许别国船只驶进。袁世凯、周馥等地方大吏诚恐阻碍朝廷坚守中立之局，遂不敢轻举妄动。

清政府无能为力，民间善堂无济于事，唯具有独立、中立品格的红十字才能解燃眉之急——日俄俱是国际红十字会成员国，亦理当履行红十字会既定条约。

有关日俄战争给东北人民造成的巨大灾难，通过《申报》《中外日报》等一则则消息，让电政大臣吴重熹和驻沪商约大臣吕海寰、盛宣怀等如坐针毡，寝食难安。但凡有一点良知的臣子，在这灾难临头之际，岂能熟视无睹、高枕无忧？况吴重熹等人都是一向以关心民瘼、心系国运的干城之才！

辗转反侧中，吴重熹数次与直隶总督袁世凯、盛京将军增祺等通电，问询战争状况，特别是奉、吉两省黎庶被难情况，并"恳请"袁、增等大员，将东北战事及时、如实奏报朝廷，禀请谕令东北战区各级官员恪尽职守，竭尽所能，想方设法救护逃难群众。他还多次前往吕海寰、盛宣怀官邸，商讨如何拯救东北百姓免受战争磨难之苦，尽量减少群众伤亡。

正在吴、吕、盛三位钦差大臣苦思冥想、探讨对策之际，一则消息传来，让他们沉重的心情略为宽慰。

一场史无前例、灭绝人寰的日俄战争，让沉寂了数年之久的红十字会创建活动再次浮出水面。

创建红十字会的发起人，为时任上海记名海关道沈敦和。

沈敦和（1866—1920年），字仲礼，浙江宁波人。早年留学英国，就读于剑桥大学，回国后历任江南水师学堂提调、上海自强军营机处总办、山西冀宁道洋务局总办、张家口洋务局总办等职。光绪二十四年（1898年）因筹备地方防务有功，赐二品顶戴。光绪二十八年（1902年）春，任山西大学堂督办（校长）期间，结识传教士李提摩太，是一位知名的实业家、社会活动家，"不独为军界之干材，也是外交界、慈善界、企业界出类拔萃的人物"。同年，朝廷以沈敦和办理教案有功，以海关道记名。五月，充矿路总局提调，主持察勘京张铁路。九月，进京觐见慈禧太后、光绪皇帝，恩

沈敦和

赐头品顶戴，以示优宠。光绪二十九年（1903年），沈敦和"因病辞官"寓居上海，专心投入慈善事业。

日俄战事发生后，沈敦和激于义愤，与居沪的直隶候补道施则敬、前四川川东道任锡汾等人奔走联络，援引国际红十字会例，力筹善款，以定赈救北方被难民众之策。沈敦和、任锡汾、施则敬等人的号呼，得到上海绅商的积极响应。

施则敬（1855—1924年），字临之，号强斋，又号子英，江苏吴江人，上海仁济善堂董事施善昌之子。光绪乙亥（1875年）科中举，以知县见用，因堵筑山东段黄河漫口有功，升知州。继又在围堵永定南七工漫

施则敬

口立功，擢知府。复因晋边义赈出力，迁道员用，留直隶候补。后因劝办江南海防捐输出力，保俟归道员，加二品顶戴。在居官期间，着手创办数家企业，成为商界骄子，又施散资财多行善事，与其父施善昌皆为闻名江南的慈善家。光绪帝之师陈宝琛曾为《笠泽施氏支谱》中所撰《吴江施氏义庄记》中言："同、光之交，畿辅仍岁潦旱，吴江施丈少钦奔走赈事，义声闻天下。自后各省遇灾赈必属丈，且及其子。"

任锡汾（？—1918年），字逢辛，晚号拙叟，江苏宜兴人。光绪丙子（1876年）科举人，官至四川川东道。在任上，不仅因精于政务而被上峰赞誉"勤廉贤能"，还一向以关心民瘼、周济贫苦为己任，凡有灾情，总是率先捐俸，自啖粗粝，赈灾复产，朝夕不辍，义无反顾。清廷两次委派其出任杭嘉湖道员，后又派往四川出任川东道员，兼理重庆地区的行政事务。上任之后，任锡汾出台措施，稳定粮价，兴修水利，使得"辖境大安"。光绪二十四年（1898年）十二月，清廷钦授花翎顶品头戴、恩赐光禄大夫。后因未能及时处理当地民众与外国传教士的冲突而被清廷革职。仕途终结，任锡汾遂寓居上海，全身心投入慈善救济事业。

曲礼便蒙读本

任锡汾著述

光绪三十年正月十五日（1904年3月1日），沈敦和、施则敬、任锡汾不及与家人同度元宵佳节，携手拜会吕海寰、盛宣怀、吴重熹三位驻沪钦差大臣，面禀创建"东三省红十字普济善会"事宜。吕、盛、吴均表示全力支持，并表示立即奏报朝廷，并嘱派招商局参议杨士琦（字杏城）前去联系，力将事情办妥。

正月十七日（3月3日），沈、施、任等人集会于上海英租界六马路仁济堂，发起成立"东三省红十字普济善会"并商议开办之法。与会者除沈敦和、施则敬、任锡汾、杨士琦外，还有曾铸（字少卿）、李厚祐（字云书）、沈懋（mào）昭（字缦云）、汪汉溪（字龙标）、周晋镳（biāo，字金箴）、汪立元（字建斋）、陈润夫（字作霖）、席裕福（字子佩）、黄协埙（xūn，字式权）、焦发昱（yù，字乐山）、苏宝森、王少灏（hào）、王松堂、吴少卿、王益甫、冯珩生、朱子文、姚燕庚，共计22人。这些发起人，包括实业家、商人、寓居上海的绅士，是绅商阶层中最具活力、有影响、有能量的一个群体。

会上，沈敦和首先介绍了万国（即国际）红十字会的缘起、章程等基本情况，接着与会同人就东三省红十字普济善会的立会宗旨、救济方式、资金筹措等具体事宜，群策群议，最终达成共识：关于立会宗旨，"本会援泰西红十字会例，名'东三省红十字会普济善会'，专以救济该省被难人民为事"；开办方式，由发起人"垫银十万两，以应急需""延请中西大善董，就近开办。在沪设立总局，专为筹款之所，而另设分局于京津，招留救援出难之人，以期一气贯注救之之法""各省如有助款入会者，不拘多寡，请寄上海总局，刊发征信录，并随时登报，以照核实"；救济宗旨及办法，"本会救济宗旨，无论南北方人，务先举令速离危地，以避大难"，而后"赈抚兼施，医药互治，用符西国红十字会之本旨"，参加救护的人员，"左袂缀有红十字旗式，以便行军一望而知，其制均归一律""建旗之处，与两国行军利害无碍，两国不得在此界限线内，互施炮火""红十字旗所到之处，遇晚应即住宿，不得惊扰""遇救诸人，无论在舟在车，男女必分别，老幼必扶持，不得稍有隙越，以示慎恤"；组织架构，采用董事制，"公举才望夙著、熟悉中外以及北方情形大员为董事，总理局务""另举西董事，与东三省教士联络举行，以免外人拦阻""中西董事外，应另举筹款董事数人"。

东三省红十字普济善会的成立，进一步表明国人红十字意识的增强，与近代国际大势接轨的意识进一步强化。

尽管东三省红十字普济善会的运作方式力图遵行国际红十字的基本规则，但"善会"二字，却无疑给红十字蒙上一层的传统善堂的色彩，显得有些不伦不类。客观地讲，它仍然不是真正意义上的红十字会，也很难取得交战双方的认可、享有红十字会本应享有的权利。

东三省红十字普济善会刚一成立，就遇到了自身无法克服的问题。于水火中苦苦挣扎的东北难胞亟待救援，但新成立的东三省红十字普济善会的救援活动却处处受阻，进退维谷。正如之后（1904 年 3 月 28 日）御史夏敦复《奏请成立中国红十字会片》所言：

自俄日两国开战，战地居民最为可悯……其困苦情形，诚有不堪言状者。臣风闻沪上义绅施则敬等，创率同志，举办东三省红十字普济善会，仿照庚子救济会之例，筹集款项，雇募轮船，前赴东省一带救济被兵难民，甚盛举也……约章未明，冒险前进，交绥之际，锋镝堪虞。

没有"约章"的保驾护航，贸然深入战地，无法得到交战双方的保护。因此，沈敦和、施则敬、任锡汾等人不得不改弦更张，另谋救护善策。

面对东三省红十字普济善会遇到的窘境，吴重憙受吕海寰、盛宣怀之托，立即电函袁世凯。二人素知吴、袁有师生之谊，而袁世凯对吴重憙一向敬重，吴之言语，比及他人，更能引起袁的重视。

由是，吴重憙、吕海寰、盛宣怀三位大臣出面联系驻沪英、法、德、美等国领事，开明宗义，希冀襄助。然而，对发生在中国东北的日俄战事，四国领事并不想太多干预，尽管他们对日俄攫取中国利益的狼子野心存有芥蒂，但相比他们对日俄的"认同感""亲近感"，大清王朝在他们眼中可谓不屑一顾。他们正伺机利用日俄忙于战争，清廷如火上烹油、无暇他顾之际，再在中国身上多割取一块肉，争取利益最大化。

沈敦和知道力争尽快创办一个得到英、法、德、美等大国支持、最终赢得国际红十字会同意的红十字会组织，此时此刻仅仅凭借中国官员的"面子"，难度非常大，还必须借助在沪知名洋人之力，联合组建一个具有国际性的红十字组织，才是一条比较简单易行之举。

此时，沈敦和想起了正在上海担任广学会主持的李提摩太（Timothy Richard，1845—1919 年）。此人作为英国传教士，周游中国三十余年，一度与李鸿章、张之洞、曾国荃、左宗棠、梁启超、孙中山过从甚密，对推动中国洋务运动、维新变法等产生过很大影响。他热衷慈善事业，光绪二年（1876 年）至五年（1879 年）华北大旱，曾义无反顾，前往受灾最重的山西赈灾。在创办

李提摩太

山西大学堂时，沈敦和曾是他的顶头上司，关系相当莫逆。为此，沈敦和出面让李提摩太相助。李提摩太一口应允，他后来回忆：

尽管日俄战争交战的双方是日本和沙俄，战争发生地满洲的中国人遭受的苦难却最为深重。对自己的城市他们毫无发言权，只能听凭两国军队蹂躏。得知同胞处于水深火热之中，一个中国道台沈敦和（我在太原府筹建山西大学的时候，他曾提供过帮助）前来拜访我，问我是否愿意同他一起筹集救济金，帮助满洲的中国难民。我高兴地表示赞同。

李提摩太伸以援手，十足的人脉使其左右逢源。《大公报》报道，"嗣经李提摩太从中说项，始得定议"。正因如此，建会之举，迈出关键性一步。

光绪三十年一月二十四日（1904 年 3 月 10 日），是中国历史最该铭记的一天。这一天，中国红十字会运动正式开启，掀开了中国近代史上绚丽多彩的新篇章。

吴重憙的红会情结

英租界公共工部局

在吕海寰、盛宣怀、吴重憙全力支持下，由沈敦和、任锡汾、施则敬等作为主要发起人，邀英、法、德、美代表参加，在上海公共租界工部局（今上海市黄浦区江西中路215号）举行集会，宣布成立由中、英、法、德、美共同参与的万国红十字会上海支会。

万国，即"国际"之意，乃当时的流行语。

为了彰显中西合办的特色，万国红十字会上海支会采取董事会制，由45位中外董事组成，其中外国董事35人，中国董事10人，并从其中再推举9名"办事总董"，负责红十字会各项事务具体执行，其中西方总董7人，中方总董为沈敦和、施则敬。裴式楷为西董书记官，沈敦和为中董书记官；西董总书记李提摩太，中董总书记待选。

上海红十字会具体事宜的实际操办人，以沈敦和、李提摩太为主。

虽然该会系五国联办，但因创办地在上海，所以该会申明：在中国地方创始承办，中国遂永有红十字会主权。

严信厚

10名中国董事，皆在上海官场商界举足轻重，且一直投身慈善事业，在社会具有良好口碑和影响。其中的严信厚，吴重憙尽管过去与此人从未染面，但对该君的声名却是如雷贯耳。

严信厚（1838—1906年），原名经邦，字筱舫，浙江宁波慈溪人，商界翘楚，名贯南北。道光二十五年（1845年），供职于上海宝成银楼，同治初年（1862年），深受左宗棠赏识、赐官二品、赏穿黄马褂的胡雪岩书荐严信厚于李鸿章。同治十一年（1872年），严信厚被李鸿章亲保为候补道，以知府衔任河南盐务督销、长芦盐务督销等职。严信厚又分别在天津、上海等地开设银行、金店、绸缎庄、机器轧花厂等实业。其间，他曾数次亲督商船，往返山东海丰埕口、浙江宁波，贸易南北地方特产。埕口成为晚清山东第二贸易大港（第一大港为烟台），严信厚可谓功不可没。光绪五年（1879年）五月，吴重憙由工部郎中选授河南陈州知府，南下途中专门沿海道迤行，借以考察古棣遗迹方物。抵埕口时，他不仅亲见由严信厚题写、悬挂于龙王庙山门上的"寰海安澜"匾额，还听到在当地积极创办义学的本族宗亲吴寿龄讲述关于严信厚捐修龙王庙、妈祖庙、巡检司的故事，赢得海丰人称颂，因而对其印象非常深刻。光绪二十八年（1902年），严信厚担任上海商业会议公所首届总理。

严信厚对闻名齐鲁的海丰吴氏也心存仰慕，曾专程赶往海丰古城拜谒尚书第。他虽未曾面见吴氏嫡亲后裔，但通过实地考察，对科甲联第、名流辈出、家学深厚的吴氏，仍充满了钦敬，这才是真正的名门望族！吴重憙抵上海后，严信厚曾两次躬身前去拜望，但吴重憙因事俱不在公署。这次，通过创办红十字会，严信厚终于亲见吴重憙，了却心头一桩大事。此后，吴、严二人常有书函来往。

光绪三十年一月二十九日（1904年3月15日），沈敦和、施则敬致函盛宣怀，请其审查核定创办万国红十字会的捐启、公函，并表示已经送请吕尚书鉴阅。吕、盛、吴三人经过商议，立即电奏清廷。

次日，商部回电，要求吕海寰、盛宣怀、吴重憙与上海绅商联系兴办红十字会，并"切实承办，以成善举"。

因时间紧迫、任重事繁，作为中方办事总董之一的施则敬，虽然真挚感谢外国友人的鼎力相助，但深感会中缺少中方力量，有些具体事宜安排起来力不从心，遂亲自上门邀请虽然年事已高、体弱多病，但在社会上具有相当威望的任锡汾加盟，担任第三位该会中方"办事总董"。为了东北嗷嗷待援的难民，为了中国红十字会事业的千秋大计，任锡汾一口应允。

光绪三十年二月一日（1904年3月17日），清廷致电袁世凯：

日俄开衅以来，两国调集兵队，势将东三省为战地。陆军交绥，亦当不远。中国商民猝遭兵燹，强壮流为贼盗，老弱且转沟壑，生灵涂炭，其何以堪！东省原有之兵，尚须退扎，以免相犯。兵力单薄，动多窒碍。地方官勉守中立，一遇战事，其权力必不足弹压保护。若一任百姓之流离颠沛，呼吁无门，救死扶伤何所赖？东西各国所立红十字会，虽为医治病伤军士而设，藉前往战地救济难民，实亦推广善举之办法。

清廷对设立红十字会组织已给予肯定，让袁世凯及上海吕、盛、吴三位钦差大臣"详细熟筹"，但又担心官办有违本国中立，因而意属民办在明，朝廷暗中支持，并答应"所需经费，可由公家酌拨"。

是日下午5时许，红十字会办事总董在盆汤弄丝业会馆（今上海市山西南路255号）首次集会，决议将"万国红十字会上海支会"易名"上海万国红十字会"。因吕海寰、盛宣怀、吴重熹三人系朝廷钦差大臣，不便出席盛会，但会议通过的各项议程，都由三大臣审核、拟定。此后，盆汤弄丝业会馆成为上海万国红十字会中董办事地点。

又经办事董事会议全体通过，增补任锡汾为中方办事总董。肩此

上海万国红十字会旧址

重任，任锡汾全力以赴，办理会务。不仅如此，他还举荐其子任凤苞担任万国红十字会的中董总书记，负责各类文牍及日常会务处理，分担沈敦和、施则敬等人的工

作压力。任凤苞有乃父之风,果不负众望,将大小事务安排得井井有条,赢得中外董事一致认可,后被任命为副总董。

经臣海寰、臣宣怀与侍郎臣重熹钦遵电旨,就商北洋大臣袁世凯、今侍郎臣士琦等,督率该会总董道员沈敦和、任锡汾、施则敬、任凤苞等,劝合寓沪中西各官绅,由中国联合英、法、德、美五中立国,创设上海万国红十字会。共同推举臣海寰、臣宣怀及臣重熹为领袖,道员沈敦和、任锡汾、施则敬为中国办事总董,任凤苞兼总书记。英人威金生、裴式楷、安德生、麦尼而,法人勃鲁那,德人宝隆,美人葛累为西国办事总董,李提摩太兼总书记,潘慎文等副之,冯恩昆等充书记会计等员。……

由此折可以窥见,在上海万国红十字会的始创中,即确立了吕海寰、盛宣怀、吴重熹的领袖地位,实为中国红十字会基业的先驱、奠基人。

上海万国红十字会董事会办事总董及华人董事名录

办事董事(10人)				华人董事(11人)	
序号	姓名	身份	备注	序号	姓名
1	威金生	英按察使		1	沈敦和
2	安德生	英公共租界工部局总董		2	施则敬
3	勃鲁那	法租界工部局总董		3	严信厚
4	裴式楷	副总税司	◎	4	朱葆三
5	葛累	美丰裕洋东		5	周金箴
6	宝隆	德国医生		6	徐雨之
7	麦尼而	高易律师		7	苏宝森
8	沈敦和	上海海关道	◎※	8	陈润夫
9	施则敬	直隶候补道	※	9	曾少卿
10	任锡汾	四川川东道	□※	10	朱礼琦
			□※	11	任锡汾

注:◎,书记官;※,中方办事总董;□,增补。

上海万国红十字会的成立，标志着中国红十字会正式诞生。

光绪三十年二月初三日（1904 年 3 月 19 日），吴重熹等复奏清廷，详细汇报了一月二十四日沈敦和等人发起创办上海万国红十字会的情况。清廷收商部文，称：

照得日俄开战，旅顺等地适当攻占之冲，该处人民流离可悯。查泰西各国有红十字会，中国素未与会，所有会中应得权利未能同享，前有本部饬由杨参议士琦在沪会集商董，妥筹设法。据电复称，遍商上海各国官商，议定中英法德美五国合办，名曰"上海万国红十字会"，公举中西办事总董各自筹款，会同合办，西董称此系权宜办法，应由中国政府电致中国驻洋公使，商请两国政府承认此会，饬下战员知照等语。应请贵部查照前因，迅与日俄两国公使商办，一面电致胡（惟德）、杨（枢）两驻使，分诣两国政府迅速妥商办理。一俟复到，即请迅复，以便转饬遵办可也。

在吕海寰、盛宣怀、吴重熹的亲自厘定下，共同酌商上海红十字会会章、筹款办法。光绪三十年二月初五日（1904 年 3 月 21 日）清廷发驻俄公使胡惟德电称：

兹准吕、盛、吴大臣电称议定中英法德美合办上海万国红十字会所定会章。一、在战地设医院收治受伤军士、误中流弹人民；二、置

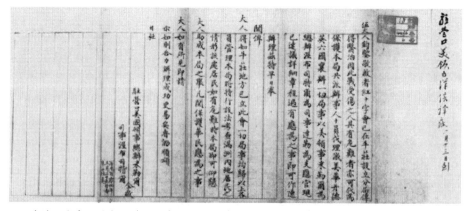

光绪三十年二月九日（1904 年 3 月 25 日）美国驻营口领事馆总办米勒尔等为红十字会在牛庄设立分局事致伍廷芳函

医车载受伤军士、人民；三、拯被难人民离去战地。凭红十字旗，在战地切实行其权利，战国不得侵欺。中西各举总董各筹款项，会商妥办。公议请两国驻使转商政府，承认此会。西董六名电其政府承认等。……

同时，应吴重熹等人的奏报，外务部旋即通电中国驻日公使杨枢、驻俄公使胡惟德，再次通禀两国政府承认上海万国红十字会的合法性，要求不得阻碍在战地开展各种救护的红十字会活动。

上海万国红十字会成立后，吕海寰、盛宣怀、吴重熹等人的作用主要是沟通红十字会与中央政府及各部、地方督抚的联系，运筹帷幄，出谋划策，解决一些需要协力合办的事情，起到集体领导的作用。在创立上海万国红十字会初期，吕、盛、吴等人联署奏报多达 12 件。而在东三省日俄战争战区的难民救援活动，

外务部以"胡杨尚无确复希告西董迅电各政府转商日俄由"发吴重熹等人的电函

主要由担任上海万国红十字会中西董事的沈敦和、李提摩太等人具体操办。在 1904 年至 1907 年间，有关上海万国红十字会事务的电传、关文中，并没有红十字会会长署名。因当时采用的是董事会制度，并没有选举会长，清政府也没有任命过会长。所有官方电函文件，吕海寰、盛宣怀的称谓为"商约大臣"，吴重熹为"电政大臣"，或吕尚书、盛宫保、吴侍郎。

上海万国红十字会在清政府的默认、支持下，正在走向正轨。

日俄战争后，电函成为传递战事、救护情况，上传下达，最便捷的方式。作为电政大臣，吴重熹首先想到的如何将救援赈济事宜及时、

快速奏报清廷、通告各地督抚。为此，他首先通禀直隶总督兼北洋通商大臣袁世凯，经袁世凯应允后，将所有关于红十字会30字以内的来往电函一律免费。但随着战局的深入和救护工作的开展，红十字会电函日趋频繁，很多电文并不是十几字、30字所能表述清楚的。为此，光绪三十年二月初六日（1904年3月22日）施则敬电禀商部，恳求"上峰"请商吴重熹：所有关于红十字会往来电函，不论字数多少，费用一律减免。

职道前与英法德美官商合办红十字会，援救东三省华民，业经筹有端倪。所有本会及各省分会往来电费，奉吴侍郎批准，赈济电报、章程、办理查账电免费三十字为限，逾限仍收费，断不敷用。拟请电商吴侍郎，凡遇本会及各分会办事筹款各电，无论字数多寡，均准免收报费。以节靡费，而免误公，实为德便。职道施则敬禀。

为此，商部于次日将施则敬电文照录粘抄，发袁世凯、吴重熹各一道。

袁宫保、吴侍郎：顷接上海施则敬禀，现办红十字会，请免会中来往电费，禀奉吴侍郎、贵处批照赈电例免费三十字为限，断不敷用，请电商凡遇会中办事、筹款各电，无论字数多寡，概请免收等语。

施则敬电函

查该会为援救被难人民起见，按西例国家皆助款维持，较之赈务尤重，且来往电报既繁，字句更难从简。业与外务部商明该道所请，会中各电均免收费之处，应即照准。希查照饬遵，并电复商部。阳。

电函件数增多、字数不限一概减免费用，无疑减少了国家财政收入。这一点，吴重熹

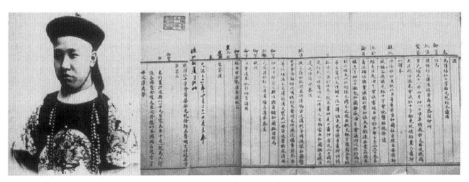

光绪皇帝朱批外务部关于红十字会减免电报、轮船费用的奏报

心里很清楚，本意也极愿减免，但他不能私自做主。这次，中枢"格外开恩"，全部予以减免，何乐而不为，自当着力执行为是。但他又担心因为不收费用，各地各部门电文恣意冗长，造成的损失更大，因此他专门叮嘱杨士琦电文该长则长，能短则短，一切以叙述完整，又简明扼要为原则。

二月初九日，代商部发上海招商局杨参议电称：

施道则敬电秉红十字会免收报费事，业经商明外务部，电商袁宫保、吴侍郎照准。顷准吴侍郎复称已分饬各局照办，希饬知司道遵照，至该会来往电报虽不限字数，务须简明，以免虚糜。祈一并饬遵治英穆清。

不仅如此，吕海寰、盛宣怀、吴重憙还一并奏请清廷，给出险入关的被难百姓，一概减免火车、乘船费用，并酌情发给川资。

关于效仿世界各国之例，积极加入国际红十字会，成为当下一个热门话题。

光绪三十年二月初十日（1904年3月26日），出使美国大臣梁诚上奏朝廷"请联约各国仿设红十字会"，称"民命至重，王者有不忍之心。近今各国行阵救疾扶伤，不分畛域，其法良意美，尤推红十字会为最"，吁请朝廷"饬下外务部照会瑞士国政府，声明愿入红十字会联约缘由，俟复文到日，专派大员签约"。梁诚的奏折，因路途遥远，直到四月初一日（5月15日）才上达朝廷，但其"联约"即加入国际红十字会组织

265

之建议，对清政府接下来的"联约"行动有一定的促进作用。

二月十二日（3月28日），外务部奏称：

本年二月十二日，御史夏敦复奏请查照西例设红十字会等语，奉旨："外务部知道。钦此。"……迭经臣部会同商部电致上海绅董筹办，旋据电复，已议成中、法、英、德、美五国合办上海万国红十字会。

对这道电文，吴重熹等人只是缄口不语。因为，此时的上海万国红十字会各项工作业已开始，外务部弄上这样一道奏折，明眼人都知道其中有邀功之嫌。

二月十三日（3月29日），由吕海寰领衔，盛宣怀、吴重熹、杨士琦、庞元济、沈敦和、任锡汾、施则敬等官绅、知名人士联合签署了《劝募筹款救护东北难民通电》（即元电）。该通电告知全国各界、全体同人，上海万国红十字会已得到政府承认，倡议国人立即付诸行动，积极筹措救护和赈济事宜。

为发挥表率作用，上海万国红十字会创立不久，吕、盛、吴等大臣及参与红十字会的中外会员、办事人员等首先主动捐助，数天内募集5万余两。

通电发出后，立即得到了社会各界的积极响应。外务部官员捐银1200两、盛京将军增祺助银1万两、两江总督拨库平银8000两、漕运总督3000两，广东、天津各2万两，湖北、湖南、江西、山东各1万两，河南、陕西各5000两等，还有部分使领馆捐助，一个多月募集20万两，还有大宗物资。

此时，盛宣怀担任轮船招商局督办，沈敦和担任轮船招商局协理。经吕、盛、吴三大臣研究允准，凡上海万国红十字会救济灾区的物资、药品统由轮船招商局免费运至天津，交由天津分会负责分发、转输灾区。

与中国吴重熹、吕海寰、盛宣怀三大臣满腔热情支持、协调红十字会各项事务的急切心情相比，日俄两国对于承认上海万国红十字会，

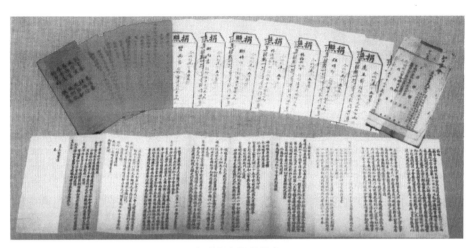
全国各地捐款凭条

并对迅即委派红十字会人员深入战地救护伤员、在各地开展赈济一事，却给予各种搪塞，甚至拒绝。日俄在中国大地开战，祸乱中国，却蛮横之极，处处设置障碍，阻挠红十字会正常活动——这不仅是对国际红十字会宗旨、原则的挑战，更是对中国的漠视、侮辱！交涉刚开始时，日本态度比较暧昧，表示对中国议设红十字会的宗旨本应可以体谅，但又担忧"惟该会在战地应行之事，或有与战事不能满者，故未便承认"。而俄国霸凌嘴脸一览无余，先是多次推诿，后又表示："俄国红十字会已尽敷用，无须他国相助，故德法等国之会亦均辞复。"弱国无外交，这就是不得不接受的现实！吕海寰、盛宣怀、吴重熹等只能按落心头之隐痛和愤懑（mèn）再次电函外务部，请求与日俄公使接洽，尽快化解问题。光绪三十年二月十六日（1904年4月1日）外务部、商部发吕海寰、盛宣怀、吴重熹电称：

蒸电悉。顷接杨（枢）使电，日外部复称该会在战地应行之事，或与战事不能两立，未便承认。又接胡（惟德）使电，俄外部复称，本国红十字会已敷用，无须相助，德法等国亦均辞复各等语。希转饬施（则敬）道等且商西董，速电各政府，转商两战国，承认此事。万众托命！各西董有此义举，务期允洽。再二十五年保和约十字会推广于水战一条，经总署奏准画押，此据瑞（士）政府会函请补画西千八百六十四年

光绪三十年二月三日（1904 年 3 月 19 日）商部为上海万国红十字会设立请商日俄两国政府承认事致外务部咨呈

（1864 年）陆战原约，已电致张（德彝）使转达驻英瑞使知照总会允认入会，并闻希即饬知，并速电复外务部、商部。谦。

此时此刻，清廷只能寄希望尽快加入国际红十字会，特别是依靠英、法、德、美等大国，通过外交努力，一方面让国际红十字会尽快承认上海万国红十字会的合法性，一方面通过西方大国给日俄两国施压，敦促日俄"网开一面"，允准上海万国红十字会及东北各分会立即深入战区，开展救护、赈济等活动。

此时，国际红十字会签约国共计 44 个国家。其中，第一批入会者有瑞士、比利时、法兰西、意大利、荷兰、葡萄牙、普鲁士等 12 国，此后同治四年（1865 年）至光绪二十四年（1898 年），又有瑞典那威、英吉利、土耳其、俄罗斯、波斯、智利、秘鲁、美利坚、日本、匈牙利、委内瑞拉、暹罗、南非、尼加拉瓜等 32 国加入。

根据驻日公使杨枢、驻俄公使胡惟德电函知，两公使多次与日俄外交部门反复交涉，但日俄外交部门称已经得到前线作战指挥官消息，确定中方红十字会人员、医务人员未经批准，即深入战区，属违规行为，人身安全无法得到保证，并称上海万国红十字会所属分会人员，若在战区外围开展活动尚可商量，但断不能深入交战区域——不管是救护中国民众，还是抢救交战双方受伤人员。继而，又蔑称上海红十字会暨分会有医车在战区行驶。其实，自日俄开战后，两国红十字会人员早已在战区参与活动，他们所施救的绝大部分都是本国或对方部分伤员，而中国无辜百姓却很少顾及。为此，中国外务部以及驻沪吕、盛、吴三钦差，分别知会驻京日俄公使、驻沪领事，申明情况，希望日俄尽快给救援活动人员发放护照，紧急深入战区实施救援活动。

光绪三十年二月十八日行商部片文称，光绪三十年二月十七日（1904年4月2日）驻日本杨枢大臣电称，红十字会事项与小村再商。据称该会设在战场外附近地方尚可商量，现已电询小田切，俟复再请本大营核定等语。祈转商约大臣、电政大臣查照等因，除已会衔转电该大臣，等与小田切妥商复电外相，片行贵部查照可也。

对于日俄两国的拒绝，外务部与上海地区官绅都感到十分担忧和焦急，希望上海万国红十字会外籍董事能向其本国政府反映情况。经外籍董事多方联系、通融后，表示俄日两国拒绝系因误会所致，根据惯例，在战场范围内只有交战国红十字会可以有权活动，中立国红十字会可在战场外附近工作，上海万国红十字会目前只在战场外设立医院，如依此意向俄日再商，应可获准。吕、盛、吴据此先向日本驻上海领事小田切商议，小田切认为此事可行，并认为或可获得日本政府的承认。

此时上海万国红十字会正好准备派遣中国籍工作人员前往东北，外务部乃根据上述说辞，照会俄日两国驻华公使，请求准予发给该批工作人员护照。日本驻华公使内田康哉再耍奸计，巧言令色，借口俄兵在新民屯等地往来，即由日方签证仍属无济于事，内田康哉还质疑上海万国红十字会办法不明，中国政府是否已经核准设立，是否有法律法规约束，主管机关又是哪个部门？故此，内田拒绝发给签证。

这次，俄国方面的回复较为正面，驻华公使雷萨尔复照表示除该会工作人员需专用中国人外，可同意发给护照签证。外务部据此再向日本公使内田康哉表示中国已经授予驻英公使张德彝全权补签日内瓦公约，旋即可获准入会，且俄国公使已同意发给签证，请日方"一体

吴重憙等"红十字会事请再电胡杨二使以战场附近与商由"呈外务部的电函

照允",于是日本内田康哉公使才同意签证。结果在日俄双方驻华公使的同意下,上海万国红十字会方可在东北开始进行各项战地救援工作。

时间紧迫,救援任务繁重,各项募捐必须走在前面,以应战区不时之需。在吴重憙的亲自关照下,《申报》于光绪三十年二月二十五日（1904年4月10日）在显要位置刊登《劝捐万国红十字会经费申报馆协赈所谨启》及《万国红十字会公启》。

劝捐万国红十字会经费申报馆协赈所谨启

俄日兴兵,生灵涂炭,旷日持久,尚无已时。两国受伤之兵,例由泰西红十字会救治。独我东三省黎庶,连天烽火,骨折心惊,去住两难,死生莫卜,昊天不吊,何又降此鞠凶耶!沪上同仁,恻然悯之,商之各国乐善诸君,联为万国红十字会。派人前往战地,救援被难之人,寒则衣之,饥则食之,病则更为之医之药之。并特赁轮船载之出险。特是事关重大,所费不赀,刻虽集有五万余金,而来日大难,亟须补助。所望寰中义士,海内仁人,各解囊金,拯民水火,较之散财助赈,其功德更无可限量矣!如荷乐施,请交《申报》馆协赈所账房,自当掣奉收条,以昭凭信。率布寸臆仁盼,慈云敬叩,善安伏维,重鉴。

万国红十字会公启

启者,本会前因俄日两国在东三省骤开兵衅,商民苦难出险。当经禀奉吕尚书、盛宫保、吴侍郎，转商寓沪英法德美各官商，合办红十字会。公举沈君仲礼、任君逢辛、施君子英为办事董事，就上海盆汤弄丝业会前为办公处所。并承杨杏城京卿暨在事诸君筹垫经费银五万五千两，即电致牛庄西董设立医院。遇有无力华民，先行设法拯救出险。一面分电各省大宪，筹措经费，仍刊印捐册公启，分别寄呈，已为大概缘由，先后乞登贵报。昨承江楚臣善士送到安仁乐善局捐册一扣，外捐洋四十四元。检查所称：光绪二十四年冬月，联名禀请各当道，设局举办，及近又遵奉宪饬等语。当时是否禀明有案，近奉何宪饬办，敝处无从悬揣，且未将经办之人，刊列姓名，尤属无凭查考。除将所捐洋元，照数查收，分擘捐照，请江楚臣善士转交外，谨抄乞登报布告同仁。倘蒙慨解囊金，请送三马路《申报》馆、望平街《中外日报》馆、《新闻报》馆，六马路仁济善堂、洋行街德发洋行、盆汤弄丝业会馆分别查收，冀归实际。一面并请安仁乐善局同人，录示前案，及现奉何宪饬办？经办何人？以昭公信。临颖曷（hé）胜盼祷之至！

对于创办红十字会这一历史首举，清政府不仅口头上予以支持，并于四月初十日（5月24日）慈禧太后懿旨，拨付白银十万两以作经费。光绪手谕：

上谕朕钦奉"慈禧端佑康颐昭豫庄诚寿恭钦献崇熙皇太后懿旨"前据外务部奏万国红十字总会请旨画押一折，业经批准。敕谕张德彝画押。此会医治战地受伤军士，并拯救被难人民，实称善举。现经中国官绅筹款，前往开办，

慈禧太后懿旨 光绪皇帝颁发拨付国帑圣旨

吴重憙的红会情结

甚惬朝廷轸（zhěn）恤之怀。著颁发内帑银十万两，以资经费。传谕该员绅等尽心经理，切实筹办。钦此。

创办上海万国红十字会并实施救死扶伤需要大额度的资金，清政府拿出的十万两白银仅是杯水车薪。但清廷的积极态度，在一定程度上提振了上海万国红十字会所有人员工作的积极性，也给吕、盛、吴三大臣吃了"定心丸"。

作为上海万国红十字会领袖之一的吴重憙，早年因知陈州、开封时，连续数次督率民众抗御水灾，有时十几天腿脚浸于泥水，已经落下足疾，凡逢阴雨天气，便隐隐作痛，后在江宁、福建任职时，潮湿常年相伴，沉疴时有发作，只能以药减缓病痛。此时，连日操持，旦夕疲累，饮食难济，已让六十七岁的吴重憙身体难以支撑。但在国运衰敝、黎庶蒙难之际，他除了要全力运作电办大臣的"本职工作"外，仍然秉持一颗博大而仁爱之心，或乘车，或拄拐，或步行，四处奔波，不辞劳顿地宣扬人道、博爱、奉献的"红十字精神"，并凭借自己的钦差身份协商、鼓励、号召各省督抚衙门、上海本埠商贾巨富、驻沪外商绅士，以及海外华人华侨慷慨解囊，捐赠善款，用于人道主义援助，救死扶伤，匡时济难。

其实，早在一个月前，吴重憙即修函速递于外官江苏、河南、广东的吴钦、吴封、吴幽三子，要求他们"垂范在身躬，引领在前行"，于所属辖地多加劝导、倡捐，共襄义举。同时，吴重憙还与吕海寰商议，在刚刚集资兴建中的山东会馆（原上海山东公所义冢地，今上海市卢湾区自忠路455号）召开募捐大会，号召在沪从业、寓居者踊跃捐

清末上海山东会馆

助。时任上海知县汪懋琨（山东历城人，光绪十二年进士，光绪二十六年至三十二年任上海知县）立即响应，积极发动，由山东商人创建的"南市公估局""广记""六吉""怡顺昌""正祥同""公和通"等商号都予以慷慨解囊。

因已与严信厚相识，且有相见恨晚、惺惺相惜之感，吴重憙知道严信厚以其朴实无华的为人、坦率直言的秉性、踏实勤恳的作风，通过数十年在天津、上海、宁波等地的金融及工商业活动，声名鹊起，成为宁波帮第一人，其影响力在上海，尤其在浙江商界首推领袖。再者数十年来严信厚热衷并投身的慈善公益事业，曾捐巨资助建塘沽铁路、宁波铁路，捐建养正学堂、芝秀义塾、芝田义塾、富春义塾等，筹建宁波新式学堂——储才学堂（现宁波中学前身），培养了一批新式人才，以至于宁波人十之盈五可不知当地督抚、道台、知府、知县姓甚名谁，但不知严信厚者寥寥无几。严信厚慈悲为怀，重义轻财，施恩黎民百姓，赈灾救灾无数，仅光绪二十五年（1899 年）至二十九年（1903 年）间在浙中、安徽、山东等地赈灾达数十次，创办芝生痘局、济急善局等公共医疗卫生机构，拯贫苦百姓于危难，可谓功德无量。

因此，为东北千万百姓生命计，吴重憙主动与严信厚联系，邀之到位于上海公共租界的电政会馆，促膝而谈，并打发吴峄在浦江饭店订一雅间，宴请严信厚。对此，见多识广的严信厚虽然有些受宠若惊，但心下已经明白吴重憙之意。当即表示要抓紧时间召开浙商捐赠大会，动员所有熟悉的绅商付诸行动，一传之十，十传之百，竭尽所能，"共襄盛举"。

经历过诸多亲人离世、历经过多重悲苦灾难的吴重憙目中含泪，举杯向这位"年兄"敬酒，感谢这位慈善家"仁心为怀，善德无量"。吴重憙叮嘱严信厚：倘若确定赈济大会召开日期，若无重大、特殊之要务，定赴会场，为其助阵。

是日，上海滩细雨霏霏，天气骤冷。吴重憙早早起床，在高氏的亲侍下，刻意梳洗一番。吴峄等人看看天气，婉言劝阻吴重憙等霁朗雨散后再去四明公所（宁波在上海的同乡会馆），但吴重熹心急如火，不等吴峄等人再言，匆忙离开寓所……之后，严信厚带着吴重熹的信任和友情，栉风沐雨，不辞辛劳，先后赶赴汉口宁波商会、金陵宁波商会等，开展劝赈募捐活动。所集银两，盖通过《申报》所公开登载的报社、会馆赈济事务所汇纳。

这时，从北京外务部传来一则令人鼓舞的消息。是年四月二十日（6月3日），日内瓦万国红十字会就中国加入红十字会一事，致函清政府外务部。这是清政府就中国成立红十字会并加入日内瓦公约事项，与日内瓦万国红十字会交涉得到的第一次书面答复。

知贵国现在创立红十字会，本会甚为欣幸。查本会总旨，凡有以救济受伤军士为务者，均得称为红十字会。欲将中国红十字会注册列名，必须先将该会宗旨及经理人员照会本会，然后本会可以将会中应办事宜详为奉告，俾中国红十字会得以按照各国红十字会章程办理。

此消息，让吴重熹等人得到了一丝慰藉。但他心头掠过一丝忧虑，上海万国红十字会乃中英德法美合作创办，是否符合国际红十字会的原则和规定，若不可，下一步该如何创办中国独立的红十字会组织？

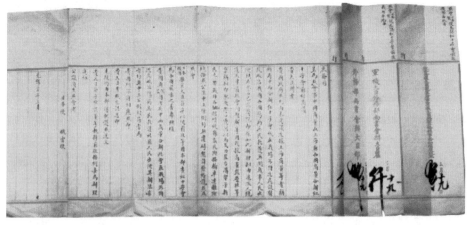

光绪三十年三月十九日（1904年5月4日）外务部为请允许红十字会派员前往战地救治伤病兵民事致日俄公使照会

一八、日理万机难舍念　警诫励勉慰人生

看着红十字会各项工作日臻完善，赈灾救护亦愈发紧张，吴重憙在电政议事厅，几乎天天待到夜间10点左右，吴峥多次予以提醒，他才拖着疲惫的身躯，回转寓所。每当离开时，又总是叮嘱值夜员弁，不可疏忽麻痹，贻误大事。为了鼓励员弁，他自掏薪俸，为他们加倍薪酬。每当回到寓所，家人总是小心侍候，担心稍有不慎，引发一顿无名大火。的确，日俄战争对吴重憙和吕、盛等臣子来说，不仅为东三省同胞生命、财产带来的不测之祸而扼腕叹息，也给他们带来了种种耻辱和重重压力，远在千里之外的上海，唯有不舍昼夜，勤勉尽职，才能纾解一丝心中的压抑、悲怆和愤懑——况且这种情绪，只能按压心头，不可随意明言，不可恣意发泄，以免有失分寸。吴重憙不止一次对儿子讲，越是国运凋敝、黎庶蒙难之际，但凡有一点良知的臣子，越应披肝沥胆、兢兢业业、宵旰（gàn）忧勤，唯有这样方能体现忠心体国、为君分忧、共度时艰的为臣之道。

上海街道旧照

上年，吴重憙抵上海十多天后，迎来了六十六岁（虚年）生辰。因故里海丰一向十分重视"六十六"这个诞辰，有"六十六割刀肉"之说，长子吴钦、次子吴封、三子吴幽虽各俱官异地，遂不顾父亲劝阻，约定好趁春节、

元旦休假之际，联络嫁给南皮张彬的女儿，齐聚上海为父亲祝寿。时下，吴嶽外官江苏，与上海近在咫尺，但平素里谨遵父亲叮嘱"万不许因私废公，荒于政务"，只能以书函勤于问询，而外官河东河道同知河南候补道的吴封，广东广州府佛山厅同知的吴幽，亦只能月月书函来往，以解心头之念。

回到寓所的吴重熹，还要埋身案头，挑灯批阅。有时，他还会挤出一点时间，捧读一册吴峄从坊间"偶然淘来"的白话体章回文集《官场现形记》。

几十年来，吴重熹与曾祖、父亲一样，每走一地，习于搜集——不管是传世珍品真迹、金石封泥，还是民间杂书、乡野传记，动辄百金，未尝吝惜。迁官异地，金银细软绝少，箱柜尽装金石典籍。

这次，当吴峄将这册《官场现形记》捧给父亲时，吴重熹认为此乃一本民间杂书，里面可能杂有"悖（bèi）逆"之言辞，但等翻过数篇后，即被其间内容所吸引，颇有爱不释手之意。

此作品为时下客居上海的江苏武进人李宝嘉（1867—1906年，字伯元）所著。作者通过丰富而犀利的笔触揭示了当朝官场的种种黑幕，包括官员们的贪婪、愚昧、自私以及相互之间的勾结和排斥。作品中的故事人物性格鲜明，既有正直善良的官员，也有贪污腐败、媚外卖国的角色。尽管有些官员试图为民请命，但在整体上，官场被描绘为一个利益集团，其中亲情、友情、爱情都被金钱和权力所左右。

此书共60回，达六十多万字，描写了上至朝廷下至地方佐杂小官不下百人，几乎是涵盖了各个官职。作品中的官员有分文官群体和武官群体，所列有名有姓的文官近百人，涉及的官职有军机大臣、内务总管、户部尚书、礼部尚书、钦差、总督、巡抚、布政使、道台、知府、知州、知县等；而相较于文官群体，对武官的描写则较少，所涉及的官职有统领、军门、参将、管带等。然而无论是朝中要臣还是地方小官，他们都有着相似的表现，有的利欲熏心、聚敛无厌，有的为博清正之名不择手段，有的不惜以严苛残暴的刑罚残害百姓，不顾国家危亡，自私麻木。

这些官员形象贯穿于小说始终，从会试落榜进而走上捐官之路的下层士子赵温写起，进而由点到面，一步步推移出去，将上至军机、钦差大臣，下至无数佐杂胥吏等形形色色的官僚展露出来。全书所描写的大大小小官僚胥吏，为升官晋爵而极尽钻营、媚上欺下、蒙混倾轧，无所不用其极。

小说《官场现形记》

《官场现形记》不仅仅是对官场腐败的一次揭露、挞伐，同时也塑造了一些正直的官员形象，如那些不畏强权、一心为民的官员。这些角色的出现，使得作品充满了人性和希望的光辉。对这些段落描写，吴重憙都予以标注。他曾对吴峄私语：这是一个窗口，让时人了解当下的社会背景、政体制度和人世百态、文化氛围。

翻阅着，吴重憙常常掩卷而思：就是这样一批批一群群卑鄙无耻、昏聩无能、残暴阴毒的大清官员，带来了官场的污浊与黑暗，也反衬出清廷中枢的腐败与懦弱。这里就像一个大剧场，各色人物粉墨登场，各种矛盾纵横交织，底层百姓的生活状态，中西文明的碰撞，时下中国与世界进一步拉大的差距，都能从字里行间找到答案。但吴重憙作为一位大清臣子，屡沐皇恩，步步升高，始终认定"忠君"为臣子的第一宗念，怪就怪一些奸佞蒙蔽圣聪，将国家拖入泥潭，将庶民推入水火——这就是他找出天朝内外交困、日趋没落、挨打受辱的主因。

一般情况下，吴重憙在书房阅读时，作为侧室之子的吴峄亲侍左右，若溽热非常时，他还亲执纱扇，为父亲消热。好在吴重憙理家有方，对原配陈氏三子和侧室高氏之子，一视同仁，儿子们在少年时即明白兄友弟恭之理。每日，吴峋必挽父至寝室，为父以药汤濯足后方回。

某日夜深，吴重憙阅罢一章，见吴峋坐在一侧，就着灯光正在抄录《蚕桑谱》，遂轻咳一声，吴峋立即站起，递过一盏热茶："父亲，时间已晚，还是早些安歇吧。"

吴重憙看着儿子："这部书中，涉猎人物逾百，其中还有钦差大臣。为父如今亦为钦差，你对为父怎么看？"

吴峋跪在父亲面前，垂头不语。吴重憙命吴峋起身、抬头，方见儿子眼角泪珠闪闪。吴重憙爱怜之意泛起，不由拉过儿子："怎么啦？"

吴峋哽咽："儿子委实心疼父亲。父亲已近七旬，足疾无愈，腰疾频发，但始终不负圣命，巡行沪上，抚军按民，查察弊端，风闻言事，大事奏裁，小事立断，况与吕盛二臣勠力同心，共襄义举，数月饮食难调，宵旰相接，且措置有方，一尘不染，若我朝所有钦差、臣子如您一般，哪有书中那万般态相？"

吴重憙摇头轻叹："你在恭维为父？"

吴峋又要跪下，吴重憙一把拉住。

"儿子虽贱陋愚钝，不及兄长们那般学业有成，仕途顺达，为父亲为家族挣得一丝荣光，但儿子跟随父亲多年，亲历亲见父亲嘉言懿行，方才所语实发自肺腑。"

吴重憙不由轻轻拍一下儿子的手："为父知吾儿之意，这些年让你跟随为父左右，一则为父年事已高，且病疾时发，离不开应急亲人；二则你出身毕竟与你三兄长有别，更需勤学善察，经多历练，丰润羽翼，以期日后见用。"

吴峋拭泪："儿子明白。"

吴重憙将书本递给吴峋，嘱其再读，且将书中官员形象进行分析归纳，划分其类。吴峋不敢懈怠，边读边思，后分五类：一者卖官鬻爵、贪鄙无厌之人；二者昏聩无能、残暴狠辣之人；三者投机取巧、汲汲钻营之人；四者虚伪为民、沽名钓誉之人；五者媚洋惧外、卑躬屈膝之人。

吴重憙看罢，思忖再三，颔首以赞，对儿子露出少有的欣慰之意。他叮嘱吴峭再去市井"淘换"几册。后，给在外为官的三子各寄一本，每本扉页亲签四字：警、诫、励、勉。

吴重憙不仅要求自己做一个清官能吏，更寄希望于自己的儿孙如是。不负朝廷，不辱祖宗，对得起黎庶百姓，对得起自己的良心。

279

吴重憙的红会情结

一九、殚精竭虑为红会　不舍昼夜尽臣忠

自红十字会创设以来，各种繁冗事务接踵而至，需要朝廷委以重任的吕、盛、吴三钦差，在极短的时间内缜密思考，仔细谋划，商议、拟定奏报、电函，及时筹措，厘定方案。

吴重憙考虑到日俄战争日趋激烈，被难人员日增。在战区抢运伤员，分会员和外国教士等仅仅凭借几副担架，断然不能及时施救。为此，吴重憙向吕海寰、盛宣怀提议，电函商部、外务部饬驻外使节，拟再订购数台救护车辆。

考虑到中国红十字会应早日跻身国际红十字会，吴重憙向吕海寰、盛宣怀提议，抓紧一切时间制定上海万国红十字会简明章程，可由外务部面商各洋国使节，收览各国红十字会章程，再根据本国红十字会实际情况，拟定适合本国的有关章程，并公布于众，成为中国红十字会的行动纲领。吕、盛二人深表赞同，吕海寰并责成吴重憙立即以三大臣之名致电外务部、商部。嗣后，吕海寰还打发家人专程赶赴吴重憙寓所，馈赠洋参两支、冬虫一盒。因三大臣中，吴重憙最年长，品阶较低，三人在公署彼此称之为"吕尚书""盛宫保""吴侍郎"，而私下吕、盛则称吴重憙为"仲饴兄"或"兄台"，以示敬重。的确，在创办红十字会的数月中，以三人名义发往军谘处、外务部、商部的电文，皆由吴重憙起草，再经吕、盛阅示。

光绪三十年五月十三日（1904年6月26日）收商约、电政大臣吕海寰、盛宣怀、吴重憙电称：

据沈、任、施道等称遵拟中国红十字会章程，惟备始美。蒙抄发

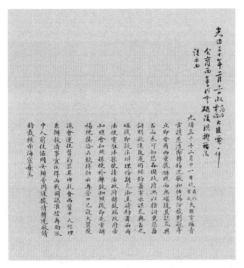

吴重憙等"会商西董仍无确复现拟办法请
示由"呈外务部、商部的电文

美日两国来件，尚有同盟四十二国各自定章，虽已设法觅抄，并向日本觅取，据译洋文原文及医院医车图式。诚恐辗转需时，可否仰恳大部电饬驻英、俄、德、法、比、奥大臣，各向该会觅抄各国自定之章，洋文译文一并迅速咨呈，如能多备一份，径寄上海，尤所祷盼。荷兰原约沪领事借到译出，瑞士原约并恳电饬张（德彝）大臣向该总会索取一份寄

示等情。该道等深思远虑，实力虚心拟章，务求美备。所请极关紧要，敬乞钧察，即赐电饬为祷。海、宣、憙。元。

为全面了解战况，掌握救护赈济情况，随时向处于战区的银行机构划拨款项，吴重憙面禀吕、盛二大臣，提请速派中外人员得力办事者，尤其是谙熟俄语之人赶赴战区，以便联系和通融。三人正在商榷之际，接到山东巡抚周馥（1837—1921年，名宗培，字玉山）荐电，声言住山东德国男爵司肯多福自请周抚，自愿前往战区。

受吕海寰之托，吴重憙立即招徕沈敦和等人，商议具体事宜，因涉及洋务、外交，当事无巨细。不日后，司肯多福抵沪。

五月十五日（6月28日），商约大臣吕海寰、盛宣怀、电政大臣吴重憙委沈敦和与西董议定后，就司肯多福晋京面见各公使，商明前进由，致电外务部：

德男爵司肯多福自济南来沪，持周玉帅函，以战地内难民，红十字会员尚未深入救护，司肯多福愿为前驱，因嘱中西总董与商，始悉会章难以深入。自托俄领事，幸俄副将搭西努将其来意各电请政府示。日领复语含混，俄副将接伊政府电，不愿中国往办红十字会事，可准

渠前往。已电京雷（萨尔）使示。现中西董会议定后，司肯多福拟回济，绕津晋京面见各该公使，商明前进，已分派员弁（左）桢与偕，尚须德文翻译，据称玉帅允派。海等拟电玉帅，预备俟司肯多福偕弁桢到京，再面禀一切。先此电达，以期接洽。为今之计，得步进步，能办一切事，即尽一切心。刻下自以广行救济为第一

外务部、商部以"日俄既不承认应与西董切商又补画押事已电张使由"发吴重憙等人的电文

义。海、宣、憙。愿。

五月十七日（6月30日），吕海寰、盛宣怀、吴重憙就分派办理红十字会情形由，再次电函商部、外务部。

光绪三十年五月十七日收到商约大臣吕海寰、盛宣怀、电政大臣吴重憙电称，前奉增（祺）廷帅鱼电，即饬华董电属新民屯分会员徐世职信谟（mó）、任牧锡琪酌量前进，并知照西董电属营口分会魏伯诗德等一体筹商。又与周玉帅派来之德人司肯多福面商，劝令前赴辽阳一带，派分会员左桢与偕。经中西董会议定见缮给凭函，回济绕津晋京面见各该公使，再定前进。顷接魏诗伯德自营口复电称，遵即于辽阳、盛京、开原添设医院，一切照营口办法，药物先由营口匀济，仍盼沪克速购运，并汇银以资经费。中西会议一面电复魏伯诗德照办所议经费、药物即日购办、汇运；一面经西董首自倡捐并拟西董联名函，致伦敦、巴黎、柏林三处善会，吁恳协助。沈、任、施道等面禀前情，海等查董等所称各节，均已在辽河以东，非中西合办不能至此。合亟奉闻乞查照分会员刘令芬现在京候照，徐世职信谟、任牧锡琪已由新民屯赴奉，敬恳大部、增廷帅分别谕令各该员知之，以资接洽。再，徐、任二员据报十五日早动身，曾否随带翻译，电未声明。倘无翻译，拟

恳增廷帅就近酌派一人与偕，并指示分会医院处所，俾便商办。祷甚幸甚！海、宣、熹。谏。

经外务部允准，五月二十二日（7月5日），吴重熹等谨嘱沈敦和、任凤苞和翻译朱礼琦等与司肯多福会晤。因涉及司肯多福此行的职责范围、薪水支付、人身安全以及万一遭受不测时家属抚慰等多重因素，吴重熹再三叮嘱一定要思虑周全，不可有一丝疏忽。沈敦和等心领神会，与司肯多福推心置腹商榷、探讨，几经反复，与之订立合同。

合　同

一、此合同自西历一千九百零四年七月一号起，至十二月三十一号止，以六个月为限，限满彼此均可停歇。惟彼此均须一月前关照，若不关照，此合同即作为再续六个月。

二、司肯多福甚愿始终竭力以赞万国红十字会，尽善尽美，并有权可与各分会董事协力同心共襄善举；各分会董事、会友如有所见，亦应告知司肯多福；如有条陈，亦应赞助以底于成。

三、司肯多福与华董所派许正寿同往满洲，所有银钱施给难民全由许正寿及满洲各分会中西董事经理，司肯多福不必与闻。许正寿应将用出之款及难民告司，并与中西董事商量。

四、司肯多福有权可条陈会事。

五、山东抚台应延订翻译一人，与司肯多福偕往。所有翻译及许正寿薪水资用全由会中发给，与司无涉。

六、司肯多福每月应得薪水关平银四百两，一切川资房饭等银三百两，惟费用每月应由司开细账呈核。其薪水及费用应三个月一付。

如下合同订成关平银二千一百两整。

西历本年十月一号付关平银二千一百两整，倘上次用款有余，可在下次应付之款内扣除。

七、倘有不测之事，致司肯多福不克尽其本分，其银应接续照付自订立合同之日起以一年为度。尚有彼此往来之函一件，专为危险之

283

吴重熹的红会情结

事亦与合同一律看待。

合同订立后，由沈敦和面呈吕、盛、吴三大臣审阅。为慎重起见，又根据司肯多福申请，拟订《训条》。

光绪三十年五月二十四日（1904 年 7 月 8 日）照会德男爵司肯多福为照会事，据上海万国红十字会中国总董记名海关道沈敦和、前四川川东道任锡汾、直隶候补道施则敬、副总董兼总书记江西候补道任凤苞呈称：

贵男爵订立合同，偕本会员许正寿前赴山海关外战地，会同分会西董魏伯诗德等及分会华员候选通判张庆桂、直隶特用知县刘芬、指分直隶候补知州任锡琪、云骑尉世职徐信谟、补用都司朱庆章办理救护难民事宜。据贵男爵自请训条，兹已会同议定，缮备华文各一纸，如因意义未明，比对应以华文为准，呈送本大臣誊核照会送交贵男爵，以昭慎重等情。除由该董等抄给许会员携带并分别咨行外，相应照会为此照会，贵男爵请烦查收按照办理，并与各分会中西董事和衷共济，以期救护难民事宜日有进步，本大臣有厚望焉。须至照会者，计照送《训条》华洋文各一份。

训　条

上海万国红十字会中国总董沈敦和、任锡汾、施则敬、兼总书记任凤苞今据贵男爵自请前赴东三省战地办事，《训条》当经会商西董，禀明吕、盛、吴三大臣，酌定开列如左：

一、此次偕同本会华董许正寿前赴满洲救援难民出离战地，与本会分设之各分会中西董事和衷办理。所有各分会员董姓名及驻扎地方均已告知，并由许董事随时知会司君。

二、满洲华称东三省，因内分奉天、吉林、黑龙江也，目前战事俱在奉天，所以救护之事先在奉天下手。闻近来难民以金州、复州、海城、盖平为最多，情形亦最苦。金州已有袁宫保派张道台救护，复、海、盖三处目前俄兵甚多，司君精通俄语，必能与俄将联络设法救护出险，酌量资送之最近分会接送。其奉天以北亦有难民，俟复、海、盖救出后，再行前往难民最多地方相机办理。

三、难民有两种：一曰客籍，一曰土著。客籍均欲逃回故乡，故须询明某省人，凡极贫者量其地之远近给伊川资，有可送至新民屯、营口者，可以减少川资，因该两处均有分会，可给舟车免票也。土著大都不愿离其故土，因战事失业，衣食缺乏，必须周济。随时与许董事商明，会同各该地方官酌办。

四、东西纪律之师所至，均能保护闾阎。庚子北京之事，凡在京城善待百姓之国之兵，至今都中人感念不已。此次俄日战地不幸借用满洲，自不能即作占领敌国地论，两战国将帅岂无仁义之人？司君往晤婉言商酌设法保全，务请两战国将帅将此事出一军令，禁阻扰害百姓之事，则保全必多，功更在救人出险之上，名誉更著，两战国之文明亦遍五洲。现本会医院救护均已办有成效，惟保护闾阎一层尚无办法，望司君格外加意。

285

五、司君如救护等事需用款项，随时商同许董事，与地方官商量，设法电致本总董，赶速拨款，以资应用。此等项用出后，司君亦将总数签一西文报条，交与许董事附入报册。

六、俄军在旅顺青泥洼颇肯释放难民出险，则满洲各处当无阻拦难民出险之理。司君如能婉商俄将，凡有大群难民出险，请俄将给一护照，或派马队数人，送至无俄兵之处而止，则功德尤大。

七、以上各节本总董等已禀知吕、盛、吴三大人，咨会北京外务部、商部、东三省将军、都统、府尹、北洋大臣、山东抚台行知各分会华董事，并抄给许董事携带。司君应各与接头，并与各分会西董接头，和衷共济。其中如有已办之事，尚可推广；或此已办之事，此处可办，彼处不能办；又目前不能办，将来可办，均应斟酌妥当。其未办之事，亦应随地斟酌试办。总之，无论试办、已办、未办之事，司君应备洋文函，许董事应备华文函，知照就近分会中西董事，随时函报本总董等查考。

如以紧要，可用电报听候本总董等酌示照办。

八、以上各条照缮华文英文各一份，由本总董签字呈送吕、盛、吴大臣，照会交给司君收执。如因意义未明，比对应以华文为准。其余未尽事宜，或司君到彼察酌情形，或本总董等先有闻，须酌量添改，应随时函电往来商酌。此函电应由司君备洋文，嘱翻译译交许董事，报明本总董查核；本总董用华文函电饬许董事，交翻译译交司君。彼此各尽救护难民，日有进步之义务。

数日内，合同、训条及沈敦和、任锡汾、施则敬、任凤苞等人与司肯多福会晤记录之内容，业经吕海寰、盛宣怀、吴重熹审定，报部存档。由吴重熹出面与日俄领事馆联系，迅即为司肯多福、许正寿、朱庆章、江云章、谭沨等办理护照，速发北上。

正在忙碌中，一则消息传来，让吴重熹陷入悲恸之中。光绪三十年五月二十一日（1904 年 7 月 4 日），同治、光绪两朝帝师翁同龢（hé）病逝。

翁同龢（1830—1904 年），字声甫，一字均斋，号叔平，又号瓶生，晚号松禅老人，江苏常熟人。中国近代史上著名的政治家、书法家、收藏家。

翁同龢是体仁阁大学士翁心存之子。咸丰六年（1856 年）状元及第。此后历仕咸丰、同治、光绪三朝，任翰林院修撰、陕西学政、内阁学士、都察院左都御史、工部尚书、户部尚书、协办大学士等职，其中任户部尚书最久，达十余年。在此期间，他曾与李鸿藻一起充任同治帝和光绪帝的师傅，并两入军机处，参与内政外交的决策。他尤其在甲午战争中坚决主战，被视为"帝党"的代表、晚清清流派中"后清流"的领袖。甲午战败后，他主张变法图强，并于光绪二十四年（1898年）起草《定国是诏》，拉开"百日维新"序幕。但不久即被勒令开缺，"百日维新"失败后被革职编管回籍，永不叙用。

吴重熹本打算利用闲暇之时，前去拜望一番，怎奈电政、红十字会事务冗繁，俟容机再往。熟料，光绪三十年（1904 年），翁同龢去世于常熟虞山，享年七十五岁。

翁同龢书法作品

翁同龢擅长诗文和书画，尤其在书法上有很高的造诣，清杨守敬在《学书迩言》中曰："同龢，同治、光绪间，推为天下第一，询不诬也。"遗著有《翁文恭公日记》《瓶庐诗稿》等，被今人整理为《翁同龢集》。

正因翁同龢才华横溢，擅长收藏、书法、著述，因而吴重憙在京工部行走时，即与之建立了文字之交。翁同龢早闻吴式芬实为收藏、书画、诗文等诸领域领袖之一，昔年兄长翁同书与之多有交从，可惜自己终未曾谋面，这次当吴重憙奉帖拜望时，亦欣然执手言欢。后

吴重憙将父亲收藏的数帧善本、孤本拓印，赠翁同龢。吴重憙外官河南时，翁同龢还赠诗吴重憙，诗稿珍藏于海丰家中书屋，可惜后来因火灾而焚。

吴重憙不仅敬仰翁同龢的文采，更钦佩他的胆识。翁氏在甲午海战中反对清廷议和与割地赔款，主张倾全国之力对日宣战；积极主张变革维新，引进外国先进技术。翁同龢被革职后，吴重憙内心实为其鸣不平。但此时慈禧太后独霸朝纲，凡与之意见相左者，皆受株连。为此，吴重憙与诸多臣子、文人一样，只有忍气吞声，专心于所属职场，以求心安、无愧。

吴重憙等关于红十字会各项事宜的来往电函

日期（光绪三十年）	事由
二月四日	拟定红十字会办法，请照日俄二使，即电胡、杨二使迅商并知照瑞国总会由
二月六日	请商免收红十字会电费由
二月七日	免收红十字会电费由
二月八日	胡使如有信即示由
二月九日	胡、杨商无确复，希告知西董迅电各政府转商日俄由
二月十一日	会商西董仍无确复，现拟办法请示由
二月十六日	日俄既不承认，应与西董切商，又补画押事，已电张使由
二月十八日	希与小田切妥商由
二月三十日	西董有无复音由
三月七日	红十字会事请再电胡、杨二使，以战场附近与商由
五月三日	办理红十字会详细情形由
五月十三日	请饬各使臣向该会觅抄各国自定之章由
五月十五日	西董议定后，司肯多福晋京面见各公使商明前进由
五月十七日	分派办理红十字会情形由
六月十八日	抄呈问答照会各件，俟德员到京请示由

按落心头隐痛，吴重憙继续为电政、红十字会事宜操劳。为进一步完善上海万国红十字会工作，促使各项活动走向正轨，在吕海寰、盛宣怀、吴重憙三位钦差大臣的督理下，几经商榷、修改，于光绪三十年五月二十九日（1904年7月12日）颁布《上海万国红十字会暂行简明章程》，并在《申报》六月十七、十八日予以刊登。

上海万国红十字会暂行简明章程

一、此会系中、英、法、德、美五中立国联合倡办，由中国政府知照两战国政府，转告战国军队将帅士卒，皆知此会，其名曰"上海万国红十字会"。

二、此会经费，以电报、轮船、火车为三大宗，均承北洋核准免费，卢汉火车亦免半费。蒙中国皇上钦奉，皇太后慈恩颁帑，又承中西官商输助，专以医治战地因战被伤之战国及局外兵民，救护战地之无关战事因战被难人民。

三、此会由上海公举中西总董主办，总董就近秉承中国钦差吕、盛、吴三大臣，随时随事电牍咨商中国外务部、商部、南北洋大臣、各省大府，钦遵中国皇太后、皇上旨意，与中国出使日俄大臣、日俄驻京大臣商酌维持，有劝捐办事之全权。所有附近战地之紧要地方，由总董会议遴延中西绅董，缮给凭信，前往添设分会，办事仍由总董呈请中国钦差吕、盛、吴三大臣给发该分会华董印札，以专责成，而昭慎重。

四、此会应有医院、医车、医船，恐侵战国权利，是以只设医院，暂就泰西教会，已设、拟设或因战停罢之医院房屋，或另觅房，由本会筹给经费、药物，仿中国海关延用洋人办事之法，商由西董指请教会，向办医院之人，主持办事，作为本会特设之医院。该医院于租赁房屋、应备药品器具之外，其余尚无开支经费，因极节省。而西医生、侍疾人一切具备，足以医治因战被伤兵民，其非因战被伤兵民，由该分会随时斟酌处理。

五、本会最重救护，战地因战事被难、无关战事之人民，先由营口分会倡办，后由烟台分会酌办，现各分会均已照办，其救护之法有数端：

甲、水路现已阻塞，由难民自行设法出险至烟台，分会查察，近则给资，听其自回原籍，远则给以轮船免票。陆路办法最难最多，详列于后。

乙、陆路分会均依傍火车站设立，蒙北洋核准火车免票，发交会董领存应用。与北洋救济公所事同一律，皆察酌难民之实系贫苦一无所有者，方给免票。即以此免票递转至卢汉铁路，照给半票，招商局轮船发给免票，其再转至沪者，验明免票。于换给免票之外，量其归途远近，加给川费，自洋二元起，递至数元不等，以足敷到家，尚略有余为度。其候船宿食之费，仍由本会核实给付。

丙、轮船、火车免票或半票设已用竣，尚未及续领或领而未到，则营口初办时之法，先与站局约明，于每人衣襟、手心钤（qián）一印记，编数十人为一起，会董亲自护送至停船车之处，帮同船车办事人验明，俾登船车启行。其中如有贫苦不堪者，每人加给洋一二元不等，按日按人详细登簿，以便播告征信。各分会皆依照办理，不使难民有守候饥饿之苦。

丁、同是被难，而其人向来体面，或随带家眷，尚有行李，但无现钱，或不愿侵占难民免票地步，欲自留体面，则有沟帮子（为营榆新铁路中心点，于光绪三十年三月设立分会）初办时之法，计其车费若干，其人写立借据，由本会如数代给，一面将借据寄交其所指地方，收回归款，或寄交上海本会，听候酌办，总使其出险，而免受窘。各分会亦依照办理。

戊、体面人不用免票之外，尚有官商，知战国禁令，不敢出险者，则有新民屯分会酌办之法，由其人自将眷属行李分为数起，商明本会，附入难民之列，仍不用免票，由本会一体保护出险。据报，每日经过百人中，类此者过半，其人既与战事无关，同属避难，亦本会应尽救护之责。各分会应即酌办，不列难民册报，另行报查。

己、以上皆系救护出险，无论华人西人何国人，均一体相待。营口曾救护德人，随时知照天津接护；烟台曾救护俄人、韩人，各资遣回本国。已屡次函电，切嘱各分会加意照办，毋得稍有歧视。

六、救护出险办法，业已略备。尚有土者，系恋世业，或已濒于危，又自知他出，仍无可为生者，该分会目击心伤，岂能忍置？本会义应博爱，预筹办法数端：

甲、地方被兵，即多失业，衣食何资，饥寒可悯。中国最重赈荒，况联合英法德美四大国？现已由总董会议广设筹款之法，款集办赈，应随地制宜，总期不出险之无关战事人民，不绝生机。

乙、大兵之后，必有凶年，即多疫疠，又非医院之医伤药品所能疗治。现先购运暑药，交各分会酌办，随后再讲求避疫方药，购运济用，俾难民既避流离，同登仁寿。

丙、战地炮火纷飞，未易过问，战地外及附近处，或有不愿出险、不能出险之人民，既与战事无关，凡有中国地方官之处，均已承中国大府拨款，饬交设法赈抚，本会谊应协助，已切嘱各分会中西会董，因地制宜，带同翻译，与战国将领恳切情商办法，总期不出险之人民，深得安居，再办给赈救疫诸事。

丁、以上为无形之救护。庚子联军在京及京西北直至张家口办法，尽人所知。现闻日军奉其政府训条，到处施仁布惠，俄军亦以仁爱收于人心。本会已将庚子所以能如此办法之故，及现在两战国军将优待无关战事人民之确闻，详细函告各分会中西会董，俾可依照酌办。又特延山东周抚帅函荐前来之男爵司肯多福偕同华董前往设法办理，以期有济。

七、此会办事华总董宁波沈仲礼观察（观察，清代道员的别称）敦和、宜兴任逢辛观察锡汾、钱塘施子英观察则敬，兼总书记宜兴任振采观察凤苞。驻津办事总董江西毛实君观察庆蕃、西总董英国按察使威金生、副总税务司裴式楷、工部局总董安德生、高易律师麦尼而、法国工部局总董勃鲁那、德国宝隆医生、美国丰裕洋行葛累，兼总书记英国教士李提摩太，凡事中西会议，仍由华总董会商刘星阶学士宇泰、杨杏城参议士琦，秉承中国钦差大臣吕镜宇尚书海寰、盛杏荪宫保宣怀、吴仲饴侍郎重憙校定施行。以上与每星期议事各董事及华帮总书记宜兴陈漱六大令（大令，清代县令、知县的尊称）、帮书记震泽程鸿征司马（司马，明清对兵部中下级官员或府同知的别称）延第、归安周少莱大令廷华，均不支薪水。夫马、西总董所延之副书记英人李治、华总董所延之英文翻译宁泉朱仲宾礼琦，并在公所办事之震泽徐芨臣惟岱、嘉兴盛萍旨沅、湖州罗家征驹及抄写人等，由中西总董筹支薪水或津贴不等。

八、各分会或西董主持，华董襄理，或华董主持，西董襄理，皆与上海总董联络一气。营口设立最先，西董美领事密勒、英教士魏伯诗德办理，最为得法。嗣经华总董遴延上海张丹荣别驾（别驾，清代府州通判的尊称）庆桂，宝山周正卿司马传戒赴山海关外添设新民屯、沟帮子分会，周正卿旋即自请辞退回沪，总董续延高淳刘兰阶大令芬、宜兴任启人刺史（刺史，清代知州的别称）锡琪、上元徐都尉（都尉，清代中下级武官）信谟、日照朱殿卿都戎（都戎，清代刑部督捕官员）庆章、扬州许文卿游戎（游戎，清代游击的别称）正寿，前刺史徐都尉已至奉天禀商大府，会同西董设立分会医院，并电商密勒、魏伯诗德等，展设辽阳、开原、吉林分会医院。总董又以烟台为水陆要冲，联络津、沪、旅、青之气，请招商局李载之直刺（直刺，清代直隶州知州的别称）福全设立分会，公举中西董事，并请东海关道何秋辇观察彦升就近督率。各分会中西董事亦均不支薪水。总董禀商中国钦差吕、盛、吴三大臣，以山东周抚帅函荐之德男爵司肯多福自愿前赴战地，相机办事，已遴选许游击正寿与之偕行。各分会翻译、书记、司事人等，人数众多，另单布告，均开支薪水，其不愿开支者仍听。总期广设分会，辗转筹设医伤救难之法，以副中国圣旨，英法德美国同心联合，特行创办之义举。

以上之办法为暂行章程，未尽事宜，仍随时中西会议以期妥洽。至中国红十字会章程，应由华总董另拟，呈候咨部核奏，请旨饬行，合并声明。

光绪三十年五月二十九日上海万国红十字会谨订。

吴重憙等"拟定红十字会办法请照日俄二使即电胡杨二使迅商并知照瑞国总会由附上海举办红十字会章程"呈外务部电函

光绪三十年七月初二日（1904 年 8 月 12 日），日内瓦万国红十字会会长穆业、副会长欧第业联名为中国入会一事复函：

中国入会一事，瑞士业已成就，瑞士联邦已按照万国公例告在约各国。

正是由于吕海寰、盛宣怀、吴重憙等一干朝臣的身体力行，沈敦和、施则敬、任锡汾等仁人善士的劳心劳力，中华大地"一时闻风兴起，中外乐输者尤不乏人"。据上海万国红十字会报告统计，日俄战争期间共筹中西募捐合白银 54.19 万两，并全部用于拯救中外难民。又据光绪三十二年十二月（1907 年 1 月）统计，总共救济（包括收容、遣送、治疗、赈济）战区难民总人数达到 46.7 万人，因伤重不治而亡的仅 331 人。特别令人钦敬的是，参与此次募捐及救助行动的人员全部是志愿行动，无论是中方还是西方的红十字会会员，还是吴重憙等清政府大员们均无薪水或额外补贴，车马出行、夜间议事茶点等系列靡费，均由各大臣自行解决。

上海万国红十字会财务事项由施则敬担任。施则敬力行勤耕，账目详细，款项收支流向清晰。在东三省救护完毕后，所余款项，经沈敦和主持，用于建设医院与医学堂，以培养中国人才，使得红十字会

吴重憙的红会情结

事业初具规模。随后，施则敬将中外捐助款项的来龙去脉，一一造册公布，为中外所拜服。不仅如此，施则敬的长子施振元也进入上海万国红十字会义务工作。为方便中外总董之间沟通，妥办涉外事务，及时报请吕、盛、吴三大臣，与湖广总督张之洞通融并得准，施则敬招徕堂弟——留学美国，先后获得文学学士、硕士，担任湖广总督衙门洋务文案的施肇基（1877—1958年）担任红十字会总翻译官。施则敬一门均热衷于慈善事业，急公好义，为世人所称道。

因兴办上海万国红十字会，劳心劳力，至功居伟，加之其他方面勋绩昭然，光绪三十年（1904年）十二月，施则敬等人获授光禄大夫，任凤苞等人诰封荣禄大夫。

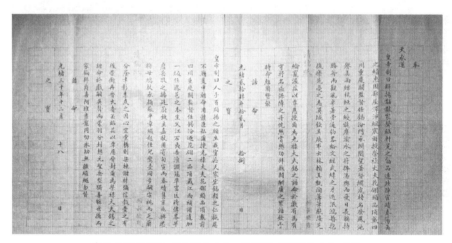

清廷诰授任锡汾"光禄大夫"、任凤苞"荣禄大夫"圣旨

日俄战争结束后，上海万国红十字会虽然完成使命，但并未实际解散，继续参与各项赈济活动。

三年后，吕海寰、盛宣怀、吴重憙向清廷合奏一折，陈述创立上海万国红十字会的过程、经历、各级官员士绅万众一心募捐、红十字会积极开展施救、赈济情况以及取得的显著成效，奏请对在办事中着实出力的员绅、职官给予嘉奖。

沥陈创办红十字会情形并请立案奖叙折

奏为上海创设红十字会，沥陈办理情形及善后持久事宜，并请立案奖叙在事出力员绅，恭折仰祈圣鉴事。

窃照，前值日俄开衅，战事波及东三省，地方兵民骤遭战祸。其时天津、奉化先后设有救济筹济等局，以图急赈民命。惟中国尚未入瑞士国红十字总会，无从享战地救难医伤之权利。经臣海寰、臣宣怀与侍郎臣吴重憙钦遵电旨，就商北洋大臣袁世凯、今侍郎臣杨士琦等。督率该会总董道员沈敦和、任锡汾、施则敬、任凤苞等，劝合寓沪中西各官绅，由中国联合英、法、德、美五中立国，创设上海万国红十字会。共同推举臣海寰、臣宣怀及臣重憙为领袖，道员沈敦和、任锡汾、施则敬为中国办事总董，任凤苞兼总书记。英人威金生、裴式楷、安特生、麦尼而，法人勃鲁那，德人宝隆，美人葛累为西国办事总董，李提摩太兼总书记，潘慎文等副之，冯恩昆等充书记会计等员。正筹备间，钦奉电旨，据御史夏敦复奏请饬办红十字会等因，即经电由外务部、商部复奏，敕部知照战国驻使转行其前敌军队，电咨日、俄驻使，转致其政府。

臣等督率总董，约同寓沪绅商，筹借垫款，酌拟简章，先行开办。电商营口同知谈国桓、英教士魏伯诗德，在辽阳、沈阳、开原、铁岭、安暑河、吉林、沟帮子、新民屯等处，中西官绅教士，或就医院，或附铁道，设立分会。又电经东海关道何彦升等，在烟台设立分会。又公举道员张庆桂，同知任锡琪、周传诚，知县刘芬，都司徐诚檀等，赴沈与俄官西董联络接洽，分头办理。一面由沪中西分电募捐，旋即钦奉懿旨，颁发帑银十万两，各官绅商陆续筹款汇沪，并捐制棉衣、药饵。又经南洋大臣转传电旨，奉省兵灾，地广人众，著周馥转饬上海红十字会总办，多延员绅，速拨巨款，前往奉省，会同地方官广施赈济，以全民命。钦此。遵经商派直隶候补知府史善诒带员携款出关，商明营口分会西董魏伯诗德办理协赈。划分辽阳以南至营口，由知县刘芬会同魏伯诗德办理；辽北至沈及附沈各处，均由史善诒及知县陈艺等办理。

两国军队，不时假道游骑出没，马贼纵横，被难中西人民，络绎于路。两国伤兵，各分会以医院帮同疗治，即商允其司令官，保护辽沈等一带难民，互为酬报。该会员等深入战地，因有会旗、会衣为识，咸得附坐沈营火车，往来救护。所有被难商民、华工二万余人，均分别水陆出险，或资送复业。每至一处，宣布皇仁，多方抚慰，并赈给其极贫者。新民屯分会又商同日官，帮运协沈米粮分赴张家口沿边，招商购贩牲畜，以资接济。又准外务部电饬会员余树勋等，由烟台购带卢布、饼干、棉衣，驰往海参崴，会同商务委员李家鉴，查明俄兵滋扰之中国商民，按户给放抚慰。迨上年美属旧金山震灾，又经酌拨会款，汇交驻美使臣，助抚华侨，各在案。

历据该会报告，统计各地先后救济总数实共四十六万七千余人，内已出险待赈仍因伤病不治者，仅有三百三十一人。大兵之后，幸免大疫，中西医药随处奏功，寒天棉衣犹如挟纩（kuàng）。又据该会员绅等各于完竣后，呈报经办事宜，西员又介西董印送其经办事略，并均呈缴用余款项，由该总董公同综核，除在会中西员绅及出险难民，附坐关内外火车、中国招商轮船，因公往来电费、水脚各项，计洋六十万余元，银五千余两均经北洋大臣核准免费外，所有收款项下，敬谨领到恩帑银十万两，又该收中西筹拨募捐，合银五十四万一千九百两零，所有支款项下，自臣等暨各该中西总董、会员均无薪水、夫马公费，以资撙节。综计各项支款，共银五十七万七千四百两零。收支两抵，共余银四万四千五百两零。上年江南北水灾创办华洋义赈会时，中西会议，由余款项下拨赈提倡，统由该总董等一并详核，再行造所征信，此上海红十字会筹办各节及收支总数之大略情形也。

当各分会救护吃紧，遵旨派员拨款往赈之际，外务部行知瑞士国，函请补画会约入会，奏奉谕旨，颁给驻英使臣全权，敕书赴会画约入会，当饬该总董等公同拟草呈核。据称博稽西董，佥谓各国入会有后先，其合朝野上下组织成立，得在战地尽救难医伤义务，其权利实在军医之上，尤注重创办之人。

兹以五中立国权宜联合在中国地方创始承办，中国遂永有红十字会主权，应订专章，即可接此次办法商订。又各国红十字会各有佩章，重以国家之命，由会制备，今中国红十字会成立，西董亦愿得中国红十字会佩章以永纪念等语，臣等因饬总董仿照各国红十字会佩章式样，酌拟中国红十字会佩章。派员测绘各地设会办事情形拟具图说，俟石印成册，咨送外务部核议呈进，并分送京外中西助捐之官绅士商，表明此次办法，即为中国红十字会商订专章之据。一面参考日本初创赤十字社情由，与西董订明。先就中国自筹之款酌拨以为基础，兼仿瑞士总会真奈瓦地方之意，在上海购地采取各国医院、学堂、医船、医车之式样，筹措经费次第仿办。另选聪颖华童，一面在沪附设医学堂，一面出洋学习会医，考求会医与军医之如何区别，本国看护人之如何储备招致，务期悉臻详备，以结万国红十字会之会局，即以巩中国红十字会之初基。

计自开办迄今，阅时三年，各员绅出入兵火，九死一生，艰苦情形，难以尽述，实在救护至四十六万七千余人之多，兼及战国伤病兵士，藉以昭示睦谊。核其劳绩，似合军营前敌中外交涉兼而有之，迥非寻常偏灾办赈可比。饬据该总董将始终在事尤为出力员绅，查取职名，会商西董，分别缮列清单，以凭奏请奖叙。并以上办理各情，经各总董具禀前来，臣等详加覆核。

查中国红十字会，事属创举，自无成案办法可援。而战国在中立国界内宣战经年，为各国历史所无，救难医伤，办理万不容缓。臣等仰体德意，督率创行，幸无贻误。复蒙慈恩，首先颁赐巨帑，内自阁部王大臣，外自各省督抚，陆续捐助巨款，一时闻风兴起，中外乐输者，尤不乏人。该总董等办事实心，赴机迅捷。各分会员绅出入锋镝，屡濒于危，卒能坚忍耐劳，举数十万流离荡析之人民，出水火而登衽席，上纾宵旰如伤之隐，下示中外联合之诚，该总董所称兼有军营前敌中外交涉之成劳，尚非溢美。各员绅等又非尽负地方责任，远人引重，亦非虚词。臣等前准奉天督臣赵尔巽（xùn）咨请，查核在事出力中西员绅职名，奏给奖叙。自应查照择优保奖，以资观感，如蒙谕允，应由现任东三省总督臣徐世昌查明具奏，除将该总董开呈清单，照缮咨送东三省督臣另案核办，并将万国红十字会石印图说、中国红十字会佩章图说，凭照样张，一并咨送外务部查照外，所有上海创设红十字会先后办理情形，并请敕部立案缘由，谨合词吁陈。

伏乞皇太后、皇上圣鉴训示。

再此摺系臣海寰、臣宣怀主稿，邮传部左侍郎臣吴重憙在京供职，未经列衔，合并陈明谨奏。

光绪三十三年六月十二日奉朱批著徐世昌查明具奏，该部知道。钦此。

特别注意的是，此折详细谈及了在上海购地建造国人自己的医院和医学堂的设想、构想和举措，目的就是"以结万国红十字会之全局，即以巩中国红十字会之初基"。

清廷根据此折，谕令对上海万国红十字会募款、赈济、救护等工作中"在事尤为出力员绅"给予奖掖。新任东三省总督徐世昌依旨查明上海万国红十字会"在事出力中西员绅职名，奏给奖叙"。

《万国红十字会章约汇编》封面

光绪三十四年三月二十八日（1908 年 4 月 28 日），《申报》刊登出《东督等奏保红十字会名单》。因吕、盛、吴三人系朝廷钦派大臣，免于奖励。中国总董、记名海关道沈敦和、前四川川东道任锡汾、直隶候补道施则敬、江西补用道任凤苞、江苏提学使毛庆蕃、江海关道梁如浩、前直隶通永道沈能虎、浙江候补道徐润等 12 名，及西董威金生、李提摩太、魏伯诗德等 30 名"创始及办事人"被授予"中国红十字会一等金质勋章"，其余"异常出力人员"百余人也分别受到表彰。

也因为在创办上海万国红十字会发挥的领袖作用，吴重熹受到清廷的额外垂青，先后钦命为江西巡抚、邮传部左侍郎、河南巡抚等。

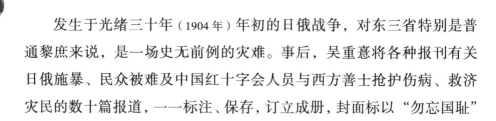
二〇、红会勋业德昭然　义士天下闻美名

　　发生于光绪三十年（1904年）年初的日俄战争，对东三省特别是普通黎庶来说，是一场史无前例的灾难。事后，吴重憙将各种报刊有关日俄施暴、民众被难及中国红十字会人员与西方善士抢护伤病、救济灾民的数十篇报道，一一标注、保存，订立成册，封面标以"勿忘国耻"字样，传示于儿孙们披览。

　　这场战争灾难，给国人以惨痛教训和深刻启迪。亲在战场一线参与救助的教会教士、红十字会董事纷纷致电，表述战争之惨烈。

　　三月开原穆伊尔电称：

　　战地东西约一百五十里，北约三十里，房屋尽成灰烬，片瓦无存。曾见二百户之一村，只遗屋九间而已，门窗全无。更有三十户之一村，不留半堵，且未裂炮弹，埋藏之地雷，到处皆是，一经触发，殒命伤人，因此而死者，已有四五十人，受伤求医者，为数尤多。

　　九月奉天司利斯电称：

　　遍地皆为戍守，田禾践踏之余，又收作军食，民居门窗橼槛一切木料，均被拆为炊具。贫民既受马足踏伤，又受饥饿，种种惨苦，殊堪怜悯。

　　英格利电称：

　　南堂有不少难民，终不得安插之所，妇孺蹲踞，几满街巷。

　　十二月西董魏伯诗德电称：

　　辽阳民间粮产牲畜，悉遭焚弃。战地迤南之居民，本已挖地为室，以备御冬，而大兵一至，逼之南迁，到处漂流，赤贫如洗。

日军所到之处，皆沦为焦土　　　　　　　正在行军的俄国士兵

同胞被难，万民忧心。

在筹集经费的同时，上海万国红十字会也积极投入东北战地救援工作。为救护被难民众，先在战争"重灾区"牛庄设立分会，"遇有无力华民，先行设法拯救出险"。之所以选择牛庄作为分会所在地，主要考虑的是日俄战争爆发后，各国在东三省传教士纷纷涌入牛庄避难，而这些传教士中的很多人精通医术。故而由李提摩太出面，发电询问牛庄的传教士是否愿意救助难民，"旋得复电，允向前施救，且愿效力者甚众"。

牛庄分会设立后，借爱尔兰教会医院为分会总医院。牛庄分会总医院"药物器械，尽行备妥，一旦开战，可容伤重者五十人，伤轻者一百人"。随后，万国红十字会又在东北开设分会于辽阳、新民屯、奉天、海城、铁岭等处，皆设医院及留养所，拨灾民出险资遣回籍，全活人数达 13 万余人。在日俄开战后，奉天、开原两处医院，"华人就医者不少。自战地北迁后，华人受伤而来者益多也"。辽阳医院"自八月下旬，日俄在该处开战后，遂得大用。华人受伤来诊者，不独男子，亦有妇孺"。

根据吴重憙等人的

营口（牛庄）红十字会办公地点

吴重憙的红会情结

提请，经袁世凯阅批，奏报朝廷，由官方出面协调，上海万国红十字会又相继在烟台、塘沽、山海关设立了分会，通过海运转运难民。后根据实际需要，又在青岛、金陵等处设立分会。各分会除转输、安置难民外，还举行了各种形式的募捐活动，各地慈善人士、著名绅商、社会名流积极参与。仅以烟台分会选择数例：

万国红十字会设立金陵、烟台分会

启者：本会前经邀请邓笠航通守驰赴金陵，禀商江南善后局总办何诗孙观察设立金陵分会，现得来书，略云何观察业已慨允，并邀姜蘅浦兄为帮办，日内拟即回明午帅，请饬文武各差缺，酌量捐助。府厅州县与各厘卡、各武职由江宁首府厘捐总局杨镜岩军门分别致函，各寄捐册一份，即假金陵省城门帘桥和静书屋姜公馆为收捐处。刻因捐册不敷，请再添寄，等因。除备函酌寄捐册外，如蒙金陵乐善官绅捐助经费，请即就近送往，掣取收照，俟（sì）转解到日，即由本会汇列清单，乞登各报。至烟台去旅顺青泥洼、牛庄等埠不远，亦应添设分会，已会同招商总局杨京卿诸公电请烟台招商局李君载之转邀中西董，次第开办，谨将往来两电一并抄讫登报，惟祈公鉴：

二月二十二日致烟台招商局李君电，烟台商局李载之：沪设中西合办万国红十字会，闻有东三省难民乘民船潜渡，又闻太古、四川等轮船载难民三千数百人，均到烟（台），流离可悯，拟请邀中西商数人为董事合办分会，遇有此种难民，查明酌量接济资遣，款由沪会拨还。各董举定，电示姓名，事关善举，乞速办，先电复。总局暨会董公电。

二月二十四日烟台招商局李君回电，招商总局列宪暨红十字会诸善长钧鉴：电谕敬悉。查四川等船载来搭客，均系山东人，在东三省一带贸易，刻已回籍。以后遇有难民流离可悯者自当遵谕资遣。此间分会中西董事，俟举定后由电禀报。全叩。

上海万国红十字会同人谨启

（原载《申报》1904 年 4 月 12 日）

烟台红十字分会会董衔名

启者：本会昨接招商总局杨杏城京堂诸公公函，录示烟台招商局李载之直刺来书，并烟台红十字分会会董衔名单一纸，谨抄乞登报，惟希公鉴：计开徐凤诏号五楼大会，首事：刘兆嵩，号云第，洪泰号；梁礼贤，号浩池，顺泰号；张应东，号成卿，张裕公司；范绍颜，号香山，德盛号；唐荣浩，号芝田，小轮公司；万奎基，号坤山，谦益丰；林钟栻，号敬生，广仁堂董事；王庭琛，号垕（hòu）山，电报局委员；马式金，号聘卿，大关委员；刘毓（yù）瀛，号彦之，新关银号委员；徐家璘，号佩棠，毓材学堂委员；李福全，号载之，招商局委员。

上海万国红十字会同人谨启

（原载《申报》1904 年 5 月 10 日）

万国红十字会来函

启者：本会昨接烟台分会来电云，连日民船十九艘由旅来烟，华民以千计，贫苦者均已查明由分会资遣回籍，姓氏、籍贯容函详等语。谨抄乞登报，伏希公鉴。

又，本会顷承陕西巡抚升中丞汇到筹垫库平银五千两，合来规元五千四百八十两；上海县汪大令交来上海南北钱业众商公助洋银二千元；日本赤十字社特别社员孙实甫敬助救护药品四大箱；杨叔衡修车赔款移助洋银二元；豫兴盛助洋银三十元；德昶慎交来苏州陈钟昌求病速愈助洋银一百元；双桂轩方助龙银一百元；山阴安昌沈懋（mào）同侄元以西邻失火□莚资助洋银一百元。

上海万国红十字会同人谨启

（原载《申报》1904 年 6 月 19 日）

万国红十字会来启

启者：本会昨接天津毛观察来电云，昨得营口红十字会电，有德国难民二人进关，当即电饬榆局张守善为照料，一面函致津关道届时派员至站带赴德领事署交收。今日张守电称，留宿德国饭店中一名葛为夫，一名马牙，及三下钟到津，葛为夫乘车自去，委员吴令与马牙接晤，雇车载至德馆，遣弁驰送特闻。蕃。鱼印。

又接沟帮子红十字会由天津转电云，上海三十日电悉，已函告营口，请其分别转致锡琪、信谟。至沟帮子，储、张留沟，颜、庄、刘支赴新民，锡琪、信谟同往，察看后仍回沟。庆桂晋京，余函详。此电请毛观察转纸。蕃转。鱼印。

顷又接烟台分会来电云：连日从旅洼陆续来烟华人三千余名，大半（山）东籍，已派董详查给资妥遣。升全叩。谨乞登报，伏希公鉴。

上海万国红十字会同人谨启

（原载《申报》1904年6月22日）

万国红十字会来启

启者：本会于五月十七日接广西左江道余观察来电云，奉电及函，钦佩仁谊。左江久经灾歉，集款甚难，谨竭绵力，先寄英洋二千元，由粤义善源上呈，敬乞赐收。余诚格叩。

二十五日，接烟台分会东海关道何观察、招商局李载之直牧来电云，本会资遣回籍难民，五月十一至二十一止，统计一千四百十二名口。彦升、福全叩。谨抄乞登报，伏希公鉴。

上海万国红十字会同人谨启

（原载《申报》1904年7月11日）

红十字会筹备救护

红十字会以此次战事远在青岛，沪胶相距□□□，徒恃本埠医队、救护队出发援救，深恐缓不济急。故特分电烟台、青岛、天津等处分会，除原有医院外，另组临时医院作为救护之根据地，一侯战事发生，即由各该分会就近派出医队、救护队驰赴战地，救疗伤军，济度难民，一面已在沪预组医队，以为后盾。

吕会长以青岛分会最为重要，故现驻潍县，就近筹划。并闻该分会已预筹办法，如遇战事危急，可将医院逐渐迁出战线以外，并在附

红十字会救护车

近中立地内，筹设临时医院数处，以备不虞。

水面救护已由烟台分会仿本会日俄之役组织渔船救护队，并与交战国红十字会接洽一切，确照日来弗条约办理。

又即该会以鲁省海洋接近胶湾，相距金家口不过数十里，于救护手续水陆俱属便利，故已在该处组织分会并临时医院矣。

（原载《申报》1904 年 8 月 30 日）

万国红十字会来函

七月二十七日烟台分会来电，吕、盛、吴钦宪诸同仁鉴：漾电敬悉。金州难民为数太多，广仁堂及公处空屋甚少，均难安插，拟仍由其赁屋居住，房租、衣食由会开支，五日一给。十一至二十日旅顺来烟难民一千八百三名口，已从优给资妥遣回籍。升、全叩。沁。

七月二十九日新民屯分会来电，勘电悉。奉近改早车，四更即起，日无暇，难民又多，流离可悯，火车不敷，已电梁观察。饬调来新病伤难民，请李大夫医治。谟、琪往晤，业经商妥。昨有弹穿衣裤者，已送院留医矣。谟、琪、章。俭。

八月初一日新民屯分会来电：昨寄俭电到否？今日奉天营务处派差送到谋生工作难民二百余名，而哈尔滨、千金寨两处之人尚不在内，连本会资遣几近五百，需费日巨，已商请兰翁电请续汇。天气渐凉，难民中往往衣服不完，瑟缩可怜，能否略备棉衣裤施予较苦者？头绪纷繁，号信须略迟。谟、琪、章。艳。

（原载《申报》1904 年 9 月 14 日）

红十字会在鲁之消息

中国红十字会因青岛风云紧急，特扩组鲁省分会多处，闻已推定烟台分会理事长陈绮垣，青岛分会理事长尉礼贤，莱州、平度分会理事医长傅稚谷，黄县分会理事医长艾体伟，海阳临时分会医长顾林森，济南理事长庄钰，其余在战线接近之处，由各该分会分驻救护医队。

又闻沈会长昨接驻沪日本总领事有吉明君函开：前因贵会遣派救护医队赴鲁，嘱为介绍，业经照办。今日午前十时半，接本国驻烟台领事松本君来电称，中国红十字会救护员已于本月十六日到，当即通知本国日本总司令部设法保护，等因，合即转达，以慰廑注云云。

（原载《申报》1904年9月18日）

万国红十字会来函

启者：本会昨承驻韩许星使交来汉城领事陈太守代募各帮华商日钞票洋一千二百四十元，釜山领事吴太守代募各帮华商日钞票洋六十五元，内除汇费三角，实洋六十四元七角，两共一千三百零四元七角，合来元一千零二十八两一钱零四厘。又武昌电报局交来代募鹰银一百元。又烟台分会来函，驻烟美国兵船助洋银二百七十元，黄县无名氏助洋银七十元，烟台无名氏助钱四千文，青州府四印堂王助烟平银八两五钱，烟台巡政厅助罚款洋银三元，隐名氏求病愈助洋银一百元，黄县电报局交来代募鹰银一百七十三元，求萱堂永茂人助洋银十元。日本留学生云南邓荆川酌提川资鹰银十元臂助会费，用祷高堂无恙。辽北兵戈正在吃紧，人民涂炭，惨迫呼号，承中西各大善士不分畛（zhěn）域，慨行募助，或自捐输，生死人而肉白骨，诚不啻再造鸿施。谚云：修德必获报。行见湛露长承，吉星永获，福喜齐集，正不止家口平安，病返灾消已也。除分掣收号并函复外，谨乞登报奉扬。

上海万国红十字会同人谨启

（原载《申报》1904年10月31日）

上海万国红十字会在沈阳开办了"东三省协赈总局",以陈艺驻局督办,张琪昌、史纪常为会计,罗相为书记,时敏、陈德俅任英、日文翻译,另派叶景葵前往会同商办,"所有赈款、赈粮、棉衣、药物一切要需,统由沪会筹备,运送新民屯,转运至沈(阳)",调拨各处。各分会设置粥厂,煮粥赈饥。

东北冬来早。10月份开始,即有号寒之苦,躲入地窖、破庙等避寒,大多难民衣不蔽体,冻饿于野。上海万国红十字会赶办棉衣5000袭(内计女衣2000袭,童衣3000袭),而后定做棉衣3万套,陆续运往东北散放,同时在《申报》等报刊发布《劝募东三省战地冬赈款项并棉衣启》《急募东三省棉衣启》《红十字会棉衣捐款》,加以劝募。

营口红十字普济医院

次年伊始,因经日俄之战,百姓所在残破,粒米无收;被难人民,幸逃炮火之厄者,居仍无庐,食仍无粟,嗷嗷待哺,不可终日。上海红十字会急集巨款,会同营口西医魏伯诗德等,驰往散放急赈。以新民屯分会为转运所,专司拨解银两;购运中西药物棉衣米麦等件,各处散放、赈济,计有沈阳、承德、兴仁、辽阳、营口、新民屯、沟帮子、彰武、海城、盖平、开原、铁岭、昌图、怀德、奉化、康平、兴京、通化、怀仁、东平、西安、西丰、柳河、海龙、伊通州、磐石、海参崴等处。全活22.5138万人。

其中,在整个行动中,牛庄、沟帮子、新民屯等分会成绩最显。牛庄分会共救治伤者2.6万人,救护出险资遣回籍者2万人。沟帮子分会在整个救援行动中,给予火车免票救护出险者1128人,给资投亲友者2563人。新民屯分会救护出险者3.7683万人,给资投亲友者2.356

万人。通过各分会的积极救援，大批在东北从事开矿、筑路、伐木的关内人，由新民屯分会转送至山海关分会资遣回籍。

冬去春来，虽然日俄之战仍在持续，但战地北移，一些地区恢复了平静。浩劫之后，难民"既无庐舍，复无粮种耕具"。为此，红十字会筹拨银四万两，对栖流所留养的难民助以筑室、备耕、生活之费。奉天难民众

日俄战争中的难民

多，人数超过 4 万，经与奉天将军增祺协商，由官府资助建房、置办农具，红十字会赈以粮食，共同安置。

上海万国红十字会的救援、赈济活动结束后，吴重憙得知整个日俄战争使 2 万中国人死于战火，财产损失折银 6900 万两，不由内心惨然悲叹。一则日俄开战，何以在中国土地？俄之广袤万里，仍欲壑难填；日之蕞尔小国，屡屡恣意兽性于中国，何也？二则，如若大清早已拥有独立之红十字会，及早投入救护赈济，那么无辜罹难百姓、财产损失可否降低几成？

但不可否认，于战火中创立的上海万国红十字会，是中国近代史上的一件大事，历史将记得吕海寰、盛宣怀、吴重憙三位领袖的精准施策、亲力亲为，也将记得沈敦和、任锡汾、施则敬等一干仁人志士的辛勤操持、不懈努力，还将记得李提摩太、威金生、安德生等众多国际友人的出手相助、共度时艰。但此时的上海万国红十字会，是一个由中、英、法、德、美共同组建的组织，还不具备中国自主特立的性质。

成立中国红十字会已达成朝野共识，而要取得创建红十字会的资格，必须加入《日内瓦公约》。在上海万国红十字会成功组建的推动下，

补办加入"原约"手续的时机已经成熟。

其实，在吕、盛、吴三大臣的督理下，万国红十字会救援、赈济等活动正在全面铺开的同时，光绪三十年三月初十日（1904年4月25日）外务部综合各方面的意见和建议，上奏朝廷，称"中英法德美五国合办上海万国红十字会，各举总董，分筹款项，惟须转商日俄两国政府，并须知照瑞士总会方能承认"。因此奏请朝廷"全权敕谕"驻英公使张德彝补签《日内瓦公约》，以便能够顺利执行人道救援行动。朝廷准奏，"敕谕"张德彝补签原约："兹特命尔为全权大臣，办理入会事宜，会商大瑞士国驻英使臣，知照总会补行画押。尔其敬谨将事，毋（wú）负委任。特谕。"张德彝奉到"敕谕"，即启程前往瑞士日内瓦，五月十六日（6月29日）补签《日内瓦公约》。中国完成"补签"手续，向"合法席位"的获得迈出关键一步。

七月二日（8月12日），清政府外务部收到红十字国际委员会回复，告知"贵国附入日内瓦万国红十字会一节，事已成就"，瑞士政府也"已按照万国公例，于七月八日备文将贵国入会一事，布告在约各国矣"。不过，复函同时强调"深望贵国设立红十字会"。这就意味着中国虽然补办入会手续，瑞士政府虽然将中国入会一事通报缔约各国，但中国只是《日内瓦公约》的"签约国"，只是取得了开办红十字会的资格。中国要获得红十字国际委员会的正式承认，必须拥有自己的红十字会。上海万国红十字会毕竟是"五中立国权宜联合"的临时性救助组织，非中国独自拥有，不符合"统一性"的基本要求。因此，中国入会请求暂时搁置。

成立中国独立自主的红十字会，成为人们关注的焦点和奋斗的目标。

在创办上海万国红十字会的过程中，吕海寰、盛宣怀、吴重憙三位钦差大臣，体国忧民，不分昼夜，风雨同舟，同心竭力，彼此结下了深厚情谊。即使在吴重憙驻沪三年后回京供职仓场侍郎，继而巡抚江西、河南，三人也是经常通电书函，就红十字事宜互通意见，聊表胸臆。他们一致认为，只有创办中国人独立自主的红十字会组织，才能更快得到国际红十字会的正式承认，并依照既定条规开展工作。

还有，吴重憙在上海结识的一众同好，经常信件、电函来往，相互垂询。

吴重憙回京任职仓场侍郎后，兴致勃勃地登上通州境内大运河边第一楼坝楼（即大光楼，因明清坐粮厅官员在此验收漕粮，故也称"验粮楼"），遥望千里之外黄浦江，怀念在上海出任会办电政大臣时结交的老友们，并作诗《莅仓场任初登坝楼奉怀沪上同好》，即是他们之间情谊的写照：

> 万里沧溟一叶过，觐光又问夜如何。
>
> 伤心潞水前尘在，回首吴淞旧雨多。
>
> 隔岸树团朝日晒，拂墙柳蘸大通波。
>
> 近情可慰鸡鸣侣，笨伯车中病骨瘥。

在吴重憙督理电政、兴办红十字会的次年，署理南汝光道的次子吴笠协助豫鄂两省督抚办理、交涉鸡公山外国人租地案。此时，河南巡抚为张人骏，其祖上乃海丰籍，素与海丰人交厚。多年前外国人看中鸡公山为避暑、疗养绝佳之地，无视当地官府存在，抛以蝇头小利为诱饵，致使部分山民私售山地于洋商，在此肆意修建别墅。面对洋人的恣意横行，有地方官主张向洋人退让，以期缓和，避免外交摩擦。吴笠得知后，一面亲自带领属僚实地勘察，一面立向河南巡抚张人骏禀报。正是在张人骏的全力支持下，吴笠坚定立场，挺身维护国家定制，重申外国商人不得在中国内地置产，曰："官守有责，尺地寸土何敢轻弃！"卒使外商就范而后已。

得此消息后，吴重憙一面致电张人骏，盛赞他不惧外洋、竭力捍卫国家利益之伟举，为海内所有职官垂范于世；一面递函吴笠，对他嘉勉再三，希冀再接再厉，再建功业。

还有一事，让吴重憙不胜感怀。

光绪三十一年（1905 年）十一月，江苏按察使平湖朱之榛修葺吴坛的纠察司庙，并撰联跋：

> 生而为英，殁而为神，遗泽再三吴，民感治平申合祀；
>
> 断之以刚，临之以敬，流徽逾百载，我来趋步叹孤行。

吴重憙闻讯后，即寄银四十两以助。

此时，圣旨已下，吴重憙即将赴京任职。于是，吴重憙连续几天昼夜不辍整理案牍，提前交割完毕，再启程赶赴江宁，以瞻谒（yè）太高祖之灵。

抵近纠察司庙，吴重憙已是泪眼婆娑。望着焕然一新的庙宇，看着一众叩拜的百姓，袅袅升腾的香火，吴重憙感怀万千……这就是自己的太高祖，因断狱如神，因视民至亲，因惠政一方，因勋业彪炳，才赢得民众爱戴，后世膜拜，百官钦敬……江宁一行，更坚定了他的信念，笃定了他的追求。

光绪三十二年（1906 年）夏四月，清廷命陆征祥前往瑞士，"议红十字会公约"。

翌年（1907 年）初，调任陆军部尚书的吕海寰上疏清廷，提议建立官方的红十字会。三月二十八日（5 月 10 日），朝廷正式下旨批准成立"中国红十字会"。自此，红十字会运动才得到官方正式公开认可。

接下来，中国红十字会继续改进条规，主要是剔除临时性的外方董事，并将自身规章等修订至符合国际红十字会（ICRC）规范以及朝廷要求。

宣统二年（1910 年）初，吕海寰与时任河南巡抚的吴重憙通电取得共识。正月十八日（2 月 27 日），吕、盛、吴联衔会奏《酌拟中国红十字会试办章程请旨立案折》（附章程六条）。

奏为酌拟中国红十字会试办章程，请旨立案，恭折奏陈，仰祈圣鉴事。

窃臣等前在上海创设万国红十字会，业于光绪三十三年六月十二日，将办理情形及善后持久事宜，具折奏报。并声明拟在上海设立中国红十字会，购置地亩，建造医院学堂，以立基础等因各在案，并即饬原由办总董记名海关道沈敦和，前四川川东道任锡汾，直隶候补道施则敬、任凤苞等，就上海万国红十字会余款，先行筹办，所有一切事宜，仍责成该总董等一手经理，并饬详拟章程核去后。

兹据该总董沈敦和等酌拟试办章程，呈请酌核前来。臣等查红十字会发端于咸丰初年英国女士乃丁格而，因英法合纵攻俄之战，亲至战地医伤救难。同治初年，瑞士等十二国推阐其旨，议立公约十条，就瑞士都城会盟，易用瑞士国旗，以白地红十字为会旗，并缀于会员衣袖，知照欧亚各国陆续入会。光绪二十四五年间，荷兰国创立保和公会，推广瑞士红十字会水战未备各款议，立公约十四条，而瑞士原约遂为陆战专条。至是水陆战医伤救法始备。在会各国，遵守原约及推广约，仍均以白地红十字为会旗、会衣。又各因其国俗，按医伤救难宗旨，各自订立专章，由会制备佩带勋章，与会旗、会衣同为标识，互相知照通行立案。

光绪二十九年日俄交战，臣等在沪与该总董等经中外绅商推举，设法救援东三省被难灾民，中外会议募款，设立万国红十字会。联合中西，表明中立。先就中国风气将战地被难人民，设法援救出险，分别资遣留养。战后又复查户给赈，办法系注重救难，其医伤则暂借战地向有之英美等国医院，津贴经费，购给药饵，医治战国受伤兵民，统计实在救护者，计共四十六万七千余人。沾溉皇仁，出水火而登衽（rèn）席，群晓然于红十字会之有此利益，无不同深钦感。而其时中国于荷兰推广约、瑞士原约，适均先后奉旨批准入会。又蒙懿旨特发帑银十万两，饬令派员前赴东三省广施赈济，中外官绅更复仰体德意，迅募巨款，竭力赞助。两战国红十字会员均能和衷引导会员以摩规制，其将卒亦略无扦（qiān）格，事已经验，自可推行。该总董等又与原办西董随时再三讨论陆战原约、水战推广约医伤救难宗旨，参酌万国红十字会经验，诸端核议，经五中立国权宜联合，在中国地方创始承办，中国遂永有红十字会主权。

亟应就此立定中国红十字会规模，期于可久可大为主。惟是经费为难，勉就万国红十字会自筹款内，竭力设法撙节，先在上海徐家汇路购地一区，计十一亩零，以为建造医院、学堂、会所之用。其应备药物、器具，并延聘教习，招致学生，各项所需，计非四五十万金，无从开办。适德医宝隆联合德京诸医，组织医会，在沪创建同济医院、德医学堂，其经费均已募集，意在昌明医学，跻于极高等而止。

查日俄战时，红十字会医学群推德国看护男妇为优，因与婉切商订，准由中国红十字会遴选聪颖华童之粗通德文者，分班送至该学堂附习，第一年送一班十人，第二年再送一班十人，由会酌给津贴，约计八年后陆续毕业，仍令分班轮赴该医院临诊，以为酬报，实即增长其见闻胆识，先后入会办事，教练不患乏人，由此转相授受，推暨尤多。仍一面就已购基地赶紧绘图填土，建造医院、学堂及办事等处，为将来推广地步。风气开而事有实际，闻而兴起者，当不乏人，愈推广愈臻美备，庶以巩中国红十字会之初基，即以合万国红十字会之全局。惟万国红十字会经费，通计收款项下，共银六十四万一千九百两，除支过银五十二万两零，暨购买地基银一万六千四百两零，另造征信详册报告外，现在余款只十万五千两零，揆（kuí）之预计各费，不敷甚巨。

查各国红十字会，均由其国家发帑，官民合筹，始克成立。中国既设此，会又值海军、新立陆军已有成效之时，允宜及早规画完备，以垂永久。但水战则以医船为重，造船养船，需款至巨，红十字会岂易有此力量，第当此库款奇绌之时，不敢再吁恩施。惟念中国与友邦联合成会，得此基础颇费艰难，似宜设法保全俾无失坠，若因款绌中止，既恐贻笑外人，而从前布置经营，几同势弃，亦殊可惜。臣等再四筹商，拟请仿照日本赤十字会办法，以酿资之多寡，为会员之阶级，较为轻便。

查日本该社，初亦设于战地，战役既讫，永远设立，与臣等创办

313

情事正同。其平时资金，除由国家特赐外，有社员之年酿金，志士之助金，及出自本社执行事业之特别收入金，众擎易举，良可仿效。将来集有专款，亦可藉兹挹（yì）注，先造医船，以备与国水战之用。并应特立会长，以资董率，而期久远。兹将该总董等就瑞士原约、荷兰推广约医伤救难宗旨，酌拟试办章程六条，缮具清单，恭呈御览，拟请饬下军谘处、海军处、陆军部分别查核立案。并由外务部分行出使各国大臣，知照各国政府，及瑞士公会、荷兰保和会，俾（bǐ）期接洽。惟会务头绪繁多，关系中外交涉，可否简派大臣作为会长，以昭郑重，如蒙谕允即由会长督率该董等妥为筹办，并将办事情形，随时报部查核以期核实。所有酌拟中国红十字会试办章程，臣等往返函商，意见相同，是否有当，伏候圣裁。谨合词恭折具陈。再此折系臣海寰主稿，合并声明。

伏乞皇上圣鉴训示。

谨奏。

（酌拟章程六条附后）

中国红十字会试办章程

一、上海为通商总埠，中外交通便利。前经中西总董创办万国红十字会，现仍于上海徐家汇路设立中国红十字会总会医院学堂，附设事务所。应由中国总董依照日本赤十字社酌拟规则核议施行，并妥定集资入会章程，以垂永久。

二、从前万国红十字会，由中西总董会议刊刻中西合璧图记，钤用信守。现创设中国红十字会，拟请旨饬部铸造中国红十字会关防一颗，须由会长执掌印用，以照凭信。

三、本会按照原约制用白地红十字旗，在会人员衣袖各缀白地红十字，以为标识外，又参酌日本等国会章，制备双龙嵌十字勋章，第一等金质，第二等银质，第三等铜质，均配用相称色带，拟定字样，并给发勋章凭照章程，呈请会长核明，请旨敕部核定，饬会制备通行。

以上会旗、会衣、勋章，非在会人员，不得滥用，违者究治。

四、上海徐家汇路总会，设立医院，定章施医。又设学堂定额招考华童，教习医学。

五、本会谨守瑞士原约十条、荷兰推广约十四条医伤救难宗旨。参酌万国红十字会暂行简明章程、日本赤十字社章程，因时因地以制其宜。医车由总会陆续仿制备用，医船与战地医院临时商酌设法实行，藉节靡费。

六、以上系现在组织大纲，各项文件，中国自相往来，均用华文，有关交涉者，配用英文，仍以华文为准。组织完备后，应否改良，或原约推广约有所增删，及一切未尽事宜，随后由总董商请会长妥酌办理。

清廷接《酌拟中国红十字会试办章程请旨立案折》后，发交军谘处详核。清政府下诏：

吕海寰等奏酌拟中国红十字会试办章程请立案一折，著派盛宣怀充红十字会会长。

清廷同意成立中国红十字会，委盛宣怀任第一任会长，签署《1906年7月改善战地陆军伤者病者境遇之日内瓦公约》，原则上同意《中国红十字会试办章程》。

然而，盛宣怀对吕、吴有关《酌拟中国红十字会试办章程请旨立案折》中的部分内容并不认同，清政府也希望能够将红十字会纳入到政府管辖范围内，所以盛宣怀奉旨出任会长后，为了迎合清廷的意图，二月初三日（3月13日）咨行礼部，请求添铸"大清红十字会"关防，并计划将"大清"冠以"大清帝国"，此议招致许多人的怀疑和反对。四月二十八日（6月5日），"大清红十字会"关防正式启用。盛宣怀又引用外国典例，奏请聘任王亲勋贵等头面人物出任红十字会总裁，"以昭隆重"。

但此举再次遭到了沈敦和等人的反对，认为原红十字会乃是民间

315

捐款所建，其目的也是
以中立的态度前往战场
救护伤者难者，如果成
为政府机关，那么红十
字会便只是政府下设的
一个救援组织，与国际
红十字会的宗旨完全不
符。还有一些有识之士，

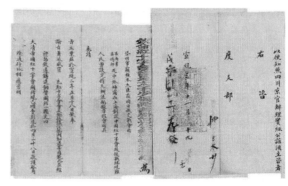
大清红十字会关防

则对盛宣怀的意图质疑，认为这是借机"取悦""谄媚"朝廷。

清政府面对民间的反对以及原红十字会仍有大量外国捐款的现实，
而不得不持模棱两可的态度。闻听此讯后，吴重熹亦不明白盛宣怀之
举究竟意欲何为，他甚至为中国红十字会如何发展忧心忡忡。

宣统元年（1909年），沈敦和用日俄战争赈济余款，在上海徐家汇
置地十四亩有奇，建筑洋房二所，为总医院。凡冷热水管、解剖室、
割症室、诊病室、爱克司（X）电光室、配药室、储药所、化学室、养
疴室、浴室、殡殓所，及学生讲堂、寄宿所、膳堂等，悉精美适用，
为沪地冠。聘西医主医务兼教授，旋以斯院僻处西乡，宜于养疴，不
便于就诊，复设市医院于租界中。既又设南市医院于沪南十六铺。以
在租界者为北市医院，
诊病给药，只收号金。
病较重者留院疗治，酌
量收费。贫者则免，只
收膳费；极贫者，膳费
亦免。

宣统二年（1910年）
夏初，又于总医院旁建
楼房一所，办医学堂，

成立于上海徐汇的中国第一所红十字会医院

红十字会医院学堂

招收具有英文基础的学生20人，专授医学，五年肄业。以总医院医生为教员，并以化学、西文、国文为辅课，各聘教员授习。

除培训医员外，看护亦为救护所需。因之选拔谙熟英语者20人，分派于各医院，学习看护，以保障社会救疫治病任务的完成。

应沈敦和盛邀，时任河南巡抚的吴重熹于百忙中，挤出三天时间，赶赴上海，由沈敦和等人陪同视察已经正式投入运营的总医院，以及正在建设中的医学堂。二人回忆起数年前为创办红十字会宵旰相继、同甘共苦的岁月，不胜感慨，期盼中国红十字会早日跻身国际红十字会大家庭，为救死扶伤发挥积极作用。

是年（1910年），皖北旱灾，继以大疫，死亡枕藉。红十字会急派医士学生，携带救疫药物器具，组织救疫医队，为甲、乙、丙、丁四队冒暑驰往北皖之临淮、寿州、凤阳、正阳、凤台、怀远、宿州、蚌埠，及苏省之清江、海州、桃源等处，竭力拯疫，治愈者6.75万人。于时办理急赈者，为该会组织之华洋义赈会，集款至170万元，全活无算，成绩昭然。

是疫甫竣，而武昌起义爆发。

宣统三年（1911年）武昌首义时，中国红十字会组织发挥了应有的作用。当时战事在江汉一带展开，两军对垒，血肉横飞，士兵与平民死伤甚众，急需救治。

此时，坐衔陆军部侍郎的吴重熹通过一则电文了解到，具有官办色彩的大清红十字会在这炮火纷飞的时刻，显得地位十分尴尬，活动处处掣肘。虽然清廷早已下令赶赴湖北负责救治工作，但却因种种原因终未能成行。反倒是游离于官方，基本上由上海万国红十字会部原班人马组建的一个由中外人士参与的红十字会组织，积极行动起来。

九月初二日（10月23日），沈敦和接到由汉阳某国兵舰发来的无线电报，声称"以两军死伤过多，请即亲率红十字会中西医队迅速前来战地，普救同胞"。接此电后，沈敦和立即行动起来。

次日，沈敦和借上海大马路工部局议事厅召集特别会议，参会的中外人士达七百余人。会上宣布成立"中国红十字会万国董事会"，公举麦尼尔、包克斯、举古柏、爱德华医生、福医生、施则敬、任锡汾、丁榕、汪汉溪、王西星

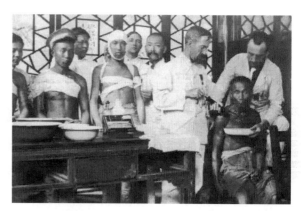

辛亥革命期间，中国红十字会万国董事会的外籍医生为伤病员诊治

等14人为董事，沈敦和、英国按察使苏玛利为总董，施则敬、任锡汾为领袖董事，沈敦和为理事长，江绍墀为理事。

会议决定，筹备总会负责劝募捐款，采办药品、食物等；立即组织三支医疗队开赴战场；确立不分革军（革命军）、官军的救人宗旨。当场募捐洋元8339元、银4082两，药品、衣物不计其数。中国红十字会万国董事会所属人员在战区异常活跃，从伤病救治，到难民安置，再到防病防疫，做得有声有色。

面对中国红十字会万国董事会与大清红十字会的分庭抗礼，甚至被边缘化的尴尬局面，处于分崩离析境地的清廷一改过去"顺我者昌，逆我者亡"的嘴脸，不但不兴师问罪，反而借盛宣怀因路事遭弹劾为由头，立即下旨革除其大清红十字会会长等所有职务，"永不叙用"。

九月二十三日（11 月 13 日），颁发谕旨，任命前外务部尚书吕海寰充任中国红十字会会长。自此，大清红十字会正名为"中国红十字会"。

吴朴承（左一）讲述曾祖吴重憙红十字会情结"故事"

辛亥革命胜利，大清王朝被中华民国取而代之。1912 年 1 月 12 日，红十字国际委员会通报承认并接纳中国，就此中国正式加入红十字国际委员会。9 月 29 日，中国红十字会在上海租界工部局议事厅召开第一次全国会员代表大会。制定会章并组织常委会，选举常议员 34 人。公举中华民国大总统、副总统为中国红十字会名誉正、副总裁。吕海寰为正会长，沈敦和为副会长兼常议会会长，江绍墀为理事长。10 月 30 日，为了整合国内各种红十字会团体，乃于上海汇中旅馆召开中国红十字会统一大会。从此，真正独立的中国红十字会正式成立。

此时，吴重憙已经寓居天津，专事古籍、家族资料的整理。2023年 12 月 26 日吴重憙曾孙吴朴承在其北京家中接受无棣乡友采访时坦言（他也是听父亲吴保璆（liú）讲），当听到 ICRC 通报承认并接纳中国，中国正式加入了红十字国际委员会的消息后，数年滴酒不沾的吴重憙感慨万千，破例饮酒一盅。

红十字会情结，是吴重憙人生历程中不可或缺的一部分。卸去堵在心头的一个阻梗，的确值得吴重憙等人击节相庆。

红十字会象征着人道、博爱、奉献。人道是红十字文化的核心和基石，是对人的价值、生命和生存高度尊重和保护的善良理念；博爱是对所有的人特别是对易受损害或陷入困境的人深切同情、关心、爱护的博大胸怀；奉献是在人道、博爱情操下出于内心自愿帮助他人和服务社会而无私付出的高尚行为。

无棣县创建山东省红十字文化教育基地、吴重憙红十字运动纪念馆

正因如此，由吴重憙、吕海寰、盛宣怀等为领袖，率领诸多仁人志士于兵燹（xiǎn）、危难中，义无反顾开启创建中国红十字会组织的帷幕，并历经多年的栉风沐雨、攻坚克难的重重考验，最终使中国正式跻身国际红十字会大家庭。从这个意义上讲，吴重憙等人的贡献，实乃 具有惠及当时、贻德后世、造福人类的伟大现实意义和深远的历史意义。

中国人民将铭记吴重憙等人的历史贡献，无棣人民更为这位先哲的追求和作为而倍感自豪和骄傲。

正因如此，无棣县委、县政府立定长远，审时度势，在吴重憙故居创办吴重憙红十字运动纪念馆、山东省红十字会文化教育基地，就是为了进一步缅怀先贤们为红十字事业筚路蓝缕的奋斗历程，珍惜

2024年4月12日，中共无棣县委副书记窦彭波（右二），无棣县红十字会常务副会长从延锡（右一）、副会长王相花（左一）等，赴苏州大学红十字国际学院拜访池子华教授（左二）。池教授对本书给予高度评价，并赠送其红十字运动研究成果。

和平，珍爱生命，让"发扬人道主义精神，保护人民生命和健康，促进人类和平进步事业"的红十字会宗旨更加深入人心，凝心聚力，为建设富强、民主、自由、文明的伟大国家而努力奋斗！

吴重憙的红会情结

盈箱金石存家学　插架缥缃富旧储

——吴重憙的文献成就

设问西都有上宾，荒伧声病又重亲。

偶存弄斧呈材意，应作抽帆勇退人。

往事电光兼石火，前程坠露与轻尘。

十洲即在吴门市，吏隐谁如梅子真。

吴重憙不但是晚清政界的风云人物，还是当时著名的藏书家、刻书家、金石学家，校书、刻书、编目、题识，盛极一时。

明清时期，民间藏书、刻书达到了鼎盛阶段，除官刻外，民间私家刻印也十分兴盛，先后有德州田雯家族刻印的《德州田氏丛书》（13 种 110 卷），栖霞郝氏家族刻印的《郝氏遗书》（31 种 84 册）等等。据《山东藏书家史略》记载，仅清代便有 349 人，其中海丰吴氏家族在藏书、刻书方面作出了突出贡献。

海丰吴氏于明初由河北迁安至海丰（今无棣），自清顺治至宣统 260 年间，十朝皆列科名，九世累遗典籍，以文化鼎盛著称齐鲁，有"儒林翰苑"之称，并以"家乘万卷"冠鼎齐鲁。

吴重憙，因号石莲，故称藏书处"石莲盦"，又名"石莲闇""石莲庵"。石莲盦的藏书、刻书是对吴氏家族先贤遗书的整理与刊刻。吴氏家族号称"家藏万卷"，吴氏后人一直注重对先人文献的收集与整理，其中《吴氏诗存》《吴氏文存》《吴氏世德录》《吴氏试艺》被称作"吴氏小四库全书"，比较全面地反映了海丰吴氏家族为官仕宦和学术创作的概况，为研究清代微观历史留下了宝贵的资料。

吴重憙同时继承了吴式芬对于金石学和古文学的兴趣，并且在金石方面也受到其岳父陈介祺的影响。吴重憙每逢赴潍县住岳父家，陈介祺必与之谈论金石治学之道，授以释字作文之法，吴重憙则为陈介

吴重憙的文献成就

祺整理缮写金石文字等著录。陈介祺对这位女婿寄予了厚望，同治十一年（1872年），吴重憙抄写完成《潍县陈氏宝物簠藏器目》后，陈介祺在题跋中说："仲饴既手录余斋金文各册，竟复为录所藏吉金成目。余自甲寅归里后，居无友朋之乐、室家之安，既惩夺志，又扰守望之。年来始稍稍检拓，思装册汇目，存其昔好，久未能就。今得仲饴相助，旬余而毕，业成于勤，即此可推。第吾所望于仲饴者大且重，仲饴勉之哉，勿以此夺志也。"吴重憙并考李璋煜、刘喜海、许瀚三家集古册和陈介祺《簠斋集古册》，辑为《宝簠斋集各家彝器释文》，可见其金石学素养。然而，他的一生也为之所累，为岳丈整理金文收藏，为父亲编辑刊刻遗著，将父亲及岳丈所藏封泥汇为一编，成《封泥考略》，主持考订校刊工作。同时，将《双虞壶斋印存精萃》中所收印谱，几乎全部收入《十钟山房印举》。究其缘故，大致是陈介祺逝后，"万印"分予长房，然其长子早亡，《印举》之事由长孙陈阜主理。陈阜延请王懿荣考订印稿，至于吴氏藏印，因不能久借，陈氏先行将吴氏藏印部分拓印多份，以待后期编辑印谱之用，拓印完毕便将借拓印章归还吴氏。陈氏后人陈君善曾提及："这部分古印，虽名为万印，其实只有七千余方。原来尚有一部分系海丰吴子苾先生所有，后遗失，为我高祖所收，后来还给了子苾先生的二子吴仲饴先生，即独立成为《双虞壶斋印谱》者。"这或许也正是傅斯年图书馆及拍卖市场上存在多部以吴氏藏印独立成谱的"癸未本"《十钟山房印举》的原因。1983年，陈氏后人陈继揆与周叔弢曾谈及其事："同治七年（1868年）农民军由直隶入山东，攻破海丰，吴氏所藏铜器大半焚毁，藏印二千余方为乱民抢出，大部辗转售归簠斋，系大部，非全部，用价五十金，双虞壶斋所藏印入印谱后，全部送还吴仲饴。"

吴式芬的多部著作，均是吴重憙延请许瀚、翁大年等学者考订编辑，并发动亲友工匠校字、抄录、刊刻，历经数十年方始刊行。吴重憙整理先人遗著，可谓终其一生。吴式芬卒时，吴重憙尚不及而立，至刊成《攈古录》时，已是古稀老翁。

除刊订先人金石遗著之外，吴重憙本人自著的金石学著作很少，存世可见有吴重憙考藏、翁大年编释《续封泥考略》，书衣上有吴重憙手迹。国家图书馆藏有吴重憙辑《列传碑文》抄本 1 册。另外，据载吴重憙著有《金石学人事略》，记录了晚清吴式芬、陈介祺等金石学家事迹。南开大学藏有吴重憙手录《金石书画杂录》1 册。吴重憙一生刊刻书籍数量甚巨，但以上金石学相关稿本，后世均未重刊。

吴重憙对文学方面似乎有着更大的兴趣。稿本有《石莲杂著》10册，《石莲盦联句》《石莲盦吟草》《麻草集》《燕齐梗泛集》抄本各一册。可见其对文学的爱好。

出于对文学的兴趣，吴重憙刊刻有自著文集《石莲盦诗》10 卷、《石莲盦词》不分卷、《石莲盦乐府》不分卷，以及与李葆恂合撰的《津步联吟集》不分卷等。诗词集的刊刻，是吴重憙个人刻书的最大宗卷。

除了对家族文献的整理，吴重憙还十分重视对历代典籍和其他文化成果的收藏、保存与刊刻。他刊刻的《石莲盦刻山左人词》《石莲盦汇刻九金人集》，前者 155 卷，后者收录宋清两代 17 家词凡 72 卷，对山东地域文化与金代历史文化的传承作出了巨大贡献。

吴重憙偶作小画聊以自娱

二一、刊刻先典金石泥　山左文运补金史

吴重憙历任河南陈州、开封知府，福建按察使，江宁、直隶布政使，护理直隶总督兼北洋通商大臣，驻沪电政大臣，江西、河南巡抚等职，在仕途任上，吴重憙始终刻书不辍。晚年闭门谢客，寓居津门，专事吟诵、藏书。

吴重憙对吴氏家族书籍刊刻记录如下：

光绪六年（1880年），在河南陈州刊印吴自肃《作文家法》；

光绪七年（1881年），在河南陈州刊印《海丰吴氏硃卷》；

光绪九年（1883年），在河南陈州刊印《吴氏世德录》《海丰吴氏试艺》；

光绪十年（1884年），在河南陈州刊印《海丰吴氏诗存》；

光绪十二年（1886年），在河南陈州刊印吴坛《大清律例通考》；

光绪十八年（1892年），在河南开封刊印吴式芬《双虞壶斋日记八种》；

光绪二十一年（1895年），在河南开封刊印吴式芬《攈古录金文》；

光绪三十年（1904年），在上海刊印吴式芬《封泥考略》；

宣统二年（1910年），在河南刊印吴式芬《攈古录》《海丰吴氏文存》。

民国文禄堂用吴氏刻板印行的吴式芬《金石汇目分编》，刊刻时间、地点不详。

一、《吴氏诗存》

在吴氏家族长期积累的文化资本中，诗书修养是家族文化的起点，随着时间的推移与文化素质的积累，对诗文的重视逐渐成为吴氏子弟世代相传的文化传统。在诗学方面，王士禛提出"诗韵说"，成为全国

著名的诗坛领袖，出现了"山左诗词甲天下"的文化氛围。在王士禛的旗帜下，山东涌现出许多诗文名家。海丰吴氏家族诗集《吴氏诗存》，可谓一门风雅。

　　清朝中期，吴氏家族进入繁荣时期，经过长期的文化积淀，形成了诗文传家的传统，吴氏子弟无论是在朝还是在野，均善诗文、好吟咏，如吴之勷、吴式芬等留下了大量的诗文集传世。吴式芬不但在金石学上取得了突出成就，在诗文方面也颇有建树，李佐贤评价他的诗歌："古诗气清，笔健洒脱，自喜神似坡公。律诗亦工力悉敌。"诗学是吴氏家族的家学，家族成员几乎人人能诗，个个有集，仅有典籍记载的诗集就有 22 部之多，诗学类著述可谓丰厚之极，诚为中华民族文学遗产。《吴氏诗存》就是吴氏家族的诗学集成。

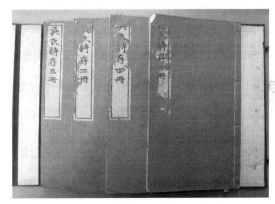

《吴氏诗存》

　　晚清时期，在社会变革的剧烈冲击下，吴氏家族的诗文创作多反映社会现实，思想趋向保守，进入了家族文化的系统整理时期。吴重憙整理编校的《吴氏诗存》反映了吴氏家族有清一代取得的突出诗文成就，收集了吴氏族人大量的诗歌作品，其中包括个人诗集与古风、乐府、律诗、词曲若干卷。其中，诗词专著 14 部，分别为吴自肃的《万行草》、吴象宽的《芝园诗》、吴象默的《半阁诗选》、吴象弼的《杞屋诗誊》、吴绍冶的《覆瓿（bù）草》、吴绍甲的《雪心诗集》、吴塤（xūn）的《新笋轩诗集》、吴之裕的《自怡轩诗》、吴之勷的《叶梦楼诗誊》、吴侍曾的《垂荫接叶轩诗集》、吴式敏的《求可知斋诗草》、吴式群的《雁舟诗草》、吴式芬的《陶嘉书屋诗赋》、吴重周的《常惺惺斋诗》。此外，还辑有古典诗词曲若干卷，以及吴自冲、吴象義、吴绍诗、吴坊、吴垣、吴之屏、吴之承、吴熙曾、吴式度、吴式绪的诗词作品等。

吴自肃好吟咏，"尤工于制艺，至老不废课儿，存稿数百篇"，他留有文章 300 余篇，皆取汉唐之风，其中所作诗集《万行草》一帙，是吴自肃为政江西万载县时所作，多涉边疆吏事。《劳云草》乃在滇黔时与友唱和之诗，时任贵州巡抚田雯谓之"似欲以滇风补十五国之阙者"。《河干草》则是在山西河东时所作，后合编为《我堂存稿》，计诗 170 余首。道光版《云南府志》载："是编志边徼之治乱始终，人情风物，不让少陵诗史。"吴自肃善于写景状物，性好吟咏，往往出口成章，七步成诗，其文章深得《史记》《汉书》之精髓，"其诗取唐诗三百篇之精华"，兼得汉代文学纵横开阖之气，因袭唐诗体裁特点，诗作大有杜甫诗风。如《苴力铺》，表达了吴自肃对百姓生活的关注之情：

> 苍山一片石，遥思达帝乡。
>
> 道远终难致，委弃在路旁。
>
> 异物固堪贵，民劳诚可伤。
>
> 今看石已碎，对之心彷徨。

吴自冲能诗善文，"性简傲嗜酒，画有奇趣，诗为田山姜所赏，有《留云阁遗诗》"，如《趵突泉》，惟妙惟肖地描写出了趵突泉泉水喷涌的胜景：

> 漫从海外问蓬瀛，雪涌三山日夜倾。
>
> 倒卷冰花喧济水，直喷珠浪沸齐城。
>
> 恍看鸥鹭池中浴，疑有鲸鲵地下鸣。
>
> 仙人有诗从何至，桥上鹤来孤影轻。

吴象宽自幼聪颖绝伦，"读书目十行，八岁即通经史，远近有神童誉"，诗作颇多，曾与其弟吴象弼半日作诗 40 首，堪称佳话。吴象宽的《芝园诗集》四卷 160 余首，柯煌序其诗："大之则升平之鼓吹，彩焕山龙；小之则末俗之针砭，验同药石。"所谓"感激沉雄"之作居多，也有反映百姓生活的佳作，如《田家杂兴》：

生女学蚕织，生男学播谷。

村落数十家，长幼尽一族。

老妻佐饁饷，少女下杼柚。

村塾儿晚归，腰镰司农牧。

吴象默生而颖异，幼好读书，常常日夜砥砺于书中不能自拔，积学尤深。常常夜半虚窗，弄古琴于指间，自得其乐。工于作诗，常常因诗中一字未安，而废寝忘食，称一代娴雅儒士也。吴象默原有《感怀吟》《亦居室赘吟》等诗集，后与诸诗集合编，而成《半阁诗选》，计诗180余首。赵执信为诗集作序，称其人"才情自佳"，谓其作"率皆悲楚凄婉之音，非世之所乐闻"。李果作序，则谓其："遭逢出处，多所难言，中则有物，乃即性情所触，谐之于声。"

吴象弼读书必刨根问底，尤痴迷于诗，积诗稿厚约数寸，"其诗受宋元三唐浸淫，得六朝汉魏镕续，终归于雄厚"，有大家之风。吴象弼的《杞屋诗誊》分《半斋集》《聘吴草》各一卷，共200余首。前为家居时作，后则应江南武闱分校之聘时作。吴象弼曾对诗友曰："吾之为此，非邀誉当世，聊以写吾心之所至。"《晚晴簃（yí）诗汇》（民国徐世昌编选，清诗总集）云："其诗续削凡近，归于雄浑。"

吴绍甲的《雪心集》，集诗247首，张完质称其诗"多镂心掏肝之作"。

吴埧有《新笋轩诗集》，清卢见曾撰《山左诗抄》，收录其集时命名为《课余草》，清李佐贤编《武定诗续抄》，收录其集时命名为《新笋轩诗集》。

吴之裕的《自怡轩诗》，计古近体诗110首，笔意活泼。

吴侍曾有《垂荫接叶轩诗集》，李佐贤编《武定诗续抄》收录时，评之云："诗笔清新流利，无饭颗牢愁之态。"

吴式芬的《陶嘉书屋诗赋》2卷，其中，诗一卷100余首，赋一卷10余篇。吴式芬随祖父吴之勷在黄州时，曾写道："居黄十载，每思游西山未果，乙亥（1815年）重阳，渡江往游，得尽临览其胜，赋以

吴重憙的文献成就

志快。"诗云：

> 松阴曲径接山根，万绿葱茏拥寺门。
>
> 四壁云峰光可挹，一江烟水势遥吞。
>
> 每因怀古求遗迹，更为登高共举樽。
>
> 从此林泉成故识，再来重认旧题痕。

吴式芬时年仅 20 岁，已经援例入国子监学习，少年得志、意气风发之意跃然纸上。

吴式群"自幼聪颖绝伦，讨论古典别有神悟，为文章探索理窟，根柢六经，每一艺出，士林传诵"，著有诗集《雁舟吟草》，如其诗《游洞山寺》：

> 柳花作絮樱桃红，徐徐麦垄来清风。
>
> 缓步城西二十里，入山门户启重重。
>
> 洞山之麓古兰若，万竿修竹如云封。
>
> 大河前横清澈底，晓开明镜磨青铜。
>
> 一枝两枝花匼匝，千亩万亩禾青葱。
>
> 闻道前宵雨未足，使君忧旱心忡忡。
>
> 愿乞樽前一杯酒，化作膏泽流田中。

吴重周的《常惺惺斋诗》，系吴重憙日常记录其兄长诗文，"或留其全篇，或留其只句，聊以能金兰之契尔"。

吴重憙也有诗才，他晚年著有《石莲盦诗》《石莲盦词》《石莲盦乐府》《津步联吟集》，因晚于《吴氏诗存》，而没有收录。吴重憙的诗文多写实，思想保守，对辛亥革命曾表达了这样的不满：

> 犹忆前年告兵警，故吏走如蜂散衙。
>
> 杂组五纹乱黑白，残局几道纷横斜。

在其乐府曲《七十七自寿词》中还曾将辛亥革命比作安史之乱：

> 忽渔阳，鼙（pí）鼓喧，倏神京，裯负逃。城头头白乌飞噪，随行带屋蜗难学，失路投林燕觅巢。幼安避辽东早，从此便鸿冥蠖（huò）屈，

迹晦身韬。

辛亥革命后，晚清遗老纷纷离京，或沪或津，吴重憙也不例外，携家迁至天津日租界秋山街，后移居英租界博罗斯道（今烟台道）。吴重憙把辛亥革命比作安史之乱，一方面表达了对民主革命的不满，另一方面寄希望于皇清政府像大唐一样，能够拨乱中兴。落魄中的吴重憙以三国时隐士管宁（字幼安，避居辽东，不仕曹魏）自喻。

吴重憙的《自题七十七行看戏呈凫老》，反映了他对多年宦海沉浮、世事巨变的感慨：

> 鬓如霜草梳还短，骨似秋山瘦益奇。
>
> 谁识颓唐今日叟，精神曾有过人时。
>
> 封章叠绾直江豫，行省未经甘浙滇。
>
> 云影都成前日事，镜花莫结再来缘。

《吴氏诗存》中的这些诗集，涉猎内容丰富，有描写田园风光的，有咏史怀古的，有挽悼故友的，有托物寄怀的，其诗表现手法之多样，意境烘托之深远，堪属一流诗学佳作。如：吴象默的《秋郊》：

> 万木此摇落，林深白板扉。
>
> 远天晴鸟没，寒径野花稀。
>
> 土鼓方联社，秋山正合围。
>
> 无边风景触，掩泪对斜晖。

该诗首联，写万木摇落，一派萧瑟。在树林深处的门扉，醒目而孤独；颔联，写众鸟飞尽，留下无限空旷的天空，小径上寒意四起，甚至点缀的野花也是那么稀少；颈联，突然有了变化，写老百姓击鼓联社的热闹景

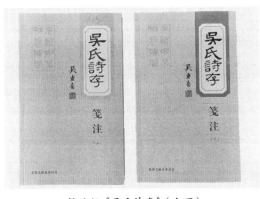

校注版《吴氏诗存》（上下）

吴重憙的文献成就

象，似乎在烘托作者的主观意绪；尾联，作者笔锋突转，打破了欣喜的氛围，作者面对残阳，清泪掩面，不胜惆怅，萧瑟凄凉的意境跃然纸上。

二、《吴氏文存》

《吴氏文存》刊刻相对较晚，宣统二年（1910年）三月，吴重熹在《吴氏文存·序言》中写道："重熹自幼留心，随时甄录，已将《大清律例通考》《攈古录》《攈古录金文》《金石汇目分编》《封泥考略》《吴氏世德录》《吴氏诗存》《吴氏试艺》《双虞壶斋日记》《陶嘉书屋律赋》《试帖》次第付梓，独遗文各种，未付其中。近复抄辑，又得四卷，并将投赠诗文，附缀于后，虽多挂漏，所不敢辞。"目的是"留以示后人之欲知先世事者，有所见览，庶先泽不恨无传焉尔"。

第一卷是吴氏家族近修公吴志远、少参公吴自肃、黄梅公吴象宽。

第二卷是恭定公吴绍诗、铸南公绍冶、锡宸公吴绍恩、湖抚公吴垣、襄阳公吴之勷、文选公吴侍曾。

第三卷是少襄阳公吴式敏、农部公吴式群、阁部公吴式芬、资政公吴重周。

以上三卷共计13人的个人文集或文章。其中，既有长篇巨著吴志远的《治曹纪略》、吴象宽的《宁远书抄》、吴侍曾的《人海丛谈》、吴式芬的《南安书院记》《家训纪闻》、吴重周的《常惺惺斋随录》等，更多的是单独成篇的历世遗文81篇，如吴自肃的《吕宜人行状》《旌善碑楼记》《文昌祠记》《重修元江府儒学碑记》《畴五王太史二集文稿序》《征寿言启》，吴象宽的《范增请立楚后论》《潘亭元先生庸行录跋》《从之弟诗序》《赐笔楼偶记》《孝悼吴则之家传》《张君天掖传》《汉水女子传》《学正高公传》《潘亭元先生传》《风俗策》，吴绍冶的《夜亮木赋并序》《阙里古桧赋》，吴绍恩的《祭外祖父母文》，吴绍诗《海丰黎敬等五庄蠲（juān）免钱粮记》《祭汪母巴宜人文》，吴垣的《东南关老茔石坊阴记文》《书东南关老茔重建墓碑后文》《重修文昌阁募缘小引》,吴之勷的《重修赤壁祠宇记》《雪堂宝砚记》《邓扶风先生祠堂记》《重葺岘(xiàn)云轩记》《灵镜颂》,吴侍曾的《少参公甲辰会卷征诗引》《百花洲记》《易堂张公传》,吴式群的《送伯阳序》,吴式敏的《南安书院记》《移修竹山县学记》,吴式芬的《约同人雪堂看牡丹》《病中答李秀东书》《庐墓刘孝子征诗启》《梅氏重修谱旧序》《是亦山房诗抄序》《题自藏钟鼎款识册》《题高祖母王夫人杏燕绣幅》《题清吟阁器拓本册》《题外曾王父为先母画楣小幅》《陈烈妇传》等等。

第四卷是历世遗嘱、遗训、家训、述训4篇,及所获得其他名人的投赠68篇。

三、《吴氏世德录》

《吴氏世德录》是吴氏家典之一,全书5卷,16个章目,139个专题,总计22万字。自康熙二十三年至光绪十三年(1684—1887年),"凡十世,惟时阅二百余年",是研究吴氏家族至为珍贵的史料。

《吴氏世德录》辑录在卷者,有20人科举中式,其中进士9人,翰林学士3人。从七品小官到一品封疆大吏逾百人。《清史稿》列传3人:吏部尚书衔吴绍诗、工部侍郎吴垣、刑部侍郎吴坛,可谓:"掇(duō)英撷(xié)秀科甲如林,名宦贤卿方伯联第。"

《吴氏世德录》首卷含诰敕、御碑、旌表、谕旨、史传。其中,诰命121呈,国史列传4人:吏部尚书衔吴绍诗、工部侍郎吴垣、刑部侍郎吴坛和内阁学士兼礼部侍郎衔吴式芬,御碑、祭文、旌表、谕旨各一呈。二、

《无棣吴氏世德录》

吴重憙的文献成就

三、四、五卷含行述、行状、墓表、墓志铭、家传、年谱等。

曾为吴氏家族墓表、墓志铭撰文、书丹、篆盖、填讳的，皆为一代硕学通儒，如文华殿大学士李之芳、于敏中，东阁大学士王杰，武英殿大学士彭蕴章，文渊阁大学士单懋谦，协办大学士李鸿藻，吏部尚书孙嘉淦（gàn），刑部尚书桑春荣，工部尚书陈弘谋，户部尚书梁国治，兵部尚书嵇璜，还有文坛巨擘王士禛、董邦达、严曾、赵士麟、曹秀先、王原祁、田雯、杜堮（è）等。

吴氏家族中不乏忠贞为国为民的官员，故被誉为"贤宦世家"。

如：吴绍诗，雍正时官授吏部尚书衔。在陕西为官时，连年大旱，其率民"修富平渠，沃溉数百顷"造福一方。

吴垣，乾隆年间时任湖北巡抚，于大灾之年，"发廪济饥，招商转运，率僚属捐俸，劝富姓输资，设厂煮粥，全活无算"，其德行记于方志。

吴坛，著有《大清律例通考》39卷，他与胞兄吴垣不但发扬光大了吴氏的家学，而且延续了父辈在政坛上的荣耀，迎来吴氏家族号称"尚书门第"的鼎盛时代。"治事明敏"的吴坛断案公正无私，明察秋毫，审理过许多大案、奇案、冤案。吴坛既明晰律令、处事稳重，又勤政爱民、关注民生，在江苏任巡抚期间政绩卓著，被朝廷追加二级，诰授"光禄大夫"。

吴式芬，一代硕学通儒，一生攻读，半生为官，"两榜进士""著述等身"，编著有《攈古录》《攈古录金文》《封泥考略》等著述10余部。吴式芬一生命运多舛，宦迹大河上下、长江南北，既有赏戴花翎的荣禄，也有革职留任的辱痛，却始终不计荣辱。官至内阁学士兼礼部侍郎衔，授"光禄大夫"。

吴重憙，晚清匡时救国的名臣，有着强烈的爱国情怀与严谨的治学态度，为吴氏家族画上了浓墨重彩的尾声。吴重憙在上海任会办电政大臣期间，收回了中国电报总局，参与创办了中国最早的红十字会，声誉远播海内外。朝廷赏戴花翎，诰授光禄大夫，荣耀一时。辛亥革命发生后，吴重憙退隐津门，闭门谢客，专事吟诵、藏书。

吴崶，在河南为官时，立判鸡公山中外交涉案，卒使洋商就范而后已，张扬民族正气，其事广为传颂，官至江安道台。

校注版《山东海丰吴氏世德录》（上中下）

《吴氏世德录》既记录了吴氏淳风厚德、直谅恬素、崇儒重文、耕读而仕的家风和吴氏文化的历史渊源，更是清朝260年的历史缩影。其文风流韵与时代变革相始终，一门之文，百年之史，由一家之兴衰，可纵观清代政局变革与学术变迁。

四、《吴氏试艺》

海丰吴氏以文化鼎盛著称齐鲁，享有"四省承宣三掌节钺，九封光禄两列史晟"之美誉。由吴重憙整理的《吴氏试艺》比较完整地保存了吴氏家族科举考试的朱卷。吴重憙在序言中说："今重刻朱卷附刊于后，叙次圈点评语，悉如原册，俾后人备亲手泽，庶免遗憾焉。"《吴氏试艺》收录了吴氏家族大部分的科举试卷，为研究清代科举制度保留了珍贵的史料。

《吴氏试艺》收录的吴氏家族科举考试及应试朱卷情况如下：

十一世，吴自肃（1630—1712年），顺治甲午（1654年）科山东乡试第56名举人。乡试题目《务民之义》《舜其大知也与》《立贤无方》《夙夜基命宥密》。康熙甲辰（1664年）会试二甲第35名进士。会试题目《修己以敬论》。会试五问分别是：（一）论政久安长治之道；（二）天下不可以独为理也，则用人其最要者矣；（三）王者经营天下，必取天下最难平之数，而为之区画，调剂于其间，则莫财若矣；（四）今夫士何为也，为朝廷树坊表，为草野立纲准者也，民又何为也，粗之为日用饮食之质，精之即群黎遍德之风者也；（五）兵法。

十二世，吴瑛（1670—1710年），康熙戊子（1708年）科山东乡试第32名举人。乡试题目《曰焉知贤才，而举之曰举，而所知尔所不知，人其舍之者》《宜民宜人受禄于天》《居天下之广居，立天下之正位，行天下之大道》。

吴象宽（1680—1742年），康熙甲午（1714年）科山东乡试第15名举人。乡试题目《夫天下之言性与天道》《及其无穷也》《昔者曾子》。雍正癸卯（1723年）恩科会试二甲第85名进士。会试题目《道之以德》《斋庄中正》《若禹皋陶见而知之》。

吴象弼（1683—1736年），雍正癸卯（1723年）恩科山东乡试第7名举人。乡试题目《子闻之，谓门弟子曰：吾何执，执御乎，射乎？吾执御矣》《圣人之道，洋洋乎！发育万物，峻极于天》《求则得之，舍则失之，是求有益于得也，求在我者也》。

十三世，吴绍礼（1705—1750年），乾隆丙辰（1736年）恩科山东乡试举人。乡试题目《才难，不其然乎？唐虞之际，于斯为盛》《溥博渊泉，而时出之》《孔子进以礼，退以义，得之不得，曰有命》。

十四世，吴垣（1719—1786年），乾隆壬申（1752年）恩科顺天乡试第85名举人。乡试题目《夫子莞尔笑曰割鸡焉用牛刀》《故天之生物必固其材而笃焉》《交闻文王十尺汤九尺，今交九尺四寸以长》。

吴坛（1724—1780年），乾隆甲子（1744年）科山东乡试第8名经魁。乡试题目《谨权量审法度修废官四方之行政焉》《道不远人，人之为道而远人，不可以为道故君子以人治人》《愿为圣人氓》。乾隆辛巳（1761年）恩科会试二甲第23名进士。会试题目《红紫不以为亵服当暑袗绨（chī）俗》《旅酬下为上所以逮贱也，燕毛所以序齿也》《大夫曰何以利吾家》《赋得贤不家食》。

十五世，吴之承（1745—1796年），乾隆庚寅（1770年）恩科顺天乡试第 51 名举人。乡试题目《子曰：孟公绰为赵魏，老则优不可以为滕薛大夫》《是故君子居上不骄，为下不倍》《他日由邹之任，见季子由平陆之齐不见储子》《赋得野无伐檀》。

吴之勷（1754—1828 年），乾隆己亥（1779 年）恩科山东乡试第 22 名举人。乡试题目《子入太庙每事问，或曰：孰为鄹（zōu）人之子知礼乎？人大庙每事问，子闻之曰：是礼也》《武王缵大王季文王之绪》《其始播百谷》《赋得带经而锄》。

十六世，吴侍曾（1765—1836 年），嘉庆辛酉（1801 年）科顺天乡试第 19 名举人。乡试题目《夫仁者己欲立而立人，己欲达而达人》《忠恕违道不远，施诸己而不愿，亦勿施于人》《放勋曰：劳之来之，匡之直之，辅之翼之，使自得之，又从而振德之》《赋得百川赴巨海》。嘉庆戊辰（1808 年）科会试二甲第 50 名进士。会试题目《德者本财者末也》《如有博施于民，而能济众何如？可谓仁乎》《人伦明于上，小民亲于下》《赋得六中生正》。

吴怡曾（1767—1829 年），乾隆乙卯（1795 年）恩科顺天乡试第 112 名举人。乡试题目《巧言令色鲜矣仁》《子庶民则百姓劝》《不仁者可与言哉》《赋得形端表正》。

吴熙曾（1775—1807 年），嘉庆庚申（1800 年）恩科山东乡试第 41 名举人。乡试题目《子贡问政子曰：足食足兵民信之矣》《忠信重禄所以劝地，时使薄敛所以劝百姓也》《孟子曰有人不为也而后可以有为》《赋得卖剑买牛》。嘉庆辛酉（1801 年）恩科会试二甲第 33 名进士。会试题目《尧舜师天下以仁》《百姓足，君孰与不足，百姓不足，君孰与足》《民之为道也，有恒产者有恒心，无恒产者无恒心》《赋得天临海境》。

十七世，吴式敏（1790—1850 年），嘉庆己卯（1819 年）科顺天乡试第 158 名举人。乡试题目《君君臣臣父父子子》《君子素其位而行不愿乎其外》《是故诚者之道也，思诚者人之道也》《赋得心清闻妙香》《惟天聪明，惟圣时宪居住，惟臣钦若，惟民从义》《圭璋特，琥珀爵》。嘉庆庚辰（1820年）科会试二甲第13名进士。会试题目《仁者先难而后获》《成己仁也，物知也，性之德也》《以善服人者未有能服人者也，以善养人然后能服天下》《赋得惠泽成丰岁》。

吴式绪（1791—1839年），道光辛巳（1821年）恩科顺天乡试第169名举人。乡试题目《上老老而民兴孝，上长长而民兴弟，上恤孤而民不倍》《可与言而不与之言，失人；不可与言而与之言，失言》《夫仁，天之尊爵，人之安宅也》《赋得谦受益》。

吴式群（1792—1836年），道光元年辛巳（1821年）恩科顺天乡试第272名举人。乡试题目《上老老而民兴孝，上长长而民兴弟，上恤孤而民不倍》《可与言而不与之言，失人；不可与言而与之言，失言》《夫仁，天之尊爵，人之安宅也》《赋得谦受益》。道光癸未（1823年）科会试二甲第102名进士。会试题目《切问而近思，仁在其中矣》《知远之近，知风之自，知微之显，可与入德矣》《入则孝，出则悌，先王之道》《赋得云随波影动》。

吴式芬（1796—1856年），道光壬午（1822年）科顺天乡试第117名举人。乡试题目《居之无倦，行之以忠》《是故君子或慎乎其所不睹，恐惧乎其所不闻》《国君进贤，如不得已将使卑逾尊疏，逾戚可不慎与》《赋得询于刍荛（rán）》。道光乙未（1835年）科会试二甲第37名进士。会试题目上《大德不逾闲》《夫孝者，善继人之志，善述人之事者也》《吾身不能居仁由义，谓之自弃也》《赋得王道平平》。

吴式训（1805—1855年），道光戊子（1828年）科山东乡试第19名举人。乡试题目《择可劳而劳之，又谁怨，欲仁而得仁，又焉贪》《故为政在人》《诗云：畏天之威，于时保之》《赋得百川到海》。

十八世，吴重憙（1838—1918年），同治壬戌（1862年）恩科并补行辛酉（1861年）科山东乡试第108名。乡试题目《季氏使闵子骞为费宰》《设其裳衣》《庠者养也，校者教也，序者射也》《赋得鹊华秋色》《君子终日干干，夕惕若厉，无咎》《东方明矣》《庄公元年，齐师迁纪郱、鄑、部》。乡试复试一等第 15 名举人。复试题目《居散而行简》《赋得树色带晴烟》。光绪丙子（1876 年）科会试誊录第 4 名。会试题目《康诰曰：克明德。大甲曰：顾諟（dì）天之明命》《施于有政是亦为政》《惟义所在》《赋得南山晓翠若浮来》。

十九世，吴峋（1839—1894 年），咸丰辛酉（1861 年）科顺天乡试第 199 名举人。乡试题目《不以礼节之，亦不可行也》《肫（zhūn）肫其仁，渊渊其渊，浩浩其天》《辟也者，举也物而以明之也。侔（móu）也者，比辞而俱行也》《赋得寒露九秋初》《伊洛瀍（chán）涧，既入于河》《五味，六和，十二食，还相为质也》。同治乙丑（1865 年）科会试二甲第 65 名进士。会试题目《临之以庄，则敬；孝慈，则忠；举善而教不能，则劝》《必得其寿》《不违农时，谷不可胜食也》《赋得芦笋生时柳絮飞》。

吴幽（1869—1920 年），光绪癸巳（1893 年）恩科顺天乡试第 242 名。乡试题目：《故君子必慎其独也，曾子曰，十目所视，十手所指，其严乎》《子曰，为政以德，譬如北辰，居其所而众星拱之，子曰，诗三百，一言以蔽之，曰思无邪》《伯一位子男同一位》《赋得秋鹰整翮（hé）当云霄》，复试一等第 35 名举人。复试题目《施于有政是亦为政》《惟义所在》《赋得南山晓翠若浮来》。

五、《大清律例通考》

十四世吴坛（1724—1780 年）是清代著名的法律专家，曾先后任职刑部二十余年，有着丰富的法律知识和实践经验。他熟谙刑律，精研法律，倾注毕生精力著《大清律例通考》39 卷，"自三代汉唐以洎国朝，凡有关法律之书，广为搜辑，贯以己意，著为论断，编数十年而始成云"。吴坛在《大清律例通考》成书后，未及缮写进呈，便病逝于江苏巡抚任上。百余年后，几将散佚。其后四世子孙吴重憙，继承先人未竟之业，重新刊刻，才得以流传于世。

《大清律例通考》考证自尧舜至乾隆四十三年（1778 年）有关历代

吴重憙的文献成就

律文的源流、沿革。

清朝建立后，顺治照抄明制，诏颁六谕，由乡约宣讲六谕，以教化民众。康熙九年（1670年），将六条圣谕发展为十六条："敦孝弟以重人伦；笃宗族以昭雍睦；和乡党以息争讼；重农桑以足衣食；尚节俭以惜财用；隆学校以端士习；黜异端以崇正学；讲法律以儆愚顽；明礼让以厚风俗；务本业以定民志；训子弟以禁非为；息诬告以全善良；诫匿逃以免株连；完钱粮以省催科；联保甲以弭盗贼；解仇忿以重身命。"与六条圣谕相比，十六条圣谕中的法律内容明显增多，比如有"禁为非""诫匿逃"等法律禁止性内容，"息争讼""息诬告"等与诉讼有关的内容。雍正二年（1724年），雍正皇帝将圣谕十六条加以演绎阐释，撰成《圣谕广训》。《圣谕广训》用浅显的文言文写成，文字简洁明快，对识文断字的士人来说很容易理解。但对于普通百姓而言，仍然难以理解。因此，这些圣谕的推行主要依靠官员及地方士绅的宣讲。

自雍正七年（1729年）起，每月朔望，齐集乡之耆老里长及读书之人，选读《圣谕广训》，亦讲读律令。《大清律例通考》载："应令该督抚转饬地方官，于每月朔望，先讲圣谕广训，之后将现行律例挈要提纲，勤加讲解，使草野编氓，怵目惊心，知国法不可轻犯。""于凡讲约之所竖立牌坊，令约正先讲上谕之后，复行疏解，务使黎庶易于通晓。"乾隆九年（1744年）皇帝要求每月初一、十五，由教官传集生监至文庙明伦堂，共同讲解学习，"即令听讲之生监回至本村，转相传播，使一乡之老壮男妇，人人知晓，以悚动其天良"。

这种自上而下的圣谕及律令宣讲，将道德教化和法律宣传的触角深入到广大乡村，最大可能地让所有的帝国臣民接受训蒙。在最基层，讲约读律所针对的对象是乡曲愚民。

明清时期还以申明亭标榜恶行、张挂法律条文及告示等方式宣传法律。老人、里甲可在申明亭剖决民讼，乡民在这种纠纷处理过程中也会受到法律教育。

清朝，雍正皇帝因"愚贱乡民不知法律"而斗殴伤人，故欲通过刊刻、张挂律条的方式宣传法律。《大清律例通考》载："令各省督抚将雍正二年原颁斗殴诸条，逐一书刻木榜，宣示于各该州县地方，概行遍设。"

《大清律例通考》卷首包含吴重憙撰写的《律例通考校刊缘起》，顺治、康熙、雍正、乾隆等皇帝撰写的五篇原序、上谕，内翰林国史院掌院事大学士刚林等的进《大清律集解附例》的奏文，以及圣旨"是《大清律》着颁行"的上谕，刑部等衙门尚书图纳、户部尚书及文华殿大学士张玉书、刑部等衙门尚书佛格、律例馆总裁朱轼、刑部尚书傅鼎、东阁大学士兼礼部尚书徐本、礼部尚书管理刑部事务刘统勋、武英殿大学士舒赫德、总理内务府大臣英廉等官员的 15 篇奏疏。雍正五年（1727年）、乾隆二十三年（1758 年）、乾隆三十七年（1772 年）纂修《大清律例》的凡例，《大清律例》总目，《大清律例》目录，六脏图、丧服图等各种图表及其说明。所有这些正文之前的附件，对了解《大清律例》的制定颁布过程、其编纂要求和修改情况、皇帝等最高统治集团对《大清律例》的立场和立法思想等都有重要的价值。

该书内分 11 部分：（一）律目；（二）诸图，有六赃图、纳赎诸例、丧服图等门；（三）服制，有大功、小功、斩衰、齐衰等门；（四）名例律，有五刑、职官在犯、常赦所不愿等门；（五）吏律，有职制、公式等门；（六）户律，有户役、田宅、婚姻、仓库、课程、钱债、市厘等；（七）礼律，有祭把、仪制等；（八）兵律，有宫卫、军政、关津、厩牧、邮驿等门；（九）刑律，有贼盗、人命、斗殴骂詈、诉讼、受赃、诈伪、犯奸、杂犯、捕狱等门；（十）工律，有营造、河防等门；（十一）比引律条。

《大清律例通考》是吴坛对《大清律例》所作的考释，尤其是对"例"的考释，有助于全面地了解清代法律的发展和运用情况，对于把握清代法律发展的特点具有一定的参考价值。此外，吴坛对律书中的篇名，门名和律目，都上溯至周、秦、汉、唐，说明其渊源和变化，有助于后人了解、学习与研究中国古代律典体例结构，篇章条目的发展与演变。对律文和所附的每一条例文，皆用"按语"的形式，详细考释了其增删、改并、分合、修改的情况和原因。已删的例文，也附于本条之末，说明删去的原因。凡有酌拟应删、应改及另有议论者，则用"又按"的形式加以说明。

《大清律例通考》资料丰富，内容广博，体例完备，考证精准，对研究清朝法律制度的发展变化有重要学术价值，在清代法制史上堪称扛鼎之作。1992 年，中国政法大学出版社出版了由马建石、杨育棠主编的《大清律例通考校注》一书，对《大清律例通考》作了详细缜密的点校注释。因此，本书是研究明清律学发展的必读书目之一。

六、《攗古录》

吴式芬是清代著名的金石学家，酷好金石文字。梁启超在《清代学术概论》中写道："金石学之在清代又彪然成一科学也，道咸（道光、咸丰）以后日益盛，名家者有刘喜海、吴式芬、陈介祺、王懿荣、潘祖荫、吴大澂、罗振玉。式芬有《攗古录金文》，祖荫有《攀古楼彝器款识》，大澂有《愙（kè）斋集古录》，皆称精博。"充分肯定了吴式芬在金石学界的领袖地位。

《攗古录》是吴式芬所收录夏商周至元代钟鼎彝器之金石文字、图形之全集。吴式芬在清初孙星衍撰历代石刻目录专著《寰宇访碑录》的基础之上，补其未备，删其讹复，增商周秦汉以来的印、泉、镜等青铜器物，编撰成《攗古录》20 卷 20 册。后分为《攗古录》《攗古录金文》《金石汇目分编》三部。后又补充刊刻有《陶嘉书屋钟鼎彝器款识》《双虞壶斋藏器目》等。

《攗古录》是清代金石目录书中收录资料最多的一种。计金类1781 种，石类 15230 种，砖瓦类 1105 种，木类 6 种，玉类 4 种，瓷器类 2 种，共收录商周至元代金石文 18128 种。

前三册为三代金石目录，第四册为秦至两汉金石目录，第五册为魏、蜀、吴、晋、后赵、前秦金石目录，第六册为宋、齐、梁、陈、后魏、西魏、东魏、隋金石目录，第七至九册为唐武德至天祐年间金石目录，第十

《攈古录》

册为后唐、后晋、后周、后汉、吴、南唐、北汉、岐、南汉、楚、闽、吴越、蜀、后蜀、南诏金石目录，第十一至十三册为北宋建隆至靖康年间金石目录，第十四、十五册为南宋建炎至德裕年间金石目录，第十六册为辽、西夏、金、伪齐金石目录，第十七至二十册为元中统、至元年间、伪周金石目录。各目之下，金类则悉录原文，不能识之镜铭则从缺，两汉以下，并分别记其书体。石类，砖瓦之属悉录全文，石刻则详记其书体、年月及其题额书体、碑阴诸刻，并均注明属于某地，藏于某人。凡据摹本列入者，亦注明从某书或某人的摹本。之前有误释、误记者，则加以考证和订正。

吴式芬考释严谨，所藏均注明是自己所见还是见于某书。他著录金石碑刻，尽可能明确地记载产生的时间。如《齐郡太守刘世明造像记》注明造像完工的时间是"武定二年十二月十四日"。《比丘王僧敬僧安僧供三人造像记》："正书，山东德州，武定二年十二月十七日。按：'年'上字缺，以下有'太岁在子十二月辛亥朔'，定为二年。"

同时，他还对文物保存情况做了简要介绍，如《残造像记》注明"有'妹阿凤阿难'等字可辨"。《史颂篮》题下注："见于长安市，福建闽县陈子良承裘购得之。"对于不可靠者，吴式芬也提出自己的意见，如《鲁公鼎》题下注："江苏仪征阮氏藏，积古斋著录。按：此器伪造甚多，曾屡见之。"

吴重憙的文献成就

《攈古录》内页

对于《攈古录》,《续修四库全书总目提要》这样评价:"凡吴氏以前,各家金石并录之目,从未有如此目详且备者。"也指出了《攈古录》成书的优点与不足,长处在于"至三代彝器悉政薛阮(南宋薛尚功和清代阮元)归例,勉强分某商某周,惟攈原器款识,以其形象人名为器目,尤见特识,洵为金石目录之中轶浚超前之作"。缺点是"惟为此鸿篇巨制,其成书年月,未经叙及,其刊书年月,亦未曾著明,不能知其编中取列之目,其取藏取见,迄于何时而止,每使人引以为憾"。

《攈古录金文》3卷9册,共考释商周至元代有铭文的钟鼎彝器1334件,器铭下各附释文,间有吴氏考证或采录诸学之说。该书编排按器分类,每类中又以铭文文字数多少为序。此属首创,便于检索。书中多引徐桐柏等人之说,其他如陈介祺等人之说,也间或引述。吴式芬卒于咸丰六年(1856年),书未完成。光绪七年(1881年),其子吴重憙请人为之校刻。书中铭文皆其孙吴𰻞手摹上版,摹刻精善逼真,堪称佳本。《攈古录金文》所收铜器之流传、藏家、拓本及摹本的来源、著录等项都做详细说明。每一器具,先摹录铭文,然后释义,最后是考证。释文附于器铭之后,不仅有吴式芬自己的考证,又附诸家之说,尤以许瀚、徐同柏为最多,其他如翁同书、朱善旗、陈介祺、翁大年、张开福、张穆、

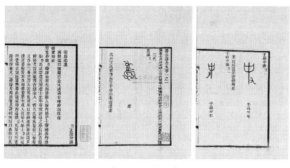

《攈古录金文》

何绍基、吕佺孙、吴儁等人也广为引用。后孙诒让著《古籀(zhòu)余论》，专主校订吴式芬《攗古录金文》之失，校订此书凡一百零五器。1926年以后，容庚、戴家祥又进行校勘，补其错讹千余字。

光绪刊本《攗古录金文》卷首载光绪二十一年（1895年）王懿荣《奉进吴式芬〈攗古录金文〉奏章》：

前内阁学士兼礼部侍郎衔臣吴式芬，道光朝进士，生平专攻训诂之学，长于音韵，精于考订，所集《攗古录金文》一书，凡九册，为卷有三，每卷又各分三册。其书本义专集成周以来钟鼎彝器款识，多据原器精拓本及相传旧摹本收入，出前大学士臣阮元所著《积古斋钟鼎彝器款识》、前湖南巡抚臣吴荣光所著《筠清馆金文》二书后，尤为赅备。其书体例则以各器自具之字定为名数，每一字为一文，由文一、文二以迄文四百九十又七。少者皆象形、指事、记日干支之属，多者可敌真古文《尚书》百篇之一。字各有释，释各成文，又间附以各家之说。虽所释说互有短长，要皆以根据礼典、探讨六书、推阐经义为主。治今古文《尚书》者，非得此无以为。同时佐证汉儒许慎《说文·叙》云："郡国往往于山川得鼎弄(jǔ)，其铭即前代之古文。"是以许书所收自籀文及壁中经古文外，所谓鼎彝古文者厥惟此种。盖自宋明以来，诸家谱录集摹古文之多，无逾此者。

吴式芬病故时，该书并未完成。吴重憙再请许瀚继续校订，其后又经许瀚弟子丁艮善复校后，吴重憙得以刊刻。

吴式芬著《金石汇目分编》序云：

又复荟萃金石目录，分州县编之，其存者则列为已见，未见者则注明见某书，列为待访。凡古今金石诸书，无不备采，复取历代史籍及诸家文集，说部以益之。墓志以曾出土著录者为断，而不采文集。钟鼎、砖瓦之流传无定所，亦不收载。地里未详者，别附于后，以俟参考。曰《金石汇目分编》，约四十卷。于款识古文，研究六书，多所考释。于穹碑巨著，缺文误字，博访旧本，多所补正，皆散见所蓄金

347

吴重憙的文献成就

文册字，及手校金石各书。

《续修四库全书总目提要》给予了极高的评价："吴氏斯作，可谓于古今环宇、古今金石诸目集其大成矣！"又云："当是攈古录增修之完本，凡欲查考环宇古今见存久佚金石诸刻者，不可不手此一编也。"国家图书馆藏《金石汇目分编》稿本20卷26册，吴式芬编，吴重周、吴重熹补辑。本书与《攈古录》同为金石总目，《攈古录》所收金文石刻按历史年代顺序排列，《金石汇目分编》按全国两都十八省分编20卷。

《金石汇目分编》20卷顺序依次为：卷一京师（顺天府），卷二盛京（奉天府），卷三直隶（上下），卷四江苏，卷五安徽，卷六浙江，卷七江西，卷八福建，卷九河南（上中下），卷十山东（上中下），卷十一山西，卷十二陕西（上下），卷十三甘肃，卷十四湖北，卷十五湖南，卷十六四川（上下），卷十七广东，卷十八广西，卷十九云南，卷二十贵州。以碑刻所在地分卷，原则上一地一卷，中原地区所出碑刻较多，故河南四卷、山东三卷、陕西二卷。另外一卷末还附有朝鲜、日本的碑刻。每卷之内又分州县，详载该地所出，眉目清楚，非常便于查检。

《金石汇目分编》荟萃金石目录，取材广泛，"凡古今金石诸书，世有传本无不备采，复取历代史及诸家文集说部以益之"。材料翔实可靠。对于作者本人未曾见到实物的材料，则列入各卷"待访"一栏，注明材料出处，候后人查考有据。正条释文主要标明碑刻的时间、地点、字体、形制等，有些还附有简要的考证，例如卷九"河南府"中的"伊阙佛龛铭"条，注云："岑文本撰，褚遂良正书篆额，贞观十五年十一月，今撰书衔名及年月并缺。"又如"唐三藏圣教序并记"条，注云："太宗撰序，高宗撰记，王行满正书篆额，显庆二年十二月，在县学。"

《金石汇目分编》搜罗宏富，编排合理，是《攈古录》增修补充之完本，可为研究古代碑刻不可或缺的工具书。

卷首有吴式芬序。本书为吴式芬故世后，许瀚代为校订，存世底稿本由许翰校字，吴重熹最终整理完成刊刻。

七、《封泥考略》

《封泥考略》是将"封泥"合辑成书且详加考释的开山之作，汇集了吴式芬与潍县陈介祺所藏封泥。

王国维云："古人以泥封书，虽散见于载籍，然至后世，其制久废，几不知有此事实。……及吴式芬之

《封泥考略》

《封泥考略》出，始定为封泥。"马衡云："道光初，此物始稍出土，吴式芬、陈介祺著《封泥考略》，乃以之介绍于世。"

上述论断，证实吴式芬是封泥最早的发现和考释者，他最早认定"钤有印章的土块"，当时所称的"印范"，就是秦汉魏晋时期的"封泥"。《封泥考略》是最早将"封泥"合辑于世的考释专著。

吴式芬雅好金石，长期为官各地，结交了一批同道学者，如龚自珍、何绍基、刘喜海、许瀚、吴荣光、魏源等，可谓领袖骨干式人物。咸丰四年（1854年）十月，吴式芬在杭期间，与"浙派"山水宗师戴熙、金石僧释达受等交往甚厚。咸丰六年（1856年）二月，吴式芬抱病乞休，四月北归海丰，十月初八日病卒。吴式芬去世前，陈介祺已将长女许配给了吴式芬次子吴重憙为妻，吴重憙守孝三年后成婚。从此，吴重憙成了陈介祺考编金石的得力助手。吴重憙将先父所藏封泥考释稿《汉封泥考》《海丰吴氏藏汉封泥》，再加上岳父陈介祺所藏封泥一并收集、合编成《封泥考略》，1904年完稿，于上海刊刻。吴重憙时任驻沪会办电政大臣，此十卷本是他在沪任职时所印行。

吴式芬、陈介祺两人据所藏封泥，合著《封泥考略》十卷，著录四川、西安、山东等地出土的秦汉及少量战国封泥，共846方。全帙所收封

《封泥考略》内页

泥按朝代和官职排序。卷一为古玺、汉帝信玺、汉官印，计96方封泥；卷二为汉诸侯王玺、汉王国官印、汉侯印、汉侯国官印，计68方封泥；卷三卷四为汉郡国官印，卷三111方、卷四100方封泥；卷五卷六卷七为汉县邑道、乡官印，卷五80方、卷六132方、卷七87方封泥；卷八为新莽朝，计49方封泥；卷九为新莽朝封号印，计57方封泥；卷十为汉臣名印、妾名印、私印，并附鸟篆、闲文、残印，计66方封泥。所附考释文字顺序，一般为：考文字，考舆地，考职官类别，考年代，考功用，考疑难字等。

吴式芬所收藏封泥地域很广，不少出自益州、蜀汉、涪陵等地，正是其在道光十六至二十五年间（1839—1845年）宦游西南，开始识见并收藏封泥。其后，关中地区出土的封泥，吴式芬亦陆续有所收藏。

《封泥考略》草创于同治光绪之际，与吴重憙一同参加考释的还有翁大年，《封泥考略》取辑之博，取考之详，王国维在为《齐鲁封泥集存》作序时，极言吴陈《封泥考略》之功与封泥考史之作用。《封泥考略》是封泥研究史上的第一部，至今仍具有权威性的科学著录与论著。对研究秦汉时期官制、地理、艺术等具有极其重要的学术价值。

《封泥考略》收录的吴式芬藏封泥实物共271方，现藏于上海博物馆；陈介祺藏封泥实物575方，则由日本东京国立博物馆收藏。

近代史学家柯昌泗著《后汉书校注》云："封泥之文字，于是粲然大备。"近代金石学家唐兰先生著《古文字学导论》亦云："欲以集大成，可谓详备矣；精而且详，可谓嗜古矣。"

该书是中国古代封泥研究中一部具有开创意义的重要著作，它首开利用封泥文字证史、补史的范例，其后的《齐鲁封泥集存》《续封泥考略》等封泥著录都因循此书的编例，尤其对考证秦汉官制、地理有重要学术价值，对研究秦汉篆刻也有重要参考价值。如书中所收"河南太守封泥"，征引《汉书》为证石："按《汉书·地理志》，河南郡，故秦三川郡。高帝更名，属司隶太守。"

校注版《封泥考略》

又如"河间王玺封泥"，除征引《汉书》中《地理志》《诸侯年表·百官公卿表》等材料外，又引《汉官仪》云："孔子称，封泰山、禅梁父，封者以金泥银绳印之以玺；又曰：建武三十二年登封泰山，尚书令减碟封石，检以金为绳，以石为泥。"证明封泥用绳，复引《抱朴子》："古之人入山者佩黄神白章印，以封泥着，所在之四方，各百步则虎狼不敢近。"由此可知，道家也有封泥之举。

如今存世可见的《封泥考略》，为湖北省公安县寥氏藏书。

八、《双虞壶斋印存》

《双虞壶斋印存》为吴式芬自藏古玺及秦汉、魏晋青铜、玉印的拓谱集。此谱卷一，古玺、官印；卷二，古朱文印；卷三，玉印、牙印、瓦印、姓名；卷四，姓名名、姓名印、姓名名印、姓名之印；卷五，姓名私印、姓名印信、姓氏名名、姓名字、复姓；卷六，一字印、斓文二字、斓文三字、斓文四字、殳篆、朱文、朱白文；卷七，长方印、圆印、长圆印、六面印、子母孙印、子母印、母印、子印；卷八，两面印、闲文、吉祥文、斗检、花纹。共计 167 方。每册首页为"海丰吴氏双虞壶斋印存"题记，次页开始钤印，每页 6 方，而首册之官

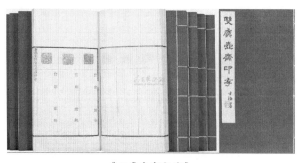

《双虞壶斋印存》

印类则全部标明印种。各册端首行题署"双虞壶斋古印存"（小篆），次行下署"海丰吴式芬子苾考藏"（小篆）。每页书口上题"双虞壶斋古印存"（小篆）。正文每面分三行，以界线分为六格，每行分上下两部分，上端正方形三格用于打印，长矩形下格留空。正文单面一至三印，以每页三印为主，遇子母印、双面印、多面印则多录之。未标明页次、分类，无序跋及目录。

罗福颐主编《续修四库全书提要》稿本印谱部分时，记录其分类情况：

其分数颇详尽，为近世作铜印谱者所宗。唯其卷六所谓一字印斓文、二字斓文、三字斓文、四字斓文及卷七中长方印、圆印、长圆印七类，今审其印文与常识《秦诏量刻》辞文同，可证诸印均出秦及西汉人手，兹列之汉下，此其分类未免小失。至谱中诸印则选择至精，尤为有清一代铜印印谱之冠。盖吴氏以鉴别古彝器之法，以甄选古铜印，宜乎得进上乘。分类虽偶有小失，固未足为此书病也。

《双虞壶斋印存》排序大体先官印，后私印。也有少数版本将玉印置卷首。

官印按其时期前后首列古玺官印，后接秦汉魏晋南北朝官印。先朝官及其属官印，后郡县乡里官印；先中原官印，后蛮夷官印。尾附道家印一枚。

私印按形制、材质、印面内容、时代等多个标准分十数类。各类间排序无特别规律，姓名印类各小类内部均按平水韵排序。其他私印类别如斓文印类、斓文二字小类、长方印类部分、两面印类部分也按平水韵排序。其余部分排序则无明显规律。

《双虞壶斋印存》是清代重要的集古印谱，其前身为《陶嘉书屋藏印》，成书于道光二十五年（1845年）之前。其"首列古玺"的体例被认为在战国古玺的认识上，有着里程碑式的意义，自此翻开了古玺创作研究的新篇章。因其最早将战国古玺排列于秦汉印之前的印谱，标志着近人对战国古玺认识的一大进步，《双虞壶斋印存》在印学史上有着特殊的地位。

古玺，先秦印章之称谓，为先秦政理推进产物。究其原始，无外乎作为权力机构和昭明信用的凭证。尔后，随商贸发展，古玺亦逐渐兼有货物通行及收受赋税之司能。先秦群雄，豪杰并起，跨州连郡者争相割据，于古玺而言，无疑为一方沃土，其多元而长远发展悉如自然。

然通观古代印学经史，真正意义于古玺识别乃清季之后。清吴式芬《双虞壶斋印谱》首推"古玺"排列卷首，始开古玺创作研究新篇章。近百年来，于古玺形制、文字及文字布列等，已有明晰的识断，辨识分类已然不是难事。

《双虞壶斋印存》在印谱编纂方面，是清代同类印谱中的佼佼者。有着收印精审、分类详尽两大特点。

关于收印精审，太田孝太郎有"抉取极精"的评价。方去疾有相似的评价并认为："《双虞壶斋印存》抉择之精，为古铜印谱中佼佼者。"罗振玉曾说："予尝评骘（zhì）诸家谱集，自以陈氏《印举》为最博，而语其精则以《双虞壶斋印谱》为冠。"民国所编《续修四库全书总目提要》稿本同样给出了很高的评价："至谱中诸印则选择至精，尤为有清一代铜印印谱之冠。盖吴氏以鉴别古彝器之法，以甄选古铜印，宜乎得进上乘。"

关于分类详尽，黄宾虹曾有"精审过人"的评价。张可中则认为："分类之严谨，尤非他谱所及。"《续修四库全书总目提要》稿本认为："其分类颇详尽，为近世作铜印谱者所宗。"

另外，由于《双虞壶斋印存》收印之精，被韩天衡、江成之、王福庵所推崇，认为是习印的理想印谱之一。

《双虞壶斋印存》的研究意义主要来源于两个方面。

其一，《双虞壶斋印存》本身具有很高的学术、艺术价值，是清代较为重要的印谱之一，但目前相关研究比较匮乏，尚没有以《双虞壶斋印存》为对象的专门研究，这一学术空白有待补全。同时，目前有关单本印谱的专门研究尚不多，且多偏重印学、艺术及成书方面。

其二，在收印精审、分类详尽之外，《双虞壶斋印存》在印学史上有较高的地位，很大一部分来源于罗福颐《古玺印概论》等一系列后世著作对其在体例上"首列古玺"的认可。然而，由于曾多次钤印，《双虞壶斋印存》的版本关系十分复杂，加之各个版本均无序跋，其成书经过实际是很模糊的。比较流行的说法就有横田实等"道光年间成书说"及罗福颐等"同治初成书说"。这一时间的确认，对《双虞壶斋印存》在学术史、印学史上的地位影响重大。

目前《双虞壶斋印存》的专题研究，所能见到的相关资料有三方面的来源：（一）部分印谱考、知见目录类记述；（二）印学专著上的零星记载；（三）海丰吴氏家族相关研究。很多篆刻或美术类辞典也记录有《双虞壶斋印存》的相关介绍。但除罗福颐《印谱考》以及日本人太田孝太郎的《古铜印谱举隅》、横田实《中国印谱解题》外，并无更多内容，没有相关突破，应寻求新的角度、新的领域，获取新的发现。

1935年黄宾虹在《学术世界》杂志上连载金石随笔《虹卢笔乘》，记录有《双虞壶斋印存》八册本，评品《双虞壶斋印存》中诸印的篆刻特点，与艺术旨趣，并暗示其中有伪印掺入。而民国《续修四库全书提要》著录有八卷本《双虞壶斋印存》，其在《印谱考》记录分类的基础上，标明各分类按所归属的卷次，顺序与罗福颐所述基本相同。罗福颐所见或亦为八卷本。

1940年《中和月刊》发表文章《印林清话》67则，介绍《十钟山房印举》《双虞壶斋印谱》等数十种印谱。详细记录有《双虞壶斋印存》的钤印经过、地点、钤印者以及各批印数、版式。对了解《双虞壶斋印存》的出版经过，有着很多的帮助。

同年，王敦化《篆刻参考书传本书目》记录有"双虞壶斋印存不分卷，海丰吴式芬子苾藏印。道光钤印八册本。光绪钤（qián）印八册本。《双虞壶斋印存精萃》不分卷，海丰吴式芬子苾藏印。钤印二册本"。《双虞壶斋印存》两种，另记录有"陶嘉书屋藏印、吴式芬藏印，道光钤印一册本"一种。

2014年当代印人王哲言《槐荫层晖庐藏印谱录选》是目前所见关于《双虞壶斋印存》版本最详细的记录。分《双虞壶斋印存》为：篆书刻板题端式、宋体版刻分卷式、宋体版刻分格式、亚字版框式、十钟山房印笺式等五个版本。并据所藏"篆字不分卷本"及"宋体八卷本"《双虞壶斋印存》，进行了详细的记录。

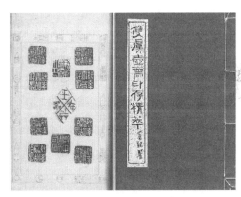

《双虞壶斋印存精萃》

"双虞壶斋"之得名，是因为吴氏藏有西周晚期"虞司寇壶"一对，器身已佚，器盖今藏北京故宫博物院。署名吴氏所撰著作中带有"双虞壶斋"字样的，除印谱外，另有《双虞壶斋日记八种》及《双虞壶斋藏器目》。

九、《双虞壶斋日记八种》

清海丰吴氏家刻本，十二卷，清许振祎作序。《双虞壶斋日记八种》为吴式芬八种日记的合集。台湾傅斯年图书馆藏有光绪十八年（1892年）绿格写本，许振祎（yī）撰《吴子苾师双虞壶斋日记序》，一字一格，当为出版前的稿本，时去吴式芬逝世已三十有六年。该图书馆还存有

《吴氏日记簿》，为道光二十一年（1841年）三月至十月吴式芬手稿本。封面题有"日记簿"三字，并记有日记起止时间。

该书为吴式芬各地为官时的日记、随笔。凡八种：《出都日记》《北行日记》《桂山日札》《梁园日札》《黔行日札》《长安日札》《浙搓日札》《迵搓日札》记其出守及归田前后19年事，即道光十八年（1838年）十月补江西南安知府到咸丰六年（1856年）四月卸任回籍。

许振祎序云："所记先生立身立朝梗概"，"至周备矣"，"遇刑狱财赋诸大政，则本末必载，若采访各行省金石碑版文字及校勘名家所藏宋元法书名画真伪，则评品绝精好古家常资为证据。"

吴重憙除了对其家族所著书籍进行刊刻外，还非常注重对历代典籍、金石文献的收藏与刊刻，先后刊刻了《石莲盦刻山左人词》和《石莲盦汇刻九金人集》。

一〇、《石莲盦刻山左人词》

356

光绪二十七年（1901年），吴重憙刊刻《石莲盦刻山左人词》，此书收录宋清两代17家词，共52卷。

《吴氏石莲庵刻山左人词》

《石莲盦刻山左人词》委托缪荃孙校刊，刻印非常精致。缪荃孙，字炎之，又字筱珊，晚号艺风老人，江苏江阴人。中国近代藏书家、校勘家、教育家、目录学家、史学家、方志学家、金石家。我国文化教育科技界尊称他为中国近代图书馆的鼻祖。缪荃孙幼承家学，习文字学、训诂学和音韵学，中进士，授翰林院编修。此后事编撰校勘十余年。

17家词人分别为：

1.柳永（984—1053年），字耆卿，祖籍福建崇安，生于沂州费县，北宋著名词人，婉约派代表人物。柳永是第一位对宋词进行全面革新的词人，大力创作慢词，将敷陈其事的赋法移植于词，淋漓尽致的铺叙、平淡无华的白描等独特的艺术个性，对宋词的发展产生了深远影响。后人辑其词集为《乐章集》。

2. 李之仪（1048—1117年），字端叔，号姑溪居士，北宋无棣人。熙宁六年（1073年）进士，从苏轼于定州幕府，通判原州，晚年居安徽太平州。《宋史》《东都事略》有传，著有《姑溪居士前集》50卷，《后集》20卷，《姑溪词》不分卷。

3. 晁补之（1053—1110年），字无咎，号归来子，北宋巨野人。文学家，"苏门四学士"之一。神宗元丰二年（1079年）进士，工书画，能诗词，善属文。与张耒并称"晁张"。

李之仪诗词文 70 卷 1572 篇。清伍绍棠粤雅堂版

其散文语言凝练、流畅，风格近柳宗元，诗学陶渊明。其词格调豪爽，语言清秀晓畅，近苏轼。但其诗词流露出浓厚的消极归隐思想。著有《鸡肋集》《晁氏琴趣外篇》等。

4. 王千秋，字锡老，号审斋，南宋东平人。词风清拔可喜，著有《审斋词》。

5. 侯寘，字彦周，南宋诸城人。其词风格清婉娴雅，著有《懒窟词》。

6. 赵磻（bō）老，字渭师，南宋东平人。作品有《拙庵词》。

7. 辛弃疾（1140—1207年），字幼安，号稼轩，南宋历城人。豪放派词人，与苏轼合称"苏辛"，与李清照并称"济南二安"。后赠少师，谥号"忠敏"。现存词 600 多首，著有词集《稼轩长短句》等传世。

吴重憙的文献成就

8. 周密（1232—1298年），字公谨，号草窗，晚年号华不注山人。宋末元初济南人。文学家，书画鉴赏家。周密擅长诗词，作品典雅浓丽、格律严谨，亦有时感之作。能诗，擅书画，与吴文英（号梦窗）齐名，时人称为"二窗"。著有《草窗旧事》《萍洲渔笛谱》《云烟过眼录》《浩然斋雅谈》等。

9. 李清照（1084—1155年），号易安居士，宋代章丘人。善用白描手法，自辟蹊径，语言清丽。论词强调协律，崇尚典雅，提出词"别是一家"之说。后人有《漱玉词》辑本，今有《李清照集校注》。

10. 王士禄（1626—1673年），字子底，号西樵山人，清代新城人。顺治九年（1652年）进士，与弟王士祜、王士禛均有诗名，号为新城"三王"，作品冲和淡泊。诗集有《炊闻词》。

11. 王士禛（1634—1711年），字贻上，号阮亭，别号渔洋山人，清代新城人。清顺治十四年（1657年）进士，著名诗人，工诗词，论诗创"神韵说"。未仕时赋《秋柳》诗，崭露头角，官扬州五年，得清初诗坛的盟主钱谦益教诲，诗名大起。诗作甚丰，著有《衍波词》《池北偶谈》等。

12. 宋琬（1614—1673年），字玉叔，号荔裳，清初莱阳人。清八大诗家之一，宋琬的诗学宗杜甫的律诗和韩愈的碑志铭文，与施闰章齐名，有"南施北宋"之说，又与严沆（hàng）、施闰章、丁澎等合称为"燕台七子"。著有《安雅堂集》《二乡亭词》。

13. 杨通伩，字圣期，清代济宁人。其词情思沉郁，创语清苍，著有《竹西词》。

14. 唐梦赉（1628—1698年），字济武，号豹喦，又号岚亭，清代淄川人。顺治六年（1649年）进士。他的诗词雅意舒和，多为唱和纪游之作，明白恺切，不事雕琢。著有《志壑堂集》《借鸽楼小集》《林皋漫录》。

15. 曹贞吉（1634—1698年），字升六，号实菴，清代安丘人。康熙三年（1664年）进士，嗜书，工诗文，与嘉善诗人曹尔堪并称为"南北二曹"，词尤有名，被誉为清初词坛上"最为大雅"的词家。著有《珂雪集》。

16. 赵执信（1662—1744年），字伸符，号秋谷，晚号饴山老人，清代博山人。进士，强调"文意为主，言语为役"。所作诗文深沉峭拔，亦不乏反映民生疾苦的篇目。著有《饴山诗集》《饴山文集》。

17. 田同之（1677—1756年），字砚思，别字西圃，号小山姜，清代德州人。康熙五十九年（1720年）举人。著有《晚香词》《西圃词说》《砚思集》。

词集分别为：

1.《乐章集》不分卷，北宋柳永著。依宫调、词牌序列，所收约有190首。附《乐章集校勘记》《乐章集校勘记补遗》《乐章集逸词》。

2.《姑溪词》不分卷，北宋李之仪著。其词俊秀俏丽，有独特风格。其《卜算子·我住长江头》，质朴婉美，犹如六朝民歌韵味，抒相思深情，真挚可爱。《忆秦娥·清溪咽》，亦有为别家所无之境。写月夜相思，格调清新，风韵独具。毛晋《姑溪词·跋》

校注版《姑溪词》

说："中多次韵小令，更长于淡语、景语、情语。"存86首，后据《全宋词》补9首，共95首。

3.《琴趣外篇》6卷，北宋晁补之著。此为晁补之的《晁氏琴趣外篇》。宋人词集称《琴趣外篇》者现存五家，另四家为欧阳修《醉翁琴趣外篇》、黄庭坚《山谷琴趣外篇》、晁端礼《闲斋琴趣外篇》、赵彦端《介庵琴趣外篇》。

4.《审斋词》不分卷，南宋王千秋著。卷内有毛晋跋，称其词多酬贺之作,或生日龈词。毛晋跋评之"绝少绮艳",亦殊未允。集中如《忆秦娥》《清平乐》《好事近》《虞美人》《点绛唇》以及咏花诸作,短歌微吟,兴复不浅,乐章始为情语。

5.《懒窟词》不分卷,南宋侯寘(tián)著。有《眼儿媚》一词,注云"效易安体",今李清照原词未见。《懒窟词》作于建康数首,又有鼓子词二首,皆为金陵府会所作。

6.《拙庵词》不分卷,南宋赵磻老著。属词集丛编,清十万卷楼抄本。列宋五人词集,另四人为宋李好古《碎锦词》、曹冠《燕喜词》、袁去华《袁宣卿词》、陈经国《龟峰词》。此抄本今藏天津图书馆。

7.《稼轩词》12卷,南宋辛弃疾著。此为信州本。其词慷慨纵横,有不可一世之概,能于翦红刻翠之外,屹然别立一宗,迄今不废。观其才气俊迈,虽似乎奋笔而成。

8.《草窗词》2卷、补遗2卷,宋末周密著。周密在词、诗、书、杂文、画方面都有极高的造诣,又兼备图画、碑帖、诸玩、宝器、医药、阴阳算术、仙佛、书史等方面的知识。

9.《漱玉词》不分卷,加附录、补遗各1卷,南宋李清照著。明代毛晋刻本收词17首。另有清代王鹏运刻本,收词50首。《漱玉词》在词的发展史上具有突出的地位,把闺情词推向了一个新的艺术高峰。

10.《炊闻词》2卷,清王士禄著。是其在科场复核时,被参入狱半年,狱中所作词集。初本120首,后删2首,增55首,为173首。王士禄才思新颖,不肯蹈袭故常,亦见辞藻之富。

11.《衍波词》2卷,清王士禛著。王士禛以诗文为一代宗师,其诗多抒写个人情怀,清新蕴藉、刻画工整,以清新俊逸之才,范水模山,批风抹月。他提出的神韵诗论,以"不着一字,尽得风流"为作诗要诀。所传诗文中,有不少题咏济南风物,记叙济南掌故之作。

12.《二乡亭词》3卷,清宋琬著。宋琬的诗与施闰章齐名,深受钱谦益、吴伟业等人的好评,被称为"天才隽秀,逸思雕华,风力既逎（qiú），丹彩弥润"。宋琬《二乡亭词》向无完本，吴重憙此次整理，以乾隆丙戌（1766 年）本为底本，校以各初刻本及己卯本、丙寅本。

13.《竹西词》不分卷，清杨通俶著。聂先、曾王孙收入《百名家词抄》，见康熙年间绿荫堂刊本。其词情思沉郁，创语清苍。

14.《志壑堂词》不分卷，清唐梦赉著。唐梦赉的诗不拘樊篱，以新颖自得为宗。他的诗词雅意舒和，然又被称为刻练之工，山颦水笑，甚得王士禛、施闰章等人的称赏，但多为唱和纪游之作，面对社会、反映民生的作品很少。

15.《珂雪词》2 卷，补遗 1 卷，清曹贞吉著。《珂雪词》雄浑苍茫，是其本色。而语多奇气，有不可一世之意。《珂雪词》在国初诸老中，最为大雅。国朝不乏词家，四库独收珂雪，可见其文章之影响。

16.《饴山诗词》不分卷，清赵执信著。赵执信不仅是清初的一位著名的现实主义诗人，还提出了一套较为完整的诗歌理论。其文风在当时形式主义盛行的文坛独树一帜，所作诗文深沉峭拔，亦不乏反映民生疾苦的篇目。

17.《晚香词》3 卷、附《西圃词说》1 卷，清田同之著。遵照词"别有寄托，另具性情"的词学主张。《晚香词》与《西圃词说》虽很少有重大社会生活题材，却是田同之躬耕西圃时的苦心孤诣之作，清新婉丽，寄托遥深，艺术水平很高。

一一、《石莲盦汇刻九金人集》

吴重憙还刊刻了《石莲盦汇刻九金人集》共 155 卷。吴重憙在该书序言中深为感叹，金之后，北方中原文献无几，并广为收集，终得九金人八文集，并予以汇刻。

《九金人集》依次分别为：

《拙轩集》光绪二十年（1894 年）刻于信阳。《拙轩集》6 卷，补遗 1 卷，金王寂撰。王寂（1128—1194 年），字符老，蓟州玉田人，金代文学家。

《石莲盦汇刻九金人集》

《滏水集》光绪三十一年（1905年）刻于湖北。《滏水集》20卷，金赵秉文撰。赵秉文（1159—1232年），字周臣，磁州滏阳人，金代诗人。元好问称他："七言长诗笔势纵放，不拘一律。律诗壮丽，小诗精绝，多以近体为之。至五言，则沉郁顿挫，似阮嗣宗；真淳古淡，似陶渊明。"能诗文，诗歌多写自然景物，又工草书，晚号闲闲老人，所著有《闲闲老人滏水文集》。

《滹南集》光绪十二年（1886年）刻于陈州。《滹南集》45卷，金王若虚撰。王若虚（1174—1243年），字从之，号慵夫，真定人，金代文学家。精于经、史、文学，独步一时。其学术论著部分，辩难驳疑，不落窠臼。对汉、宋儒者解经之附会迂谬以及史书、古文句法修辞之疏误纰漏，多有批评订正，从始到终，观点鲜明，有不少独到见解。

《庄靖集》光绪十六年（1890年）刻于开封。《庄靖集》10卷，金李俊民撰。李俊民（1176—1260年），字用章，自号鹤鸣老人，泽州晋城人。勤于经史百家，尤精通二程理学。能诗文，其诗感伤时世动乱，颇多幽愤之音。

《遗山集》光绪三十一年（1905年）刻于江宁。《遗山集》40卷，金元好问撰。元好问（1190—1257年），字裕之，号遗山，世称遗山先生。太原秀容人。金朝末年至大蒙古国时期文学家、历史学家。是金元之际在文学上承前启后的桥梁，被尊为"北方文雄""一代文宗"。他擅作诗、文、词、曲，其中以诗作成就最高，其"丧乱诗"尤为有名，其词为金代一朝之冠，可与两宋名家媲美；其散曲虽传世不多，但当时影响很大，有倡导之功。有《元遗山先生全集》传世。

《明秀集》光绪三十年（1904年）刻于江宁。《明秀集》8卷，金蔡松年撰。蔡松年（1107—1159年），字伯坚，号萧闲老人。河北正定人，金代诗人。作品风格隽爽清丽，词作尤负盛名，与吴激齐名，时称"吴蔡体"，有文集传世。

《二妙集》光绪三十二年（1906年）刻于江宁。《二妙集》8卷，其中诗6卷，词2卷，是金代段克己、段成己兄弟合集。段克己（1196—1254年），字复之，号遁庵、菊庄，山西稷山人。段成己（1199—1279年），字诚之，号菊轩，为段克己之弟。兄弟二人俱以才名，赵秉文目之为"二妙"。

《天籁集》光绪三十一年（1905年）刻于江宁。《天籁集》2卷，金元时白朴撰。白朴（1226—1306年），字太素，号兰谷，河南开封人，元代著名的杂剧作家，与关汉卿、马致远和郑光祖并称为"元曲四大家"。

宣统元年（1909年），吴重憙在《九金人集》自序中写道："典午渡江以后，文物随迁，访勤如汲古。"典午为司马氏的隐语，指自西晋渡江南下后，北方所存文学仅余北魏的高允、温子升，北齐的《邢邵传》《魏收传》，北周的庾信、王褒。到了五代时，就剩下韦庄的《浣花集》和杜光庭的《广成集》了。作者深为北方文学之凋零而伤怀。

"靖康而后，金主中原，文物风流随萃江表，大河以北，有集传世者亦复甚鲜。"作者进一步指出靖康之变后，金人南下，南宋移至建康，北方传世之文学更是珠玑可数。作者极尽搜索，始得九人八集，"攈摭（zhí）二十年，始得汇篇一集"。作者寄希望"合此区区金源一朝之著作，为江北留硕果之遗，即为区域作嚆（hāo）矢之助焉，可耳"。

这套书的刊刻，为金代北方文学的保存作出了巨大的贡献。

吴重憙刊刻书籍，除以上代表作外，另有释道医等杂书众多。如宣统元年（1909年）在河南巡抚任上时，刊刻的中医书籍《豫医双璧》35卷。其中，宋代河南洛阳人郭雍著《伤寒补亡论》20卷，后从日本

363

吴重憙的文献成就

《豫医双璧》

得东洋本、金代河南考城人张从正所撰《儒门事亲》15卷。二书奇正相生，正可相需为用，为中国清代最具权威的儿科名著，具有极高的文献研究价值。

郭雍（1106—1187年），字子和，号白云先生、颐正先生。南宋哲学家、中医学家，洛阳人。一生隐居不仕，旌召不起，笃好仲景之书，研究日深，因《伤寒论》残缺，于是采《素问》《难经》《千金方》《外台秘要》诸书所论，及朱肱、庞安时、常器之等诸家之说予以补充，于宋孝宗淳熙八年（1181年）撰成《伤寒补亡论》20卷。

张从正（1156—1228年），字子和，号戴人，河南考城人。金元四大名医之一。张从正继承金代河间名医刘完素的学术观点，对"汗、吐、下"排毒三法，有独到的见解，形成了攻邪治病的独特中医风格，为"攻邪派"的代表。著《儒门事亲》15卷，书中有说、辨、诚、笺、论、疏，六门三法、十形三疗等目。另有《心镜别集》《张氏经验方》《张子和治病撮要》《秘传奇方》等传世。

二二、藏书万卷石莲盦　　存印双千虞壶斋

吴重憙除对历代典籍、金石文献的刊刻之外，酷爱藏书，这与其良好的教育背景与交游密不可分，他从小就跟随父亲吴式芬观赏金石书籍，又与兄长吴重周一同受业于日照许瀚，故于乾隆、嘉庆年间诸老之学及金石艺事，靡不覃思迈进。父亲去世后，凡陶嘉书屋、双虞壶斋旧藏全部收归石莲盦，吴重憙更加喜欢收藏金石图籍，及诸类典籍善本，所收尤以旧抄为多，光绪十八年（1892年）遭于火，损失颇多。

光绪二十九年（1903年）吴重憙奉旨驻沪会办电政大臣，三年期间，适逢嘉兴唐翰题的藏书大量散出，吴重憙得其抄校秘册非常之多。

唐翰题（1816—1875年），字鹪安，别署新丰乡人、鹪叟等，清书画家、藏书家。精鉴藏金石、书、画，花卉秀逸，兼擅书法、铁笔。家有"铁如意斋""唯自勉斋""安雅楼"等藏书处，由曾国藩为之题写匾额，曾号称有"百宋千元之居"。编纂有《安雅楼藏书目录》4卷3册，按照四部分类，记藏书来源、行款和题识，藏书钤有"鹪（jiāo）安校勘秘籍""嘉兴唐翰题庚申后所聚""唯自勉斋藏书记""子冰秘玩""砚石山长""读书有福得书难""质肃公孙""铁如意斋"等数十枚印章。版本学家顾廷龙写有《唐鹪安先生藏书考略》，记述唐氏藏书甚详。

同治六年（1867年），唐翰题收购嘉庆时吴骞拜经楼旧藏800余种，宋元古刊影抄精善之本居多，先后有1800种，2万余卷，碑帖有《隋龙藏寺碑》为存字最多、捶拓最精之本。

吴骞（1733—1813年），字槎客，又字槎客，号兔床，愚谷、漫叟、墨阳小隐等。浙江海宁人，清代藏书家、版本学家、校勘学家。吴骞

无心仕途，继而聚书，遇善本则倾囊购之，校勘精审，所得 10 万余卷，筑拜经楼藏之。并整理编纂有《拜经楼吴氏藏书》，是清代的一部综合性丛书，始于乾隆五十年（1785 年），直至嘉庆十七年（1812 年），历时 27 年。

由上可知，吴重憙所藏善本很多是：先由嘉庆间吴骞聚而藏之拜经楼，再转同治时唐翰题购而贮之安雅楼，至民国吴重憙筑石莲盦收藏之。

杜泽逊、程远芳合著《山东著名藏书家》认为吴氏的藏书重在抄本，见于著录的善本有 42 种，其中手抄本 30 种。

辛亥（1911 年）后，吴重憙与章钰同客居天津，常以藏书金石之学互相质证。所藏秘籍，章钰大多过目题跋、评勘，更兼珍贵。章钰（1865—1937 年），苏州人，曾任京师图书馆编修。辛亥革命后遍校群书，丹铅不离手，奇僻之书，必辗转传录。尤精《资治通鉴》，致力校勘。1914 年聘为清史馆纂修，一生校勘著述甚丰，家有藏书 3500 余部，计两万余卷。

吴重憙晚年与缪（miù）荃孙亦多有来往，经缪指点整理，所藏书更为精善。缪荃孙（1844—1919 年），江阴人。中国近代藏书家、校勘家。光绪时，曾任国史馆总纂，1914 年再任清史总纂，是晚清著名的史学家和方志学家，中国近代图书馆业的鼻祖。

一、石莲盦收藏之善本

石莲盦藏书多是珍品，收藏有古本、手抄本、稿本，鉴于著录的善本有 42 种，其中手抄本 30 种，而且大多经过名家珍藏、勘注、批校、题跋。如抄本《春秋传注》为清初严启隆所著，严启隆以毕生精力治《春秋》，前后易稿 12 次，非常珍贵，这些稿本在吴氏家族的呵护下才得以传世。

近代著名藏书家、"古籍泰斗"傅增湘跋吴重憙藏旧写本《春秋传注》云："以藏印及题识考之，此书旧为潜采堂（康熙时浙江秀水人朱彝尊藏书堂号）藏本，后归周松霭（乾隆时进士，浙江海宁人，藏书家），旋以赠吴槎（chá）客，由吴氏以后入于唐鹡庵家。唐居于嘉兴，光绪中遗书散出，时吴仲恽侍郎适奉朝旨驻沪，得其抄校秘册甚多。"石莲盦藏有元刊本《图绘宝鉴》，书上可见明代庐江王（明宗室朱见淜）及清代藏书家黄丕烈、陈鳣、吴骞、唐翰题等人的藏书印，章钰借读之后题识云："钱塘丁氏（丁丙，八千卷楼主人）有元刻本，为怡府（怡亲王，康熙十三子胤祥，酷爱藏书）故物，此本则为明庐江王所藏……较丁本尤为可珍。石莲阁秘籍充栋，亦当推为甲观。"另，石莲盦所藏有唐人写经《四分律》，端正佛经，最为著名，此卷本来是书法"清四家"之一王文治的旧藏，后来辗转归了吴重憙。他先后请何绍基、张之洞、严长明、王懿荣、石景芬等名家题跋。仅据以上几卷善本，就可知石莲盦藏书质量之精。

石莲盦藏书多印有"海丰吴重憙印"（白文），"石莲盦所藏书"，"石莲盦藏书印"（朱文），"吴重憙"（朱文），"石莲"（朱文椭圆），"重憙鉴赏"，"石莲经眼"，"石莲涉猎"，"海丰吴氏石莲盦"（朱文），"吴仲恽秘籍印"，"海丰吴氏家藏"，"海丰吴氏藏书"，"海丰吴氏珍藏"，"仲恽"，"海丰吴氏"等。石莲盦所藏善本见诸著录者主要有如下书目：

吴重憙印

《诗经疏义会通》20卷，明嘉靖二年（1523年）安正书堂刻本，元代朱公迁撰。朱公迁，字克升，江西乐平人。《诗经疏义会通》亦称《诗经疏义》。该书为阐释朱熹《诗集传》而作，注之有疏，故名《诗经疏义会通》。对《诗经》的章意和脉络作简明扼要地揭示，有利于《诗经》的学习与研究。书中附有"图说"，对《诗经》的名物进行图解，让读者对古代的许多器物、天文、地理等有感性地认识。朱公迁治学严谨，

吴重憙的文献成就

订正了《诗集传》中的一些错误。

《春秋传注》36卷，旧写本。《春秋左传》是我国现存最早的编年体史书，起自鲁隐公元年，迄于鲁哀公二十七年（前722—前468年）。旧写本《春秋传注》作者不详，该书对左氏《春秋》的经传作了详细校勘、注释，并时出己见，是《春秋左传》的注本，是今人学习、研究先秦历史、文学、哲学和语言必读的典籍。

《增入名儒集议资治通鉴详节》120卷，宋刊巾箱本，宋陆唐老撰。陆唐老，会稽人，宋淳熙中进士，释褐状元。对司马光之《资治通鉴》以改编、节选、注解等多种形式刊刻、流传。

《续资治通鉴长编》108卷，旧抄本，南宋李焘创作的编年体史书，为中国古代私家著述中卷帙最大的断代编年史。记述详赡，史料价值极高，为研究辽、宋、西夏等史的基本史籍之一。

《契丹国志》27卷，影写元抄本。《契丹国志》是南宋人所著，关于辽朝的纪传体史书。记录历朝皇帝、后妃、诸王、外戚、名臣列传以及表书、地理、制度、见闻、礼仪风俗等。全书几乎囊括了有关辽的重要史料。

《酌中志》24卷，旧写本。《酌中志》是明代宦官刘若愚创作的笔记，每卷均为相对独立的短篇，记述了明万历至崇祯初年的宫廷事迹。其内容包括：《忧危竑议前纪》《续忧危竑（hóng）议后纪》《恭纪先帝诞生》《恭纪今上瑞征》等。

《高士卷》3卷，旧写本。《高士传》是皇甫谧所著。皇甫谧，甘肃朝那人，以著述为务，对经史各家均有研究，著有《帝王世纪》《高士传》《逸士传》《列女传》《玄晏春秋》等，表现了他在文、史方面的才华。

《新订九域志》10卷，影写宋刊本，浙江汪启淑家藏本，此书与宋王存等所撰《元丰九域志》内容相同。是北宋中叶的地理总志，文直事赅，条理井然。全书举纲撮要，极为简明，内容丰实，独具一格。

《三山志》43卷，清写本，梁克家撰。《三山志》是福建保存至今年代最早的一部地方名志，具有较高的学术水准和历史价值，在方志界享有盛誉，受到历代有识之士的珍视。

《中说注》10卷，明嘉靖十二年（1533年）顾氏世德堂刊本，隋王通撰，宋阮逸注。分《王道篇》《天地篇》《事君篇》《周公篇》《问易篇》《礼乐篇》《述史篇》《魏相篇》《立命篇》《关朗篇》10卷。

《诚书》16卷，清乾隆四十年（1775年）沈仲梅写本，清谈金章撰。又名《幼科诚书》，于崇祯十一年（1638年）撰成此书，取保赤心诚之义而名。该书对儿科诸病辨证甚详，方药切于实用，作者于论证审病亦颇有发挥。从五运六气、病因病机、虎口三关、脉理脉象分析，对四证（惊、风、痰、热）八候（抽、搐、掣、颤、反、引、窜、视）之辨，言简意明，于儿科临床有一定指导意义。

《砚山斋珍赏历代名贤墨迹集览》不分卷，旧写本，清初孙承泽著。主要品评前人墨迹，字体清秀工整，疑似孙氏本人笔迹。

《图绘宝鉴》5卷，元刊本，元代夏文彦创作的绘画史传专著。卷一为叙论、卷二为三国吴至五代、卷三宋代、卷四南宋及金朝、卷五为元代及外国画家。书末附《补遗》1卷，对以上各卷之遗漏作了续补。

《珩璜新论》不分卷，旧写本，宋孔平仲撰。是一部具有较高语言价值的笔记，是作者在读书过程中，既考证旧闻，订正史实，又辨析词义，考释词语，在读史过程中而进行的详说。

《齐东野语》20卷，旧写本，宋末周密撰。周密祖籍济南，该书用"齐东野语"之名，乃作者不忘祖籍之意。书中所记，多宋元之交的朝廷大事，可补史籍之不足，是很有价值的资料。

《震泽长语》2卷，旧写本，明王鏊撰。此本乃其致仕归里时随笔录记之书。分《经传》《国献》《官制》《食货》《象纬》《文章》《音律》《音韵》《字学》《姓氏》《杂论》《仙释》《梦兆》13类。

《说原》16卷，旧写本，明穆希文撰。是事关动植物进化论的杂记，但作者没有形成科学系统的观点依据。

《新刊古杭杂记诗集》4卷，明棉纸蓝格写本，未著撰人名氏。皆载宋人小诗之有关事实者，各为详其本末，系宋朝遗事。

《徐孝穆文集》7卷，明写本，徐陵著。徐陵，字孝穆，一生跨越我国南朝梁、陈二代，当时不仅官高位显，而且被称为"一代文宗"，其文学成就不可低估，《徐孝穆文集》的意义更不待言。

《中山集》30卷，旧写本，唐刘禹锡撰。刘禹锡，中山无极人。刘禹锡与韩愈颇为友善，盖其人品与柳宗元相类。其古文则恣肆驳辩，于韩愈、柳宗元之外，自为轨辙。其诗则含蓄不足，而精锐有余，气骨亦在元稹、白居易之上，均可与杜牧相颉颃，而诗尤矫出。

《河东先生集》45卷，旧写本，唐柳宗元撰。柳宗元批判了有神论观点，驳斥了神秘主义的迷信观念，明确指出了天与人的分别，划清了天与人的界限。柳宗元主张儒、释、道三教合流。南宋以后，为此书作注释者较多，主要有童宗说、韩醇音、蒋之翘等等。

《河南集》3卷，清写本，宋尹洙撰。尹洙为人内刚外和，能以义自守。久历边塞，灼见情形，凡所措置，多有成效。其殁也，欧阳修为墓志，韩琦为墓表，而范仲淹为序其集，其为正人君子所重。与田锡相等，至所为文章，古峭劲洁，继柳开、穆修之后，一挽五季浮靡之习，尤卓然可以自传。

《广陵先生文集》30卷，清石门吕氏旧藏写本，宋王令（广陵人）著。是集为王令子王说所编，诗赋18卷，文12卷；又拾遗1卷，墓志、事状及交游、投赠、追思之作皆附入。明清抄本又见20卷。

《宝晋英光集》6卷，明末毛氏汲古阁写本，宋米芾（fèi）撰。该集于南渡之后，业已散佚。绍定壬辰，岳珂官润州时，既葺芾祠，因摭其遗文，为一编。

《诚斋集》42卷，清石门吕氏旧藏写本，宋杨万里撰诗集42卷。此集则嘉定元年（1208年）其子长孺所编也。有《江湖集》7卷、《荆溪集》

5 卷、《西归集》2 卷、《南海集》4 卷、《朝天集》6 卷、《江西道院集》2 卷、《朝天续集》4 卷、《江东集》5 卷、《退休集》7 卷，今并在集中。状物姿态，写人情意，铺叙纤悉，曲尽其妙。

《南轩先生诗集》44 卷，旧写本，宋张栻撰，朱熹编定。自元代以后，递经翻刻，流传极广。但宋代原刊，仅见于清初季振宜家藏，其他书目则未见著录。吴重憙所藏此本，应是宋椠孤本。

《荆溪外纪》25 卷，明嘉靖间刻本，明沈敕编。该书辑录其邑艺文人物，上起汉，下迄明。至所列诸传，皆采之正史及地方史志。

《碧山乐府》4 卷，旧写本，明王九思撰。成书于明嘉靖年间，依文体分卷编次，小令 2 卷，套数 2 卷。其中卷一收小令 139 首，卷二收小令 185 首，卷三收套数 22 阕，卷四收套数 10 阕。卷末附柏斋何先生乐府 4 篇。

《劝善金科》10 本 20 卷，乾隆间内府五色写本。《劝善金科》是清宫每于岁末或其他节令演出的节令戏，源出于民间广为流传的《目连记》。此改编本与民间演出本的旨趣截然不同，意在谈忠说孝，惩戒人心。其中层出不穷的神佛鬼魅情节正好配合腊月里驱鬼除疫、逐阴迎阳的年俗。全剧共 240 出。

二、韩抄本《石莲盦藏书目》

吴重憙 1918 年去世后，不到三年的时间里，吴重憙之子吴幽、吴尌相继离世。吴氏家藏转归其孙吴保锴保管，吴保锴对其进行了一番系统的整理，但这批藏品最终未能免于四散的命运。周叔弢在《拜经楼藏书题跋记》题识：

拜经楼书多归唐鹪安翰题，后为海丰吴氏所得，近颇散失，余亦收数种，皆非精品。吴氏书散出，余在天津，同居一城，乃不能得精品，古缘不厚也。癸酉（1933 年）秋记。

关于海丰吴氏藏书的去向，王振良著《天津藏书家》载："1923 年，北京开明书局李象乾，就曾收得吴氏家藏日照许印林撰《攀古小庐手稿》及《攀古小庐杂著》等20余种。"可知吴重憙去世不久，海丰吴氏藏书即已渐渐散出。杜泽逊在《山东著名藏书家》中载，翰文斋韩滋源购得精善本若干，燕京大学也购买有部分。民国学者藏书家伦明与吴式芬在京城宣南坊达智桥巷，比邻而居，伦明对20世纪四五十年代在金石研究方面卓有成就的吴式芬非常敬重，见到吴式芬所校注金石本《平津读碑记》《贞石待访录》等数十本，视如珍宝。伦明在《辛亥以来藏书纪事》所记：

> 海丰吴子苾观察式芬，及其子仲饴侍郎重憙，累代积书，刊有《金文攟古录》《九金人集》行世。住南城达智桥，去余寓不百步。侍郎殁于辛亥后，遗书渐散，至去岁九、十月间，出尤亟，日见打鼓贩趋其门。最后，山涧口书贩李子珍以千贰百金全有之，载数十车，人皆以为弃余物，不之顾。余翻阅半夕，得佳本数十种。其金石类有子苾校本《平津读碑记》、子苾稿本《贞石待访录》，十八巨册，谐价未就，而吴氏之书，从此尽矣。

从文中可知，石莲盦藏书，最后余者被北京山涧口书贩李子珍1200块银圆，装载数十车拉出津门。伦明曾作诗句：

民国时琉璃厂书摊

清华世家海丰吴，此日真看竭泽渔。
山涧口家翻半夕，弃余仍是杂精粗。

另据《清末藏书家吴重憙旧藏善本知见录》载：海丰吴氏藏书"部分善本转归天津藏书家刘明阳、河北霸州张氏等所有，建国后递藏于南开大学图书馆"。民国时期知名的藏书家傅增湘也有所得，傅增湘曾任民国教育总长、故宫博物院图书馆馆长，对各类藏书卓有见识。

燕京大学收藏也颇多，余者为河南

中州大学（河南大学前身）所得。

目前，海丰吴氏藏书比较集中的公立图书馆有：中国国家图书馆、北京大学图书馆、天津图书馆、南开大学图书馆、上海图书馆、山东省图书馆、台湾省傅斯年图书馆、日本国会图书馆。

石莲盦藏书编有目录，于今可见者有三种：《海丰吴氏藏书目》《石莲盦藏书目》和《石莲盦藏书目录存》。

《海丰吴氏藏书目》，抄本 1 册，乃吴氏手编，光绪二十五年（1899 年）完成，著录稀见图书 1500 余种。这册书目不著录版本，也没有分类，仅依据时空转换别为六个部分：（一）汴寓存书目；（二）已亥九月初八日由泊头带家书单；（三）已亥九月上海购江南机器制造局书目录；（四）秣陵存书目；（五）京寓存书目；（六）闽存书目。

《石莲盦藏书目》，稿抄本 12 册，多为吴氏自书，藏于陕西师范大学图书馆善本室。

《石莲盦藏书目录存》1 册，为琉璃厂翰文斋购得吴氏所藏秘籍 32 种之后，为宣传售卖印行的题跋及印记。

杜泽逊著《山东著名藏书家》载，精善本被北京琉璃厂翰文斋传人韩滋源购得。据哈佛大学汉和图书馆所存的北平翰文斋韩氏抄本《石莲盦藏书目抄校本批本》载，韩林蔚先生对其收藏的 32 本进行了详细辑抄。

韩林蔚，号滋源，对古籍目录版本之学尤为用心钻研，鉴别古书版本、抄校本及名人墨迹，皆精，并善仿苏字。韩氏三代经营古旧书业，先收得乾隆间山东益都著名藏书家李文藻的藏书，继后又收光绪初年内城藏书家李勤伯的藏书。光绪二十六年庚子（1900 年）八国联军侵占北京，清宫昭仁殿天禄琳琅所蓄宋元秘本古籍遭受破坏，流散于民间的不少，翰文斋收有宋刊元祐版的《黄勉斋集》、明天顺刻本的《欧阳文忠公全集》、元刊明印本郑樵著《通志》数十册，又《四库全书》馆编纂用书的底本有宋《郭青山集》多种。韩滋源与山东省图书馆馆长

吴重憙的文献成就

王献唐，在济南市开了一个翰文斋分号，收有海丰吴重憙石莲盦的藏书，多为精抄秘善本。

韩林蔚辑抄 32 本，编撰成《石莲盦藏书目抄校本批本》，目录如下：

1.《金薤琳琅》20 卷，明人都穆撰写，另附清代宋振誉补遗 1 卷。

《金薤琳琅》，内容仿洪适《隶释》的体例，收集历代的金石碑刻，上到周、秦，下至唐穆宗长庆年间共 63 种，录全文，系跋尾，各为辩证，是金石学的重要著作。

都穆（1458—1525 年）：字玄敬，吴县相城人。明代大臣、金石学家、藏书家。都穆好学不倦，尝奉使至秦中，搜访金石遗文，拓印缮定，作《金薤琳琅录》20 卷。

2.《史通》20 卷，万历五年（1577 年）张之象刻本，唐鹢安以宋本批校 4 册。

张之象（1507—1587 年），字月麓，一字玄超，号王屋山人。松江府华亭人，博览群书，赋诗染翰，才情蕴藉。有《诗苑繁英》《司马书法》《楚骚绮语》《唐诗类苑》《彤管新编》等。

《史通》：我国古代第一部系统的史学评论著作，唐刘知几撰，前后历经九年，成书于景龙四年（710 年）。全书凡 20 卷，分内外篇，内篇 39 篇，外篇 13 篇，今存 49 篇。

刘知几（661—721 年），字子玄，唐朝彭城（今江苏徐州）人，修史二十余年，生平著述甚多，为唐初著名史学家。

3.《纲目赘言》（《资治通鉴纲目赘言》）10 卷，张如锦倬（zhuō）庵著，手写本，拜经楼藏书二册。该书是对司马光《资治通鉴》的解读。

张如锦，字汉孙，号倬庵，清苏州府长洲县人，康熙二十四年（1685 年）补殿试进士，知淳化县事，康熙四十年（1701 年）编纂《淳化县志》。

4.《素问六气玄珠密语》17 卷，明抄景宋本，8 册。

《素问六气玄珠密语》为论述五运六气之专书。此作从运气的角度，阐释医理，也有一定可取之处。

5.《至正集》81 卷，20 册，元许有壬撰，旧抄本，校改之字甚多。

《至正集》涵盖了元代典章制度、人物政治及社会风俗等方面，特别是一些碑铭、记、序跋，是研究元代社会珍贵史料，可补《元史》之缺。

许有壬（1286—1364 年），字可用，汤阴人。延祐二年（1315 年）进士。历官集贤大学士、中书左丞，兼太子左谕德，致仕，卒谥"文忠"。事迹具《元史》本传。

6.《标题示义十九史略明解》20 册。成化乙未（1475 年）刘氏日新书堂刻本，季沧苇藏书。

刘氏日新书堂是元代的一家知名书坊，刻书甚多，其有明确刻书年代者即有 20 余种之多，或为手写体，或为匠体。

季振宜（1630—? 年），字诜兮，号沧苇，明末清初泰兴县季家市人。著名的藏书家、版本学家、校勘家。

7.《图绘宝鉴》5 卷，元刻本，明庐江王藏书。

《图绘宝鉴》是元代夏文彦创作的绘画史传著作，共 5 卷。该著作主要是将古代的论画名著抄成书篇。

夏文彦，字士良，号兰渚、兰渚生，浙江吴兴湖州人，元末明初画家。善鉴赏，富收藏，亦能画。至正二十六年（1366 年）著有《图绘宝鉴》5 卷、补遗 1 卷。

该书先后经明庐江王朱见湳、清黄尧圃、陈鳣（zhān）、吴骞、唐鹪安收藏，终归吴重憙收入石莲盦。章珏借观此书后，称此书为钱塘丁氏元刻本，再经这些收藏家辗转题跋，尤为珍贵，可为石莲盦镇馆之宝。

8.《北梦琐言》20 卷，杨岘木影宋抄本，卷首有"海宁杨氏岘（duān）木藏弄"。

杨岘木即杨中讷（1649—1719 年），字遄木，号晚研，又号晚轩，室名"松乔堂"。海宁盐官人。清官员、书法家、藏书家，有书名。模晋唐，纵横中有法度，尤工草书。著有《丛桂集》《芜城校理集》《春帆别集》《药房心语》《拙宜唱和集》等。

《北梦琐言》是中国古代笔记小说集，雅雨堂丛书本。宋代孙光宪撰，原帙 30 卷，今本仅存 20 卷。《北梦琐言》记载唐武宗迄五代十国的史事，包含诸多文人、士大夫言行与政治史实，为研究晚唐五代史提供了可贵材料。

孙光宪，字孟文，自号葆光子。唐末为陵州判官，后唐时避地江陵。入宋为黄州刺史。

9.《容斋续笔》16 卷，何义门朱笔批校本。

何义门即何焯（1661—1722 年），江苏长洲人，书法家，先世曾以"义门"旌，学者称义门先生，著《何义门先生读书记》等。

《容斋续笔》，南宋洪迈著，成书于绍熙二年（1191 年）。是古代文言笔记小说，是洪迈近四十年的创作，也是他多年来博览群书、实践经世致用智慧的结晶。

洪迈（1123—1202 年），字景卢，号容斋。南宋鄱阳人，著名文学家，绍熙二年进龙图阁学士，完成《容斋续笔》。

10.《三冈识略》10 卷，《续识略》1 卷，共 2 册，旧抄校本。

《三冈识略》是清代董含创作的一部笔记。据其凡例，系随年记录闻见之事，始于顺治元年（1644 年），终于康熙三十六年（1697 年），经历五十四年始成书。史料价值极高，可以用来补充官修史书中人物传记之不足，也记录保存了部分正史中未记载的史料，可弥补正史中记录之不详，它还提供了丰富的社会生活史料，对研究明清之际社会史也有很大的帮助。

董含（1625—? 年），字阆石，一字榕城，号莼（chún）乡赘客，华亭人。清顺治十八年（1661 年）进士，一生著述颇丰。

11.《三州辑略》9 卷，清和宁撰。嘉庆年馆抄本，4 册。

《三州辑略》是清代较早的一部伊犁、吐鲁番、乌鲁木齐地区通志，它在充分继承前人成果的基础上，在门类创新上也取得了诸多突破，在中国方志史上具有重要地位。是书编纂体例严谨，内容丰富，全面而真实地反映了清代中期伊、西、庭地区历史、沿革、兵制、官制、地理等诸多内容，对后世方志的编纂有着重要影响。

和宁（？—1821年），后避讳改和瑛，字太菴。乾隆三十六年（1771年）进士。曾任西藏办事大臣八年，博采地形、民族、物产等进行著述。后驻乌鲁木齐，任叶尔羌帮办大臣、喀什噶尔参赞大臣。著有《西藏赋》《藩疆揽胜》《回疆通志》等。

12.《始丰稿》14卷4册，旧抄本。

《始丰稿》：明徐一夔（kuí）撰。自一卷至三卷为前稿，自四卷至十四卷为后稿，皆杂文无诗，其文皆严谨有法度，无元季冗沓之习。

徐一夔（1319—1398年），字惟精，又字大章，号始丰，天台人。博学善属文。明洪武三年（1370年），诏一夔等撰《大明集礼》。六年修《大明日历》，成书100卷，卒于任，人皆为之痛惜，称"教授之贤，难乎为继"。

13.《唐余纪传》24卷4册，明陈霆著。嘉靖二十三年（1544年）刻本。

《唐余纪传》大抵以南唐承唐之正统，仿陈寿《蜀志》之例，学步《新五代史》，以南唐之史补《唐书》之末。吴重憙跋云："此书有纪志传，又博采诸家之说。"

陈霆（1477—1550年），字声伯，浙江德清人，明弘治壬戌（1502年）进士，授刑科给事中，博洽多闻，留心风教，有《唐余纪传》《山堂琐语》等。

14.《历代两浙人物志》16卷24册，仁和沈廷芳椒园撰，旧抄本，密行小字，书写精极。为浙省人物志，自汉迄明，增补国朝人物，凡为16卷，分府详载，考历代，凡高风忠节、相业直谏、德望文苑之名人，或采史志及稗乘杂史所载事迹，各为考核，编增以录。此书无刻本，各藏书家均无著录。

沈廷芳（1702—1772年），字椒园，浙江仁和人。乾隆时为《大清一统志》校录，亦究心经学。有《十三经注疏正字》《理学渊源》《隐拙斋集》等。

15.《浙江山川古迹记》6 卷 8 册，杭世骏辑，旧抄本。

《浙江山川古迹记》是关于浙江山川古迹历史记载的一个总结性资料汇编。全书引用材料宏富，编排精心，图文并茂，密行小行，书写极精。此书无刻本，故各藏书均未著录。

杭世骏（1696—1772 年），字大宗，号堇浦，浙江仁和人。乾隆元年（1736 年），举博学宏词，一生勤于著述。仅少数以抄本形式流传下来，《浙江山川古迹记》便是其中之一。

与《历代两浙人物志》两书未有刊本，故藏书家珍如至宝。

16.《绀珠集》13 卷，旧抄本，龚氏玉玲珑阁藏书。

龚翔麟（1658—1733 年），清代藏书家、文学家，浙江仁和人。刻书为《玉玲珑阁丛书》，藏书印有"玉玲珑阁藏书图记"。

《绀珠集》，未著编辑者名氏，或为朱胜非编百家小记而成。其书抄撮说部，摘录数语，体例颇与曾慥（zào）《类说》相近。

朱胜非（1082—1144 年），河南上蔡人。南宋初年宰相，谥号"忠靖"。著有《绀珠集》《秀水闲居录》等。

17.《罔极录前后编》2 卷，附 1 卷，明许季觉撰，杨崇木旧抄批校本，是具有代表性的"葬书"，内容有含殓、殡葬、虞祔、卒哭、祥禫（dàn）等。

许季觉，《清史稿·孝义》有传，浙江海宁人。居亲至孝。

18.《春秋五礼例宗》10 卷，影宋抄本，内有朱笔批校。

《春秋五礼例宗》北宋张大亨撰，取《春秋》事迹，分吉、凶、军、宾、嘉五礼，依类别记，各为总论。义例赅贯，而无诸家拘例之失。后军礼三卷佚失。

张大亨，字嘉父，浙江吴兴人。尝从苏轼学《春秋》，苏轼与之多有书启往还。苏轼谓其文章："得之于心，应之于手。"著有《春秋通训》16 卷、《春秋五礼例宗》。

19.《三山志》42 卷，影宋旧抄本。

《三山志》淳熙年刻，是福建最早的一部地方名志，宋梁克家撰。

《三山志》具有较高的学术水准和历史价值，在方志界享有盛誉。主要包括当时福州所辖 12 个县份，分地理、公廨（xiè）、版籍、财赋、兵防、秩官、人物、寺观、土俗九大类。该书原刻本早已绝迹，悉赖明人手抄版刻，辗转流传于闽中及江、浙等地。

梁克家（1127—1187 年），字叔子，福建晋江人，宋代状元，曾入阁任右丞相，后出知福州府。

20.《李古廉诗集》11 卷，另有《附录》1 卷，明李懋撰，小𱊢（wǎng）川旧抄本。

《李古廉诗集》乃明成化年间，李懋的门人戴难所编，其孙长乐知县戴容所刊，并以墓志、传赞之类，作《附录》于末。

李懋（1374—1450 年），字时勉，号古廉，江西安福人。永乐二年（1404 年）进士，选庶吉士，进学文渊阁，翰林侍读，以直节重望，为士类所依归。有《李古廉诗集》。

21.《迦陵集》不分卷，明黎遂球撰，旧抄批本。

《迦陵集》，现存明崇祯十七年四知堂居士抄本。以康熙三十四年（1695 年）刊本《莲须阁集》为底本，参校道光二十年（1840 年）刊本《莲须阁集》。补辑康熙三十三年（1694 年）《番禺黎氏存诗汇选》，辑成《迦陵集》。

黎遂球（1602—1646 年），字美周。番禺人。明崇祯元年（1628 年）状元。著有《莲须阁集》26 卷，《迦陵集》不分卷。

22.《岁寒集》二卷，明孙瑀撰，旧抄本。

《岁寒集》是孙瑀的孙子孙孚吉等所编，凡文 1 卷、诗 1 卷。其诗平正通达，无钩棘险怪之态。大抵纯任自然，不事结构。

孙瑀（1388—1474 年），字符贞，江西德兴人，永乐乙未（1415 年）进士，官至兵部尚书。

23.《茅山志》15 卷，元天历元年（1328 年），张雨刻 10 卷，刘履芬手写补 5 卷。

张雨（1277—1348 年），字伯雨，自称句曲外史。元代钱塘人，善诗

379

吴重憙的文献成就

句,工书翰。为虞集、杨维祯等所称道。刘履芬(1827—1879年),字彦清,清代诗人。

《茅山志》元道士刘大彬撰。道教经书,底本出自《正统道藏》记传类,是书分《诰副墨》《三神纪》《括神区》《稽古迹》《道山册》《上清品》《仙曹署》《采真游》《楼观部》《灵植检》《录金石》《金薤编》十二门,每门以三字为题,盖仿陶弘景《真诰》例也。

刘大彬,号玉虚子,元代钱塘人。延祐中袭封茅山四十五代宗师,洞观微妙元应真人。

24.《嘉兴府图记》20卷,明赵文华编,嘉靖刻本。

《嘉兴府图记》分《方画》《邦制》《物土》《人文》凡四门,而附以《丛记》。其《方画》每朝为一地图,其体例殊可为法。故传本颇稀,此殆毁弃之余欤。

赵文华(?—1557年),慈溪人。嘉靖己丑(1529年)进士,官至工部尚书。与严嵩结为父子。东南倭患,颠倒功罪,为人所不齿。《明史》有传。

25.《静乐堂集》,清纳兰揆叙撰,诗集,旧抄本。

纳兰揆叙(1674—1717年),字恺功,号惟实居士,明珠次子,纳兰性德二弟。素以廉洁著称,学问人品俱得康熙帝玄烨赏识,评价揆叙文才为"满洲第一"。家有"谦牧堂",收藏宋元刊本数十种,藏书数万卷。

26.《圣宋皇祐新乐图记》3卷,影宋旧抄本,朱笔校勘。

《圣宋皇祐新乐图记》是宋代阮逸、胡瑗等奉敕撰写的一部音乐著作,共3卷。

阮逸(1002—?年),字天隐,建阳崇化里人,北宋音乐家,天圣五年(1027年)进士。精通经学,擅长辞赋。

胡瑗(993—1059年),字翼之,学者称其为"安定先生",江苏泰州人。北宋时期学者,理学先驱、思想家和教育家。

27.《周易议卦》旧抄本,与《毛诗指说》合订一册。

《周易议卦》明王崇庆撰。是书泛论卦名卦义,间亦推及爻辞。《自序》谓以六十四卦大义本诸《彖》，质诸《象》，而又参诸人事，然所得颇浅。

王崇庆（1484—1565 年），字德征，号端溪，明河南濮阳人。正德戊辰（1508 年）进士，官至南京吏、礼二部尚书。

28.《毛诗指说》旧抄本。

《毛诗指说》唐成伯玙撰。书凡四篇，分《兴述》《解说》《传受》《文体》，效仿《唐诗三百篇》中句法之长短，篇章之多寡，措辞之异同，用字之体例，皆胪举而详之，颇似刘氏《文心雕龙》之体。

成伯玙，唐代经学家，生平事迹不详。著有《尚书断章》《毛诗断章》《毛诗指说》。

29.《大金国志》40 卷 10 册。

《大金国志》纪传体史籍。宋宇文懋昭撰。《大金国志》是袁氏五砚楼旧抄批校本。袁氏五砚楼是袁廷梼的藏书楼，袁廷梼字又恺，字寿阶，清著名藏书家，吴县人。以富藏书闻名，藏书 7 万余卷，皆宋椠（qiàn）元刻及传抄秘本、金石碑版、书法名画之属。

宇文懋昭，金人，后投宋，自称淮西归正人。宋授以承事郎、工部架阁。

30.《尹河南文集》影宋旧抄本。

《尹河南文集》北宋尹洙作。28 卷，凡诗 1 卷，文 26 卷，附录 1 卷。内容多涉兵事及西夏形势。为文朴质无华，简古有序，摆脱了宋初华靡的文风。被范仲淹、欧阳修所推崇。

尹洙（1001—1047 年），字师鲁，西京河南府人。北宋时期大臣、散文家，提倡古文运动，著有《河南先生文集》《五代春秋》等传于世。

31.《闲适剧谈》4 卷，明嘉靖年刻本，白棉纸。

《闲适剧谈》明邓球撰，4 卷，分元集、亨集、利集、贞集，后补起元集 1 卷，盖取贞下起元之义。末载自跋，托言万历癸未遇隐君子，悟忘言之意。其书杂论象理，兼涉三教，设为客问己答。

邓球（1525—1595年），字应明，号三吾寄漫子，人称来溪先生，明祁阳人。嘉靖三十八年（1559年）进士，官至铜仁府知府。

32.《古今律历考》72卷，明邢云路撰。明刻白棉纸。

《古今律历考》详于历而略于律，72卷中《历法》占66卷，则自六经以下，迄于明代大统历，一一考订。《律法》6卷，亦罕所发明，惟辨黄钟三寸九分之非，颇为精当。

邢云路，字士登，河北徐水人。明代天文学家，提出一回归年长度为365.242190日，同现代理论计算只差2.3秒，指出《授时历》的不足。著《古今律历考》72卷，指陈历代历法得失。他曾参加两次改历运动（1595年和1610年），是明末复兴天文学的重要人物。

三、双虞壶斋藏印

除藏书外，海丰吴氏藏印也非常丰富，主要由吴式芬生前收集。

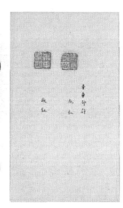

《陶嘉书屋秦汉印章原本》

至道光二十六年（1846年）左右，中国清代晚期画家居巢记述吴式芬藏印达300余方。随后任职河南、直隶、贵州、陕西、浙江等地。咸丰六年（1856年）归里半年而卒。海丰吴氏藏印多不见于前世印谱，其中出土印章或占其大部。以关中金石之盛，陕西任期很可能为吴氏印章收藏的重要时期，吴氏所藏封泥也几乎全部收藏于这一时间段。同时，吴氏通过商贾收藏有济宁王莲湖旧藏部分及宛平查氏铜鼓书堂旧藏部分等。吴式芬生前钤印有《陶嘉书屋藏印》。

吴式芬卒后，印章收藏在吴氏海丰宅邸。晚清社会动荡、农民起义不断,吴氏藏印也受到波及。曾于咸丰辛酉年(1861年)遗失"辟邪纽、子母印、人名印一类",后为李佐贤于济南市肆购回,归于吴重憙、吴峋叔侄。

同治八年(1869年)之后海丰吴氏藏印辗转归于陈介祺。同治十一年(1872年)吴重憙帮助陈氏对其进行了考订排序,并收入《十钟山房印举》《簠斋藏玉印》等多种万印楼印谱。光绪十年(1884年)陈介祺卒后,其长孙陈阜总领"癸酉本"《印举》的钤印编辑之事。散页钤印工作完成之后,将借拓藏印归还吴重憙。随后,陈阜将散页装订为"癸酉本"《印举》,另有部分辑成《十钟山房印举》《双虞壶斋印存》双题名印谱,即"印举本"《双虞壶斋印存》。

1983年,陈氏后人陈继揆与周叔弢(tāo)曾谈及其事:"同治七年(1868年)农民军由直隶入山东,攻破海丰,吴氏所藏铜器大半焚毁,藏印2000余方为乱民抢出,大部辗转售归簠斋,系大部,非全部,用价50金,双虞壶斋所藏印入印谱后,全部送还吴仲饴。"

吴重憙在其陈州任职后期,光绪十年(1884年)至光绪十五年(1889年)用家藏印整理刊刻成"篆字不分卷本"《双虞壶斋印存》50部。光绪年间,吴重憙又续有少量收集,并用50金收回部分早年遗失藏印43方。吴重憙任福建按察使期间,即光绪二十六年至光绪二十七年(1900—1901年)之间,又将这部分藏印汇入,成"宋体八卷本"《双虞壶斋印存》。

吴重憙卒后,其三子吴幽、次子吴尌也相继去世。海丰吴氏藏印绝大多数归吴重憙次孙吴保锴(kǎi,长子吴嶔的次子)所有,也有"斗睦子家丞"等少量印章分藏其他吴氏族人。吴保锴曾将之汇录成《海丰吴氏双虞壶斋印存》《海丰吴氏双虞壶斋印谱》等多种

《双虞壶斋印谱》

印谱。

1934吴重憙与夫人陈氏归葬海丰。这一期间，海丰吴氏藏书、藏器从天津石莲盦大量散出。1940年古董商王仲珊作介，将吴保锴所存海丰吴氏藏印之大部，售予收藏家周叔弢。在此之前，少量藏印（如"徐弘私印"）已为徐世昌所收。周叔弢随后又通过王仲珊试图将《双虞壶斋印存》所收印补齐，但仍有少量遗漏。次年（1941年），著名篆刻印章收藏家巢凤初用周叔弢藏印钤成《海天楼藏印》12部。

20世纪50年代初，周叔弢响应国家号召购买公债，将藏印售予文化部文物处，曾经罗福颐鉴定筛选。1956年，大批铜印拨归故宫博物院保管，海丰吴氏藏印也在其中。现在，海丰吴氏藏印十之八九均为故宫博物院收藏，几乎完整地保存了下来。

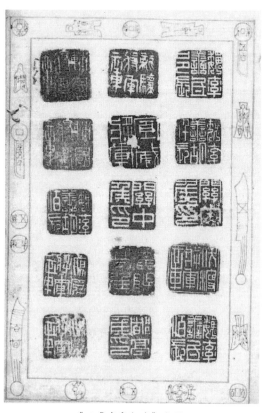

《双虞壶斋印存》内页

二三、著书诗词乐府曲　苍颜倡和津步间

吴重熹著书，似乎对诗词曲等文学作品有着更浓厚的兴趣。现存有吴重熹著《石莲盦诗》6卷,《石莲盦词》不分卷,《石莲盦乐府》(散曲)不分卷，与李葆恂合著《津步联吟集》不分卷。

一、《石莲盦诗集》

《石莲盦诗集》为吴重熹自撰诗集，6卷，1916年刻。原为10卷，第七卷为庚戌年(1910年)，罢官河南巡抚，旅京时所作，后佚失。第八、九、十卷是辛亥革命后，寓居天津时所作，后李放将其与父亲李葆恂的诗一同收入到《津步联吟集》。前六卷分别为：

卷一，己未(1859年)以后诗(未仕时作);

卷二，丁卯(1867年)以后诗上(官京秩时作);

卷三，丁卯(1867年)以后诗下(官京秩时作);

卷四，庚辰(1880年)以后诗上(简外任时作);

卷五，庚辰(1880年)以后诗下(简外任时作);

卷六，癸卯(1903年)以后诗(京外迭任时作)。

咸丰九年(1859年)，吴重熹未出仕之前，也是豪情满怀，意气风发，曾作《杂感》：

> 捧土塞孟津，衔石填东海。
>
> 其愚不自量，其诚乃不悔。

吴重熹自幼濡染家风，好古博物，其诗文中可见其金石立业、诗书传家、男读女红的家风，如《劝内子学书》：

风雨孤灯守敝庐，簪花标格乍临书。

盈箱金石存家学，插架缥缃富旧储。

淡泊聊安儒素业，辛勤且补女红余。

涂鸦儿辈无批抹，好代游人课墨猪。

吴重憙也有写景抒情的诗篇，虽清秀洒脱，但亦有金石学究之气。如其在《上清宫》对崂山景色描写：

青山口接黄山口，断崖一线蜿蜒走。

行人导我上清宫，肩舆倒挂山蹊陡。

门外霜林灿若霞，丹黄锦抱屏风久。

入门堂宇已荆棘，铜铺剥落丹青朽。

诗中既有山路蜿蜒陡峭、霜林锦屏如画，又有铜剥丹青的"钟鼎金石"之气。

九言诗系继五言、七言诗体之后出现的又一种中国传统诗体。通常全诗每句九字，句数不限，以偶数句式为主，节奏均依传统体式。据说，九言诗由三国时魏主曹髦所开创。吴重憙也曾尝试作过九言诗：

鱼鳞千叠变幻忽破碎，蔚蓝一角划出斜阳天。

归路不愁泥深恐没骭，放将半钩新月明娟娟。

描写风云多变，道路泥泞，但希望（新月）尚在。

左图中两诗，是1880年吴重憙官陈州知府时，所作《衙斋杂兴》五首之二：

吴重憙《衙斋杂兴》

其一

冷淡官衙似闭门，簿书堆里易朝昏。

安闲长美眉无用，烦恼多缘首未髡。

鱼豕时生仇校悟，螳蝉早泯轸微痕。

料量退院僧寮计，霜露东园芥已孙。

其二

就树营斋蠹短檐，秋荫依旧绿遮帘。

红磨砚露官书冗，碧透窗纱夜冷尖。

险境耐尝莲子苦，老怀倒啖蔗根甜。

无聊暂学庄蒙达，兰纸毛椎久不粘。

吴重憙也有长篇叙事诗，如《谒印林师墓》，五言体，效《孔雀东南飞》，用较长篇幅记叙了老师许瀚（字印林）为父吴式芬校书的艰辛过程。

与我先子交，不变黎任初。

襄校在临安，鸡鸣风雨俱。

……

戊午孟陬月，痼疾遽不愈。

舆师返桑梓，缠绵十载逾。

右臂幸能运，取稿复笺涂。

其时黄巾起，南北乱已抚。

筑堡与避地，奔走同咴呼。

师体久床笫，动转苦不舒。

载其先世主，与我遗泽书。

病肢居其左，共挽一鹿车。

山寨卒不守，散佚在沟渠。

南羽徐购求，稿卒归弊庐。

记录了许瀚（字印林）为父亲整理遗稿，咸丰八年（1858年）正月中风后右臂不能举，返回日照原籍休养，十余年校书不辍，遭遇民变兵乱，遗稿散失于山间，后经弟子丁艮善（字南羽）购求，失而复得的全过程。

吴重憙有着强烈的爱国忠君思想，光绪二十八年（1902年），奉命以侍郎驻沪会办电政大臣。光绪二十九年（1903年）卸任直隶布政使，十七日慈禧太后与光绪皇帝召见于勤政殿：

召对延英太液西，申江遥驻遂幽栖。

畿疆重任初三释，卿贰崇班第五跻。

横海远行持玉节，拜恩累叶捧璇题。

深惭报称无涓滴，辜负天书降紫泥。

诗中还提到了自己正月初三日卸任畿疆重任，即直隶布政使。祖上吴绍诗、吴垣、吴坛、吴式芬，加上他自己五任侍郎，以及自己累叶（多次）受赐福字，深刻感受到"一蒙荣遇一凄惶"。

吴重憙游历江南时，曾感叹国土破败，江河飘零，无限感慨：

湘桂蔓延起兵火，武昌破竹连瓜州。

琼花明月惨杀戮，铁瓮秋草森戈矛。

江南半壁尽蹂躏，谁其补缺完金瓯。

吴重憙深感政治衰败，时局变幻，礼崩乐坏时，深以为忧：

周礼重圣人，壁坏则圬墁。

必使白受采，乃可素为绚。

左徒作天问，画壁肇奇幻。

汉世重石阙，篆隶璆琳焕。

388

吴重憙表叔查纪庵去世后，吴重憙哭诉中感叹家族中道衰落，写道：

忆我先君子，偕公若弟昆。

三秦同画省，两浙共辀轩。

王粲陈游迹，皋鱼旧泪痕。

何时临宿草，痛哭一招魂。

回忆父辈们曾出仕三秦两浙，同在朝中为官，那时是何等的荣耀！而如今落寞苦闷，感叹盛世难得，触目生悲，以汉末建安七子之一王粲的《七哀诗》，表达自己的政治苦闷，以及寂寞忧伤之情，强烈倾诉了自己对社会现状的哀思。同时以皋鱼比喻自己，为人子却不及孝养的无奈。

宣统元年（1909 年）吴重憙解组河南巡抚后，淡泊仕途，袁世凯主政后，力请吴重憙再度从政。吴重憙坚辞不仕，曾自比汉末管宁（字幼安），枯坐木榻读书不仕曹魏；亦比唐王维（字摩诘）以绳为床，甘贫乐道，愿与旧友话情。

> 幼安木榻凭颠倒，摩诘绳床了岁华。
>
> 最是春明诸旧雨，多情常过旅人家。

吴重憙思念家乡时，曾写下诗句：

> 推枕问秋秋无声，一灯如豆窗间明。
>
> 西风吹我下阶去，萧条梦作乡关行。

还有：

> 秋声都下早，归梦故乡迟。
>
> 兰茂南陔叶，醪香北海卮。
>
> 如何苦留滞，似我尚天涯。
>
> 念我枌榆地，相于二十春。

无论七言还是五言律诗，诗句中都充满了浓郁的思乡之情。

《石莲盦诗集》共计六卷 371 首，约 8 万字，其中卷一 32 首，卷二 65 首，卷三 56 首，卷四 90 首，卷五 78 首，卷六 50 首。

吴重憙作诗注重言为心声，顺其自然，不可强为，其在自序中写道："诗学广大，尤非敢轻言，第人各有心、心各有声，古来忠臣孝子、劳人思妇，各声其心之声，固不豫存一体格与宗派心也。"又说："翳（yì）叶之蝉、伏窦之蚓，值夫清风朝飒明月宵，临则不禁自鸣，凡皆出于自然，不事勉强者也。"

二、《石莲盦词集》

《石莲盦词集》共收录吴重憙词作 55 阕。李葆恂为其作序时："激楚语必出之以苏雅，衰飒语必出之以沉雄。"称其出语庄重则高雅，闲淡则沉稳。

同治六年（1867年）岁值丁卯，吴重憙年仅 30 岁，在工部郎中任告假回籍，出都路上作《百字令》：

秋光如许，更先知、秋冷瘦人应是。清减沈郎腰一搦（nuò），可与黄花相似。枕上家山，灯前乡树，梦阻盈盈水。归期莫卜，尊（pò），鲈兴隔千里。

从此滚滚尘红，茫茫路黑，歧径迷杨子。爱赋刘安招隐句，只恐壮心难已。一夜西风，满湖木叶，此际凉波起。怀人天末，扁舟我欲归矣。

吴重憙时值壮年，仕途精进。然其词中沈郎腰减，黄花秋瘦，红尘歧路，西风落叶，却道壮心难已。一首百字令写得秋风萧瑟，人瘦花黄，体现了作者忧国忧民的无奈，当时晚清政府是内忧外患，英国、英法联军相继侵华，太平天国运动刚刚结束，捻军余波未靖，东捻军正值作者家乡山东北部。所到之处是百姓游离失所，田园荒芜，瘟疫伤寒，满目疮痍。

吴重憙也有心情愉悦的时候，如其回家省亲时，于城东观荷时作《喝火令》一曲，语调轻松，用词明快：

十顷莲花海，三篙杜若汀，小城东畔偶经行。不道连宵快雨，浪压绿云平。

霞影红垂蓼，风漪碧皱萍，如游历下小池亭。只少沿波，几队小蜻蛉。又少菰（gū）烟将雨，一角佛山青。

吴重憙晚年寓居津门时，因身体不适，病榻僵卧中，寄声缅怀两宋词人，作《桂枝香》：

清歌对酒。问两宋词人，最谁低首。风骚宗主第一是，清真不朽。梅溪骖（cān）靳群空矣，比李杜、白云石帚。东坡赤壁，稼轩北固，唾壶碎否。

有井处皆能歌柳。知三变者卿，辞原斋白。漱玉无多，巾帼谁堪敌手。梦窗后盾群推许，最堪伤、秦七黄九。宜州城上，滕州亭下，垂名永久。

把姜夔、苏轼、辛弃疾、柳永、李清照、秦观、黄庭坚等人历述一遍，即求"风骚宗主第一是"，又问"巾帼谁堪敌手"，赞叹于"梦窗后盾群推许"，感伤黄庭坚病死于广西宜州城楼，秦观醉亡广西藤州光华亭，充分体现了其年老体衰后的无限惆怅。

吴重憙还是有名的书画鉴赏家，在其《石莲盦诗集》中为书画图卷以及拓片等题诗 40 余首。其《石莲盦词集》55 阕词中，就有 23 阕是为鉴赏书画而题跋的，《题顾符稹画》有 10 阕，还有《题王寺壁》《题号舍壁》《题岁朝赏梅图》《题胥芰塘印册》《题冬夜捍菆画册》《题牙牌词刻拓本》《题前后赤壁赋

凤砚题词

宋贤四印题词

卷》《题沽词小卷》《二分明月簃联句图》《题万红友凤砚》《题斜阳烟柳填词图》《题龙树院召客七札册》《题海棠小幅》等。

同治十年（1871 年），吴重憙曾在明袁尚统所画的《岁朝赏梅图》上题《贺新凉》词一阕并作跋。

袁尚统（1570—1661 年），字叔明，江苏苏州人。明代著名山水、人物画家，偶作花鸟图，其山水画厚重浑朴，人物画粗野狂放，具有宋代画家生活气息浓厚的风格，以风俗题材作品传世。

《岁朝赏梅图》是明崇祯十年(1637 年)袁尚统所作。主题是山野乡村，两株枯梅待放，一老翁坐于石下，倚树休闲，笑看孙儿挑鞭放花。此

明袁尚统所作《岁朝赏梅图》

吴重熹在《岁朝赏梅图》上的题跋

图为春节前后即景，色调明快，用笔简洁，着墨粗浅有秩。

吴重熹在画幅上方居中题词《贺新凉》一阕：

正纪年屠维掩茂，我生初度。卅四光阴浮云过，销得春声无数。那更有童心如故。爆竹阶前轰若市，任黄粱烂熟鼾难足。浑忘矣，岁云莫。

晨星老辈今何处。胜流传丹青一卷，断缣（jiān）零素。风雪宣南三椽屋，几日霜寒冰沍。却怎把残年勒住。腊鼓已催韶信至，伴回黄转绿中庭树。娄尾酒，先分付。

吴重熹还作跋：

此帧旧为爱吾庐藏，今归枚卿道兄，辛未游都，出以索题，幅上皆诸老辈手迹，着粪佛头，悚惶何地。

由吴重熹题跋知，《岁朝赏梅图》原藏于爱吾庐（李恩庆室名）处，后归收藏家枚卿（李贻良）所有，吴重熹题词时34岁，即同治十年辛未（1871年）。

李恩庆是道光年间著名书画收藏家。李贻良，是利津李佐贤的长子，咸丰六年（1856年）进士，吴重熹的金石书画好友。吴重熹所说的"诸老辈手迹"是指在画册上题跋的周力垣、何兆瀛、马沅、蔡宗茂、夏塽（shuǎng）等道光年间书画界名人。

392

从《贺新凉》中可见，时年 34 岁的吴重憙，以举人身份在工部学习期满，部奏工部郎中候补，居住在京城宣南坊达智桥巷。吴重憙正值春风得意之时，品鉴画意，童心未泯，兴趣盎然，欢庆之意跃然纸上。吴重憙对袁尚统的《岁朝赏梅图》是非常欣赏和推崇的，其鉴赏艺术能力也是较高的。

三、《石莲盦乐府》

吴重憙除诗词之外，尚有北朝乐府一曲《石莲七十七自寿词》。李葆恂称之："分寸有节，不失累黍，宫商抗坠，要眇（miǎo）抑扬。试拍红牙，绝无拗折嗓音之弊。"

《自寿词》开篇为：

【正宫端正好】尧舜世，道光时，十八年，二月卯。春分节，八日花朝。良辰揽揆嘉名诏。伯仲间，怜偏小。

点明自己生于道光十八年（1838 年）二月初七丁卯日，初八日是春分。父母生育子女十余人，仅存其兄妹三人，有一个大他 24 岁的哥哥，还是一个姐姐，吴重憙最小。

【滚绣球】则记俺，梅岭边，戏鼓鞑。柳江边，度龀龆。又随侍大河嵩岳，承恩泽，移畿辅，路近云霄。向黔灵，指节旄。返终南，听鼓鼛（gāo）。拜先主君臣祠庙。更曾经雨淋铃骤网蜀道。严亲又视之江学，慈母归依故里乔。只未得凫赭观潮。

吴重憙幼时，随父亲吴式芬至南昌、到广西，再转河南。道光二十九年（1849 年）吴式芬授直隶布政使，调任贵州布政使，咸丰元年（1851 年）再随侍陕西，直到咸丰四年（1854 年）十月吴式芬授浙江学政。吴重憙度过了一个漂泊不定的青少年时光，17 岁时才随母回到山东老家。

【叨叨令】一霎时，降严霜，杀百草，堂萱老。一霎时，陈封章，请解职，庭椿耄。一霎时，去钱塘，携琴鹤，归途绕。一霎时，读蓼莪，念生我，天不吊。兀的不痛杀人也么哥，兀的不闷杀人也么哥。只剩得，弟与兄，叔合侄，三人了。

　　吴重憙咸丰五年（1855年）四月十一日丧母，咸丰六年（1856年）十月初八丧父，迭失双亲，一家人只剩下他和兄长吴重周、侄子吴峋三人了。吴重憙作按语："雨滴芭蕉殊篱，为听叙事。亲事毕，淋漓哭，痛响入鼓钟。"以极尽悲痛之声溢出言表。

　　【脱布衫】始读书不间昕宵，对青灯午夜频烧。始学文全忘昏晓，望青云九天路渺。

　　说的是吴重憙求学经历，在广西受业于裘楷和丁曜南，在贵州受业于杨开秀，在陕西受业于施作霖，回山东后受业于王毓宝、李秀东、许瀚、李熙龄、郑敦谨。吴重憙有一个学无定时、术无专攻，却异常艰苦的求学经历。

　　【小梁州】柳下专心祀枣糕，汁染宫袍。科名连岁榜头标，咸与籍，侥幸得连镳（biāo）。春闱独愧泥金报，空惹人七次牢骚。永使我落孙山，文憎命，长辞号舍，焚砚学君苗。

　　介绍吴峋、吴重憙二人先后于咸丰十一年（1861年）和同治元年（1862年）中举，吴峋签礼部主事，吴重憙报捐郎中，叔侄同朝为官，作者以竹林七贤之阮籍、阮咸叔侄自喻。同治四年（1865年）吴重憙与吴峋同应乙丑科春闱会试，吴峋中进士，而吴重憙却名落孙山。

　　【上小楼】登仕版，冬官雅操。屯田韵号，惊遇攀髯，仙去鼎湖，遏密箫韶。出燕郊，神路缭。六年照料，博得个把一麾，柳湖瞻眺。

　　登仕版，指作者在工部行走六年，直到光绪六年（1880年）才得以授河南陈州知府。

　　【上小楼】惊心的鲸奔龙跳，金堤走埽（sào）。千万兴工，百万赈饥，拯此鸿嗷。人牵茭，粟空庾，百般竭蹶，都只为郑州口决黄流倒。

　　光绪十三年（1887年）9月30日，河南暴雨，黄河郑州段决堤，黄水滔天，是史上死亡人数最多的大水灾。释静安有诗："浊浪排空倒山岳，须臾沦没七十城。"吞没了开封以东数千个城镇和乡村。吴重憙在陈州抗洪抢险，直到光绪十五年（1889年）1月决堤口才算合拢。

【满庭芳】因之迁调，任以领袖，使继欧包。一心慎恤刑章考，阳世阴曹。一重轻严如斧钺，一出入判决秋毫。十八年为郡守，落得个循资旧套，衣绣斧方操。

介绍作者因抗洪有功，于光绪十五年（1889年）十月调开封知府，直到光绪十八年（1892年）仍为郡守，自持工作谨慎，自谦政绩平平。

【快活三】又三年，督转漕。朝牵挽，夜叫嚣，受挑剔费尽中间。饱令正，供入天。庾精合糙。

指作者光绪十八年署理开归陈许道，转南汝光道，三年后的1896年授江安督粮道，主管漕运。

【朝天子】鲜忽开海岛。幕忽危燕雀，蓦地听蒙尘耗。麻鞋行在路迢迢，有似失群鸟。望秦关一时怎到，觐天颜，恩莫报。抛江鱼味好，听闻猿清叫，命去掌提刑稿。

光绪二十八年（1902年）八月，八国联军攻入北京，慈禧避难西安。时任江安督粮道的吴重熹，按两江总督刘坤一指示赴西安向慈禧问安，后吴重熹再授福建按察使，几经辗转。

【四边静】议和成赔偿最要。搜索盈余，增加税繇。白下开藩，又返三山棹，罗掘成空。桑孔为劳，粥无米妇难巧。

光绪二十九年（1903年），吴重熹授江宁布政使，江苏以富庶闻名，然而面对巨额的庚子赔款，入地升天，搜罗一空，哀叹即便是汉代理财大家桑弘羊、孔仅在世，也难为无米之炊。

【要孩儿】都统署，天津新撤须探讨，又调我京畿镇剿。光阴两月圣恩叨。许乘轺（yáo）驻沪巡了，特设置邮传紫电三年领，要整饬光射金蛇万里遥。恰日俄兵事肇，天传朔雁，水递文鳐。

光绪二十八年（1902年），吴重熹先后任直隶布政使、护理直隶总督兼北洋大臣。仅两个月，又以侍郎派驻沪会办电政大臣，三年内收回电报总局，和京汉铁路主权。光绪三十年（1904年）日俄战争，祸乱东北，吴重憙等创办"上海万国红十字会"。

接下来作者以"五煞"接尾声，讲述自己的经历。

【五煞】漕京通，五日期，去章江，二水滔。会城正涉欧西教，笙歌酒醴娱来使，议抵罚赔结外交。又是萍江哄闹，直动了兵联四省，方落得凯奏金铙。

是指吴重憙以仓场侍郎转署江西巡抚，议定江西教案。光绪二十五年（1899年）美国提出"门户开放"政策后，大量洋教涌入中国，光绪二十六年（1900年）义和团运动后，在全国拆毁洋教堂，江西拆除39处，引发教案事件，松寿、夏时、胡廷干三任巡抚久拖未决，并引发了江西官场地震，巡抚、布政使、按察使三司同时开缺。直到光绪三十二年（1906年）六月新任巡抚吴重憙予以结案。光绪三十二年（1906年）春，萍浏醴地区爆发了农民武装反清起义，最终被装备精良的湘赣苏鄂四省清军予以镇压。

【四煞】佐邮传，过一年，抚河南，悲两朝。官从旧地迁才乐，重看竹马儿童老。渐见鹓（yuān）鸾旧侣凋，只为从民所好。因矿务横生抵牾，博得个解镇逍遥。

光绪三十三年（1907年）三月，吴重憙改任邮传部左侍郎，次年八月，迁河南巡抚，维护煤矿主权。光绪二十一年（1895年）中日《马关条约》后，外国势力取得设厂采矿权力，光绪二十九（1903年）英国福公司在河南妄图霸占豫北煤矿，吴重憙力排众议，以强硬立场，力争豫北煤矿主权不失。

【三煞】退院僧，瘦骨支，旧宫人，白发飘，归来不用船合轿。三椽老屋宣南寄，几点晨星日下遭。真率会，情共表，且相与素心朝夕，问答渔樵。

宣统元年（1909年）三月解组后，吴重憙回到京城宣南坊达智桥巷老宅中，诗情话友。北宋司马光罢政后，在洛阳独乐园，常与故老游集，相约酒不过五行，食不过五味，自号"真率会"。晚清吴中名士、以鉴藏金石书画著称的吴云杜门野服后，与苏州的林下诸老沈秉成、李鸿裔、顾文彬等仿司马光洛阳"真率会"。高卧林泉，集宴云游，诗酒酬唱，或古物玩赏，或金石考据和诗书绘画等活动。吴绍诗晚年亦曾在宣南坊作真率会。吴重憙以司马光、吴云自喻。

吴云真率会

【二煞】忽渔阳，鼙鼓喧，偪神京，乘负逃。城头头白乌飞噪，随行带屋蜗难学，失路投林燕觅巢。幼安避辽东早，从此便鸿冥蠖（huò）屈，迹晦身韬。

辛亥之役，晚清遗老纷纷离京，或沪或津，吴重憙也不例外，于宣统三年（1911年）九月携家迁至天津日租界秋山街，后移居英租界博罗斯道（今烟台道56—58号）。吴重憙把辛亥革命比作安史之乱，一方面表达了对民主革命的不满，另一方面寄希望于皇清政府像大唐一样，能够拨乱中兴。落魄中的吴重憙以三国时隐士管宁（字幼安，避居辽东，不仕曹魏）自喻。

【一煞】鼓儿词，贾凫西，道情歌，郑板桥，旁人莫把痴顽笑。快无祢（mí）鼓挝千杖，清少牙琴按七条。权当作歌合啸，博得个心闲梦稳，又何妨利尽名消。

吴重憙将自己作《自寿词》与贾凫西作《鼓词》、郑板桥作《道情》一样，无非是自我解嘲，博诸公一笑罢了。贾凫西是明末鼓词作家，曾作《木皮散人鼓词》，从三皇五帝一直说到明末崇祯，是带有批判性质的讲史。郑板桥作《道情》十首，字斟句酌，倾注了满腔心血。他自序："无非唤醒痴聋，销除烦恼，每到青山绿水之外，聊以自遣自歌。若遇争名夺利之场，正好觉人觉世，这也是风流世业，措大生涯，不免将来请教诸公，以当一笑。"

【尾声】安期枣莫寻，方朔桃难找。算八旬仅有三年少，且看他子子孙孙膝下绕。

安期枣、方朔桃，都是传说中的仙果，食之长生不老。吴重憙感叹自己77岁，儿孙绕膝，也知足了。

吴重憙以乐府北曲的形式对自己的一生进行了回忆，把自己的喜怒悲乐描写得绘声绘色。

李葆恂极尽溢美之词称颂其："以龙门自叙之气，行宫调曲折之中，朗爽似白仁甫，潇洒似马东篱。其叙述剪裁，全以古文之法行之，则康王乐府不过如此。"以白朴、马致远喻其词曲之上称。

四、《津步联吟集》

《津步联吟集》为吴重憙避地天津时，与李葆恂酬唱之作，李葆恂儿子李放整理刊刻。吴重憙是宣统三年（1911年）九月来天津，李葆恂是1913年四月来天津。吴重憙作序时称："旧雨重逢，良非易遘，顾二人者又皆病骨支离，不能时相过从，不得已而托之楮（chǔ）墨。积之年余，唱和之作乃成小卷，贤嗣狷厓（juàn yá，李放）辑而成册，近不能追查氏之水西庄，远不足拟曾氏之题，襟馆蟋蟀吟秋，蟪蛄吊月，不过如秋丝对吐之青虫而已。"

宛平查氏之水西庄

序中所题查氏，就是北京西的宛平查氏。查氏家族除查为仁、查礼、查善和等所遗著述外，尚有查氏收藏的文物以及清代著名的北方私家园林——水西庄。宛平查氏与吴家几世联姻，吴重熹祖母为宛平查氏，大理寺少卿查淳之女，查淳任桂林知府时，为纪念其父查礼官广西庆元府同知时，维修灵渠事迹，在灵渠铧嘴上题刻"湘漓分派"石碑一通，父子因灵渠而闻名于世。吴重荣妻为宛平查氏，吴峋娶宛平查氏为妻。曾氏之题是指南宋张栻的《题曾氏山园十一咏》，吴重熹自谦二人唱和，不比张栻的"莫和目前思，但种门前柳"。李氏父子也不似查氏父子。

湘漓分派
大清乾隆辛亥仲秋日
知桂林府事宛平查淳书

吴重熹所作诗《投凫老》，再次申明二人唱和只是排遣寒宵，聊作草虫鸣：

> 游踪同作岁寒盟，不筑诗城罢酒兵。
>
> 君有儿郎好纸笔，我无书札到公卿。
>
> 盘飧市远双鸡贵，风月亭高二鹤行。
>
> 独坐寒宵莫排遣，不平聊作草虫鸣。

陈曾寿作序时载："二老相望，邮筒往复，其萧寥沉寂，尤有足悲者。观其寄情小物，搜剔尽意，一唱三叹，触引而长，盖情以专而趣弥永，志以孤而音弥哀，所谓自适其适身，老寂寞志死闲暇者欤。"陈三立为李葆恂作《义州李氏墓表》时纪其来津："辛亥之难作，君避居南宫，寻就医天津，疾少间犹与吴侍郎重熹诗词相酬唱，抒哀愤。"

李葆恂愤辛亥革命后以公元纪年，时间错乱时出言：

> 茗碗炉香阅岁华，闭门寥寂似山家。

世间甲子浑忘却，约略春风到杏花。

并戏言阳历 8 月 15 日，月亮不圆，中秋不中秋。

中秋忽讶月纤纤，欲把因缘问老蟾。

应是嫦娥知改历，故收妆镜不开奁。

李葆恂居京时曾于光绪甲午（1894 年）得万树红友砚。万树（1630—1688 年），字红友，一字花农，号山翁、山农，明末清初常州府宜兴人，清初著名诗人、词学家、戏曲文学作家，故后文称词伯。李葆恂将砚携至津门，吴重憙得观，述其事：

砚为大西洞石，琢制静雅，凤喙衔砚池，翼尾覆砚背。右畔题款曰："来从丹穴，圣世之祥。五彩咸备，丕焕文章。康熙丁卯（1687 年）上元（正月十五），万树红友。"又曰："文跃如凤，天门之狙。红友砚，竹君（朱筠字竹君）用。乾隆庚子（1780 年）七月七日铭。"统五十一字（实 49 字）。制者为词伯，用者为经师，已足珍矣。兔老（李葆恂）于光绪甲午（1894 年）得于京师，拓墨以赠，且征题词。时维癸丑（1913 年）腊月，樊山正以"无闷"调作催雪词，用"尧章"韵，谓此词白雪歌曲中不载。推红友网罗之功，故即用此调以题红友之砚。

吴重憙遂作《无闷》一阕：

人住红螺村，到海王购得，凤纹宝砚。是红友当年，填词染翰。重付竹君学士，与词伯经师周旋惯。康熙丁卯，乾隆庚子，双铭同椠。

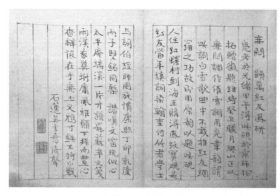

《题万红友凤砚》

赞叹文窗玩，似心太平庵，端溪一片。才谱罢苏辛，又笺两汉。我冀附庸风雅，愿下拜南丰心香瓣。恨在手无玉义鸦，寸铁不持白战。

称颂李葆恂得宝砚可抒苏轼、辛弃疾之志，可作二人之文，自已也愿向曾巩学习。李葆恂亦回《贺新凉》一曲纪其事：

堆絮园中叟，曾吟遍、晋祠秦栈，才名人口。晚遇留村为上客，结得端溪石友。恍彩凤、飞来丹岫（xiù），滴露研朱。词律校拍红牙，宫征精分剖。论功绩，砚为首。

康熙丁卯铭镌就。近百年、乾隆庚子，又逢名宿。珍重椒花吟舫贮，萝隐物归吾手。更铭刻、同垂不朽。二老风流犹在眼，伴琴书，与我周旋久。传翠墨，为汝寿。

将自己与吴重憙之间的交游比作万树与朱筠，书信传谊。

1915 年 3 月 22 日（二月初七日），时逢吴重憙七十七周岁生日，李葆恂为其祝寿：

温公事业潞公年，海内灵光独岿然。

介寿恰当春酒熟，开筵喜见杏花妍。

将吴重憙编书成就比作编写《资治通鉴》的司马光，高寿可比北宋文学家 92 岁的文彦博。

李葆恂小吴重憙 21 岁，却于 1915 年先于吴重憙去世，年仅 57 岁，吴重憙作《哭凫老》：

紫鸾遽驾仙人车，十洲三岛将为家。

李葆恂题扇

长留诗卷在天地，神骑云鹤乘山麚。

公未六旬感凋谢，返魂无侠媿押衙。

酒铛永不接欢笑，茗杯那复驱睡斜。

祝公净业慧证果，佛国妙法开莲花。

铭旌倏见化庄蝶，纸钱忽已随风鸦。

吞声恻恻念死别，深夜畏添更鼓过。

九原可作叹虚愿，东坡想象托羲娲。

　　用苏轼诗句"洪荒无传记，想象在羲娲"，以伏羲和女娲的神话传说，来表现自己的思念之情无以寄托，悲伤之情溢于言表。吴、李二人以共同的命运、相同的兴趣，惺惺相惜，合著《津步联吟集》。

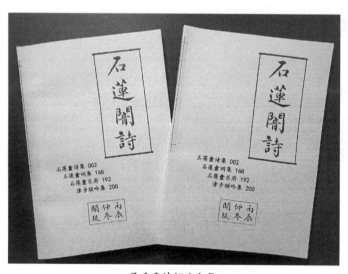

吴重憙诗词曲合集

吴重憙年表

吴重憙（1838—1918年），字仲饴、仲怿，号石莲，晚号石莲老人，海丰吴式芬次子，潍县陈介祺女婿，与福山王懿荣儿女亲家。历官工部郎中，河南陈州、开封知府，福建按察使，江宁、直隶布政使，护理直隶总督兼北洋大臣，邮传部侍郎驻沪会办大臣，江西、河南巡抚等职，著有《石莲盦诗》《石莲盦词》等，编辑印行《海丰吴氏诗存》《吴氏文存》《吴氏世德录》《封泥考略》《攈古录金文》等。上承家学亦笃好金石书画鉴藏，著名刻书、藏书家。

道光十八年戊戌（1838年） 一岁

二月初七日，吴重憙生。

七月初八日，吴式芬补授江西南昌府遗缺知府。

十月，吴式芬补南安知府。

道光十九年己亥（1839年） 二岁

八月初二日，吴峋生，吴重周子（吴重憙侄）。

是年，吴式芬著《攈古录》初稿本。

道光二十年庚子（1840年） 三岁

吴式芬辑成《双虞壶斋印存》。

道光二十四年甲辰（1844年） 七岁

二月，吴式芬补授广西右江道。

吴重憙、吴峋受业于广西监生裴楷（竹孙）。

道光二十五年乙巳（1845年） 八岁

七月，吴式芬署广西按察使。

吴重憙、吴峋受业于湖北禀贡生丁曜南（心臣）。

道光二十七年丁未（1847年） 十岁

二月，吴式芬授河南按察使。

道光二十八年戊申（1848年） 十一岁

吴式芬署河南布政使。

道光二十九年己酉（1849年） 十二岁

十二月，吴式芬调补贵州布政使。

道光三十年庚戌（1850年） 十三岁

吴式芬作《黔行纪程》，编成《汉封泥考释》《秦汉印章》。

六月，吴重周作《常惺惺斋随录》。

吴重憙、吴峋受业于贵州道光己酉举人杨开秀（文卿）。

咸丰元年辛亥（1851年） 十四岁

四月，吴式芬作《安顺府志序》。

吴重周二品荫生，奉旨外用，例授同知衔候选通判。

吴重憙、吴峋受业于浙江己酉拔贡施作霖（雨生）。

咸丰四年甲寅（1854年） 十七岁

吴重憙、吴峋受业于海丰道光乙酉拔贡王毓宝（兰洲）。

咸丰五年乙卯（1855年） 十八岁

四月十一日，吴重憙母刘氏卒于海丰。

吴重憙、吴峋受业于惠民道光辛卯举人李秀东。

咸丰六年丙辰（1856年） 十九岁

十月八日，吴式芬卒。

咸丰七年丁巳（1857年） 二十岁

吴重周邀日照许瀚（印林）至海丰校吴式芬遗书。

正月，秀水高均儒（伯平）作《祭阁部吴公文》。

吴重憙、吴峋在籍，受业于日照道光乙未举人许瀚。

吴峋应武定府府试，拔为第一，受知师武定府知府、浙江汤溪人贡璜（荆山）。

咸丰八年戊午（1858年） 二十一岁

三月，彭蕴章为吴式芬撰《吴公墓志铭》。

吴重周将吴式芬所辑《汉封泥考》一册寄示陈介祺。

吴重憙受知于李熙龄。

咸丰九年己未（1859年） 二十二岁

吴重憙娶陈介祺长女。

吴峋应己未恩科山东乡试中副榜第三名。

咸丰十年庚申（1860年） 二十三岁

吴重憙受知于山东学政郑敦谨先生。

吴钦生，吴重憙长子。

吴保镛生，吴峋长子。

咸丰十一年辛酉（1861年） 二十四岁

吴重憙、吴峋应辛酉科顺天乡试，吴峋中试第199名举人，房师为谢梦渔先生，座师为万青藜。

同治元年壬戌（1862年） 二十五岁

吴重憙应壬戌恩科、补行辛酉科山东乡试，中试108举人。

同治二年癸亥（1863年） 二十六岁

吴重憙、吴峋礼闱报罢。

五月，吴保铎生，吴峋次子。

同治三年甲子（1864年） 二十七岁

十月三日，吴尌生，吴重憙次子。

同治四年乙丑（1865年） 二十八岁

吴重憙、吴峋同应乙丑科会试，吴峋中亚元，殿试二甲第65名进士，朝考入选，钦点签分礼部祠祭司主事。

吴重憙不售，报捐郎中。

十月二十九日，吴重周卒，吴峋丁父忧。

同治五年丙寅（1866 年） 二十九岁

十二月十五日，吴峋母张氏卒，吴峋丁内外艰。

同治六年丁卯（1867 年） 三十岁

四月，吴重憙签分工部行走。

七月，吴重憙请假回籍。

同治七年戊辰（1868 年） 三十一岁

二月，吴重憙销假，因在籍剿办枭匪奏保，七月十一日奉旨赏戴花翎，在工部学习。

四月，海丰县城被捻军占领。

同治八年己巳（1869 年） 三十二岁

四月，吴峋随礼部尚书万青藜编辑《韵书》。

十一月七日，吴豳生，吴重憙三子。

十二月，吴重憙跋高均儒《祭阁部吴公文》。

同治九年庚午（1870 年） 三十三岁

吴重憙在工部学习期满，经工部奏留以工部郎中候补，十月赴金泉书院肄业。

同治十年辛未（1871 年） 三十四岁

吴重憙在潍县抄《潍县陈介祺金文拓本释》。

同治十一年壬申（1872 年） 三十五岁

二月，吴重憙在潍县抄《潍县陈氏宝簠斋藏器目》，考编李璋煜、刘喜海、许瀚三家集古册，合《簠斋集古册》，辑为《宝簠斋集各家彝器释文》。

是年夏，吴重憙去日照为业师许瀚入祀乡贤祠，与丁艮善相识。

八月，吴重憙与李佐贤至潍县为陈介祺妻李氏襄礼。

十月，吴重憙回海丰故里。

光绪元年乙亥（1875 年） 三十八岁

九月，吴重憙由工部保奏，奉旨以本部郎中候补。

是年，《阳嘉残碑》于曲阜出土，为吴重憙所得。

光绪二年丙子（1876 年） 三十九岁

六月，吴重憙将《封泥考略》初稿寄送陈介祺审定。

吴重憙任丙子科会试誊录。

光绪四年戊寅（1878 年） 四十一岁

吴峋补礼部主事，旋派署礼部主客司掌印主事。

光绪五年己卯（1879 年） 四十二岁

三月，吴重憙工部郎中加三品衔。

五月，吴重憙选授河南陈州府知府，十二月到河南。

七月，吴峋以礼部主事简放山西乡试副主考。

光绪六年庚辰（1880 年） 四十三岁

二月，吴重憙在陈州接印任事。

吴峋充庚辰科会试提调官，题补礼部员外郎。

407

光绪七年辛巳（1881 年） 四十四岁

是年，吴重憙在陈州辑刻《海丰吴氏朱卷》4 卷。

光绪八年壬午（1882 年） 四十五岁

三月，吴峋升礼部主客司掌印郎中，请假未允，派充实录馆校对官。书成，赏四品衔随带二级。

八月，吴鬃在河南陈州娶福山王懿荣次女王崇煐（黄氏出）。

光绪九年癸未（1883 年） 四十六岁

九月，吴峋补授都察院江南道监察御史。

吴重憙在陈州知府任上，邀日照丁艮善复校吴式芬《攈古录金文》、许瀚《攀古小庐杂著》、桂馥《历代经石略》，于陈州辑刻，并作《历代石经略序》。

吴幽随父至陈州，受业于日照丁艮善先生，并参与校勘《攈古录金文》《历代石经略》。

吴重憙年表

光绪十年甲申（1884 年） 四十七岁

四月，吴峋转掌湖广道监察御史，充稽查通州西仓差事。

是年，吴重憙在陈州建义塾，开设"诗古""弦歌""演畴"新学科目。

是年，吴重憙在陈州辑刻《海丰吴氏诗存》4 卷。

光绪十一年乙酉（1885 年） 四十八岁

六月，吴峋因言获罪，降五级调用，遂辞职。

是年秋，吴峋至陈州，得汉砖四五百璺，与日照丁艮善为画《风雪访砖图》。

光绪十二年丙戌（1886 年） 四十九岁

吴重憙大计保荐卓异。

是年春，吴峋回海丰，修补祖茔，立墓碑。

三月，吴重憙在陈州刊刻《大清律例通考》。

十月，吴重憙在陈州辑刻《九金人集》之《滹南集》（金王若虚撰）。

光绪十三年丁亥（1887 年） 五十岁

二月，吴重憙嫁女，适南皮张之洞族侄张彬。

八月，河南大雨，郑州黄河决口，吴重憙在陈州治水。

光绪十四年戊子（1888 年） 五十一岁

六月，吴重憙在任候补道员。

吴嵚应戊子科顺天乡试副贡。

是年，吴重憙邀单县举人时庸劢主讲陈州书院。

光绪十五年己丑（1889 年） 五十二岁

十月，吴重憙调补开封府知府，十一月因卓异俸满并案引见，奉旨回任，准其卓异加一级，仍注册照例用。

是年，吴重憙所编《吴氏族谱》12 卷，始臻完备。

光绪十六年庚寅（1890 年） 五十三岁

三月，吴重憙在开封辑刻《九金人集》之《庄靖集》（金李俊民撰）。

八月，吴峋应吕芝岩之邀，主讲许昌书院。

九月，吴重憙俟离知府任回道员班，后加二品衔。

光绪十七年辛卯（1891 年） 五十四岁

三月，吴重憙护理开归陈许道，七月回开封府本任。

九月，时至霜降，因黄河夏汛安澜，吴重憙奉旨交部从优议叙。

是年，吴重憙刊刻陈弘谋《四种遗规》《教女遗规》《训俗遗规》《从政遗规》。

光绪十八年壬辰（1892 年） 五十五岁

二月，吴重憙署理开归陈许道，五月署理南汝光道，六月回归开封府本任。

三月，应吴重憙之邀，吴式芬门生奉新许振祎（仙屏）为《八种日记》作序。

六月，吴氏故宅突遭回禄之灾，家存先世手泽一烈而空。

吴峋于孟秋至济宁，面晤许振祎，主讲任城书院。

是年，吴重憙刊刻《家塾授蒙浅语》附《习字决》、吴式芬《双虞壶斋日记八种》、吴式芬与陈介祺合撰《封泥考略》。

光绪十九年癸巳（1893 年） 五十六岁

吴㘚应癸巳恩科顺天乡试中式第 242 名，保和殿复试一等第 35 名举人。

光绪二十年甲午（1894 年） 五十七岁

正月二十日，吴峋卒。

是年，吴重憙在河南信阳辑刻《九金人集》之《拙轩集》（金王寂撰）。

光绪二十一年乙未（1895 年） 五十八岁

五月，吴尌报捐同知指分东河试用到省。是年，防汛安澜，后以知府用。

十二月二十五日，王懿荣为吴式芬《攈古录金文》进呈折，恭呈御览。

是年，吴重憙在河南校刻《攈古录金文》。

409

吴重憙年表

光绪二十二年丙申（1896年） 五十九岁

十月，吴重憙奉旨补授江南江安督粮道。

十二月，缪荃孙主讲钟山书院，与吴重憙交渐密。

是年，吴幽报捐内阁中书。

光绪二十四年戊戌（1898年） 六十一岁

十一月初二日，吴重憙夫人陈氏卒，其子吴钦、吴封、吴幽丁内艰。

是冬，吴重憙延缪荃孙校刻《山左人词》。

光绪二十五年己亥（1899年） 六十二岁

十二月，吴重憙以江安督粮道署理江苏布政使。

光绪二十六年庚子（1900年） 六十三岁

三月，吴重憙始与章钰相交。

四月，吴重憙以江安督粮道署理淮扬海道。

闰八月初三日，吴重憙奉旨补授福建按察使。

八国联军攻入北京，慈禧与光绪帝"西狩"，吴重憙赴西安进呈方物。

光绪二十七年辛丑（1901年） 六十四岁

三月，吴钦、吴封、吴幽服阕。

九月，吴重憙奉旨补授江宁布政使。在金陵辑刻《山左人词》。

吴封补原官，以道员指分河南试用。

光绪二十八年壬寅（1902年） 六十五岁

四月，吴重憙奉旨调任直隶布政使。

九月十七日，吴重憙以直隶布政使护理直隶总督兼北洋通商大臣。

十二月十七日，吴重憙以候补侍郎衔派电报局驻沪会办大臣。

光绪二十九年癸卯（1903年） 六十六岁

正月十七日，吴重憙以电政大臣，主持接办各省电报商局，厘定章程八条，严申纪律，命各地分局照办。

是年春，吴封到任东河同知河南候补道。

十二月，吴幽由内阁中书，赴广州府佛山厅同知任。

光绪三十年甲辰（1904年） 六十七岁

二月，吴重憙等开始创建"上海万国红十字会"。

是年，吴重憙在沪印行《封泥考略》。在江宁辑刻《九金人集》之《明秀集》（金蔡松年撰）。

光绪三十一年乙巳（1905年） 六十八岁

是年，吴重憙在湖北辑刻《九金人集》之《滏水集》（金赵秉文撰），在江宁辑刻《九金人集》之《天籁集》（元白朴撰）和《遗山集》（金元好问撰）。

是年，吴尌协助豫鄂两省督抚办理、交涉鸡公山外国人租地案。

光绪三十二年丙午（1906年） 六十九岁

正月，吴重憙授仓场侍郎。

三月，吴重憙署理江西巡抚，六月实授，处理南昌教案。

十一月，吴重憙授邮传部右侍郎。

十二月，萍浏醴农民武装起义宣告失败。

是年，吴重憙在江西成立瓷器公司、内河航运公司等，振兴民族企业，并创办新式学堂教育。

是年，吴重憙在江宁辑刻《九金人集》之《二妙集》（金段成己、段克己撰）。

光绪三十三年丁未（1907年） 七十岁

三月，吴重憙改任邮传部左侍郎，实施收回京汉铁路主权。

十二月，吴幽任佛山厅同知三年俸满，大计卓异。

光绪三十四年戊申（1908年） 七十一岁

八月，吴重憙任河南巡抚，与英国福公司交涉豫北煤矿开采权利。

吴幽署广东潮州府知府。

宣统元年己酉（1909年） 七十二岁

吴重憙在河南刻成《攈古录》，辑刻《豫医双璧》和《幼科铁镜》。

是年，吴重憙开办新式教育，倡禁鸦片。

是年，吴重憙辑刻《九金人集》155卷。

宣统二年庚戌（1910年） 七十三岁

三月，吴重憙被召回京，任陆军部侍郎（坐衔）

是年，吴重憙将吴式芬编著《金石汇目分编》镌版行世，并辑刻《海丰吴氏诗存》4卷、《海丰吴氏文存》4卷。

宣统三年辛亥（1911年） 七十四岁

吴重憙解任归寓津门，闭门谢客，专事编辑海丰吴氏家学文献等。

吴尌在金陵督粮道署刻宋李之仪撰《姑溪居士文集》50卷《后集》20卷。

民国二年癸丑（1913年） 七十六岁

十二月十二日，义州李葆恂为吴重憙《石莲盦词》作序。

是年除夕，吴重憙跋明嘉靖刊本《唐馀纪传》。

民国三年甲寅（1914年） 七十七岁

闰二月，长洲章钰为吴重憙《石莲盦词》题词。

民国四年乙卯（1915年） 七十八岁

吴昌绶为《石莲盦词》作跋。

吴重憙刻自撰《石莲盦词》。

民国五年丙辰（1916年） 七十九岁

仲冬，吴重憙与李葆恂合撰《津步联吟集》，由义州李氏刻于京师。

民国六年丁巳（1917年） 八十岁

吴重憙在《籀斋藏古目册》册首题记。

民国七年戊午（1918年） 八十一岁

六月二十二日夏至，吴重憙卒于津寓。

民国九年庚申（1920年）

八月二日，吴幽卒。

民国十年辛酉（1921 年）

八月二十五日，吴尌卒。

民国二十三年甲戌（1934 年）

四月，吴重憙与夫人陈氏合葬于海丰，章钰作《海丰吴抚部墓志铭并序》。

主要参考资料

池子华：《红十字运动：历史与发展研究》，合肥工业大学出版社，2013 年 2 月第 1 版。

全国图书馆文献缩微复制中心：《国家图书馆藏历史档案文献丛刊——大清万国红十字会档案》（第 1 册），2009 年 3 月新华书店北京发行所。

中国红十字会总会编：《中国红十字会历史资料选编》，南京大学出版社 1993 年 10 月第 1 版。

池子华、郝如一主编：《红十字运动与慈善文化》，广西师范大学出版社，2010 年 2 月第 1 版。

孙柏秋、池子华等主编：《百年红十字会》，安徽人民出版社，2003 年 9 月第 1 版。

马强、池子华主编：《红十字会在上海，1904—1949》，中国出版集团.东方出版中心，2014 年 11 月第 1 版。

张建俅：《中国红十字会初期发展之研究》，中华书局 2007 年 3 月北京第 1 版。

中国红十字总会编：《中国红十字会的九十年》，中国友谊出版公司，1994 年 3 月第 1 版。

上海《申报》1904 至 1911 关于上海万国红十字会、中国红十字会系列报道。

孙才顺、韩荣钧：《清代海丰吴氏家族文化研究》，中华书局，2013 年 12 月北京第 1 版。

骆宝善：《骆宝善评点袁世凯函牍》，岳麓书社，2005 年 8 月第 1 版。

董金艳：《海丰（无棣）吴氏文化望族研究》，山东师范大学硕士学位论文，2008 年 4 月 20 日。

刘惊雷：《清代海丰吴氏家族及其文献研究》，山东大学硕士学位论文，2008 年 10 月。

王克盟：《双虞壶斋印存研究》，武汉大学硕士学位论文，2016 年 5 月。

池子华：《从"签约"到被"承认"——中国红十字会国际合法席位的获得》，2022 年 7 月 29 日中国红十字会。

https : //www. redcross. org. cn/html/2022—07/87446_1. html。

池子华：《117 年风雨历程丨中国红十字会，穿越时空的人道力量》，滨州红十字会网，2021 年 3 月 10 日，https : //hsz. binzhou. gov. cn/archives/30432. html。

池子华：《筚路蓝缕启山林——纪念中国红十字会建会 116 周年》，北京·澎湃新闻·澎湃号·政务，2020 年 3 月 10 日，https : //www. thepaper. cn/newsDetail_forward_6446949。

烟台红十字会：《早期烟台红十字会史料》，2020 年 5 月 4 日，http : //hszh. yantai. gov. cn/。

沈振亚：《义声闻天下 救民水火——中国红十字会事业开创人施则敬义举钩沉》，2013 年 1 月 11 日《苏州日报》。

李文海、朱浒：《清史研究》，（京）2004 年第 02 期第 17—26 页。

1924 年中国红十字会总办事处印行《中国红十字会 20 周年纪念册》。

赵树贵、陈晓明：《江西通史 10》（晚清卷），江西出版集团，江西人民出版社，2008 年 10 月第 1 版。

王天奖主编：《河南通史》（第四卷），河南人民出版社，2005 年第 1 版。

　　孙中山:《孙中山全集》第 1 卷,中华书局 1981 年版,第 108 页。

　　李提摩太:《亲历晚清四十五年——李提摩太在华回忆录》,李宪堂、侯林莉译,天津人民出版社,2005 年版,第 307 页。

　　李国强、李放编:《江西科学技术史》,海洋出版社,2007 年第 1 版。

　　赵尔巽等撰:《清史稿》,中华书局,1977 年 8 月,2018 年 4 月第 13 次印刷。

　　清康熙九年《海丰县志》,张克家撰。

　　清宣统二年《海丰乡土志》,张守宣撰。

　　民国十四年《无棣县志》,张方墀撰。

百日宵旰忘昏晓

——代后记

　　《中国红十字会先驱吴重憙》编撰工作自 2023 年 10 月 18 日议定，2024 年元旦启动，历时四个月。成书过程，值得总结。

　　这本书，顺应"天时"——在中国红十字会成立 120 周年之际出版，是对先贤的纪念，也是对中国红十字会的献礼。正如池子华教授在序言中所写"风雨兼程两甲子，波澜壮阔百廿年"。在这一节点出版此书，恰逢其时，意义非常。

　　这本书，彰显"地利"——作为吴重憙家乡的人民，我们在落实习近平文化思想，推动文化"两创"实践中，因拥有吴重憙等众多历史文化名人，令我们自豪，催我们奋进。厚植历史沃土，挖掘文化资源，打造县域名片，是我们的使命担当、职责所在。

　　这本书，重在"人和"——撰写过程，寄托着太多的期盼，凝聚着太多的心血。此项工作，得到了县委、县政府的大力支持，县委书记郑振亮、县长王涛亲自担任编委会主任，在工作经费、工作力量方面给予了充分保障；副书记窦彭波亲自研究课题，每周调度工作进度，确保在最短时间内完成了组稿任务；此项工作，引起了省、市红十字会的高度关注，市红十字会常务副会长尹常智带领有关人员进北京去济南赴苏州，汇报工作，争取支持；省红十字会副会长金桥沟通协调，点拨指导，担任编委会顾问；此项工作，得到了学界专家的充分肯定，中国红十字运动研究专家池子华教授审阅书稿，并撰写序言；上海红十字备灾救灾中心也提供了大量图片资料。各位领导、专家的支持鼓励，为本书编写工作注入了强大动力。

县红十字会、县文联集中力量，组织创作组赴吴重憙任职过的北京、天津、河南、上海、江西等地档案馆、图书馆查阅资料。为节省时间，他们在车站吃泡面，连夜赶火车；他们早上入馆，中午不吃饭，傍晚被"赶"出馆；他们在图书馆逐橱查找，感动馆员，协同查阅资料。

县委宣传部副部长、文联主席邢金锋在母亲住院时，于病房里校对文稿，修改标题；县红十字会常务副会长从延锡全力作好组织协调工作，其间父亲病逝，没能更好地陪护父亲，成了他的隐痛；副会长王相花为创作组提供了细心周到的后勤保障工作。

这本书也得到了全县学界的关注支持。县人大原常务副主任郭云鹰，文史专家刘玉文、张玉春、郭廷武、王春海等提供资料，参与修改；编务周荣森、吴彬彬、葛汝真、韩晓菲查找资料，一丝不苟……

创作组周末不休、春节不息、清明不止，放弃所有节假日，每天工作10—12个小时。主笔任连巨年近七旬，拖着羸弱的身躯，俯在撰稿一线，为创作组作表率、树榜样；主笔张海鹰，在家人赴海南过年之际，自己留在创作组不舍昼夜；主笔陈俊积极协调出版社、印刷厂，三方无缝衔接，创作、编辑、审阅同步进行；主笔刘长明，县医院医生，工作之余，参与创作，自称为"资政大夫"。

创作组60天拿出31万字的初稿，出版社30天审定ISBN书号、图书编目CIP数据核字，印刷厂15天完成编辑、查重、扫码等工作。初稿后的45天里，创作组五易其稿，插图200余帧。

过程辛劳，成果甜蜜。我们在工作过程中，因各级领导、社会各界的大力支持和殷切期望而奋楫笃行，因先贤的历史贡献而倍加崇敬，因中国红十字会的壮丽历程而深受教育。百日成书，令自己感动的不只是汗水，也有泪水。搁笔后，创作组同人相约一醉睡三天。

编撰这本书的过程也是我们接受教育、成长进步的过程。由于历史跨度大，涉及范围广，再加之时间、资料和自身水平所限，疏漏失当之处实难避免，敬请专家学者、读者给予指正，以便我们在以后的工作中修正。

编　者
2024 年 4 月

百日宵旰忘昏晓